改訂版

介護職員等処遇改善加算 超実践マニュアル

要件整備

賃金改善

職場環境改善

実績報告

鳥羽 稔 著

日本法令®

はじめに

本書は、介護福祉サービス事業者や社会保険労務士、行政書士および税理士などの事業所を支援する皆さまに向けて、介護福祉サービスの仕組み、処遇改善加算の制度内容、算定に必要となる人事給与制度の整備・運用方法などの情報をまとめたものです。

本書の初版を執筆した当時、処遇改善加算の制度は、介護職員のみを対象としていました。その後、特定処遇改善加算、ベースアップ等支援加算などの制度改正が行われ、対象範囲の拡大や分配方法が複雑化してきました。このため、「仕組みが難しく内容が理解できない」、「運用する事務負担が重い」、「職種間のバランスがとれない」など、長年課題が指摘されてきました。

このような課題を踏まえ、国で検討が重ねられた結果、令和６年６月に介護職員等処遇改善加算が創設され、複数に分かれていた制度が一本化されました。この一本化により、事業所や運営支援を行う専門家がより活用しやすい仕組みとなり、業界全体の発展が期待されています。

言うまでもなく、介護福祉サービスは、国民の生活を支える日本の社会保障の根幹、いわばインフラです。しかし、この制度を支える現場は、人材不足や物価高騰の影響で厳しい経営環境にあります。

筆者は、処遇改善加算の制度は、日々高齢者や障害者の生活を支える職員の皆さまの処遇を改善するだけでなく、職場環境の向上やキャリアップの道筋を整え、業界の魅力と誇りを高める効果があると感じています。

本書が、地域の生活を支えるインフラである介護福祉サービスの安定的なサービス提供につながることを願っています。

今回の執筆にあたっては、日本法令出版部の伊藤隆治様には企画・編集にお力添えをいただきました。また、サードプレイス社会保険労務士法人代表社員　三島幹雄先生、ＡＢ社労士事務所代表　阿部知佳先生、神奈川県社会保険労務士会　横田宏先生、兵庫県社会保険労務士会　西山裕之先生には、多くの知見をご提供いただきました。本当にありがとうございました。

最後に、今回執筆を許可いただいた所属団体、そして執筆を応援してくれた私の家族に感謝します。

令和６年12月吉日

鳥羽　稔

Contents

第1章　介護福祉サービスの現状と方向性

Contents

第3章 令和７年度の本格施行に向けて実施すること

Contents

第４章 計画書作成から実績報告までの実務上のポイント

※本書の内容は令和６年12月１日時点の情報に基づいており、その後に発表された情報には対応しておりません。また、筆者の所属団体を代表するものではございません。
※加算算定については各指定権者ごとに細かいルールが定められていますので、算定の際には、必ず各指定権者に要件等をご確認ください。

第1章

介護福祉サービスの現状と方向性

本章では、処遇改善加算制度を理解するための前提知識として、介護福祉サービスの仕組み、種類、利用方法、収支構造、人材確保の課題と今後の方向性について解説します。

1．介護福祉サービスの現状

（1）介護サービス

① 取り巻く環境

介護サービスは介護保険制度に基づき提供されるサービスです。介護保険制度は社会全体で高齢者の生活を支えるため2000年に創設されました。創設から約20年が経過し65歳以上の被保険者数は1.7倍に、サービス利用者は3.5倍に増加するなど、高齢者の生活になくてはならない制度として定着しています。今後2025年には団塊世代がすべて後期高齢者となり、さらに2040年までに団塊ジュニア世代が高齢者となることが見込まれています。加えて、単身や高齢者のみの世帯、認知症高齢者が増加し、その生活課題が複雑化・複合化していることから、介護サービスの需要は、今後、ますます高まることが見込まれています。

図表1－1 介護保険制度の状況

①６５歳以上被保険者の増加

	2000年4月末		2022年3月末	
第1号被保険者数	2，165万人	⇒	3，589万人	**1．7倍**

②要介護（要支援）認定者の増加

	2000年4月末		2022年3月末	
認定者数	218万人	⇒	690万人	**3．2倍**

③サービス利用者の増加

	2000年4月		2022年3月	
在宅サービス利用者数	97万人	⇒	407万人	4．2倍
施設サービス利用者数	52万人	⇒	96万人	1．8倍
地域密着型サービス利用者数	－		89万人	
計	149万人	⇒	516万人	**3．5倍**

（出典：介護保険事業状況報告令和４年３月および５月月報）

② 制度の仕組み

介護保険制度は、市町村が保険者となり、その住民である被保険者から納付された「保険料」と「税金」とで運営しています。被保険者とは介護が必要になったときにサービスを利用できる人をいい、65歳以上の第1号被保険者と40歳から64歳未満の医療保険加入者である第2号被保険者に分けられます。第1号被保険者は、原因を問わずに認定を受ければサービスを受けることができます。また第2号被保険者は、加齢に伴う疾病が原因で認定を受けたときに、サービスを受けることができます。

③ サービス提供から報酬受領までの流れ

事業者がサービスを提供してから報酬を受領するまでの流れは以下のとおりです。

(ア) 被保険者は、保険者である市区町村の窓口で要介護認定の申請を行います。

(イ) 保険者は、要介護または要支援の認定を行い、保険証を交付します。

(ウ) 被保険者は、利用する介護サービス事業者と契約を結び、サービスの提供を受けます。

(エ) 利用者は、介護サービス事業者に自己負担分を支払います。

(オ) 介護サービス事業者は、利用料の残額を国民健康保険連合会（国保連）に請求します。

(カ) 国保連は請求内容を審査し、介護サービス事業者に利用料の残額を支払い、最終的に保険者から費用を受け取ります。

以上をまとめると、**図表1－2**のとおりです。

図表1－2　サービスの利用から報酬受領までの流れ

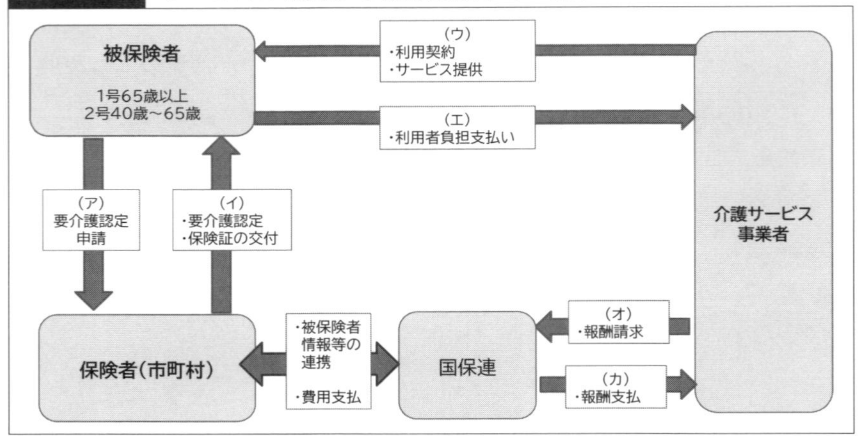

（筆者作成）

④　サービスの利用者負担

介護サービスを利用した場合の利用者負担の構成は、以下のとおりです。

㈠　介護給付の利用者負担

介護給付のうち、利用者が負担する割合は１割です。ただし、所得や預貯金額が一定以上の場合は２割または３割の負担となります。また、１か月の利用料が高額になる場合には、高額介護サービス費などの制度により負担が軽減されます。

㈡　施設サービス利用時の自己負担

施設サービスを利用する場合、居住費、食費および日常生活費は利用者の自己負担となります。なお、所得が低い方には、居住費と食費の軽減措置（補足給付）が受けられます。

以上をまとめると、**図表１－３**のとおりです。

図表1－3　介護サービスにおける利用者負担の構成

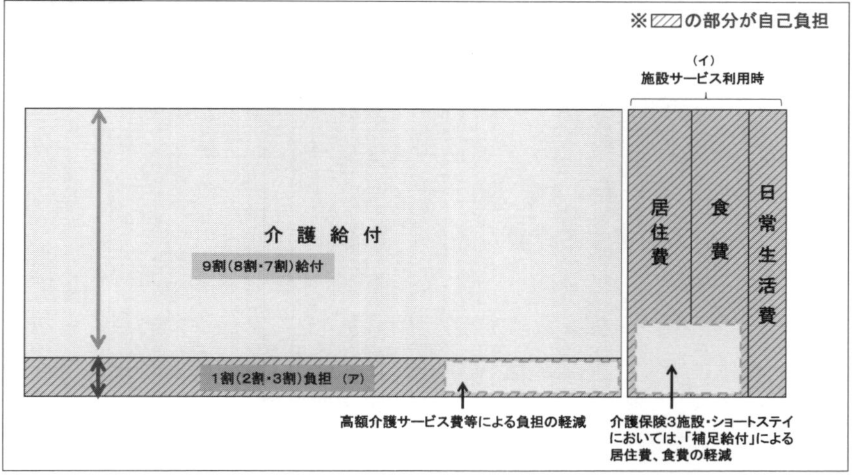

（出典：厚生労働省資料）

⑤　サービスの種類

介護サービスは、常時介護を必要とする要介護１から５の認定を受け利用する「介護給付サービス」と、日常生活に支援を必要とする要支援１または２の認定を受け利用する「予防給付サービス」に分かれます。以下、サービス種別ごとに説明します。

㋐　居宅介護サービス

居宅介護サービスとは、要介護者が自宅に住みながら受けるサービスです。

○訪問介護

訪問介護員（ホームヘルパー）が利用者の自宅を訪問して、入浴、排せつ、食事等の介護（身体介護）や調理、洗濯および掃除等の家事（生活援助）を提供するサービスです。

○通所介護

日中、デイサービスセンターで、食事、入浴およびその他の必要な日常生活上の支援や生活機能訓練などを提供する日帰りサービスです。利用者の心身機能の維持向上と、利用者の家族負担の軽減を図るものです。

○短期入所

自宅で介護を受けている方が、短期間施設に入所して入浴や食事など日常生活上の世話や機能訓練を受けるサービスです。一般に「ショートステイ」と呼ばれます。

○特定施設入居者生活介護

特定施設に入居している要介護者を対象に行われる、日常生活上の世話、機能訓練または療養上の世話のうち介護保険の対象となるサービスです。特定施設の対象施設には、「有料老人ホーム」、「軽費老人ホーム（ケアハウス）」、「養護老人ホーム」などがあります。

(イ) 施設サービス

自宅での介護が困難な場合に、施設に入所して身体介護やリハビリテーションなどを受けるサービスで、主に以下のサービスがあります。

○介護老人福祉施設

常に介護が必要で自宅での生活が難しい寝たきりや認知症の高齢者を受け入れる施設です。入居者は入浴、排せつおよび食事などの日常生活の世話や機能訓練を受けます。

○介護老人保健施設

病気や怪我で介護が必要な高齢者に看護、介護、リハビリを行う施設です。「医療機関と自宅の中間に位置する施設」として、病状が安定した高齢者を自宅生活に復帰させる役割を担っています。

○介護医療院

長期療養が必要な方に対して医学的な管理の下に介護、看護、機能訓練を行い、日常生活の世話を行う施設です。

(ウ) 地域密着型サービス

地域密着型サービスとは、高齢者が要介護状態となっても、可能な限り住み慣れた地域での生活を継続できるよう平成18年に創設された仕組みです。

地域密着型サービスは９種類あり、その特徴は以下のとおりです。

・サービス事業者の指定・監督は市町村が行う。
・（原則として）指定をした市町村の被保険者のみが利用できる。
・月額一定額で利用できるサービスなど柔軟なサービス提供が可能である。

(ア)～(ウ)についてまとめると、**図表１－４**のとおりとなります。

図表１－４　介護サービスの種類

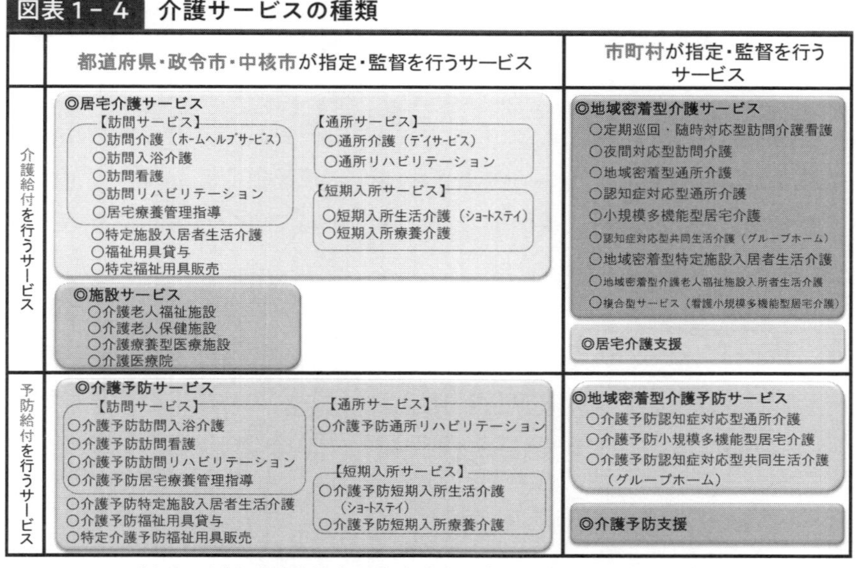

（出典：厚生労働省社会保障審議会　介護保険部会　令和４年３月24日資料）

⑥　介護サービスの経営主体

介護サービスは、主に社会福祉法人、営利法人、医療法人が経営主体となっています。それぞれの法人ごとに以下のとおり、設立目的や特徴が異なっています。

(ア)　社会福祉法人

社会福祉法人は、社会福祉法に基づき、社会福祉事業を行うことを目的として設立された公益性の高い非営利法人です。法人は、社会福祉事業を確実かつ効果的、公正に行うことが求められていることから、設立には、事業範囲に応じて国、都道府県または市区町村の認可が必要です。法人が運営する代表的な施設としては、介護老人福祉施設があり、約95%が社会福祉法人によって運営されています。

(イ) 営利法人（株式会社、合同会社など）

介護サービスには、営利法人も参入しています。近年では、医療・福祉分野以外の異業種からの参入も増えており、異業種ならではのノウハウや強みを活かした新しいサービスが提供されています。主に訪問介護、特定施設入居者生活介護などで割合が大きくなっています。

(ウ) 医療法人

医療法人は、医療法に基づき、病院や診療所、介護老人保健施設を開設する目的で設立される法人で、設立には都道府県知事の認可が必要です。主に介護老人保健施設や介護医療院で割合が大きくなっています。

(エ) その他

上記の三つの法人形態以外では、一般社団法人や特定非営利活動法人なども介護サービスを提供しています。これらの法人は地域に根ざした支援やサービスを提供し、サービスの多様性を支えています。

図表1－5 介護サービス経営主体

主な介護サービス別の施設・事業所数・構成割合

令和4年10月1日現在

	施設・事業所数	実施主体			
		社会福祉法人	営利法人	医療法人	その他
居宅サービス					
訪問介護	36,420	15.4%	**70.7%**	5.2%	8.7%
通所介護	24,569	34.9%	**54%**	7.5%	3.6%
特定施設入居者生活介護	5,760	21.8%	**69.1%**	6.7%	2.4%
施設サービス					
介護老人福祉施設（特養）	8,494	**95.4%**	—	—	4.6%
介護老人保健施設（老健）	4,273	15.9%	—	**75.4%**	8.7%
介護医療院	730	1.2%	—	**89.2%**	9.6%
地域密着型サービス					
認知症対応型共同生活介護	3,701	24.9%	**54.4%**	15.5%	5.2%
小規模多機能型居宅介護	5,570	32.8%	**47.4%**	11.3%	8.5%
地域密着型介護老人福祉施設	14,139	33.3%	**47.5%**	16.1%	3.1%
居宅介護支援事業所	38,538	24.9%	51.2%	15.6%	8.3%

（出典：厚生労働省　令和４年介護サービス施設・事業所調査の概況から）

（2）障害福祉サービス・児童福祉サービス

①　制度の成り立ち

障害福祉サービスと児童福祉サービス（以下、「障害福祉サービス等」といいます。）は、それぞれ障害者総合支援法、児童福祉法に基づき、身体障害者、知的障害者、精神障害者および難病患者に対して生活支援や就労支援を行っています。当初これらのサービスは、障害種別ごとにそれぞれ別の法律に基づき実施されてきましたが、平成18年に制定された障害者自立支援法により共通の制度となりました。その後、平成25年４月には障害者総合支援法に移行し、難病患者もサービスの対象となるなど、現行の形となりました（**図表１－６**）。

図表1－6 障害福祉サービスの歴史

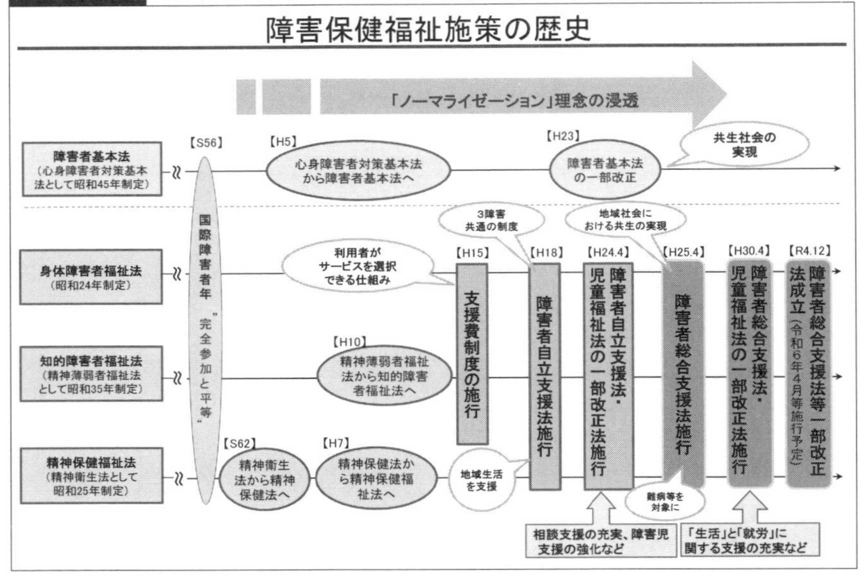

（出典：厚生労働省　障害福祉サービス等報酬改定検討チーム　令和５年５月22日資料）

② 制度の運営と対象者

障害福祉サービス等の運営は市区町村が実施しています。保険料と税により運営される介護保険制度とは異なり、その財源はすべて税金です（国１／２、都道府県１／４、市区町村１／４）。

また、サービスの対象となる障害者は全国で1,160.2万人と人口の9.2％を占め、その内訳は、身体436.0万人、知的109.4万人、精神614.8万人となっています。なお、障害者数全体は増加傾向にあり、特に在宅・通所の障害者は増加傾向となっているほか、高年齢化も進みつつあります（**図表1－7**）。

図表1－7　障害者数の状況

障害者の数

○ 障害者の総数は1160．2万人であり、人口の約9．2%に相当。
○ そのうち身体障害者は436．0万人、知的障害者は109．4万人、精神障害者は614．8万人。
○ 障害者数全体は増加傾向にあり、また、在宅・通所の障害者は増加傾向となっている。

（在宅・施設別）

障害者総数　1160．2万人（人口の約9．2%）
うち在宅　1111．0万人（95．8%）
うち施設入所　49．3万人（ 4．2%）

	身体障害者（児） 436．0万人	知的障害者（児） 109．4万人	精神障害者 614．8万人
在宅	在宅身体障害者（児） 428．7万人（98．3%）	在宅知的障害者（児） 96．2万人（87．9%）	在宅精神障害者 586．1万人（95．3%）
施設入所・入院	施設入所身体障害者（児） 7．3万人（1．7%）	施設入所知的障害者（児） 13．2万人（12．1%）	入院精神障害者 28．8万人（4．7%）

（年齢別）

65歳未満　51%
65歳以上　49%

	身体障害者（児） 419．3万人	知的障害者（児） 94．3万人	精神障害者 614．5万人
65歳未満	65歳未満の者（26%）	65歳未満の者（84%）	65歳未満の者（64%）
65歳以上	65歳以上の者（74%）	65歳以上の者（16%）	65歳以上の者（36%）

（出典：厚生労働省　障害福祉サービス等報酬改定検討チーム　令和５年５月22日資料）

③　サービス提供から報酬受領までの流れ

事業者がサービスを提供してから、報酬を受領するまでの流れは、以下のとおりです。

(ア)　利用者は、市町村の窓口にサービスの支給申請を行います。介護給付の場合は、障害支援区分の認定申請も必要となります。

(イ)　市町村は、申請内容やサービス等利用計画案を踏まえ、サービスの支給を決定し、受給者証を発行します。

(ウ)　利用者は発行された受給者証をもとに事業者と利用契約を行い、サービス提供を受けます。

(エ)　サービスの提供を受けた利用者は、事業者に対し、サービスにかかる自己負担分を支払います。

(オ)　事業者は国保連を通じて、市町村に対し、自己負担分を除いた利用料を請求します。

(カ)　国保連・市町村は、事業者からの請求内容を審査し、報酬を支払います。

以上をまとめると、**図表1－8**のとおりです。

図表1－8　障害福祉サービス等のサービス提供から報酬受領までの流れ

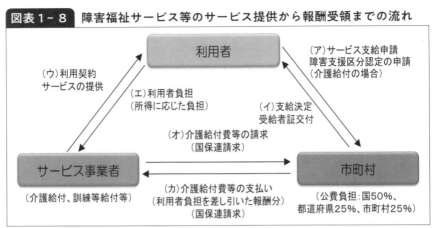

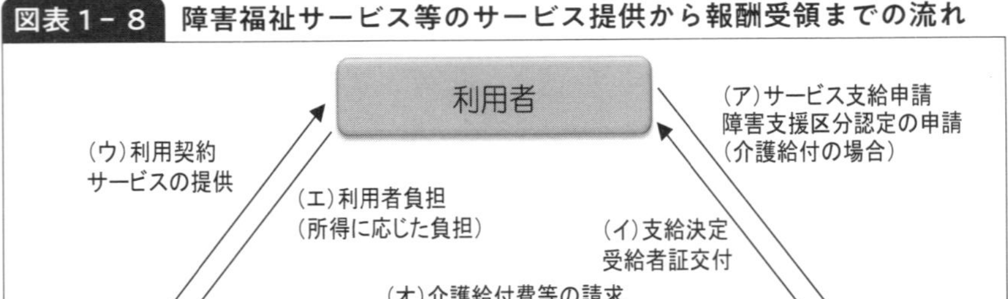

（出典：厚生労働省　障害福祉サービス等報酬改定検討チーム　令和５年５月22日資料）

④　サービスの利用者負担額

障害福祉サービス等を利用した場合の利用者負担は、利用料全体の１割となりますが、**図表1－9**のとおり、利用者や世帯の所得に応じて負担上限月額があります。

図表1－9　障害福祉サービス等における本人負担上限月額

区　分	世帯の収入状況		負担上限月額	
生活保護	生活保護受給世帯		0円（負担はありません）	
低所得	区市町村民税非課税世帯		0円（負担はありません）	
一般1	区市町村民税課税世帯	（障害者の場合） 所得割16万円未満 ※入所施設利用者（20歳以上）及びグループホーム利用者を除きます。	9,300円	
		（障害児の場合） 所得割28万円未満 ※20歳未満の入所施設利用者を含みます。	通所支援、ホームヘルプ利用の場合	4,600円
			入所施設利用の場合	9,300円
一般2	上記以外		37,200円	

（出典：東京都福祉局　ホームページ）

⑤　障害福祉サービス等の種類（詳細は**図表１-10**を参照）

障害福祉サービス等の種類には、「介護給付」、「訓練等給付」、「障害児支援に係る給付」「相談支援に係る給付」があります。

(ア)　介護給付

自宅を訪問し日常生活の支援をする「居宅介護」、事業所での支援や創作的活動・生産活動の機会の提供を行う「生活介護」、入所施設で支援を行う「施設入所支援」があります。

(イ)　訓練等給付

共同生活を行い主に夜間や休日に日常生活の援助を行う「共同生活援助（グループホーム）」、就労する機会の提供や能力向上を図る「就労継続支援」などがあります。

(ウ)　障害児支援に係る給付

小学校入学前の児童を対象とした「児童発達支援」、小学生から高校生までを対象とした「放課後等デイサービス」など事業所での通所支援のほか、自宅へ訪問したり、入所した施設で提供されるサービスがあります。

(エ)　相談支援に係る給付

障害福祉サービス等を利用する場合にサービス等利用計画案の相談、作成を行う「計画相談支援」・「障害児相談支援」のほか、緊急時などの障害福祉サービス等事業所との連絡調整などを行う「地域定着支援」などがあります。

なお、障害福祉サービス等の利用は、日中と夜間とで別のサービスを組み合わせることができます。例えば、常時介護が必要な方が日中に事業所で支援を受ける生活介護と、住まいの場として施設入所支援を組み合わせて利用したり、共同生活援助（グループホーム）から、日中は就労継続支援を利用するなどの形があります。

図表1-10 障害福祉サービス等の体系と種類

障害福祉サービス等の体系（介護給付・訓練等給付）

系	給付	サービス	対象	サービス内容	利用者数	施設・事業所数
訪問系	介護給付	居宅介護	者 児	自宅で、入浴、排せつ、食事の介護等を行う	199,021	21,707
訪問系	介護給付	重度訪問介護	者	重度の肢体不自由者又は重度の知的障害若しくは精神障害により行動上著しい困難を有する者であって常に介護を必要とする人に、自宅で、入浴、排せつ、食事の介護、外出時における移動支援、入院時の支援等を総合的に行う	12,221	7,518
訪問系	介護給付	同行援護	者 児	視覚障害により、移動に著しい困難を有する人が外出する時、必要な情報提供や介護を行う	26,292	5,748
訪問系	介護給付	行動援護	者 児	自己判断能力が制限されている人が行動するときに、危険を回避するために必要な支援、外出支援を行う	13,149	2,021
訪問系	介護給付	重度障害者等包括支援	者 児	介護の必要性がとても高い人に、居宅介護等複数のサービスを包括的に行う	45	10
日中活動系	介護給付	短期入所	者 児	自宅で介護する人が病気の場合などに、短期間、夜間も含めた施設で、入浴、排せつ、食事の介護等を行う	46,458	5,305
日中活動系	介護給付	療養介護	者	医療と常時介護を必要とする人に、医療機関で機能訓練、療養上の管理、看護、介護及び日常生活の世話を行う	20,970	258
日中活動系	介護給付	生活介護	者	常に介護を必要とする人に、昼間、入浴、排せつ、食事の介護等を行うとともに、創作的活動又は生産活動の機会を提供する	298,461	12,348
施設系	介護給付	施設入所支援	者	施設に入所する人に、夜間や休日、入浴、排せつ、食事の介護等を行う	124,463	2,560
居住支援系	訓練等給付	自立生活援助	者	一人暮らしに必要な理解力・生活力等を補うため、定期的な居宅訪問や随時の対応により日常生活における課題を把握し、必要な支援を行う	1,271	290
居住支援系	訓練等給付	共同生活援助	者	夜間や休日、共同生活を行う住居で、相談、入浴、排せつ、食事の介護、日常生活上の援助を行う	167,465	12,318
訓練系・就労系	訓練等給付	自立訓練（機能訓練）	者	自立した日常生活又は社会生活ができるよう、一定期間、身体機能の維持、向上のために必要な訓練を行う	2,177	189
訓練系・就労系	訓練等給付	自立訓練（生活訓練）	者	自立した日常生活又は社会生活ができるよう、一定期間、生活能力の維持、向上のために必要な支援、訓練を行う	14,155	1,310
訓練系・就労系	訓練等給付	就労移行支援	者	一般企業等への就労を希望する人に、一定期間、就労に必要な知識及び能力の向上のために必要な訓練を行う	35,543	2,989
訓練系・就労系	訓練等給付	就労継続支援（A型）	者	一般企業等での就労が困難な人に、雇用して就労の機会を提供するとともに、能力等の向上のために必要な訓練を行う	82,990	4,368
訓練系・就労系	訓練等給付	就労継続支援（B型）	者	一般企業等での就労が困難な人に、就労する機会を提供するとともに、能力等の向上のために必要な訓練を行う	322,414	16,003
訓練系・就労系	訓練等給付	就労定着支援	者	一般就労に移行した人に、就労に伴う生活面の課題に対応するための支援を行う	15,220	1,533

障害福祉サービス等の体系（障害児支援、相談支援に係る給付）

系	給付	サービス	対象	サービス内容	利用者数	施設・事業所数
障害児通所系	障害児支援に係る給付	児童発達支援	児	日常生活における基本的な動作の指導、知識技能の付与、集団生活への適応訓練などの支援を行う	163,847	10,864
		医療型児童発達支援	児	日常生活における基本的な動作の指導、知識技能の付与、 集団生活への適応訓練などの支援及び治療を行う	1,666	87
		放課後等デイサービス	児	授業の終了後又は休校日に、児童発達支援センター等の施設に通わせ、生活能力向上のための必要な訓練、社会との交流促進などの支援を行う	311,372	19,556
障害児訪問系		居宅訪問型児童発達支援	児	重度の障害等により外出が著しく困難な障害児の居宅を訪問して発達支援を行う	338	117
		保育所等訪問支援	児	保育所、乳児院・児童養護施設等を訪問し、障害児に対して、障害児以外の児童との集団生活への適応のための専門的な支援などを行う	15,613	1,534
障害児入所系		福祉型障害児入所施設	児	施設に入所している障害児に対して、保護、日常生活の指導及び知識技能の付与を行う	1,327	180
		医療型障害児入所施設	児	施設に入所又は指定医療機関に入院している障害児に対して、保護、日常生活の指導及び知識技能の付与並びに治療を行う	1,741	198
相談支援系	相談支援に係る給付	計画相談支援	者 児	【サービス利用支援】 ・ サービス申請に係る支給決定前にサービス等利用計画案を作成 ・ 支給決定後、事業者等と連絡調整等を行い、サービス等利用計画を作成 【継続利用支援】 ・ サービス等の利用状況等の検証（モニタリング） ・ 事業所等と連絡調整、必要に応じて新たな支給決定等に係る申請の勧奨	232,366	9,823
		障害児相談支援	児	【障害児利用援助】 ・ 障害児通所支援の申請に係る給付決定の前に利用計画案を作成 ・ 給付決定後、事業者等と連絡調整等を行うとともに利用計画を作成 【継続障害児支援利用援助】	80,023	6,130
		地域移行支援	者	住居の確保等、地域での生活に移行するための活動に関する相談、各障害福祉サービス事業所への同行支援等を行う	587	318
		地域定着支援	者	常時、連絡体制を確保し障害の特性に起因して生じた緊急事態等における相談、障害福祉サービス事業所等と連絡調整など、緊急時の各種支援を行う	4,043	553

※ 障害児支援は、個別に利用の要否を判断（支援区分を認定する仕組みとなっていない）※ 相談支援は、支援区分によらず利用の要否を判断（支援区分を利用要件としていない）

（注）1.表中の「者」は「障害者」、「児」は「障害児」であり、利用できるサービスにマークを付している。 2.利用者数及び施設・事業所数は、令和 4年 12月サービス提供分（国保連データ）

（出典：厚生労働省　障害福祉サービス等報酬改定検討チーム　令和５年５月22日資料）

⑥ 障害福祉サービス等の事業費、経営主体

障害福祉サービス等の事業費は、訪問系が約11%、日中活動系が約27%、居住系・施設系が約15%、就労系が約20%、障害児通所系が約20%、その他が約６%となっています。近年、居宅介護、共同生活援助、就労継続支援、児童発達支援および放課後等デイサービスなどの増加が顕著です。また営利法人の参入も増加しています。

図表 1-11 障害福祉サービス等の内訳と営利法人の割合

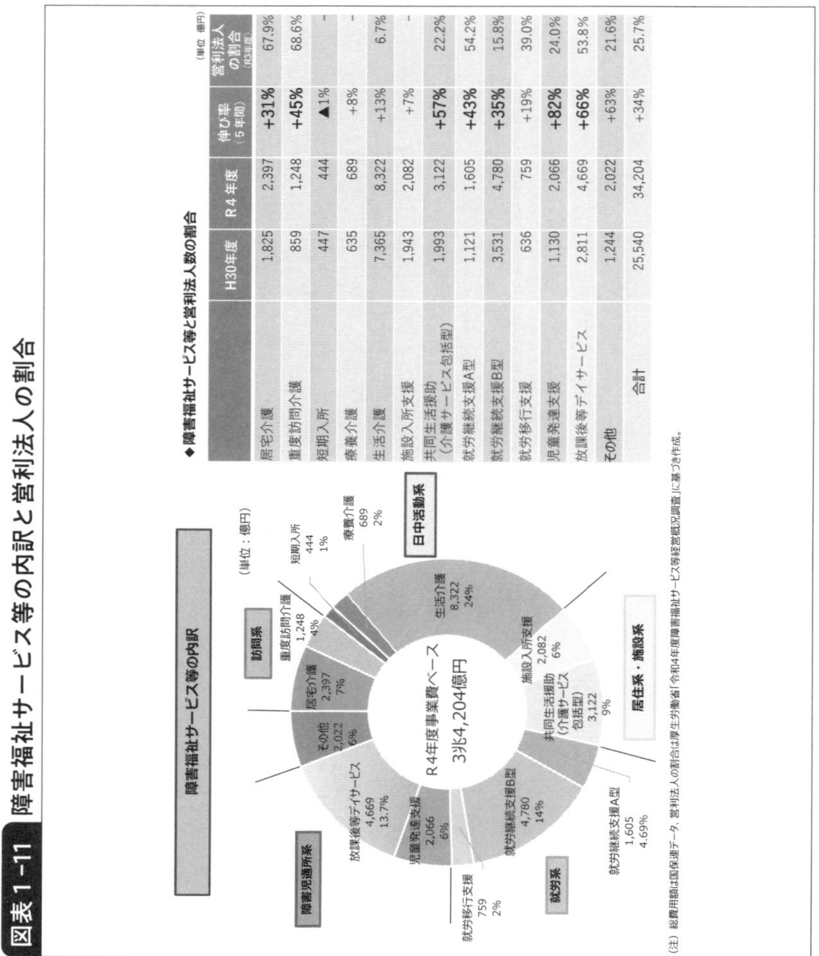

◆障害福祉サービス等と営利法人数の割合

（単位：億円）

	H30年度	R４年度	伸び率（５年間）	営利法人の割合（R3年度）
居宅介護	1,825	2,397	+31%	67.9%
重度訪問介護	859	1,248	+45%	68.6%
短期入所	447	444	▲1%	-
療養介護	635	689	+8%	-
生活介護	7,365	8,322	+13%	6.7%
施設入所支援	1,943	2,082	+7%	-
共同生活援助（介護サービス包括型）	1,993	3,122	+57%	22.2%
就労継続支援A型	1,121	1,605	+43%	54.2%
就労継続支援B型	3,531	4,780	+35%	15.8%
就労移行支援	636	759	+19%	39.0%
児童発達支援	1,130	2,066	+82%	24.0%
放課後等デイサービス	2,811	4,669	+66%	53.8%
その他	1,244	2,022	+63%	21.6%
合計	25,540	34,204	+34%	25.7%

（注）総費用額は国保連データ、営利法人の割合は厚生労働省「令和4年度障害福祉サービス等経営概況調査」に基づき作成。

（出典：財務省 財政審議会 令和５年11月１日資料）

2．介護福祉サービスの収益構造

（1）報酬（サービス単価）の特徴

①　報酬は国が一律で決めている

介護福祉サービスは、生活に支障のある人の生活を支える社会性、公益性が高い事業であることから、運営費用を保険料や税で負担することとなっています。このような事業の特性から、事業者がサービス提供により受け取る報酬額は、国がサービス種別ごとに一律に決めています。なお、決められた報酬は３年に一度見直され、直近では令和６年４月に見直されました。

②　報酬は基本報酬と加算に分かれる

報酬は、基本的なサービス提供にかかる費用である「基本報酬」と、事業所のサービス提供体制や利用者の状況に応じて評価される「加算」に分かれ、「単位」と呼ばれます。基本報酬は、サービス種別ごとに時間や日ごとで設定され、要介護度や時間数に応じた報酬単位が決められています（**図表１–12**）。

また、加算は、利用者ごとの提供実績に応じて算定される「実施加算」と、介護福祉士などを手厚く配置するなど体制を整備することで利用者全員に算定される「体制加算」に分類され、処遇改善加算は「体制加算」に該当します。このほか、事業所が受け取る収入には、施設の部屋代、食事代、日用品費などもあります（**図表１–13**）。

③　１単位の単価はサービス種別・地域により異なる

事業者に支払われる報酬額は「サービスごとに算定した単位数×サービス種別別、地域別に設定された１単位の単価」で計算されます。

サービス別の単位数は全国一律となりますが、１単位の単価はサービス種別ごとの人件費割合や地域別に設定されています（**図表１–13**）。

図表1-12 介護報酬の基本的な構造

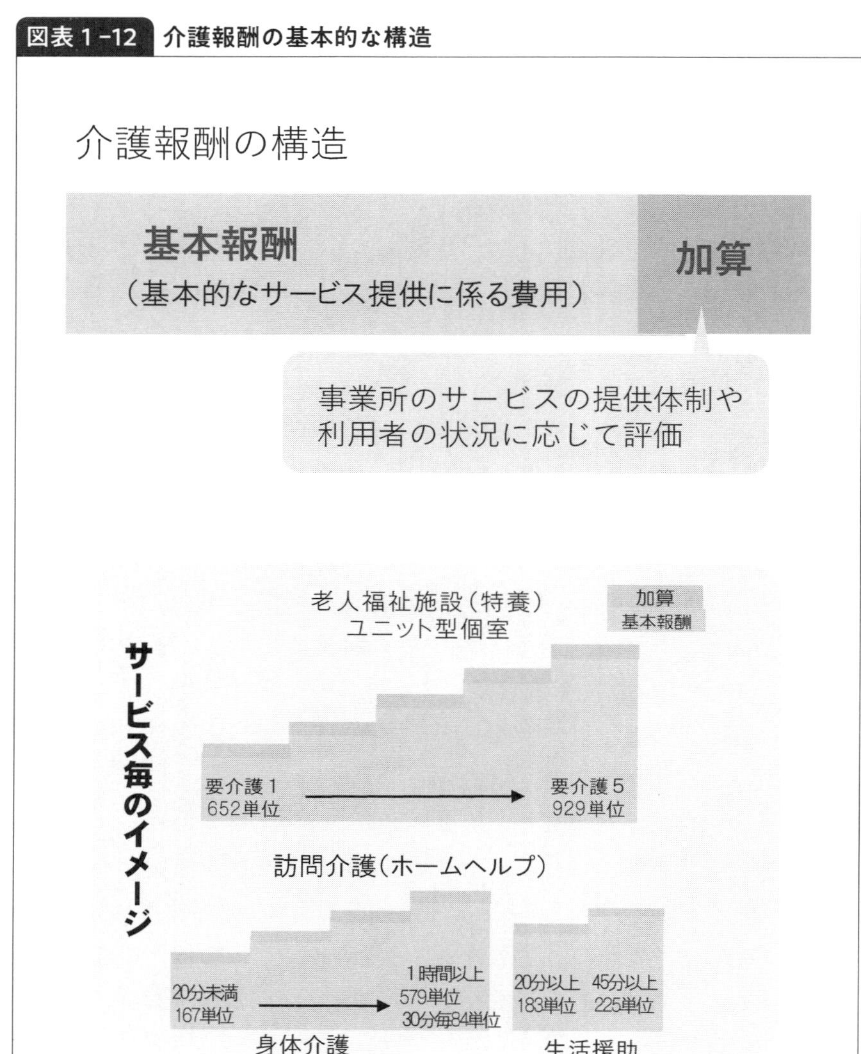

（出典：厚生労働省　資料）

図表 1 -13 介護報酬の基本的な算定方法（介護老人保健施設の場合）

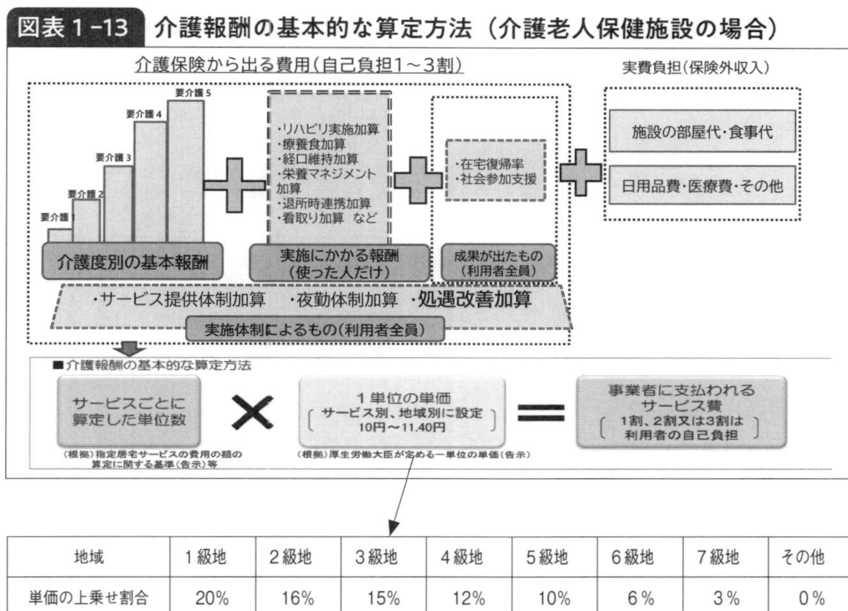

地域		1級地	2級地	3級地	4級地	5級地	6級地	7級地	その他
単価の上乗せ割合		20%	16%	15%	12%	10%	6%	3%	0%
サービス別人件費割合	① 70%	11.4円	11.12円	11.05円	10.84円	10.70円	10.42円	10.21円	10円
	② 55%	11.10円	10.88円	10.83円	10.66円	10.55円	10.33円	10.17円	10円
	③ 45%	10.90円	10.72円	10.68円	10.54円	10.45円	10.27円	10.14円	10円

① 訪問介護、訪問入浴介護、訪問看護、居宅介護支援、定期巡回・随時対応型訪問介護看護、夜間対応型訪問介護
② 訪問リハビリーテーション、通所リハビリテーション、認知症対応型通所介護、小規模多機能型居宅介護、看護小規模多機能型居宅介護、短期入所生活介護
③ 通所介護、短期入所療養介護、特定施設入居者生活介護、認知型対応型共同生活介護、介護老人福祉施設、介護老人保健施設、介護療養型医療施設、介護医療院、地域密着型特定施設入居者生活介護、地域密着型介護老人福祉施設入所者生活介護、地域密着型通所介護

（出典：厚生労働省 社会福祉審議会 介護給付費部会 令和5年9月15日資料）

（2）事業運営にかかる費用

事業運営にかかる費用は、大きく「人件費」（給与費）、「事業費」（直接介護支出）および「事務費」（一般管理支出）に分類されます（**図表 1 -14**）。なお、**図表 1 -15** に示したとおり、いずれのサービスでも人件費（給与費）の割合が高いことが特徴です。このことは、介護福祉サービスが、「対人サービスであること」「必要な人員配置基準が定められていること」が要因です。

図表1-14 事業運営における費用内訳

	介護老人保健施設	訪問介護	通所介護
給与費	職員の給料、賞与、退職金、法定福利費		
直接介護支出	給食材料費、医薬品費、施設療養材料費・施設療養消耗器具備品費、車両費、光熱水費	給食材料費、介護用品費、保健衛生費、消耗器具備品費、車輌費、光熱水費、燃料費、医薬品費、診療材料費・医療消耗器具備品費及びその他の経費	
一般管理支出	福利厚生費、消耗品費、修繕費、通信費、賃借料、保険料、租税公課、委託費、研修費及びその他の経費	福利厚生費、旅費交通費、研修費、通信運搬費、事務消耗品費、印刷製本費、広報費、修繕費、保守料、賃借料、保険料、租税公課、委託費、雑費及びその他の経費	
減価償却費等	減価償却費	減価償却費、国庫補助金等特別積立金取崩額	
その他の事業費用	徴収不能損失、本部費及びその他の経費	徴収不能額、引当金繰入（退職給与引当金、賞与引当金を除く）及びその他の経費	
事業活動外支出			
特別支出	―	本部費繰入	

（出典：公的価格評価検討委員会　厚生労働省老健局作成資料）

図表1-15 各介護サービス種別ごとの費用割合

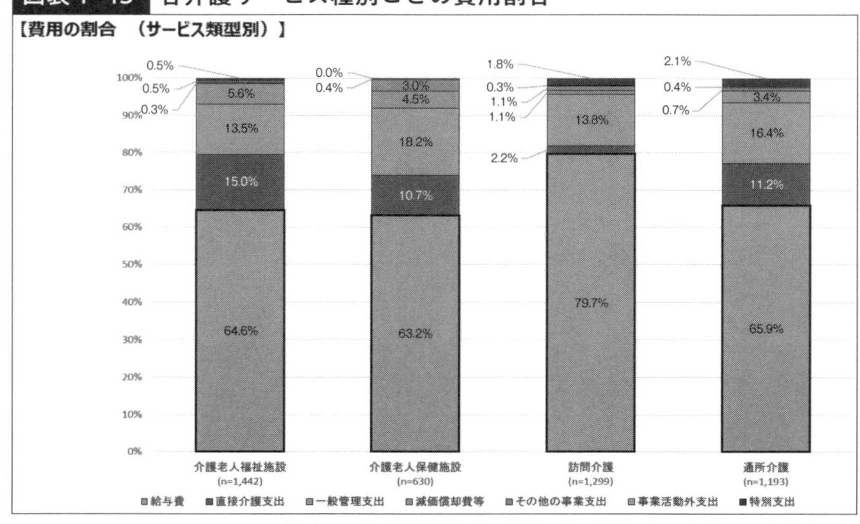

（出典：公的価格評価検討委員会　厚生労働省老健局作成資料）

（3）収支の特徴

図表1-16は、介護老人保健施設の収支について令和５年度介護事業経営実態調査結果をもとに左に収入、右に支出の平均金額と割合をまとめたものです。収入では介護報酬が、支出では人件費（給与費）が大部分を占めていることがわかります。

なお、収入と支出の差である「収支差率」については事業規模に応じて大きくなる傾向も出ています。

図表1-16　介護サービスの収支の特徴（介護老人保健施設の場合）

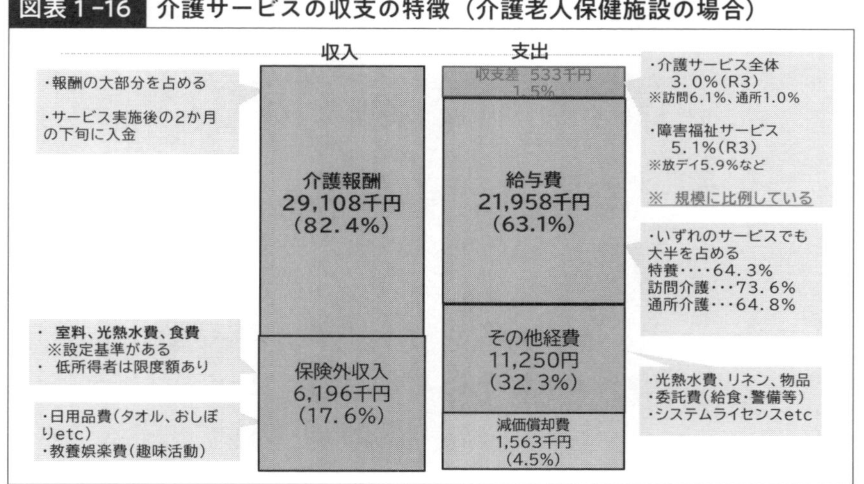

（令和５年度介護事業経営実態調査結果を用い筆者作成）

以上のように、介護福祉サービスにおける収益構造は、収入の大部分を占める報酬額が全国一律で決められる中で、サービス提供に必要な費用を効率的に捻出することが求められます。特に、必要な費用でも給与費の割合が高いことも特徴です。このような状況下で、事業者は、安定的に人材を確保しながら職員の処遇改善を進め、働きやすい環境を整備して人材の定着を図ることが重要な課題となっています。

次節では、職員の確保定着を図る上での前提知識として、介護福祉サービスで働く人材の状況を解説していきます。

3．介護福祉サービスで働く職員の状況

（1）サービスを支える多様な職種

介護福祉サービスは、高齢者や障害者の生活全般を支え、日々の暮らしに寄り添う仕事です。このため、利用者一人ひとりの健康状態や生活の質を維持・向上させるため、介護職員だけでなく様々な職種の職員による支援が行われています。

具体的には、介護職員が生活全般のサポートを担うほか、医師や看護師など医療職による医療ケア、リハビリ職による身体機能の維持や回復支援、栄養士や調理スタッフによる利用者の栄養バランスを考えた食事提供、相談員による利用者や家族への生活に関する相談支援などがあります。

このように、各職種が連携して利用者を総合的に支える体制が整えられており、それぞれの職種が持つ専門性を生かしながら、利用者のニーズに応じたサービスが提供されています。

図表１-17には、筆者が勤務経験のある介護老人保健施設で働く職種をまとめました。多様な職種の職員が24時間365日体制で利用者の生活を支える体制であることが図表からも理解していただけると思います。

図表1-17 介護サービスに従事する職種（介護老人保健施設の場合）

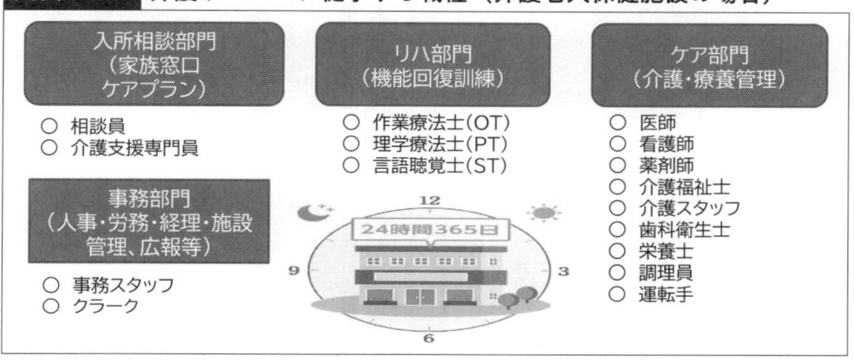

（筆者作成）

（2）サービスの質を支える人員配置基準

介護福祉サービスでは、サービスの一定の質を保つため、サービスごとに人員配置基準が定められています。この人員配置基準では、フルタイムでの勤務を求める「常勤」、サービス提供時間中に他の職務に従事しないことを求める「専従」という考え方を用います。例えば、通所介護では、「生活相談員又は介護職員のうち１人以上は常勤であること」、看護職員は「事業所ごとに専従であること」が求められています。

また、職員の勤務時間を積み重ねる、「常勤換算数」での配置を求めるものもあります。これは、介護福祉サービスの雇用形態が多様であることから、実際の職員数ではなく「働いている時間数」で人員の確保状況を評価するためのものです。具体的な計算方法としては、１週あたりの所定労働時間が40時間の事業所の場合、週20時間の職員が２名従事していれば「１」とカウントします。

図表1-18 介護サービスにおける人員配置基準の考え方

常勤（勤務時間）	勤務時間が「常勤の職員が勤務すべき時間数」（32時間が下限）に達していること
専従（職種）	サービス提供時間帯を通じ当該サービス以外の職務に従事しないこと （複数の職種にまたがらないこと）→またがっている場合は「兼務」
常勤換算	「事業所の職員の勤務延時間数」を「常勤の職員が勤務すべき時間数」（32時間が下限）で割った数字 （例）週所定労働時間 40時間 週20時間勤務 → 20時間 ÷ 40時間 ＝ 0.5人

人員基準　　通所介護

生活相談員	事業所ごとにサービス提供時間に応じて専従で１以上 （生活相談員の勤務時間数としてサービス担当者会議、地域ケア会議等も含めることが可能。）
看護職員（※）	単位ごとに専従で１以上 （通所介護の提供時間帯を通じて専従する必要はなく、訪問看護ステーション等との連携も可能。）
介護職員（※）	① 単位ごとにサービス提供時間に応じて専従で次の数以上 ア 利用者の数が15人まで 1以上 イ 利用者の数が15人を超す場合 アの数に利用者の数が１増すごとに0.2を加えた数以上 ② 単位ごとに常時１名配置されること ③ ①の数及び②の条件を満たす場合は、当該事業所の他の単位における介護職員として従事することができる
機能訓練指導員	１以上
生活相談員又は介護職員のうち１人以上は常勤	

※定員10名以下の地域密着型通所介護事業所の場合は看護職員又は介護職員のいずれか１名の配置で可

（出典：厚生労働省資料）

（3）職員の働き方

① 勤務形態が多様である

利用者の１日の生活を支援する介護福祉サービスでは、業務の繁閑に応じた柔軟な職員配置が行われています。例えば、食事や入浴の時間帯には短時間勤務の職員で配置を手厚くしたり、逆に夜間は配置数を少なくしています。これらの工夫は人件費、人員配置基準、利用者のニーズ、職員の負担など様々な理由によるものです。

例えば、入所施設など24時間サービスでは**図表１-19**に示した複数の勤務シフトが組まれたり、また訪問系のサービスでは１回のサービス提供時間が短く日によって業務量に増減したりします。このような勤務に対応するため、短時間勤務の職員も多く活用されています。

図表 1-19 **1日のサービスの流れと勤務シフトの例（介護老人保健施設の例）**

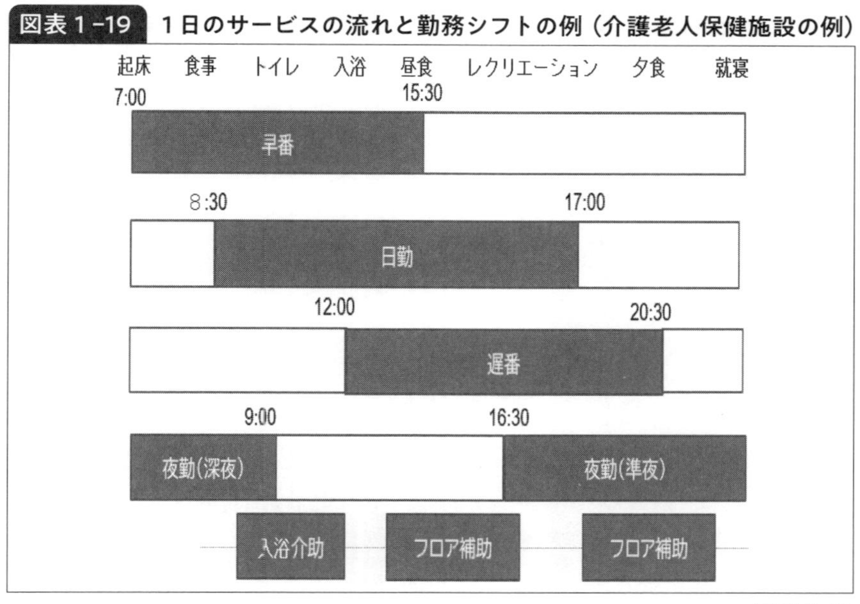

（筆者作成）

② 女性比率が高い・年齢の裾野が広い

介護福祉サービスは女性比率が高い職種です。**図表 1-20** のとおり、介護職員（施設等）で 68.4%、訪問介護員で 77.7%を女性職員が占めています。また、年齢構成では、介護職員（施設等）は 30〜59 歳、訪問介護員は 40〜59 歳の年齢層が占めています。なお、60 歳以上の高齢者雇用も進んでおり、年齢の裾野が広いことも特徴の一つです。

図表1-20 介護サービスにおける年齢構成（性別職種別）

	20歳未満	20～29歳	30～39歳	40～49歳	50～59歳	60～64歳	65～69歳	70歳以上
介護職員（施設等）	0.2%	8.3%	19.8%	27.9%	21.4%	7.3%	4.0%	2.0%
男性（23.3%）	0.2%	12.9%	32.0%	32.0%	12.4%	4.7%	2.2%	1.6%
女性（68.4%）	0.3%	7.7%	18.0%	29.7%	26.9%	8.9%	5.1%	2.3%
訪問介護員	0.2%	4.6%	12.9%	22.2%	25.6%	11.9%	7.4%	4.8%
男性（12.6%）	0.5%	8.5%	30.5%	26.9%	17.9%	5.1%	4.9%	2.6%
女性（77.7%）	0.1%	4.6%	11.6%	23.9%	29.8%	14.2%	8.6%	5.7%

（出典：厚生労働省 社会保障審議会 介護給付費分科会 令和５年９月８日資料）

③　人材確保・処遇改善が課題となっている

介護職員の有効求人倍率は全職業より高い水準で推移しており、訪問介護員、介護職員（施設等）とも、人手不足感が高くなっています。特に、訪問介護では、約６割の事業所が、人員が不足していると回答しています。また、離職率は減少傾向となっていますが、約９割の事業所が「採用が困難であること」を人材不足の理由に挙げており、大きな課題となっています（**図表1-21**）。

また、処遇改善も引き続き大きな課題です。**図表1-22**のとおり、介護職員の賃金は処遇改善加算の効果で着実に改善していますが、全産業と比較すると、いまだ低い水準です。このため、「経験を重ね専門性を積んでも賃金水準が上がらない」「キャリアの先行きへの不安がある」との課題が指摘がされています。

図表1-21　介護サービス事業所における従業員の不足状況

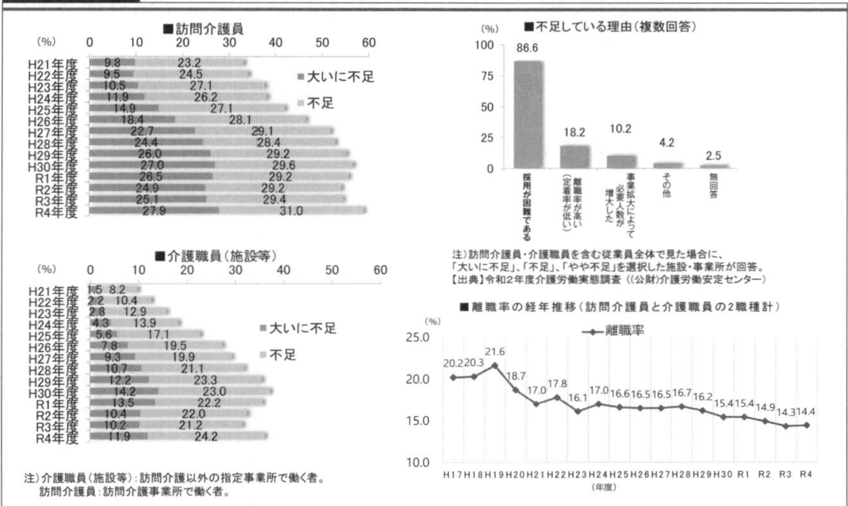

（出典：厚生労働省 社会保障審議会 介護給付費分科会 令和５年９月８日資料）

図表1-22　介護職員の賃金の推移

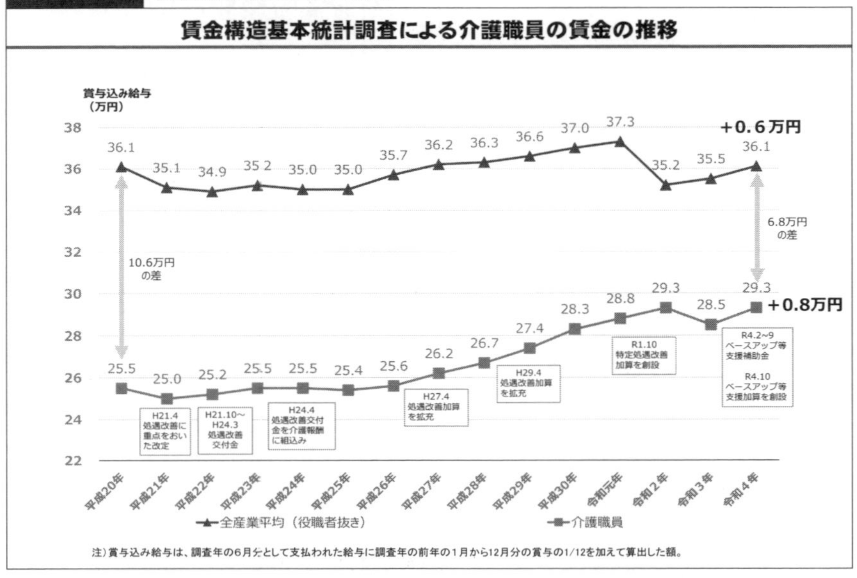

（出典：厚生労働省　社会保障審議会　介護給付費分科会　令和５年９月８日資料）

4．介護福祉サービスの担い手確保に向けて

（1）介護業界の持続可能性を支える人材確保と環境整備

企業を支える経営資源である「ヒト」「モノ」「カネ」「情報」のうち、「ヒト」はサービスの質を左右する重要な存在に位置づけられています。特に介護福祉サービスは高齢者や障害者の生活全般を支える事業であり、人材確保定着がままならないことは事業存続とサービスの質を左右する極めて重要な課題です。

国の推計では、令和22年度までに約280万人の介護人材が必要とされ、令和元年度の211万人から約69万人を増やすことが必要とされています。今後人材を確保していくには、介護福祉分野を支える人材の処遇改善と働きやすい環境づくりが不可欠であり、効果的な対策が求められています。

図表1-23　今後必要となる介護職員数

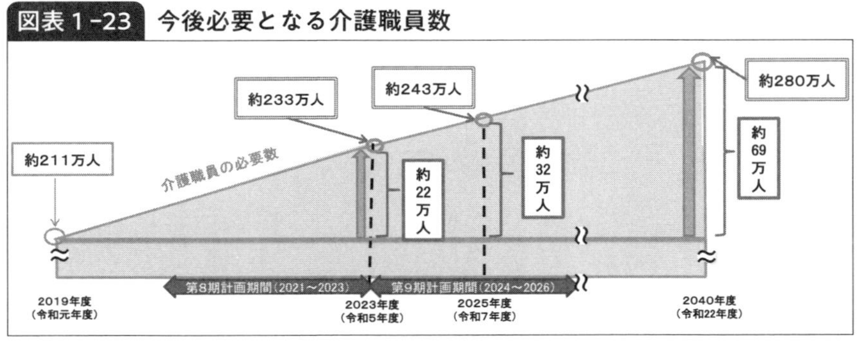

（出典：厚生労働省　社会保障審議会　介護給付費分科会　令和５年９月８日資料）

（2）今後の方向性

今後、介護福祉サービスの人材確保と定着を図るためには、多様な人材を活用し裾野を拡げる「参入促進」、本人の能力や役割に応じたキャ

リアの道筋をつくり、定着促進を図る「労働環境・処遇改善」、専門性を高め人材を有効活用する「資質の向上」の観点から総合的な施策を展開していくことが求められています（**図表1−24**）。

具体的な対策としては、職場環境の整備、給与や処遇の改善、キャリアアップの仕組みの整備などの取組みにより介護福祉の仕事の魅力を高め、若い世代や未経験者が介護業界に参入しやすくなることが期待されます。また、教育や研修制度の充実も質の高いサービスを提供する上で欠かせません。

本書で取り上げる「処遇改善加算」は、これらの取組みを促進するための重要な施策として令和６年度報酬改定においてさらなる拡充がされています（**図表1−25**）。

図表1−24　介護人材確保を目指す姿

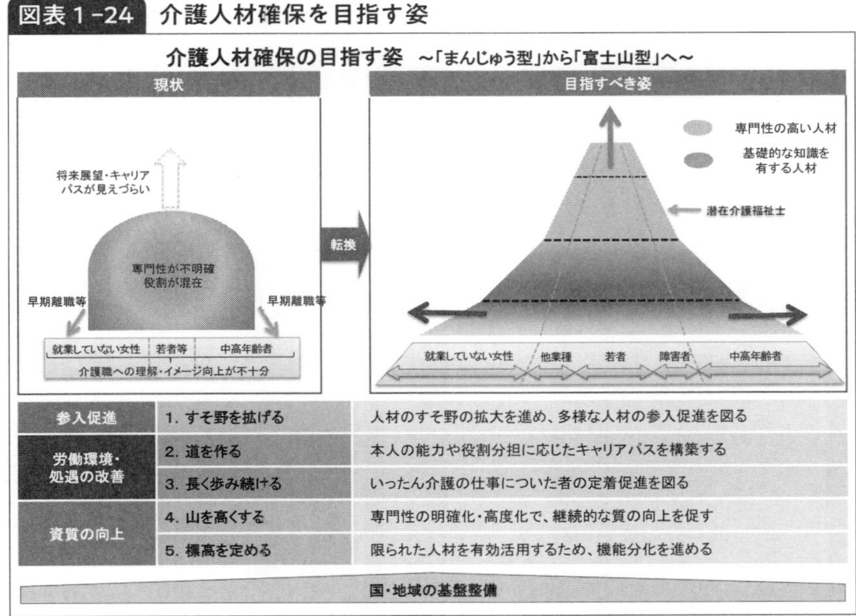

参入促進	1. すそ野を拡げる	人材のすそ野の拡大を進め、多様な人材の参入促進を図る
労働環境・処遇の改善	2. 道を作る	本人の能力や役割分担に応じたキャリアパスを構築する
	3. 長く歩み続ける	いったん介護の仕事についた者の定着促進を図る
資質の向上	4. 山を高くする	専門性の明確化・高度化で、継続的な質の向上を促す
	5. 標高を定める	限られた人材を有効活用するため、機能分化を進める

国・地域の基盤整備

（出典：厚生労働省　社会保障審議会　介護給付費分科会　令和５年９月８日資料）

図表1-25　令和６年度介護報酬改定の方向性

高齢化等に伴う事業者の収益増等（全体として年＋3%程度）が
処遇改善（現場の従事者の賃上げ等）につながる構造の構築

- 職場環境の改善に向けた関係者の意識改革
  - ・好事例の横展開（内閣総理大臣表彰等）
- ICTの活用・人員配置の柔軟化の促進
- 経営の協働化・大規模化の促進
  - ・社会福祉連携推進法人の積極活用等
- 公的人材紹介の強化・人材紹介会社の規制強化
- **処遇改善加算の活用**
  - **・賃上げの呼び水として実績に応じた加算を活用**
- 経営情報の見える化の強化
- ・　処遇改善加算取得に当たって職種別給与等の提出の要件化等

→ 令和6年度報酬改定に反映（加算・要件化）

（財務省財政審議会　R5. 11. 1）

（財務省財政審議会資料から筆者作成）

第2章

処遇改善の加算制度と一本化の概要

本章では、処遇改善に関する制度についての経緯、三つの加算制度のそれぞれの仕組みと特徴、令和６年６月から一本化された「介護職員等処遇改善加算」について、導入の背景、基本的な仕組みを説明します。

制度の基本的な理解にお役立てください。

1．処遇改善の加算制度

（1）創設・改正経緯

介護職員の処遇改善を図る加算制度は、これまで段階的に拡充されてきました。また、障害福祉サービス等にも類似の制度が存在し、細かいルールの違いはありますが、ほぼ同様の仕組みとなっています。制度内容の説明に先立ち、処遇改善の加算制度の創設、改正経緯を紹介します。なお、本書では、処遇改善の加算制度の表記を、**図表２－１**のとおりとします。

図表２－１　本書における加算の表記

介護サービス事業者等	障害福祉サービス事業者等	本書での表記
介護職員処遇改善加算	福祉・介護職員処遇改善加算	処遇改善加算
介護職員等特定処遇改善加算	福祉・介護職員等特定処遇改善加算	特定加算
介護職員等ベースアップ等支援加算	ベースアップ等加算	ベースアップ等加算

①　交付金から介護報酬へ移行・拡充（平成21年～平成29年）

処遇改善を図る仕組みは、平成21年度に交付金制度として始まりました。開始当初から交付の要件として、事業者に資質向上や雇用管理改善、キャリアアップの仕組み構築といった労働環境の整備、職員に対する加算額を超える処遇改善を行うことが求められました。その後、平成24年度には、その効果を持続させるため、介護報酬の加算に組み込まれる形に移行しました。この加算の仕組みは、当初、「一時的・臨時的な措置」としての位置付けでしたが、平成27年および平成29年に段階的に拡充され、現在では制度として定着しています。

②　介護職員等特定処遇改善加算の創設（令和元年10月～）

令和元年10月には、さらなる処遇改善を進めるため「介護職員等特定処遇改善加算」が創設されました。この加算は、全産業平均と遜色のない賃金水準の実現を目指し、特に勤続10年以上の経験豊富な介護職員への重点的な配分を目的とした加算です。なお、特定加算は、介護職員以外の他の職種にも一定程度柔軟に配分できるような仕組みとなりました。

③　介護職員等ベースアップ等支援加算の創設（令和４年 10月〜）

令和４年10月には、コロナ克服に向けた国の経済対策を踏まえ、「介護職員等ベースアップ等支援加算」が創設されました。この加算は、受給額のうち一定額を基本給や毎月支払われる手当の引上げに充てるベースアップを図ることが目的です。なお、この加算も特定加算と同様に他職種への柔軟な配分ができる仕組みです。

このように、処遇改善の加算制度は、賃金の底上げやキャリアアップを促進するため、段階的に拡充してきたものです（**図表２−２**）。

図表2－2　これまでの介護職員の処遇改善についての取組みと実績

平成 21 年 4 月
平成 21 年度介護報酬改定において、＋３％改定（介護従事者の処遇改善に重点をおいた改定）を実施し、月額 9,000 円（実績）の賃金改善が行われた。

平成 21 年度補正予算
処遇改善交付金を措置（1.5 万円相当）し、月額 15,000 円（実績）の賃金改善が行われた。

平成 24 年 4 月
平成 24 年度介護報酬改定において、処遇改善交付金を処遇改善加算として介護報酬に組み込み、月額 6,000 円（実績）の賃金改善が行われた。

平成 27 年 4 月
平成 27 年度介護報酬改定において、処遇改善加算を拡充（1.2 万円相当）し、月額 13,000 円（実績）の賃金改善が行われた。

平成 29 年 4 月
ニッポン一億総活躍プラン等に基づき、平成 29 年度臨時改定において、処遇改善加算を拡充（１万円相当）し、月額 14,000 円（実績）の賃金改善が行われた。

令和元年 10 月
新しい経済政策パッケージに基づき、全産業平均の賃金と遜色ない水準を目指し、更なる処遇改善を進めるため、令和元年 10 月臨時改定において、特定処遇改善加算を創設し、月額 18,000 円（実績）の賃金改善が行われた。
※勤続年数 10 年以上の介護福祉士では月額 21,000 円（実績）の賃金改善

令和４年 10 月
コロナ克服・新時代開拓のための経済対策に基づき、介護職員の給与を月額平均９千円相当引き上げるため、令和４年 10 月臨時改定において、ベースアップ等支援加算を創設（２月～９月は補助金）し、月額 17,000 円（実績）（うち基本給等は 10,000 円）の賃金改善が行われた。

実績はすべて各取組前後の賃金の差を調査したもの（介護従事者処遇状況等調査）。
※調査ごとに対象とした施設・事業所や職員の範囲が異なる。

（出典：厚生労働省介護給付費分科会（第 223 回）令和５年９月８日資料）

（2）旧3加算の仕組み

ここから、旧３加算の仕組みについて、次の順番で説明していきます。令和６年６月からの新加算にも考え方が引き継がれていますので、前提知識として理解していきましょう。

① 全体像（目的・特徴・対象サービス）
② 計算方法
③ 算定するための主な要件（キャリアパス要件、職場環境等要件）
④ 加算額を超える賃金改善の実施（賃金改善対象期間、賃金項目、対象範囲、配分方法）
⑤ その他（計画書等の作成、規程整備、職員周知など）

① 全体像と各加算の特徴

㈠ 加算の構造

旧３加算は、処遇改善加算の３段階、特定加算の２段階、ベースアップ加算の１段階の構造です（**図表２－３**）。また、各加算ごと、サービス種別ごとで異なる加算率が定められています。

図表２－３ 「旧３加算の全体イメージ」

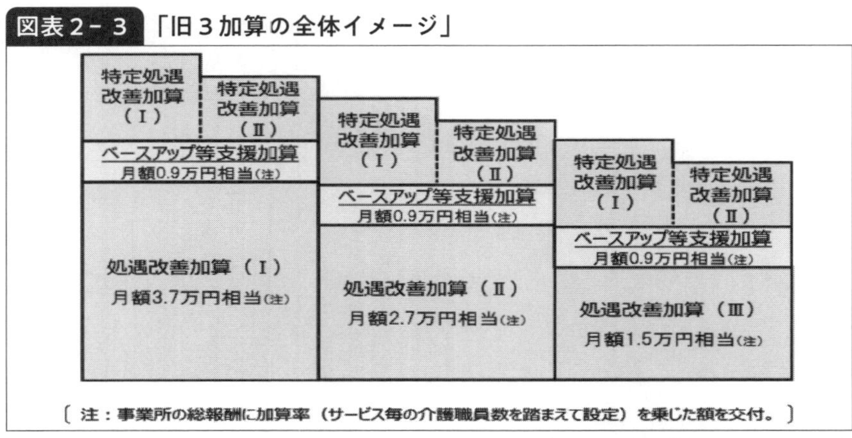

（出典：厚生労働省ホームページ）

(イ) 旧３加算の目的と特徴

図表２－４は、旧３加算について、「目的」「加算率の多少」「対象職種の範囲」「加算額の配分ルールの有無」「月例給への反映の有無」を整理したものです。

図表２－４　旧３加算の目的と特徴

加算名	目　的	加算率	対象職種	加算額の配分	月例給への反映
処遇改善加算	・介護職員の処遇改善 ・キャリア、教育、昇給の仕組みで、将来の見通しをつける ・職場環境を改善する	多	介護職員のみ	制限なし	制限なし
特定加算	・経験･技能のある介護職員を手厚く処遇	中	介護職員 ＋ その他の職種	経験技能のある介護職員に手厚く配分	制限なし
ベースアップ等加算	・月例給の引上げ(基本給の増額、手当の新設)によって処遇改善	少		制限なし	2/3以上を反映

※障害福祉サービスでは、「介護職員」は、「福祉･介護職員」

加算率については、処遇改善加算が基準となり、特定加算やベースアップ加算が上乗せされてきた経緯から、処遇改善加算＞特定加算＞ベースアップ加算の順となっています。

対象職種の範囲については、当初は介護職員のみを対象としていましたが、特定加算とベースアップ加算が導入されることで、他の職種にも広がりました。

加算額の配分については、特定加算は経験・技能のある介護職員に手厚い配分が求められていますが、他の加算は「誰にどの程度配分するか」は事業者が自由に決められます。

月例給への反映については、ベースアップ等加算以外は必要はありません。このため、多くの事業者は、毎月の支払い管理が手間であること、加算額がサービス提供実績に応じて変動すること（②**計算方法**(ア)参照）、月例給で支払うと時間外手当などの人件費に影響するなどの理由で、賞与・一時金としてまとめて支払う方法をとっていました。

(ウ)　介護職員が配置されないサービスは対象外

処遇改善に関する制度は、介護職員の処遇改善を目的に創設、改正されてきた経緯があることから、介護職員の配置が求められていない以下のサービスは、加算の対象外です。

・介護サービス

訪問看護、訪問リハビリテーション、居宅療養管理指導、福祉用具貸与、居宅介護支援など

・障害福祉サービス等

就労定着支援、自立生活援助、地域相談支援、計画相談支援、障害児相談支援など

②　計算方法

(ア)　月々のサービス実績に応じて増減する

処遇改善に関する加算は、事業者が提供するサービスの報酬に対し、毎月一定割合で加算されます。この加算は体制加算（27ページ参照）として、対象サービスのすべての利用者の報酬に反映されます。

旧3加算額は、**図表2－5**のとおり、月々のサービス提供実績に基づき計算した総単位額（基本報酬・実施加算・体制加算等を加えたもの）に、それぞれの加算率を乗じて、算出します。このため、サービス提供実績に影響を受ける、つまり「サービス提供が減れば賃金改善に回す原資が少なくなる、逆に、サービス提供が増えれば賃金改善に回す原資が増える」という特徴があります。加算算定には、受給額を超える賃金改善が求められるルールがあるため、その原資に変動がある点は、特に理解しておく必要があるでしょう。

図表２－５　旧３加算の計算イメージ

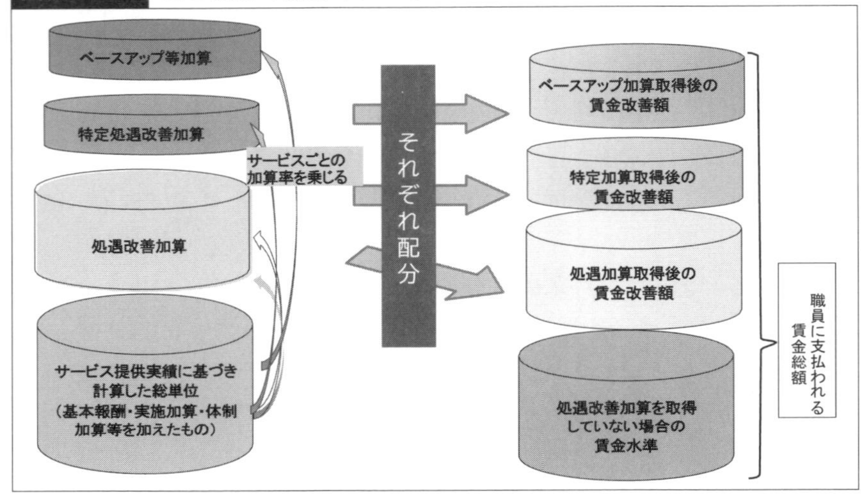

（筆者作成）

(イ)　実際の計算例

図表２－６では、訪問介護による、令和６年３月のサービス提供実績を例にして、計算例を示しました。旧３加算の金額は、処遇改善加算＞特定加算＞ベースアップ等加算となっていることがわかります。この特徴は、他のサービスにおいても同様です。

図表2-6　加算額の計算例（訪問介護　令和6年3月現在の率で計算）

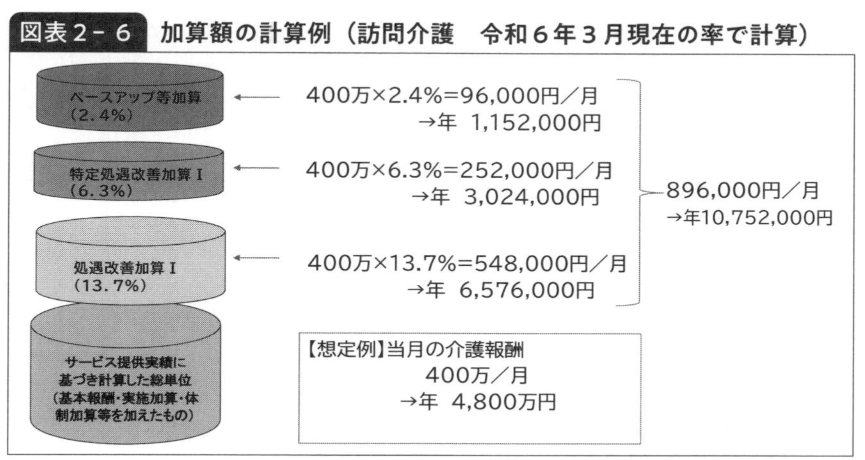

（筆者作成）

③　算定するための主な要件（キャリアパス要件、職場環境等要件）

旧3加算を算定するためには、任用要件や賃金体系の整備、研修の実施等の「キャリアパス要件」を満たした上で、職場環境改善に取り組むことが求められます。

各加算ごと、算定区分ごとにそれぞれ求められる要件は以下のとおりです。

㈠ 処遇改善加算

○満たしたキャリアパス要件数に応じて上位区分の算定ができる

キャリアパス要件は「任用要件・賃金体系の整備」、「研修の実施等」、「昇給の仕組み」の三つがあり、満たした要件数に応じて上位区分の算定ができます。

○職場環境を改善する取組みが一つ以上必要

処遇改善加算の算定には職場環境を改善する取組みが必要です。取組みは以下の６区分ごとに数種類設定されており、そのうち、１種類以上の取組みが必要です。

・入職促進に向けた取組み
・資質の向上やキャリアアップに向けた支援
・両立支援・多様な働き方の推進
・腰痛を含む心身の健康管理
・生産性の向上のための業務改善の取組み
・やりがい、働きがいの醸成

㈡ 特定加算

○処遇改善加算の算定が前提

特定加算の算定には、処遇改善加算ⅠからⅢのうち、いずれかを算定していることが必要です。

○介護福祉士等の配置割合により上位の加算率が算定できる

特定加算は２段階で、介護福祉士等の配置割合が一定以上である場合には、より上位の加算率が算定できます。

○経験・技能のある介護職員等に重点的に配分する必要がある

特定加算を原資とした賃金改善は、事業所に従事するすべての職員を「経験・技能のある介護職員」、「他の介護職員」、「その他の職種」に分類した上で、「経験・技能のある介護職員」に重点的に配分する必要があります。

○職場環境改善の追加実施と見える化が必要

特定加算の算定には、「職場環境等要件」で定められた区分ごとに１種類以上（障害福祉サービス等の場合は３つの区分を選択し、それぞれ１種類以上）の取組みを実施し、その内容をホームページ等で公表する必要があります。

㈦　ベースアップ等加算

○処遇改善加算の算定が前提

特定加算と同様に、ベースアップ等加算の算定には、処遇改善加算Ⅰから Ⅲのうち、いずれかを算定している必要があります。

○算定額のうち２／３以上の月例給の改善が必要

処遇改善加算・特定加算では加算額の支払い方法に限定はありませんでしたが、ベースアップ等加算では、加算額のうち２／３以上の額を月例給の改善に充てる必要があります。

以上㈠から㈦をまとめると、**図表２−７**のとおりとなります。

図表２−７　旧３加算の区分ごとの要件一覧

加算名	区分	任用要件賃金体系	研修の実施等	昇給の仕組み	介護福祉士等配置	賃金配分		職場環境の改善		
		キャリアパス要件				経験技能のある職員	月例給2/3以上	全体で1種類以上	区分ごと1以上※	見える化
処遇改善加算	Ⅰ	○	○	○	—	—	—	○	—	—
	Ⅱ	○	○	—	—	—	—	○	—	—
	Ⅲ	どちらか一つ		—	—	—	—	○	—	—
特定加算	Ⅰ	※　処遇改善加算 Ⅰ・Ⅱ・Ⅲのいずれか			○	○	—	—	○	○
	Ⅱ				—	○	—	—	○	○
ベースアップ等加算					—	—	○	—	—	—

※障害福祉サービス等では、3つの区分を選択し、それぞれ1以上

（筆者作成）

④　加算額を超える賃金改善の実施（賃金改善対象期間、対象者、賃金項目）

事業者は、加算による受給額を超える賃金改善を行わなければなりません。賃金改善にあたっては、以下の四点について整理が必要です。

(ア)　いつ（賃金改善実施期間）

(イ)　誰に（対象者）

(ウ)　どのような項目で（改善する賃金項目）

(エ)　どのような配分で（配分方法）

(ア)　賃金改善実施期間

賃金改善実施期間とは、加算を原資とした賃金改善を実施する期間のことで、**図表２－８**に示した４つのパターンから選択ができます。選択にあたっては、サービス提供から報酬の支払いまでの事務を踏まえ決定する必要があります。

○サービス提供から報酬支払いまでの事務

・サービス提供月の翌月 10 日まで

　国保連に報酬を請求する。

・翌々月の初旬

　支払額の通知書が国保連から事業所に通知される。

・翌々月の 25 日前後

　事業者の口座に報酬が入金される。

○賃金改善期間のパターン

・パターン１：労働時間、サービス提供実績見込みに基づき支払う。

・パターン２：請求額の確定後に支払う。

・パターン３：加算額支払額が通知された後、賃金に反映する。

・パターン４：加算額が口座入金された翌月に、賃金に反映する。

※１　実施期間の月数は加算算定月数と同じでなければならない。

※２　サービス提供の期間の初月から、加算支払終了月の翌月までの連続する期間でなければならない。
※３　各年度において重複してはならない。

図表２－８　報酬請求事務と賃金改善実施期間のパターン

サービス提供月	4月	5月	6月	7月	8月	9月	10月	11月	12月	1月	2月	3月	4月	5月	6月
報酬請求		○	○	○	○	○	○	○	○	○	○	○	○		
支払通知			初旬	初旬	初旬	初旬	初旬	初旬	初旬	初旬	初旬	初旬	初旬	初旬	
口座入金			下旬	下旬	下旬	下旬	下旬	下旬	下旬	下旬	下旬	下旬	下旬	下旬	
賃金改善	パターン①　労働時間・サービス提供の見込みに基づく（4月～3月） パターン②　請求額確定後（5月～4月） パターン③　支払額通知後（6月～5月） パターン④　口座入金後（7月～6月）														

（筆者作成）

○賃金改善実施期間の変更

賃金改善実施期間は、合理的な理由がある場合には変更することも可能です。

例えば、令和６年度に賃金改善実施期間を令和６年７月～令和７年６月としていた事業者が、令和７年度から令和７年４月～令和８年３月に変更しようとする場合には、令和６年度の賃金改善実施期間を変更する届出を行い、令和６年７月～令和７年３月までの９か月に短縮する対応となります。

(イ) 賃金改善の対象者

○処遇改善加算

処遇改善加算では、介護職員（障害福祉サービス等の場合は福祉・介護職員）のみに、限定されています（**図表2－9**）。

図表2－9 処遇改善加算の対象職種

	対　象	対象外
介　護	加算対象サービスに従事する介護職員	管理者 生活相談員 看護師 機能訓練員
障　害	加算対象サービスに従事する ・ホームヘルパー　・生活支援員 ・児童指導員　・保育士　・世話人 ・職業指導員　・地域移行支援員 ・就労支援員　・訪問支援員　　など	管理者 サービス管理責任者 児童発達支援管理者

○特定加算・ベースアップ等加算

特定加算およびベースアップ等加算では、介護職員だけでなく、事業所等に従事するすべての職員が対象とされています。また、特定加算の配分の際に経験・技能のある介護職員等に重点的に配分する必要があるため、職員を「経験・技能のある介護職員（障害福祉人材）」、「他の介護職員（障害福祉人材）」、「その他の職種」に分類します（**図表2-10**）。

なお、介護サービスでは、処遇改善加算と特定加算の介護職員は同範囲となりますが、障害福祉サービスでは処遇改善加算の対象外である「サービス管理責任者」、「児童発達支援管理責任者」が対象に含まれ、その範囲が異なります。

図表2-10　特定加算・ベースアップ加算の対象職種

	経験技能（※1）のある介護職員（※2）	その他の介護職員（※2）	その他の職員
介護	【処遇改善加算と同範囲】 ・介護福祉士	・左記以外の介護職員	事務員、看護師、機能訓練指導員、管理者　など
障害	・介護福祉士、社会福祉士、精神保健福祉士または保育士 ・心理指導担当職員、サービス提供責任者 ・サービス管理責任者、児童発達支援管理責任者	Aグループ以外の福祉・介護職員 ・心理指導担当職員、サービス提供責任者 ・サービス管理責任者、児童発達支援管理責任者	事務員、看護師、機能訓練指導員、管理者　など

研修等による技能取得によりBからAに移行可能

専門的な技能等を鑑みCからBに移行可能

※1　経験・技能のある介護職員は、勤続年数10年以上の資格所有者を基本とし、各事業所の裁量において設定する。「勤続10年の考え方」は、同一法人のみだけでなく、他法人や医療機関等での経験等の通算、事業所内での能力評価や等級システムを活用するなど、10年以上の勤続年数を有しない者であっても業務や技能等を勘案して対象とするなど、各事業所の裁量により柔軟に設定可能である。

なお、資格を有する者がいない場合や、比較的新たに開設した事業所で、研修・実務経験の蓄積等に一定期間を要するなど、介護職員間における経験・技能に明らかな差がない場合などは、グループを設定しないことも可能。

※2　障害福祉サービス等においては、「障害福祉人材」に読み替え。

○対象者に関する取扱い

介護福祉サービスに従事する職員には、様々な就労形態があります。以下、Q&Aをもとに取扱いを整理しましたので、参考にしてください。

【対象者に関する取扱い】

事　由	取扱い
役員、管理者等と兼務している職員	**原則として賃金改善の対象とはならない** ただし、下記の条件を満たし、介護職員として従事している実態が確認できれば対象 ✓実際に介護職員としての業務に従事していること ✓「給与」が支払われていること ✓人員配置表や毎月のシフト表に「介護職員」「支援員」と記載
介護サービスと障害福祉サービス等で兼務している職員	**賃金改善の対象となる** 加算額の配分は、常勤換算方法により計算し按分することが想定されるが、按分計算が困難な場合等は実際にその職員が収入として得ている額で判断しても差し支えない。
派遣労働者 在籍型の出向者 業務委託職員	**賃金改善の対象となる** 賃金改善を行う方法等について派遣元等と相談した上で、対象とする労働者を含めて処遇改善計画書や実績報告書を作成する。 ※加算等を原資とする派遣料等の上乗せが、派遣元等から支払われ派遣職員の給与に上乗せされるよう、派遣元等と協議する。 ※実際に支払われているかも確認しておくほうが望ましい。
外国人 （EPA、技能実習生、特定技能）	**賃金改善の対象となる** ・EPAによる介護福祉士候補者と受入れ機関との雇用契約の要件として「日本人が従事する場合に受ける報酬と同等額以上の報酬を受けること」とされていること。 ・介護職種の技能実習生の待遇について「日本人が従事する場合の報酬の額と同等以上であること」とされていること。
法人本部の人事、事業部等で働く職員	**条件付きで賃金改善の対象となる** 算定対象となるサービス事業所等に関する業務を行っていると判断できる場合には、賃金改善の対象に含めることができる。
加算等を算定していない事業所等の職員 ※加算の対象外サービスの事業所等を含む。	**賃金改善の対象とはならない** ただし、対象事業所に兼務し、次の点を満たす場合は対象となる ✓対象外サービスで人員基準に定められた必要人員以上を配置 ✓業務の支障がない範囲で介護職員と兼務していること。 ✓雇用契約書や辞令等で、「介護職務に従事すること」が明示していること。 ✓毎月作成する職務従事一覧表で、介護業務とその他業務に従事した日数・時間数も記録していること。

㈦　賃金改善を行う賃金項目

○基本的な考え方

事業者は、賃金改善を行うにあたり、基本給、手当、賞与等のうち対象とする賃金項目を特定した上で行う必要があります。また、どの項目で改善を行うかは、事業者の裁量となりますが、以下の点に留意する必要があります。

・安定的な処遇改善が重要であることから、基本給による賃金改善が望ましい。ただし加算額を確実に賃金改善につなげること、実績報告時の集計事務の負担を考慮すると、通常の賃金項目と処遇改善加算の受給額を充当する賃金項目を分けて管理したほうが運用しやすい（**図表２-11**）。

・ベースアップ等加算では、加算額の一定割合以上の月例給（基本給、毎月決まって支払う手当）での改善を求められている。

・加算にかかる要件を満たすための費用は含まれない。

・特定した賃金項目を含め、賃金水準を低下させてはならない。

図表２-11　賃金改善の手法例

基本給の場合	手当の場合	賞与の場合
特定加算給	特定加算手当	特定加算賞与
ベースアップ給	ベースアップ手当	ベースアップ賞与
処遇改善加算給	処遇改善手当	処遇改善賞与
基本給＋その他手当	基本給＋その他手当	賞与

（サードプレイス社会保険労務士法人　三島幹雄氏作成資料から引用加筆）

○賃金項目ごとの取扱い

図表２-12では、賃金項目ごとの取扱いを、厚生労働省Q&Aをもとにまとめましたので参考にしてください。

図表2-12 賃金改善に該当するもの

項　目	認められるもの	毎月決まって支払うものに該当する
昇給、ベースアップ	・基本給が時給制の職員の時給を引上げ ・基本給が日給制の職員の日給を引上げ ・最低賃金の引上げに伴う基本給の引上げ ※最低賃金を満たした上で、賃金の引上げを行っていただくことが望ましい。	該　当
決まって毎月支払われる手当 ※労働と直接的な関係が認められ、労働者の個人的事情とは関係なく支給される手当	・資格手当、役職手当、職務手当など ・処遇改善手当 ※決まって毎月支払われるのであれば、月ごとに額が変動するような手当も含む	該　当
月ごとに支払われるか否かが変動するような手当	・回数業績に応じて支払う夜勤特別手当、業績手当 ・夏季賞与・冬季賞与 ・処遇改善手当一時金	非該当
労働と直接的な関係が薄く、当該労働者の個人的事情により支給される手当	・通勤手当、扶養手当等	非該当
賃金改善にかかる法定福利費増加分	・法定福利費（健康保険料、介護保険料、厚生年金保険料、児童手当拠出金、雇用保険料、労災保険料等）など、加算にかかる賃金改善分に応じて増加した事業主負担分 ・法人事業税における加算にかかる賃金上昇分に応じた外形標準課税の付加価値額増加分 ※任意加入とされている制度に係る増加分（例えば、退職手当共済制度等における掛金等）は含まないものとする。	非該当

※1　対象とならないもの
　退職手当、職員の増員、旅費、通信費、研修費、資格取得費用（テキスト購入等）、健康診断費予防接種費用、慰安旅行の費用負担、図書カード・商品券・ポイントカード等の支給、物品購入費用、講習会受講料など

※2　法定福利費の事業主負担額の計算
　法定福利費は、「職員の就業形態・収入等により加入する社会保険が異なること」、「加入する保険者によって適用される保険料率などが異なること」、「計算方法についても制度ごとに様々であること」から各事業者において合理的にと判断される方法により算定することも可能（必ずしも、職員一人ひとりの具体的な法定福利費等の事業主負担分増加分を算出する方法ではなくても構わない）。
　なお、合理的な方法とは、例えば、保険制度に職員が加入しているかどうか等を勘案し、事業所全体の賃金改善所要額に社会保険料率（例えば一律15％等）を乗じるなどの方法が考えられる。

（厚生労働省 Q&A を参考に作成）

○賃金水準の比較について

事業者は、賃金改善を行うにあたり、毎月支払う給与を引き上げる代わりに賞与を引き下げることなどによって、全体の賃金水準を低下させることはできません。

このルールをチェックするために、実績報告時に前年度の賃金総額（**図表２−13 ❶**）よりも、当該年度の賃金総額（**図表２−13 ❷**）が上回っているかを記載する必要があります。

図表２−13　賃金水準の比較イメージ

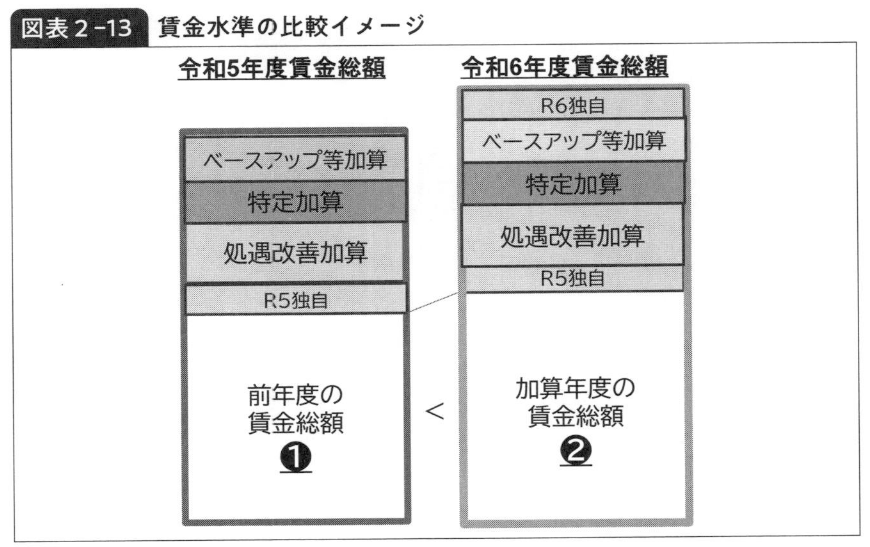

（筆者作成）

※　前年度の賃金総額の算出方法

厚生労働省のQ&Aでは「前年度の賃金総額」は、初めて加算または交付金を算定した年度の前年度における賃金水準により推計することとされています。

しかし、採用・退職・事業所の設置廃止により職員構成の変動や事業実施期間が短くなるなど、推計が困難な場合であったり、現在の賃金水準と比較することが適切でない場合は、以下の推計方法により算出することも差し支えないこととされています（**図表2-14**）。

図表2-14 前年度の賃金総額の推計方法（例）

想定される事由	具体的な推計方法
前年の10月に事業所を新設した等サービス提供期間が12か月に満たない	12か月サービスを提供していたと仮定した場合における賃金水準を推計
申請する前年度において職員の退職などにより職員数が減少し、基準額となる賃金総額として適切でない場合	退職者については、その職員が、前年度に在籍していなかったものと仮定した場合における賃金総額を推計する
事業規模の拡大を行い、申請年度においては、変更後の事業規模で実施する予定である等、当該年度の賃金総額として適切な規模に推定する必要がある場合	比較時点でいない職員について、当該職員と同職であって、勤務年数等が同等の職員の賃金水準で推定

※比較対象とならない「賃金改善に当たらない費目（扶養手当や通勤手当など）や実績により変更がある費目（時間外手当・深夜手当など）も含めない方法も可能。

図表2-15 職員の入れ替わりがあった際の賃金総額の推計例

（例）	勤続10年（月額30万）		勤続5年（月額25万）	勤続1年（月額20万）		賃金総額
R5年度（実際）	10人（3,600万）	調整	10人（3,000万）	10人（2,400万）	調整	9,000万
R5年度（調整）	5人（1,800万）		10人（3,000万）	15人（3,600万）		8,400万
R6年度（実際）	5人（1,800万）		10人（3,000万）	15人（3,600万）		8,400万

（出典：厚生労働省Q&Aより）

(エ) 配分方法

○旧3加算の配分方法の全体像

旧3加算の配分の仕方と月例給への反映方法は、**図表2-16**のとおりです。

図表２-16 旧３加算の対象職種、配分の仕方、月例給への反映

加算名	対象職種	配分の仕方	月例給への反映
処遇改善加算	介護職員のみ	制限なし	制限なし
特定加算	介護職員 ＋ その他の職種	経験技能のある介護職員に手厚く配分	制限なし
ベースアップ等加算		制限なし	2/3以上を反映

※障害福祉サービスでは、「介護職員」は、「福祉・介護職員」

（筆者作成）

○特定加算の配分方法

特定加算では、加算額を経験技能のある介護職員に重点的に配分しつつ、他の職種の職員にも配分が可能です。配分に係るルールは、次ページのとおりです。

【ルール①】

「経験技能のある介護職員」（A）のうち１人以上は、特定加算による賃金改善額が月額平均８万円以上となるか、または、賃金改善後の年収が 440 万円以上となること。なお、それぞれの場合において、特定加算以外の加算や法定福利費の増加分を含めるかで、考え方が異なります（**図表２-17、図表２-18**）。

図表２-17　賃金改善のそれぞれの考え方

	月額８万円の改善	改善後賃金が 440 万以上
特定加算以外の加算	含めない	含める
法定福利費の増加分	含める	含めない

図表２-18　賃金改善のイメージ

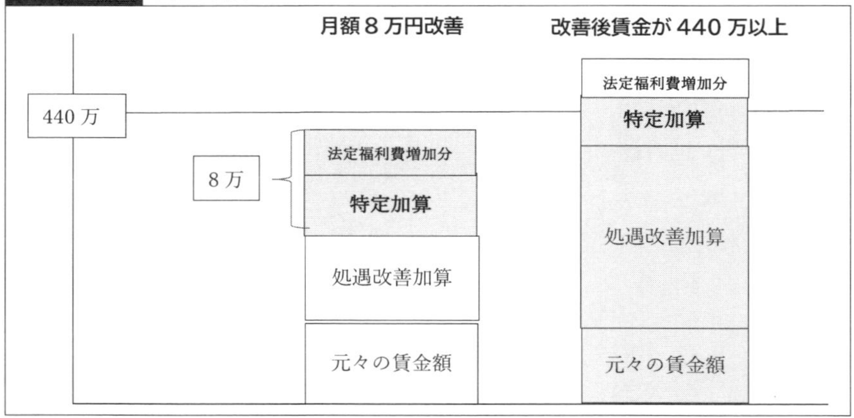

※以下の場合など例外的に当該賃金改善が困難な場合は、合理的な説明があれば算定が可能
- 小規模事業所等で加算額全体が少額である場合
- 職員全体の賃金水準が低い事業所などで、直ちに一人の賃金を引き上げることが困難な場合
- 月額平均８万円等の賃金改善を行うにあたり、これまで以上に事業所内の階層・役職やそのための能力や処遇を明確化することが必要になるため、規程の整備や研修・実務経験の蓄積などに一定期間を要する場合

【ルール②】

「経験技能のある介護職員」（A）の平均賃金改善額が、「他の介護職員」（B）の平均賃金改善額を上回ること

【ルール③】

「他の介護職員」（B）の平均賃金改善額が、「その他の職種」（C）の平均賃金改善額の２倍以上となっていること。

ただし、「その他の職種」（C）のうち、他の介護職員の平均賃金額を上回らない職種においては、両グループの平均賃金改善所要額が等しくなる（１：１）までの改善することが可能。

図表２−19　特定加算の職種間グループごとの配分割合イメージ

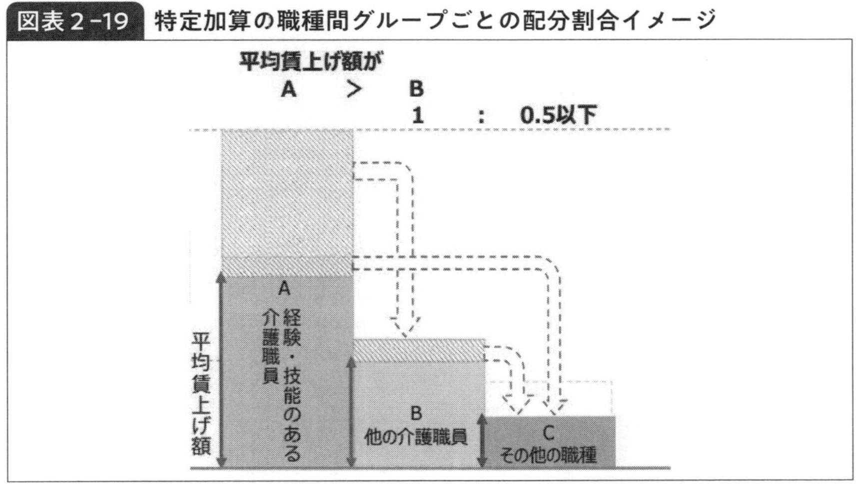

（出典：厚生労働省ホームページ）

【計算例】（**図表２-20**）

①　受給額……3,024,000円

②　人員数……８名

・経験技能のある介護職員区分（Ａ人材区分）……２名

・その他の介護職員区分（Ｂ人材区分）……………３名

・その他の職種の職員区分（Ｃ人材区分）…………３名

③　配分比率

・Ａ人材区分：Ｂ人材区分：Ｃ人材区分の配分比率は、２：１：0.5とする。

④　区分ごとの配分率を算出（②人員数×③配分比率）

・Ａ人材区分……4.0
・Ｂ人材区分……3.0
・Ｃ人材区分……1.5
合計8.5

⑤　人材区分別配分額を算出後、⑥一人当たり配分額を算出

・受給額×区分ごとの配分率÷区分全体の配分率

（例）Ａ区分の場合

3,024,000円×4.0 ÷ 8.5＝1,423,059円

・一人あたりの配分額を算出

区分ごとの配分額÷人員数

（例）Ａ区分の場合

1,423,059円÷２名＝711,530円

図表２-20　特定加算の配分計算例

受給額	3,024,000	・・①

区分ごとの**配分率**を算出 → ②区分ごとの**配分額**を算出 →

人材区分	②人員数	③配分比率	④区分全体の配分率 ②×③	⑤人材区分別配分額 ①×④/④の合計	⑥一人当たり配分 ⑤/②
A人材	2.0	2.0	4.0	1,423,059	711,530
B人材	3.0	1.0	3.0	1,067,295	355,765
C人材	3.0	0.5	1.5	533,648	177,883
合計	8	3.5	8.5	3,024,002	

（筆者作成）

○ベースアップ等加算は、加算額の２／３以上を月例給に充てなければならない

ベースアップ等加算では、賃金改善の合計額の３分の２以上を、基本給または決まって毎月支払われる手当の引上げに充てることが必要です。このため毎月の受給額と月例給の支払い額の管理をしていく必要があります。

また、特定加算と同様に、ベースアップ等加算も、その他の職種の職員にも配分することが可能ですが、計画書や実績報告書作成のため、「介護職員」と「その他の職員」とで、それぞれに別に管理することが必要です。

図表２-21　ベースアップ等加算のイメージ

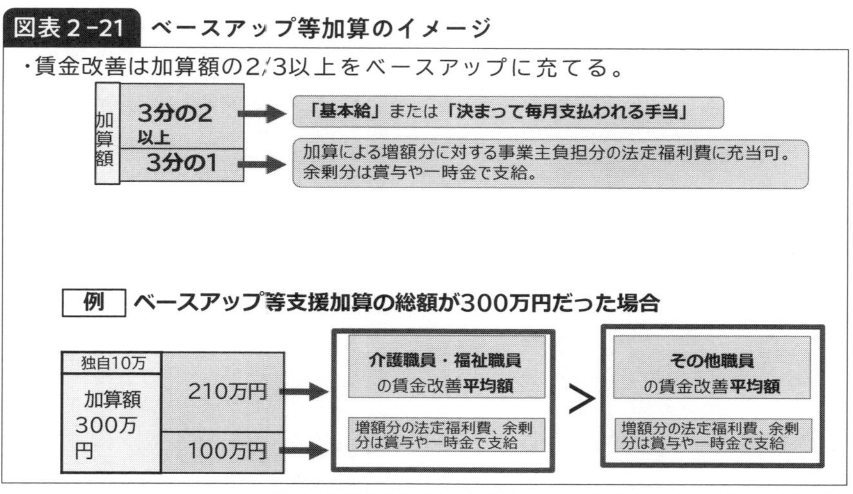

（AB 社労士事務所　阿部知佳氏　作成資料を参考に筆者加筆）

【計算例】（**図表2-22**）

① 受給額……3,000,000円

人員数……8名（介護職員5名　その他職種3名）

配分比率

② 介護職員：その他の職種＝1：0.9とする

→職員A～職員Hまでを合計すると7.7となる。

③ 職員一人当たりの配分額を計算

（例）職員A

受給額3,000,000円×配分率（1.0）÷配分率全体（7.7）＝389,610円

④～⑦ 支払い額の算出

月例給80％、賞与20％とする（千円単位）

（例）職員A

月例給引上げ　26,000円（年額　312,000円）

⑧ 介護職員、その他職種ごとに月例給が、【月例給＋賞与】の2／3以上であることを確認

図表2-22　ベースアップ等加算の賃金改善の計算例

① ベースアップ加算額	3,000,000

・・①　＜　❺ 3,027,000円は加算額よりも多い→OK

職員ごとの配分額を算出 → 職員ごとの支払い額を算出

氏名	職務内容	②配分率	③一人当たり配分額 ①×②/②の合計	④賞与 ③×20％	⑤月例	⑥月例（年額）	⑦年額 ④+⑥
A	介護	1.00	389,610	78,000	26,000	312,000	390,000
B	介護	1.00	389,610	78,000	26,000	312,000	390,000
C	介護	1.00	389,610	78,000	26,000	312,000	390,000
D	看護兼介護	1.00	389,610	78,000	26,000	312,000	390,000
E	介護	1.00	389,610	78,000	26,000	312,000	390,000
F	管理者	0.90	350,649	71,000	24,000	288,000	359,000
G	機能訓練	0.90	350,649	71,000	24,000	288,000	359,000
H	事務	0.90	350,649	71,000	24,000	288,000	359,000
		7.70	3,000,000	603,000	200,000	2,400,000	3,027,000

（A～Eの⑥欄：❶、⑦欄：❷　F～Hの⑥欄：❸、⑦欄：❺）

計算式　3,000,000×1/7.7

⑧

介護職員
❶月　例:156万
❷合　計:195万

→❶が❷の2/3以上
→OK

その他の介護職員
❸月　例:86.4万
❹合　計:107.7万

→❸が❹の2/3以上
→OK

（筆者作成）

⑤　その他の取扱い

(ア)　計画書と実績報告書の提出

加算を算定するには、年度開始前に指定権者に計画書を提出する必要があります（初めて加算を取得する場合は、加算取得月の前々月末までに提出）。

事業者は、加算額を受け取った後に、賃金改善を実施し、加算受領後翌々月の末日（例：３月分報酬は５月末に入金されるため、７月末が締切）までに実績報告書を提出する必要があります。

図表２−23　「事務フロー」

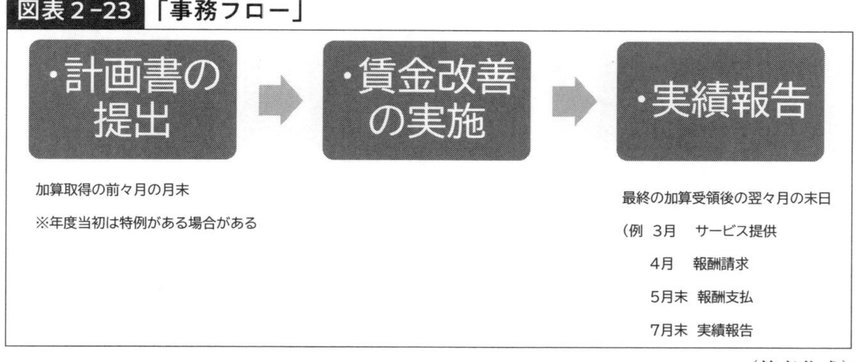

（筆者作成）

(イ)　根拠規定の書面整備が必要

加算算定にかかる計画、賃金改善の方法等は、就業規則等の明確な根拠規定を書面で整備し適切に保管しておく必要があります。

(ウ)　職員への周知が必要

加算を算定するには、賃金改善の対象者、支払いの時期、要件、賃金改善額等について、計画書等に明記し、職員に周知することが求められています。周知の方法は、職員が閲覧できる掲示板等への掲示や全職員への文書による通知等が考えられます。

また、加算額を職員に支払う際は、給与明細に表示しておくほか、職員から加算に係る賃金改善に関する照会があった場合は、当該職員についての賃金改善の内容について書面を用いるなどわかりやすく説明することも求められます。

(エ) 労働保険料納付・労働法令の遵守が前提

加算の算定には、職員の資質向上や雇用管理の改善を図るだけでなく労働保険料の未納や労働法令の違反がないことが前提です。

制度創設当時は、計画書提出時に労働保険保険関係成立届等の納入証明書（写）等を提出書類に添付することが必要でしたが、現在は誓約のみとなっています。

2．旧３加算の一本化

（１）一本化に至った経緯

これまで旧３加算の実施によって、介護職員の給与水準は徐々に向上してきましたが、依然として全産業平均と比較すると低い水準にあります。また、加算を算定していない事業所もあり、特に特定加算の算定率は、介護サービスで７割程度、障害福祉サービスで６割程度にとどまっています。

図表２-24　加算の取得状況（介護）

介護職員の処遇改善に関する加算等の取得状況

年度	令和元年度		令和２年度		令和３年度		令和４年度		令和５年度
サービス提供月	4月	10月	4月	10月	4月	10月	4月	10月	4月
介護職員処遇改善加算（※1）	91.5%	92.3%	92.4%	92.9%	93.2%	93.3%	93.4%	93.8%	**93.8%**
介護職員等特定処遇改善加算（※2）	—	58.3% (53.8%)	69.6% (64.3%)	71.2% (66.1%)	73.5% (68.5%)	73.9% (69.0%)	75.1% (70.2%)	75.9% (71.1%)	**77.0%** (72.3%)
介護職員等ベースアップ等支援加算（※2）	—	—	—	—	—	—	—	85.4% (80.0%)	**92.1%** (86.4%)

（出典）厚生労働省「介護給付費等実態統計」より老人保健課で特別集計。
※1 令和4年4月サービス提供分以降は処遇改善加算(Ⅳ)及び(Ⅴ)が廃止となっている。
※2 処遇改善加算の取得が要件のため、処遇改善加算を取得している事業所数に占める割合を記載（対象サービスの全請求事業所数に占める割合を括弧書き）。

（出典：厚生労働省　社会保障審議会　介護給付費分科会　令和５年９月８日）

図表２-25　加算の取得状況（障害）

福祉・介護職員の処遇改善に関する加算等の取得状況　（論点1 参考資料①）

年度	令和元年度		令和２年度		令和３年度		令和４年度		令和５年度
サービス提供月	4月	10月	4月	10月	4月	10月	4月	10月	4月
福祉・介護職員処遇改善加算	81.1%	81.8%	82.8%	83.1%	84.0%	84.4%	85.3%	86.0%	**86.5%**
福祉・介護職員等特定処遇改善加算（※1）	—	40.4% (33.1%)	54.9% (45.5%)	56.4% (46.9%)	60.3% (50.7%)	60.7% (51.3%)	62.9% (53.6%)	63.6% (54.7%)	**66.8%** (57.7%)
福祉・介護職員等ベースアップ等支援加算（※1）	—	—	—	—	—	—	—	63.5% (54.6%)	**84.2%** (72.9%)

（出典：厚生労働省　障害福祉サービス等報酬改定検討チーム　令和５年11月29日資料）

算定が進まない理由として、賃金改善の仕組みの定め方がわからない事務作業が煩雑であること、制度が複雑であること、職種間で賃金のバランスが取りにくいことなどの課題が挙げられています。

図表２-26　加算の届出をしない理由

サービス種類	施設・事業所数（集計対象数）	賃金改善の仕組みをどのようにして定めたらよいかわからないため	賃金改善の仕組みを設けるための事務作業が煩雑であるため	賃金管理を行うことが今後難しくなるため	職種間の賃金のバランスがとれなくなることが懸念されるため	事業所間の賃金のバランスがとれなくなることが懸念されるため	介護職員間の賃金バランスがとれなくなることが懸念されるため	賃金改善の仕組みについて、法人内又は施設・事業所内で合意形成することが難しいため	令和4年度以降の取扱が不明なため	特定処遇改善加算の計画書や実績報告書の作成が煩雑であるため	追加の費用負担が発生するため	利用者負担が発生するため	賃金改善の必要性がないため	新型コロナウイルス感染症の影響のため	その他
		%	%	%	%	%	%	%	%	%	%	%	%	%	%
総数	1523	33.9	42.2	23.6	40.2	25.1	33.4	7.3	11.2	32.1	13.8	24.8	2.4	2.3	7.8
介護老人福祉施設	94	18.6	28.1	21.8	63.2	42.4	40.4	12.7	11.0	20.5	16.0	17.1	7.6	0.0	7.2
介護老人保健施設	95	18.2	19.6	15.7	61.6	43.4	37.0	11.9	8.8	19.5	13.9	18.2	2.2	1.1	7.4
介護療養型医療施設	21	55.2	52.6	23.2	44.2	44.2	32.5	5.7	17.7	28.8	10.4	26.1	0.0	1.0	5.2
介護医療院	102	19.6	31.8	18.7	60.7	40.4	31.6	6.8	3.9	23.8	21.3	14.4	4.0	4.4	10.4
訪問介護事業所	266	33.6	46.2	23.2	30.9	18.3	26.1	6.7	13.0	40.1	12.1	31.1	1.8	1.6	7.6
通所介護事業所	378	36.4	43.6	24.5	42.2	27.6	35.5	6.0	10.8	30.7	14.9	23.1	2.5	3.6	7.2
通所リハビリテーション事業所	180	28.0	26.8	20.9	52.1	36.1	39.3	13.2	10.4	18.1	9.1	17.9	2.8	1.7	13.3
特定施設入居者生活介護事業所	82	39.4	41.9	23.4	45.5	20.2	30.1	11.7	11.7	29.1	14.4	19.3	2.2	1.2	4.8
小規模多機能型居宅介護事業所	159	39.5	43.5	22.6	43.9	28.4	38.4	6.7	13.6	33.0	14.3	24.2	3.4	1.6	5.2
認知症対応型共同生活介護事業所	146	29.7	38.3	25.1	42.8	21.1	43.0	9.4	6.1	23.9	16.3	19.2	2.7	0.7	10.6

出典：令和3年度介護従事者処遇状況等調査（第69表　介護職員等特定処遇改善加算の届出を行わない理由，サービス種類別）
（第45表「介護職員等特定処遇改善加算の届出状況」について、「令和3年度に届出をしていない」と回答した施設・事業所の状況。）

（出典：厚生労働省　社会保障審議会　介護給付費分科会　令和５年11月30日）

このような課題を踏まえ、令和６年度の報酬改定では、介護職員のベースアップを確実に実現するために議論が重ねられました。その結果、令和６年６月１日から加算率の引上げとともに、旧３加算を「介護職員等処遇改善加算」として一本化し、多くの事業所が利用しやすい制度へと統合されることになりました。

図表２-27　現行３加算の一本化のイメージ

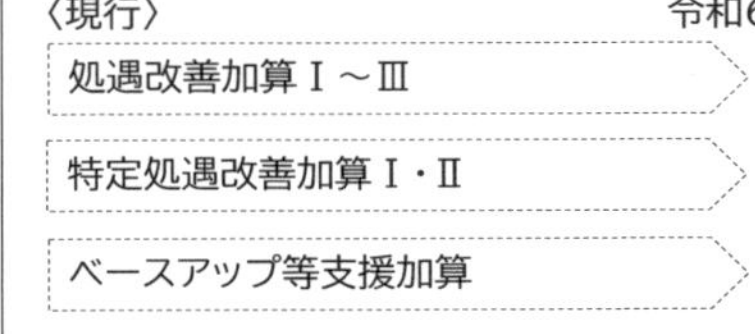

令和6年6月

新加算Ⅰ～Ⅳ（介護職員等処遇改善加算）

- 令和6年度中は現行の加算の要件等を継続することも可能（激変緩和措置）
- そのうえで、一律に加算率を引き上げ

（2）介護職員等処遇改善加算の概要

①　加算区分は４段階に整理（令和６年６月１日～）

「介護職員等処遇改善加算」は、旧３加算におけるキャリアパス構築や職場環境改善の取組み状況に応じて、上位の加算区分を取得できるよう、４段階に整理されました（**図表２-28**）。

図表2-28 をご覧いただくとわかるとおり、すべての区分の共通の要件として月例給での賃金改善、任用要件・賃金体系の整備・研修等の実施が求められています。また、「昇給の仕組みの整備」、「経験技能のある職員の賃金を 400 万円以上にすること」、「介護福祉士等の配置を進めるための体制加算の取得すること」で、より上位の加算率が算定できる仕組みとなっています。

また、職場環境の改善については、これまでよりも、多くの取組みを実施していくことが求められている点も特徴的です。

図表２-28　新加算の区分にかかる要件および加算率（加算率は訪問介護の例）

	加算Ⅳ 14.5%	加算Ⅲ 18.2%	加算Ⅱ 22.4%	加算Ⅰ 24.5%
共通の要件	加算Ⅳ相当額の２分の１（7.2%）以上を月例給で配分 （月額賃金改善要件）**※令和７年度から**			
	・任用要件・賃金体系の整備（キャリアパス要件Ⅰ） ・研修等の実施（キャリアパス要件Ⅱ） **※令和６年度は誓約のみ**			
昇給の仕組み （キャリアパス要件Ⅲ） **※令和６年度は誓約のみ**	－	○	○	○
経験技能のある職員の賃金を 400 万以上 （キャリアパス要件Ⅳ）	－	－	○	○
介護福祉士等の配置 （キャリアパス要件Ⅴ）	－	－	－	○
職場環境等要件 **※令和７年度から**	各区分１以上 生産性向上のみ２以上		各区分２以上 生産性向上のみ３以上	

（厚生労働省ホームページを参考に筆者作成）

②　加算率の引上げ（令和６年６月１日～）

(ア)　加算率の引上げ

介護サービスでは0.5％から2.3％、障害福祉サービス等では0.9％から3.1％の加算率の引き上げが実施されました。例えば、**図表２-29**の訪問介護の例をみると、2.1％引き上げられています。例えば月400万円のサービス実績がある事業所では、年間84万円（400万×2.1％×10か月）の賃金改善の原資が新たに得られる計算になります（**図表２-31**）。

図表２-29　介護サービスにおける引上げ率

（参考）令和６年５月までの加算率

サービス区分	① 介護職員処遇改善加算 Ⅰ	② 介護職員処遇改善加算 Ⅱ	③ 介護職員処遇改善加算 Ⅲ	④ 介護職員等特定処遇改善加算 Ⅰ	⑤ 介護職員等特定処遇改善加算 Ⅱ	⑥ 介護職員等ベースアップ等支援加算	⑦ 令和６年度改定における加算率の引上げ
訪問介護	13.7%	10.0%	5.5%	6.3%	4.2%	2.4%	2.1%
夜間対応型訪問介護	13.7%	10.0%	5.5%	6.3%	4.2%	2.4%	2.1%
定期巡回・随時対応型訪問介護看護	13.7%	10.0%	5.5%	6.3%	4.2%	2.4%	2.1%
(介護予防)訪問入浴介護	5.8%	4.2%	2.3%	2.1%	1.5%	1.1%	1.0%
通所介護	5.9%	4.3%	2.3%	1.2%	1.0%	1.1%	1.0%
地域密着型通所介護	5.9%	4.3%	2.3%	1.2%	1.0%	1.1%	1.0%
(介護予防)通所リハビリテーション	4.7%	3.4%	1.9%	2.0%	1.7%	1.0%	0.9%
(介護予防)特定施設入居者生活介護	8.2%	6.0%	3.3%	1.8%	1.2%	1.5%	1.3%
地域密着型特定施設入居者生活介護	8.2%	6.0%	3.3%	1.8%	1.2%	1.5%	1.3%
(介護予防)認知症対応型通所介護	10.4%	7.6%	4.2%	3.1%	2.4%	2.3%	2.3%
(介護予防)小規模多機能型居宅介護	10.2%	7.4%	4.1%	1.5%	1.2%	1.7%	1.5%
看護小規模多機能型居宅介護	10.2%	7.4%	4.1%	1.5%	1.2%	1.7%	1.5%
(介護予防)認知症対応型共同生活介護	11.1%	8.1%	4.5%	3.1%	2.3%	2.3%	2.1%
介護福祉施設サービス	8.3%	6.0%	3.3%	2.7%	2.3%	1.6%	1.4%
地域密着型介護老人福祉施設	8.3%	6.0%	3.3%	2.7%	2.3%	1.6%	1.4%
(介護予防)短期入所生活介護	8.3%	6.0%	3.3%	2.7%	2.3%	1.6%	1.4%
介護保健施設サービス	3.9%	2.9%	1.6%	2.1%	1.7%	0.8%	0.7%
(介護予防)短期入所療養介護（老健）	3.9%	2.9%	1.6%	2.1%	1.7%	0.8%	0.7%
(介護予防) 短期入所療養介護(病院等(老健以外))	2.6%	1.9%	1.0%	1.5%	1.1%	0.5%	0.5%
介護医療院サービス	2.6%	1.9%	1.0%	1.5%	1.1%	0.5%	0.5%
(介護予防)短期入所療養介護(医療院)	2.6%	1.9%	1.0%	1.5%	1.1%	0.5%	0.5%

（出典：厚生労働省資料）

図表2-30　障害福祉サービス等における引上げ率

サービス区分	（参考）令和6年5月までの加算率 ① 福祉・介護職員処遇改善加算 I	② II	③ III	④ 福祉・介護職員等特定処遇改善加算 I	⑤ II	⑥ 福祉・介護職員等ベースアップ等支援加算	⑦ 令和6年度改定における加算率の引上げ
居宅介護	27.4%	20.0%	11.1%	7.0%	5.5%	4.5%	2.8%
重度訪問介護	20.0%	14.6%	8.1%	7.0%	5.5%	4.5%	2.8%
同行援護	27.4%	20.0%	11.1%	7.0%	5.5%	4.5%	2.8%
行動援護	23.9%	17.5%	9.7%	7.0%	5.5%	4.5%	2.8%
重度障害者等包括支援	8.9%	6.5%	3.6%	6.1%		4.5%	2.8%
生活介護	4.4%	3.2%	1.8%	1.4%	1.3%	1.1%	1.2%
施設入所支援	8.6%	6.3%	3.5%	2.1%		2.8%	2.4%
短期入所	8.6%	6.3%	3.5%	2.1%		2.8%	2.4%
療養介護	6.4%	4.7%	2.6%	2.1%	1.9%	2.8%	2.4%
自立訓練（機能訓練）	6.7%	4.9%	2.7%	4.0%	3.6%	1.8%	1.3%
自立訓練（生活訓練）	6.7%	4.9%	2.7%	4.0%	3.6%	1.8%	1.3%
就労選択支援	6.4%	4.7%	2.6%	1.7%	1.5%	1.3%	0.9%
就労移行支援	6.4%	4.7%	2.6%	1.7%	1.5%	1.3%	0.9%
就労継続支援A型	5.7%	4.1%	2.3%	1.7%	1.5%	1.3%	0.9%
就労継続支援B型	5.4%	4.0%	2.2%	1.7%	1.5%	1.3%	0.9%
就労定着支援	6.4%	4.7%	2.6%	1.7%		1.3%	0.9%
自立生活援助	6.4%	4.7%	2.6%	1.7%	1.5%	1.3%	0.9%
共同生活援助（介護サービス包括型）	8.6%	6.3%	3.5%	1.9%	1.6%	2.6%	1.6%
共同生活援助（日中サービス支援型）	8.6%	6.3%	3.5%	1.9%	1.6%	2.6%	1.6%
共同生活援助（外部サービス利用型）	15.0%	11.0%	6.1%	1.9%	1.6%	2.6%	1.6%
児童発達支援	8.1%	5.9%	3.3%	1.3%	1.0%	2.0%	1.7%
医療型児童発達支援	12.6%	9.2%	5.1%	1.3%	1.0%	2.0%	1.7%
放課後等デイサービス	8.4%	6.1%	3.4%	1.3%	1.0%	2.0%	1.7%
居宅訪問型児童発達支援	8.1%	5.9%	3.3%	1.1%		2.0%	1.7%
保育所等訪問支援	8.1%	5.9%	3.3%	1.1%		2.0%	1.7%
福祉型障害児入所施設	9.9%	7.2%	4.0%	4.3%	3.9%	3.8%	3.1%
医療型障害児入所施設	7.9%	5.8%	3.2%	4.3%	3.9%	3.8%	3.1%

（出典：厚生労働省）

図表2-31　加算率の引上げに伴う効果（訪問介護の場合）

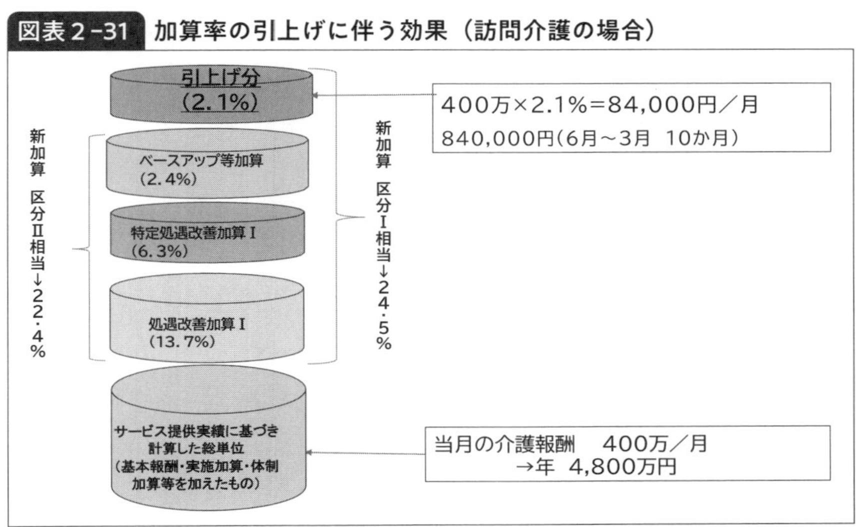

（筆者作成）

(イ)　各サービスごとの加算率、対象サービスの拡大

各サービスごとの加算率は、**図表2-32**、**図表2-33**となりました。

また、障害福祉サービスでは、これまで加算の対象外とされていた「就労定着支援」の就労定着支援員や「自立生活援助」の地域生活支援員に加え、令和７年10月から新たに始まる「就労定着支援」の就労選択支援員も加算の対象に含まれることになりました。

特に、「自立生活援助」の生活支援員が加算の対象となったことは、「計画相談支援」を運営する事業所にとって、大きな朗報と言えるでしょう。「自立生活援助」は、定期的に利用者を訪問し、生活状況のモニタリングや助言を行う支援であり、一方の「計画相談支援」は、利用者が受けるサービスの利用計画を作成する支援で、同じ事業所で運営されるケースが多いという特徴があります。そのため、これまで加算配分を受けられなかった計画相談支援の職員が、自立生活援助を兼務することで、処遇改善の恩恵を受けられるようになりました。

さらに、令和６年度からは、両サービスを一体的に運営する場合の人員配置基準が柔軟化されていることから、職員にとって働きやすい環境や業務負担の軽減が期待されます。

図表2-32　介護サービスの加算率（令和６年６月～）

単位数　※介護職員等処遇改善加算を除く加減算後の総報酬単位数に以下の加算率を乗じる。加算率はサービス毎の介護職員の常勤換算職員数に基づき設定。

サービス区分	介護職員等処遇改善加算			
	Ⅰ	Ⅱ	Ⅲ	Ⅳ
訪問介護・夜間対応型訪問介護・定期巡回・随時対応型訪問介護看護	24.5%	22.4%	18.2%	14.5%
訪問入浴介護★	10.0%	9.4%	7.9%	6.3%
通所介護・地域密着型通所介護	9.2%	9.0%	8.0%	6.4%
通所リハビリテーション★	8.6%	8.3%	6.6%	5.3%
特定施設入居者生活介護★・地域密着型特定施設入居者生活介護	12.8%	12.2%	11.0%	8.8%
認知症対応型通所介護★	18.1%	17.4%	15.0%	12.2%
小規模多機能型居宅介護★・看護小規模多機能型居宅介護	14.9%	14.6%	13.4%	10.6%
認知症対応型共同生活介護★	18.6%	17.8%	15.5%	12.5%
介護老人福祉施設・地域密着型介護老人福祉施設・短期入所生活介護★	14.0%	13.6%	11.3%	9.0%
介護老人保健施設・短期入所療養介護（介護老人保健施設）★	7.5%	7.1%	5.4%	4.4%
介護医療院・短期入所療養介護（介護医療院）★・短期入所療養介護（病院等）★	5.1%	4.7%	3.6%	2.9%

（出典：厚生労働省介護給付費分科会令和６年１月22日資料）

図表2-33　障害福祉サービス等における加算率（令和６年６月～）

単位数　※　福祉・介護職員等処遇改善加算を除く加減算後の総報酬単位数に、以下の加算率を乗じる。
加算率は、サービス毎の介護職員の常勤換算職員数に基づき設定。

サービス区分	福祉・介護職員等処遇改善			
	Ⅰ	Ⅱ	Ⅲ	Ⅳ
居宅介護	41.7%	40.2%	34.7%	27.3%
重度訪問介護	34.3%	32.8%	27.3%	21.9%
同行援護	41.7%	40.2%	34.7%	27.3%
行動援護	38.2%	36.7%	31.2%	24.8%
重度障害者等包括支援	22.3%	＼	16.2%	13.8%
生活介護	8.1%	8.0%	6.7%	5.5%
施設入所支援	15.9%	＼	13.8%	11.5%
短期入所	15.9%	＼	13.8%	11.5%
療養介護	13.7%	13.5%	11.6%	9.9%
自立訓練（機能訓練）	13.8%	13.4%	9.8%	8.0%
自立訓練（生活訓練）	13.8%	13.4%	9.8%	8.0%
就労選択支援	10.3%	10.1%	8.6%	6.9%
就労移行支援	10.3%	10.1%	8.6%	6.9%
就労継続支援Ａ型	9.6%	9.4%	7.9%	6.3%

サービス区分	福祉・介護職員等処遇改善			
	Ⅰ	Ⅱ	Ⅲ	Ⅳ
就労継続支援Ｂ型	9.3%	9.1%	7.6%	6.2%
就労定着支援	10.3%	＼	8.6%	6.9%
自立生活援助	10.3%	10.1%	8.6%	6.9%
共同生活援助（介護サービス包括型）	14.7%	14.4%	12.8%	10.5%
共同生活援助（日中サービス支援型）	14.7%	14.4%	12.8%	10.5%
共同生活援助（外部サービス利用型）	21.1%	20.8%	19.2%	15.2%
児童発達支援	13.1%	12.8%	11.8%	9.6%
医療型児童発達支援	17.6%	17.3%	16.3%	12.9%
放課後等デイサービス	13.4%	13.1%	12.1%	9.8%
居宅訪問型児童発達支援	12.9%	＼	11.8%	9.6%
保育所等訪問支援	12.9%	＼	11.8%	9.6%
福祉型障害児入所施設	21.1%	20.7%	16.8%	14.1%
医療型障害児入所施設	19.1%	18.7%	14.8%	12.7%

（注）令和６年度末までの経過措置期間を設け、経過措置期間中は、現行の３加算の取得状況に基づく加算率を維持した上で、今般の改定による加算率の引上げを受けることができる等の激変緩和措置を講じる。

【対象サービスの追加】
「就労定着支援」の就労定着支援員、「自立生活援助」の地域生活支援員、「就労選択支援」の就労選択支援員を、処遇改善加算等の対象に加える。

（出典：厚生労働省障害福祉サービス等報酬改定検討チーム令和６年２月６日資料）

㈦　加算額は令和７年度に繰越しが可能

今回の引上げ分は、令和６年度と令和７年度の２年分として措置されていることから、加算額すべてを令和６年度中に賃金改善に配分せず、令和７年度に繰り越すことも可能とされています（**図表２-34**）。

図表２-34　繰越しのイメージ

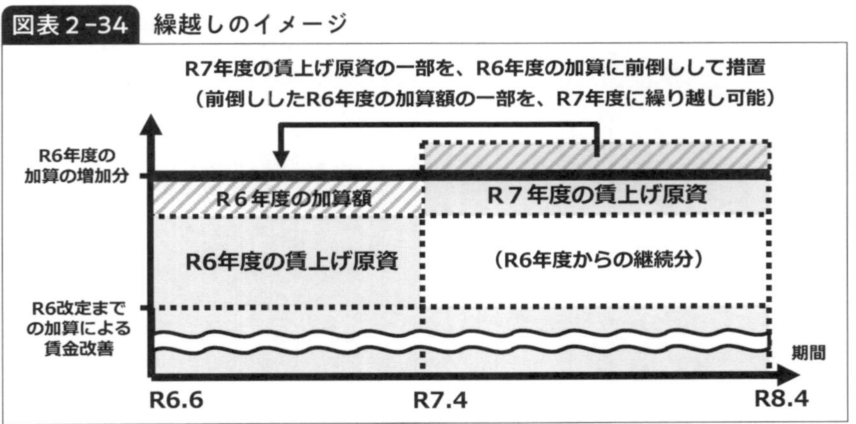

なお、加算額を令和７年度に繰り越す場合には、指定権者に提出する計画書、実績報告書への記載が求められます（**図表２-35、図表２-36**）。

図表２-35　令和７年度への繰り越し額の計画書への記載（例）

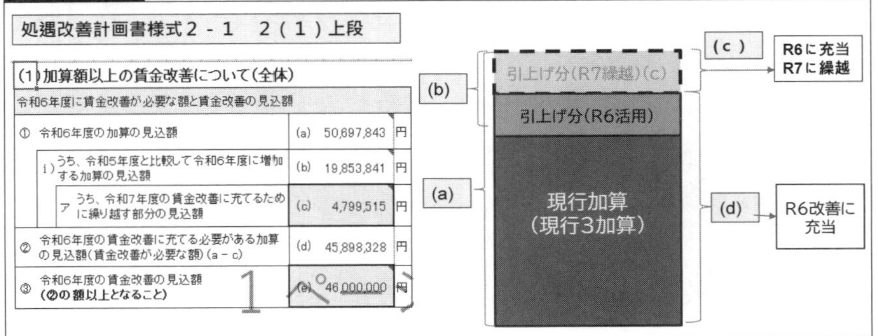
処遇改善計画書様式２－１　２（１）上段

(1) 加算額以上の賃金改善について（全体）

令和6年度に賃金改善が必要な額と賃金改善の見込額			
① 令和6年度の加算の見込額	(a)	50,697,843	円
i) うち、令和5年度と比較して令和6年度に増加する加算の見込額	(b)	19,853,841	円
ア うち、令和7年度の賃金改善に充てるために繰り越す部分の見込額	(c)	4,799,515	円
② 令和6年度の賃金改善に充てる必要がある加算の見込額（賃金改善が必要な額）(a－c)	(d)	45,898,328	円
③ 令和6年度の賃金改善の見込額 **(②の額以上となること)**	(e)	46,000,000	円

図表2-36　令和6年度の引上げ額の配分方法の計画書への記載（例）

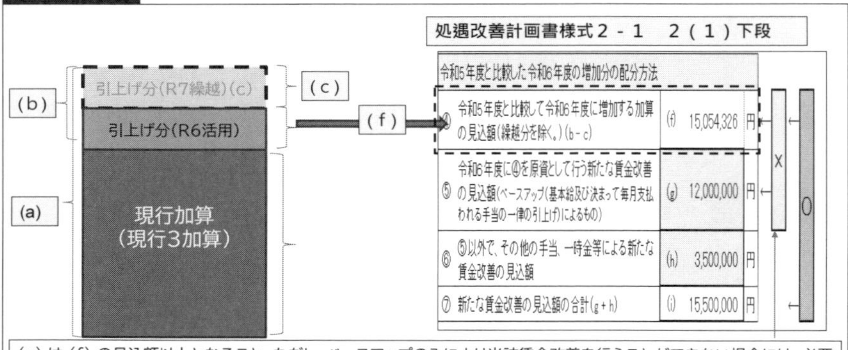

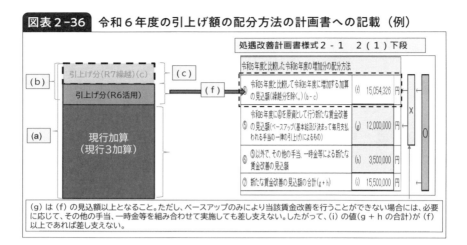

③　職種間の配分ルールが柔軟化（令和6年4月1日～）

旧3加算において、加算額の配分対象が処遇改善加算では「介護職員」に限られていた一方で、特定加算とベースアップ等加算では「その他の職種の職員」も含まれるなど、その範囲が異なっていました。また、特定加算では、「経験技能のある介護職員」、「その他の介護職員」、「その他の職種の職員」の間で配分ルールがあり、その管理の手間や職種間のバランスを取るための他職種への賃金改善を行う必要があるなどの課題がありました。

今回の改正により、加算で得た原資は、介護職員への配分を基本とし、特に経験・技能のある職員に重点的に配分しつつも、管理者、生活相談員、看護師、機能訓練員など、その他の職種にも柔軟な配分が認められ、事業者にとっては自由度が増すことになります。なお、厚生労働省からの通知では、「一部の職員に加算を原資とする賃金改善を集中させることや、同一法人内の一部事業所のみに賃金改善を集中させることなど、職務内容や勤務実態に見合わない一時的に偏った配分は行わないこと」も新たに明記されている点は留意が必要でしょう。

④　令和６年度は経過措置期間、本格施行に向けた準備期間に位置づけ

今回の一本化にあたっては、各事業者において、「任用条件・賃金体系、昇給制度の整備」、「月例給配分に向けた賃金規程の改定」、「職場環境等に関する新たな取組み」など、多岐にわたる準備が必要です。また、これらの改正にあたっては、影響を受ける職員や利用者へ説明し、納得を得るため、一定の期間を要します。

これらの事業者の負担や準備期間を考慮し、今回の改正にあたっては、令和６年度中は令和７年度の本格施行に向けた準備期間として位置づけ、以下の経過措置が講じられています。

(ア)　令和６年度は適用猶予とするもの（令和７年度から適用）

・加算額Ⅳの1/2相当を月例給に反映させる（月額賃金改善要件Ⅰ）

・職場環境改善に関する新たな取組みを実施する（職場環境等要件）

(イ)　令和６年度中の整備誓約を行うことで要件を満たした扱いとするもの

・任用要件や賃金体系の整備（キャリアパス要件Ⅰ）

・研修計画の策定と研修の実施（キャリアパス要件Ⅱ）

・昇給の仕組みの整備（キャリアパス要件Ⅲ）

(ウ)　暫定的な区分（加算区分Ｖ）の適用

令和６年５月31日時点で旧３加算を算定している場合、令和６年度末までの間、暫定的な区分である加算Ｖ（1）～(14）のいずれかを算定可能とし、少なくとも、これまでよりも加算率が低下しないようにする。

図表２-37　現行制度から一本化後の制度への移行

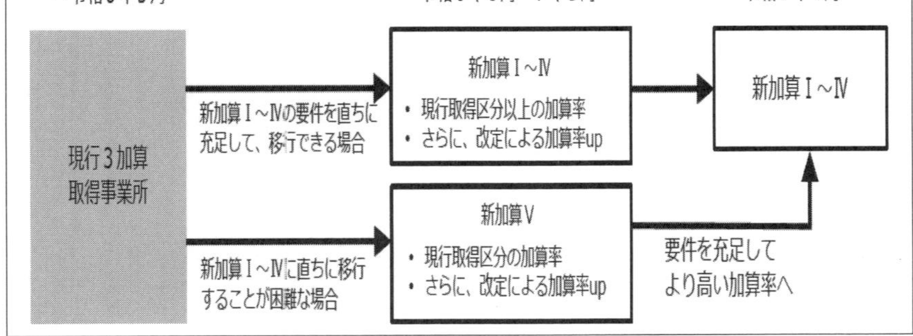

ここまで、処遇改善に関する加算制度の創設や改正の経緯、旧３加算の仕組みと特徴、さらに令和６年６月に導入された「介護職員等処遇改善加算」の基本的な仕組みについて解説してきました。

次章からは、令和７年度の本格施行に向け、事業者が取り組むべき具体的な準備について詳しく説明していきます。

今後、処遇改善加算の一本化により、各事業所がこの制度をどのように活用するかが、介護職員の確保やサービスの質を維持する上で一層重要になります。変化する環境に柔軟に対応し、他事業所との差別化を図るためにも、準備の遅れが直接経営に影響を及ぼす可能性がありますので、次章の内容を参考に早めの対応を進めていきましょう。

第3章

令和７年度の本格施行に向けて実施すること

令和６年６月に創設された「介護職員等処遇改善加算」は、令和７年度の本格施行に向け任用条件・賃金体系の整備、研修体系との連携、昇給制度の整備・賃金規程の見直し、新たな職場環境改善など準備が多岐にわたります。また準備にあたっては、職員や利用者への説明と理解を得ながら進めることも求められます。

本章では、令和７年度の本格施行に向けた実施事項のポイントを説明していきますので、準備を進めていきましょう。

1. 本格施行に向けた実施事項

図表3－1、**図表3－2**は、それぞれ旧３加算と新加算の算定要件を一覧にまとめたものです。この一覧表を比較すると、本格施行に向け、次の四つの実施事項があることがわかります。

図表3－1 旧3加算の要件一覧

加算名	区分	任用要件 賃金体系	研修の実施等	昇給の仕組み	介護福祉士等配置	賃金配分		職場環境の改善		
		キャリアパス要件				経験技能のある職員440万	月例給2/3以上	全体で1種類以上	区分ごと1以上※	見える化
処遇改善加算	Ⅰ	○	○	○	—	—	—	○	—	—
	Ⅱ	○	○	—	—	—	—	○	—	—
	Ⅲ	どちらか一つ		—	—	—	—	○	—	—
特定加算	Ⅰ	※ 処遇改善加算 Ⅰ・Ⅱ・Ⅲのいずれか			○	○	—	—	○	○
	Ⅱ				—	○	—	—	○	○
ベースアップ等加算					—	—	○	—	—	—

※障害福祉サービス等では、3つの区分を選択し、それぞれ1以上

（筆者作成）

図表3－2 新加算の要件一覧

区分	任用要件 賃金体系 (1)	研修の実施等 (1)	昇給の仕組み (2)	経験技能職員の賃金改善（440万）	介護福祉士等配置	月額賃金改善要件 (3)	職場環境改善（6区分内） (4)	
							2以上	1以上
Ⅰ	○	○	○	○	○	○	○	○
Ⅱ	○	○	○	○	×	○	○	○
Ⅲ	○	○	○	×	×	○	×	○
Ⅳ	○	○	×	×	×	○	×	○

（1）任用要件・賃金体系の整備、研修計画との連携（キャリアパス要件Ⅰ、キャリアパス要件Ⅱ）

これまでの旧3加算では、比較的簡便に取り組める研修の実施等（キャリアパス要件Ⅱ）のみ要件を満たし、処遇改善加算Ⅲを算定することで、特定加算とベースアップ加算の算定も可能でした。しかし、新加算では、すべての区分で任用要件・賃金体系の整備が必須となります。つまり、令和6年度中に整備しない場合は、加算そのものが算定できなくなります。

例えば、令和6年3月時点に旧処遇改善加算Ⅲ・特定加算Ⅱ・ベースアップ加算を算定していた事業所が、令和6年6月から経過的に新加算Ⅴ（9）（14.2％）に移行した場合、任用要件・賃金体系を整備せず、令和7年4月を迎えると加算そのものが、算定できなくなります。仮に1月で400万円の報酬であった場合、その14.2％である568,000円の賃金原資が失われます。また、令和6年度中に整備することを誓約することで、新加算の算定も可能でしたが、こちらも同様に整備が必要です。

なお、任用要件はキャリアアップの道筋を示すものであり、キャリアアップに必要な研修計画との連携も図っていく必要もあるでしょう。

（2）昇給制度の整備（キャリアパス要件Ⅲ）

これまでの旧3加算では、昇給制度が未整備であっても、処遇改善加算Ⅱまたは Ⅲの算定が可能であり、併せて、特定加算やベースアップ加算も算定可能でした。しかし新加算では、昇給制度の整備は、区分Ⅰ～Ⅲの算定に必要となる要件であり、整備をしない場合は、一番下位の区分である加算区分Ⅳとなります。

例えば、令和6年3月時点に、旧処遇改善加算Ⅱ・特定加算Ⅰ・ベースアップ加算を算定していた訪問介護事業所が令和6年6月から経過的に新加算Ⅴ（2）（20.8％）に移行した場合、昇給制度を整備せず令和

７年４月を迎えると、新加算Ⅳ（14.5%）が適用となり、6.3%の減算になります。仮に１月で400万円の報酬であるとすれば、252,000円の賃金原資が失われます。また、令和６年度中の整備を誓約することで、新加算の算定も可能でしたが、こちらも同様に整備が必要です。

（３）月例給による賃金改善（月額賃金改善要件）

これまで処遇改善加算と特定加算は、月例給での賃金改善が求められておらず、多くの事業者で受給額を一括して賞与等で精算する運用をしていました。理由としては、受給額がサービス提供実績に応じて増減するため、受給額と支払い額を月ごとに管理する手間がかかる、例えば、毎月決まった月例給で賃金改善を行い仮にサービス提供実績が想定より減り受給額が不足した場合、事業者が持ち出して賃金改善を行うことを避ける必要があるからです。

新加算では、すべての加算区分において、新たに「新加算区分Ⅳの加算相当額の１／２以上を月例給での改善に充てること」が要件に加わりました。この要件は令和７年度から適用されますが、これまで賞与等で賃金改善を行っていた事業所では、月例給での賃金改善を行うよう運用を変更する必要があります。

（４）新たな職場環境を改善する取組み（職場環境等要件）

新加算では、令和７年度からすべての区分で、職場環境等要件に定められた取組み事項が増えることになりました。特に、生産性向上に関する区分の取組み数は、他の区分の取組み数と比較して多くなっています。このため、事業所では、どの取組みを実施するかを見極め、令和６年度中から準備に着手する必要があるでしょう。

2．取組み事項の確認方法

各事業所では１で説明した令和７年度からの本格施行を見据えた準備を進めていく必要があります。厚生労働省のホームページでは、各事業所の状況を踏まえて実施すべき事項を確認できる表（**図表３－３**）や、移行ガイド（**図表３－４**）が用意されていますので、活用しましょう。

図表３－３　取組み事項確認表

(表の見方)
旧3加算の算定状況のうち当てはまる行を見つけ(①)、令和6年度中に算定可能な経過措置区分(新加算 ＶＶ)(②)と、新加算Ⅰ～Ⅳに移行するための売の要件一覧(③)を確認する。
※○は当初から満たしている要件、◎は、R7年度からの要件、△はR6は誓約でR7までに整備するもの

①

旧３加算の算定状況					新加算Ｖ		新加算Ⅰ～Ⅳに移行する場合の要件一覧											
取得パターン				合計の加算率	算定可能な経過措置区分（新加算Ｖ）②	加算率	加算区分（加算率が下がらない区分であり、移行先の候補となるもの）③	加算率	月額賃金改善要件		キャリアパス要件					職場環境等要件		
	処遇改善加算	特定加算	ベア加算						Ⅰ 新加算Ⅳの1/2以上の月額賃金改善	Ⅱ 旧ベア加算相当の2/3以上の新規の月額賃金改善	Ⅰ 任用要件・賃金体系の整備等	Ⅱ 研修の実施等	Ⅲ 昇給の仕組みの整備等	Ⅳ 改善後の賃金要件	Ⅴ 介護福祉士等の配置	区分ごとに1以上・全体で7以上の取組	区分ごとに2以上・全体で13以上の取組	HP掲載等を通じた見える化
1	Ⅰ	Ⅰ	有	22.4%	―	―	新加算Ⅰ	24.5%	◎	－	○	○	○	○	○	－	◎	◎
2			なし	20.0%	新加算Ｖ(1)	22.1%	新加算Ⅰ	24.5%	◎	□	○	○	○	○	○	－	◎	◎
3		Ⅱ	有	20.3%	―	―	新加算Ⅱ	22.4%	◎	－	○	○	○	○	－	－	◎	◎
4			なし	17.9%	新加算Ｖ(3)	20.0%	新加算Ⅱ	22.4%	◎	□	○	○	○	○	－	－	◎	◎
5		なし	有	16.1%	―	―	新加算Ⅲ	18.2%	◎	－	○	○	○	－	－	◎	－	－
6			なし	13.7%	新加算Ｖ(8)	15.8%	新加算Ⅲ	18.2%	◎	□	○	○	○	－	－	◎	－	－
7	Ⅱ	Ⅰ	有	18.7%	新加算Ｖ(2)	20.8%	新加算Ⅰ	24.5%	◎	－	○	○	△	○	○	－	◎	◎
8			なし	16.3%	新加算Ｖ(5)	18.4%	新加算Ⅰ	24.5%	◎	□	○	○	△	○	○	－	◎	◎
9		Ⅱ	有	16.6%	新加算Ｖ(4)	18.7%	新加算Ⅱ	22.4%	◎	－	○	○	△	○	－	－	◎	◎
10			なし	14.2%	新加算Ｖ(6)	16.3%	新加算Ⅱ	22.4%	◎	□	○	○	△	○	－	－	◎	◎
11		なし	有	12.4%	―	―	新加算Ⅳ	14.5%	◎	－	○	○	－	－	－	◎	－	－
12			なし	10.0%	新加算Ｖ(11)	12.1%	新加算Ⅳ	14.5%	◎	□	○	○	－	－	－	◎	－	－
13	Ⅲ	Ⅰ	有	14.2%	新加算Ｖ(7)	16.3%	新加算Ⅰ	24.5%	◎	－	△	△	△	○	○	－	◎	◎
14			なし	11.8%	新加算Ｖ(10)	13.9%	新加算Ⅰ	24.5%	◎	□	△	△	△	○	○	－	◎	◎
15		Ⅱ	有	12.1%	新加算Ｖ(9)	14.2%	新加算Ⅱ	22.4%	◎	－	△	△	△	○	－	－	◎	◎
16			なし	9.7%	新加算Ｖ(12)	11.8%	新加算Ⅱ	22.4%	◎	□	△	△	△	○	－	－	◎	◎
17		なし	有	7.9%	新加算Ｖ(13)	10.0%	新加算Ⅳ	14.5%	◎	－	△	△	－	－	－	◎	－	－
18			なし	5.5%	新加算Ｖ(14)	7.6%	新加算Ⅳ	14.5%	◎	□	△	△	－	－	－	◎	－	－

【取組み事項の確認例】（訪問介護の例）

○令和６年３月
　旧処遇改善加算Ⅱ・特定加算Ⅰ・ベースアップ加算有……合計 18.7％
○令和６月６月
　新加算Ｖ（２）（経過措置区分）……………………………………20.8％
○新加算Ⅰ算定に向けての取組み事項（◎△の項目）
　①月額賃金改善要件（新加算Ⅳの１／２以上の月額賃金改善）令和７年度から
　②昇給の仕組み等の整備（令和６年度中は誓約で可）
　③職場環境等要件（区分ごとに２以上・全体で 13 以上の取組み、ＨＰ掲載等見える化）令和７年度から

図表3－4　移行先検討・補助シート（厚生労働省ホームページ）

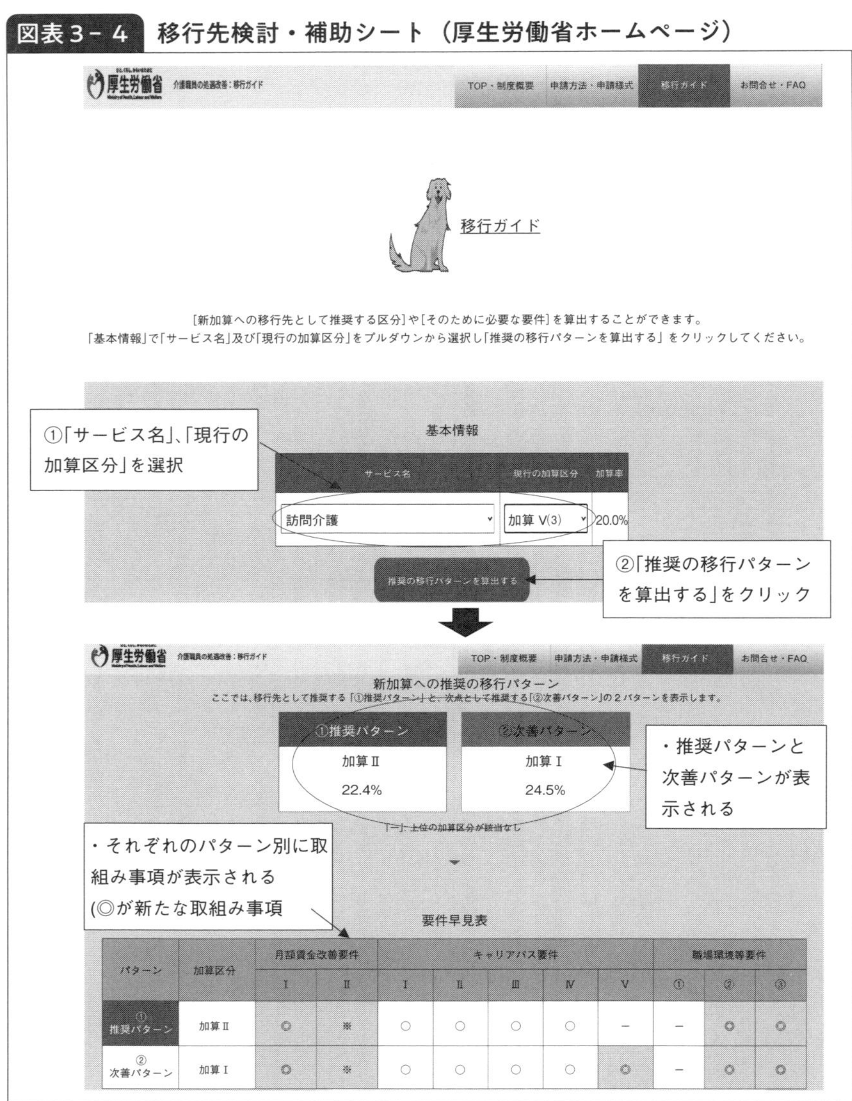

パターン	加算区分	月額賃金改善要件		キャリアパス要件					職場環境等要件		
		Ⅰ	Ⅱ	Ⅰ	Ⅱ	Ⅲ	Ⅳ	Ⅴ	①	②	③
① 推奨パターン	加算Ⅱ	◎	※	○	○	○	○	－	－	◎	◎
② 次善パターン	加算Ⅰ	◎	※	○	○	○	○	◎	－	◎	◎

3. 取組みを進めるための基本的な認識

新加算を算定するために必要な要件に関し具体的に説明する前に、まず取組みを進める上での基本的な認識を確認します。

(1) キャリアパスを整備する目的・効果

処遇改善加算は、職員の安定した処遇改善を図るために賃金改善を進めるだけではなく、職員のキャリア形成を支援し、その能力向上や働きがいを高めることを目的としており、その目的を達成するための中核としてキャリアパス要件があります。

このキャリアパス要件の構成要素を**図表3－5**にまとめましたが、採用、等級、育成、評価、報酬といった人事制度の一連の仕組みとなっていることから、これらを整備する効果は、単に加算を算定できることだけにとどまりません。つまり、経営理念、事業計画、運営方針に基づいた組織が求める人材を明らかにし、職員が安心して働き、成長できる基盤づくりといえるのです。

図表3－5　キャリアパスの全体像

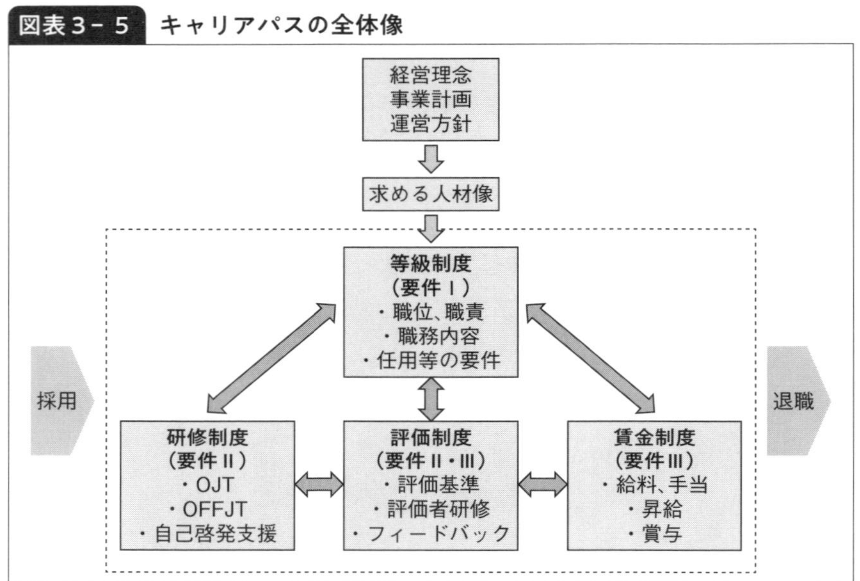

（2）キャリアパスは人材確保・定着を促進するツール

厚生労働省が発表した事例集によれば、ある介護サービス事業所がキャリアパスを整備した結果、採用応募者の増加に成功したと報告されています。この事例では、採用された職員に対して初任者から中堅、そして管理職へと段階的にキャリアが築けることを明示しており、成長に応じて昇給や昇進が期待できる体制が整備されていました。このようなキャリアステップや教育体制が明確であったことが、求職者の魅力を引き出し、応募者数を増加させる要因となったと考えられます。

筆者は、これまで多くの職員の入退職に立ち会ってきましたが、職員が組織で長期にわたって働き続けるかどうかは、組織の方向性や求められる役割が明確に示されているかどうかに左右されると思っています。キャリアパスの整備により、職員の役割やキャリアステージが明確になることで、職員の意欲と定着が図られ、そして、組織のビジョンとキャリア形成支援が一体となることで、職員の長期的な成長を促し、ひいては組織の安定した人材確保につながっていくものと考えています。

また、キャリアパスを整備するには一定の投資が必要となりますが、長期的に見れば、組織の採用力や職員の定着率が向上し、結果として求人や選考、育成にかかるコストが減るなど、総合的な収支構造の改善にもつながります。以上のことから、キャリアパス整備は、人材確保定着だけでなく、組織全体の活力向上や持続的な成長基盤の構築と捉えるべきではないでしょうか。

（3）キャリアパスはサービスの質の向上につながる

厚生労働省が発表した好事例にある介護施設では、サービスの質向上に向けた研修プログラムと評価制度を整備し、職員に対して定期的なケア技術やコミュニケーションスキルの研修を行い、研修後に取得したスキルを評価することで、職員のモチベーションが向上し、サービスの質が安定的に向上した事例が紹介されています。また、利用者やその家族からの口コミで評判が広がり、新規利用者が増加し、経営の安定にも成功した事例も示されています。

利用者の日々の生活を直接支える介護福祉サービスは、サービスを提供する職員の意欲や専門性がサービスの質に直結します。このため職員の確保・定着を図り、成長を促していくことは、サービスの質向上や利用者確保につながり、ひいては事業所の経営安定につながっていきます。キャリアパスの整備にあたって、この点も意識して進めていきましょう。

（4）キャリアパス構築のポイント

（1）～（3）を踏まえると、キャリアパスの構築のポイントは以下のとおりとなります。

①　「組織の方向性」と「理想の人材像」に沿ったものにする

組織の理念や方針を明確にし、職員が目指すべき方向性を示すことが重要です。また、年代、経験、技術レベルや働く動機や目的の多様性も考慮していくことも求められます。

②　各制度の一貫性を保つ

人事制度は、採用、育成、評価、報酬のすべてが有機的につながっています。要件の整備にあたっては一貫性を持った仕組みにしていきましょう。例えば、キャリアパス要件Ⅰにおける任用要件を設定していく際には、各等級の職位に必要な知識技術資格を等級制度に定めた上で、実際の研修制度や評価制度と連携させていくことで、それぞれ一貫性が保たれていきます。

③　「将来の見通し」を示していく

キャリアの道筋を明示することで、職員が自分の成長過程をイメージしやすくなり、将来に対する安心感や納得感を得られます。これにより、職員が自発的に能力開発に取り組み、日々の業務に成長意欲を持って取り組むことが期待できます。

4．任用要件・賃金体系(キャリアパス要件Ⅰ)を整備する

（1）要件の確認

キャリアパス要件Ⅰで求められる要件、用語は、以下のとおりです。

【キャリアパス要件Ⅰ】

次の一から三までをすべて満たすこと

一　介護職員の任用の際における職位、職責、職務内容等に応じた任用等の要件（介護職員の賃金に関するものを含む。）を定めていること。

二　一に掲げる職位、職責、職務内容等に応じた賃金体系（一時金等の臨時的に支払われるものを除く。）について定めていること。

三　一および二の内容について就業規則等の明確な根拠規定を書面で整備し、すべての介護職員に周知していること。

【用語説明】

	用語の意味	キャリアパス要件Ⅰを満たすポイント
職　位	担当する仕事内容（職務内容）や責任の重さ（職責）に応じた組織内でのポジション（地位） （例）介護士長、フロアリーダー、主任、中級ヘルパー、初級ヘルパーなど	・２段階以上の職位を定める ・指定基準上、配置が義務付けられる職種（「サービス提供責任者」「サービス管理責任者」など）ではなく組織におけるポジションを指す。
職　責	担当する仕事の責任 （例）上級ヘルパー（初級ヘルパーを指導）	職位ごとに求められる責任、役割の違いを明確にする
職務内容	職員が担当する仕事内容	職位ごとに任される仕事内容の違いを明確にする
任用等の要件	職位に任用されるための条件 （例）勤続年数・資格・研修受講歴など	どのような経験・知識・技能があればキャリアアップできるかを整理する
賃金体系	各職位に対応する賃金の体系 （例）基本給、役職手当、職務手当など	賃金がどのような項目の組み合わせで支払われているかを示したもの
就業規則等	・労働基準法で定める就業規則（賃金規程等の付属規程を含む。） ・取扱要領や労働基準法上就業規則作成義務のない事業場（常時10人未満の職員数）における内規等など	・常時10人以上の職員（パート、アルバイト等を含む。）を雇用する事業所は、就業規則の作成・届出義務がある ・労働基準法上の就業規則でなくても、職員に周知していれば、就業規則と同様に扱う

（東京都社会保険労務士会資料より引用加筆）

図表3-6 キャリアパス例

等級		職位	職責・職務内容	任用等の要件	賃金体系
常勤	非常勤				
5等級		管理者 （通常規模）	・事業所全体を統括管理を行う ・人事労務管理、収支管理 ・行政対応、地域対応	・主任3年 ・社会福祉士 ・上司推薦 ・昇格試験	基本給 ○円～○円 管理職手当 ○円
4等級		主任 管理者 （小規模）	・チームを統括し、業務運営・管理を行う （シフト管理等も含む） ・業務に必要な技術や知識を指導する計画を立て勉強会等を行う ・事故やトラブル等の緊急対応を行う	・上級ヘルパー3年 ・介護福祉士 または 社会福祉士 ・上司推薦 ・昇格試験	基本給 ○円～○円 主任手当 ○円
3等級		上級 ヘルパー	・フロア業務を自ら判断企画しながら、利用者に対するサービスを遂行する ・中級ヘルパーでは対応困難な難易度の高い業務を処理する ・業務改善を行う	・経験年数10年 ・介護福祉士 ・過去3年間評価にAが複数ある	基本給 ○円～○円
2等級	パート ②	中級 ヘルパー	・担当業務を自ら判断・企画しながら、利用者に対するサービスを行う	・経験年数3年 ・介護実務者研修 ・評価良好	基本給 ○円～○円
1等級	パート ①	初級 ヘルパー	・上司や先輩の指導を受けながら担当業務を行う ・業務を少しでも早く習得する	・研修受講 ・初任者研修 ・OJT・評価良好	基本給 ○円～○円

（2）策定の手順

① 骨組みを作る

㈠ 等級を定め職位を対応させる

まずは、キャリアパスの骨組みである階層を設けていきます。階層は「等級」と呼ばれ、例えば、「5等級～1等級」や「一般職○級、指導職○級、管理職」などの段階で示します。

次に、各等級ごとに「管理者」「主任」「上級ヘルパー」などの職位名を対応させます。なお、一般的には一定規模以下の事業所の場合には「一つの等級に一つの職位」を設定しますが、事業規模が異なる複数の事業所を運営している場合には、難易度や責任に応じて差をつけてもよいでしょう。例えば管理者について、大規模な事業所では５等級に、小規模な事業所では４等級にそれぞれ位置づけることも考えられます。

(イ) 等級数は多すぎず少なすぎず

等級数は、多すぎると違いが曖昧となり年功的な運用となりやすく、逆に少なすぎると等級自体が意味をなさなくなります。事業規模、職員数にもよりますが新人、一人前、リーダー、主任、管理者の５段階をベースにして設計していくと良いでしょう。

(ウ) 一般職層にも階層を設ける

一般職層でも初級・中級・上級など一定の段階を設けます。理由としては、１年目、５年目、10年目の職員では求められる役割や能力のレベルは異なるからです。また、レベルに応じた役割と責任を与えること自体が成長を促す効果があります。

(エ) 等級設定で期待を示す

等級の設定は、組織にとっての「あるべき人材の能力段階」を示すものです。したがって、設定する時点でそのレベルに該当する職員がいない場合でも、必要とするレベルの等級を設定しましょう。例えば、現状では主任レベルの職員がいない場合に、管理者を補佐する主任を育てることを目的に等級を設定しておくイメージです。

② 職責・職務内容を定める

(ア) 職責・職務内容を言語化する

次に、職位ごとの職責・職務内容を言語化していきましょう。

言語化の際は、管理監督者は組織における役割・責任の違いを、一般職については、実務能力のレベルに基づいた違いを表現すると比較的整理しやすくなります。なお、すべての職責・職務内容を記載するのではなく、まずは代表的なものを書き出し整理していきましょう。

(イ) 職位ごとのレベル感

職位ごとに求められる役割・職務内容のレベル感の段階も意識しましょう。初級レベルでは、入浴介助・食事介助など「技術スキルを発揮すること」、上級中級レベルでは、業務改善や後輩指導など「現場の業務を動かしていくこと」、管理者や主任レベルでは、事業計画、利用者・家族との調整、行政対応など「組織的に仕事を進めること」が求められるでしょう。

以下に、厚生労働省が仕事に必要な「知識・技術・技能」などを整理した職業能力開発基準を例に、各等級の職責・職務内容をまとめましたので、参考にしてください。

○５等級〈事業所統括〉

管理統括者またはそれに準じる立場で、施設の運営方針を定め、広範かつ統合的な判断および意思決定を行いながら施設を統括する。

大規模サービス、複数サービスの責任者として、全体の運営方針および目標を設定し、その実現に向けて統括する。

○４等級〈スーパーバイザー〉

ケアスタッフの教育・指導専門職として、ケアのスーパーバイズによるスキル指導やOJT、研修講師、カウンセリング等を行う。

○４等級〈小規模事業所の統括〉

単一サービスの管理者として運営方針と目標設定を行い、実現に向け業務全体を統括する。

○３等級〈上級スタッフ〉

幅広い実務知識と経験を有し、難易度が極めて高いケースにも的確に対応する。他者の模範となり、新人や後輩を指導し、緊急時の対応を適切に行う。

○２等級〈中級スタッフ〉

基礎的な実務知識、技能を個別に応用し、状況に即して的確な介護サービスを実施する。

○１等級〈初級スタッフ〉

基礎的な実務知識、技能を有し、基本的な介護サービスを決められた手順で実施する。

㈢　職員のキャリア観も考慮する

介護福祉サービスに従事する職員のキャリア観は多様です。筆者が感じるところでは、専門能力を高めていく専門職志向の職員の方が組織運営を担うマネジメント志向の職員に比べて多い傾向にあります。また、常勤・非常勤、事業規模やサービス種別などでの働き方の違いにも着目していきましょう。

図表３－７に示した、職業評価基準のキャリアマップは職員のキャリアに応じた職責、職務内容を定める際に役立ちますので、参考にしてください。

図表３－７　介護職のキャリアマップ

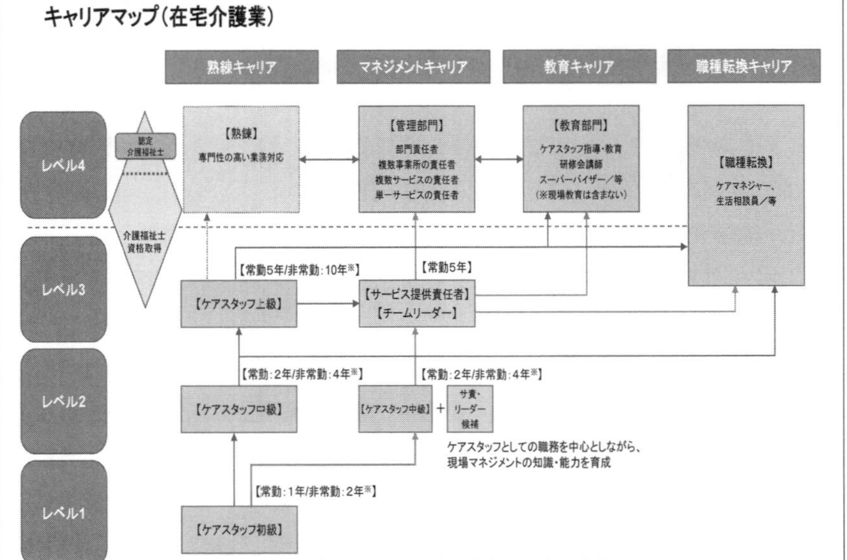

キャリアマップ(在宅介護業)

熟練キャリア
マネジメントキャリア
教育キャリア
職種転換キャリア

レベル4
認定介護福祉士
【熟練】
専門性の高い業務対応
【管理部門】
部門責任者
複数事業所の責任者
複数サービスの責任者
単一サービスの責任者
【教育部門】
ケアスタッフ指導・教育
研修会講師
スーパーバイザー／等
(※現場教育は含まない)
【職種転換】
ケアマネジャー、
生活相談員／等

介護福祉士資格取得

レベル3
【常勤5年/非常勤:10年※】
【常勤5年】
【ケアスタッフ上級】
【サービス提供責任者】
【チームリーダー】

レベル2
【常勤:2年/非常勤:4年※】
【常勤:2年/非常勤:4年※】
【ケアスタッフ中級】
【ケアスタッフ中級】＋サ責・リーダー候補
ケアスタッフとしての職務を中心としながら、
現場マネジメントの知識・能力を育成

レベル1
【常勤:1年/非常勤:2年※】
【ケアスタッフ初級】

※各レベルに示した年数は、習熟のあくまで“目安”で、必ずこの年数が必要というものではありません。
※非常勤の年数は、介護労働実態調査より、常勤労働者の労働時間が短時間労働者の約2倍であった点を参考に作成しています。
週3日1日4時間程度の勤務での年数を想定しています。1ヶ月あたりの時間数は、48時間程度となります。

（出典：厚生労働省「職業能力開発基準」から引用）

③　任用要件を設定する

(ア)　任用要件の設定のポイント

任用要件を設定する際には、「その職位にはどのような経験・知識・技能が必要か？」「上位階層にキャリアアップするために満たすべき条件は何か？」という観点から、整理していきましょう。

【任用要件の設定例】

・勤続年数・経験年数

前等級で○年以上勤務、または入職後○年以上の経験など

※前職の経験も通算する方法もある。

・資　格

介護福祉士、社会福祉士など

初任者研修・実務者研修の修了を資格と同等に扱う方法もある。

・研修受講歴

例えば、「新人研修を受けていない場合は２級に昇格できない」などの研修受講歴を条件にする。

・実務経験

複数の部門、委員会運営、行事の企画などの経験を任用の条件にする。

・評価結果

人事評価制度で下位評価を受けていない、または上位評価を受けていることを条件にする。

・昇格試験の結果

面接、筆記試験、レポート（例：読書感想文）、実技試験など

(イ)　キャリアアップに関する２つの考え方

等級・職位の上昇、つまりキャリアアップの条件の定め方には、大きく卒業方式と入学方式があります。キャリアアップ後の職責・職務内容を意識しながら任用要件を定めていきましょう。

・卒業方式（一般職内でのキャリアアップ）

　一般職内でのキャリアアップは、一定期間の実務経験と知識・技能の習得が確認できることを条件とします。例えば、勤続年数、資格取得、研修受講を経ていて標準的な評価結果であれば、現行のレベルを卒業しキャリアアップするイメージです。

・入学方式（管理監督職へのキャリアアップ）

　管理監督職は、業務遂行能力に加え、チームの管理や家族や行政などとの折衝を行う役割も求められます。このため、リーダーとしてチームをまとめた経験や昇格試験の合格など一定の基準をクリアすることが条件です。

(ウ)　成長スピードに応じたキャリアアップの仕組み

　通常、職員は一定の時間をかけ経験を積み、知識や技能を身に着けていきます。そのため、勤続年数や経験年数を任用要件として設定されることになりますが、職員ごとに業績や能力の差によって習得のスピードは異なります。このような成長や習熟のスピードの差を適切にキャリアアップに反映していくことは、「やりがい」と「成長意識向上」を促すことにつながります。

　例えば、評価結果、資格取得、実務能力の試験結果などにより任用に必要とされる勤続年数や経験年数を短縮するなどの方法があります。

④　賃金体系の整理

(ア)　賃金体系の全体像

　賃金は、月例給、賞与、退職金に分類され、月例給は、職務に対する基本的な報酬である「基本給」と、それを補完する「諸手当」に分類されます。（**図表３－８**）

(イ)　基本給

　基本給は等級ごとの職務の責任、難易度、求められる能力などに応じて決められるベースとなる報酬のことをいいます。

キャリアパスに各等級での基本給の概ねの幅を記載することで、職員が自身の将来的な収入を見込むことができます。

また、基本給は、諸手当や賞与の基礎となるものですので、キャリアアップの動機付けにもつながるでしょう。

図表３－８　賃金制度の全体像

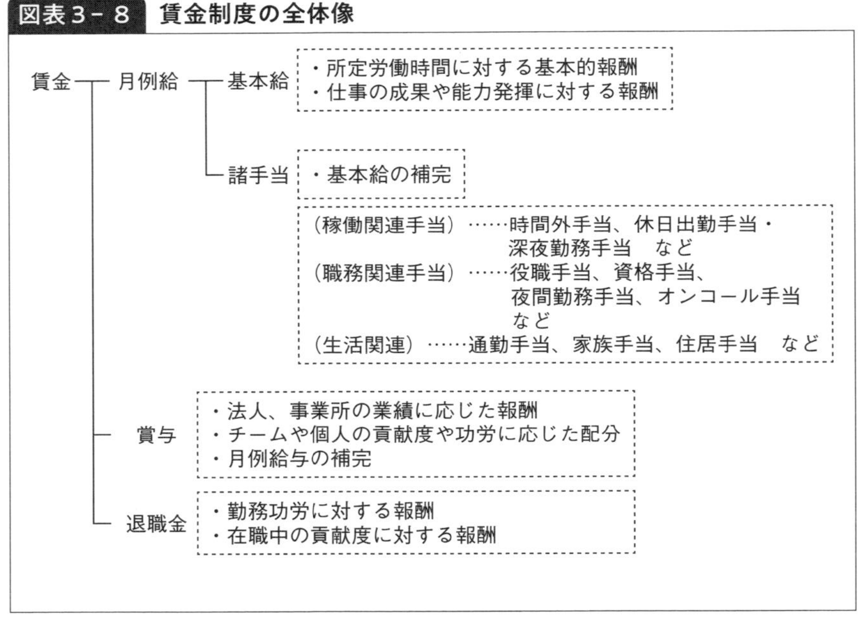

（出典：介護労働安定センター　介護事業所における賃金制度等実態調査より引用、一部変更）

(ウ)　諸手当

諸手当は、基本給ではカバーしきれない特定の条件、要素などを補完するために支給される報酬で、次の３種類に分類されます。

・時間外手当などの「稼働関連手当」

・役職手当、資格手当などの「職務関連手当」

・通勤手当などの「生活関連手当」

キャリアパスでは役割や能力の違いを示すものであり、職務関連手当のみの記載となります。キャリアパスに手当が記載されることで、職員は、キャリアアップによって得られるものが明示され、組織が職員に求める努力の方向性が把握できる効果があります。

例えば、管理職手当やリーダー手当は、組織が中核的人材の業務の重要性を示すものです。また、認知症介護研修修了者に手当が設定されれば、組織が認知症対策に力を入れていることが示されます。

組織が何にどれだけ価値をおいているかを金額で示すことで、職員はリーダーとして職務を積むことへ関心を見出したり、新たな知識やスキルを得るために学ぶなど、行動が促されていくことになります。

以下に、主な職務関連手当の例をまとめましたので参考にしてください。

【主な職務関連手当】

手当名	目　的
管理職手当	役割と責任に見合う処遇にするため
リーダー手当	
初任者手当	入職後３年間の離職率を下げるため
資格手当	介護福祉士、社会福祉士など有資格者に報いるため
喀痰吸引研修修了手当	喀痰吸引ができる人を増やしたいため
認知症介護研修修了手当	認知症介護研修受講者を増やしたいため

(エ) 賞　与

賞与とは、月例給とは別に年に数回支払われる報酬のことをいいます。

職員にとっては、賞与も年収に占める重要な要素です。賞与の支給月数を管理者は３月分・主任は2.5月分など、職責に応じて差をつけ、キャリアパス上で示すことで、キャリアアップへの意識向上を図る効果があります。

なお、賞与の支給に関しては、一定の基準を定める必要があります。以下にポイントをまとめましたので参考にしてください。

【賞与支給基準の設定ポイント】

○対象者

・常勤職員・非常勤職員など雇用形態に応じた対象範囲を設定する。その際は、138ページ記載の「同一労働同一賃金への対応」を考慮する。

・基準期間中は在職したが、支給日には退職した職員の取扱いなどを明確にしておく。

○支給日と支給回数

夏期、冬期、年度末など

※年4回以上の支給は、社会保険上、月例給扱いとなる点は注意する。

○基準期間

どの勤続期間に対する賞与なのかを明確にしておく。

（例） 4月から9月→12月、10月から3月→6月など

○額の決定方法

基礎額×支給月数×支給率など

○基礎額

基本給のみを算入するか手当（役職手当、業務手当、家族手当など）を含むかを決めておく。

○支給月数

一般的に○か月分、と言う形で設定する。

支給月数は全職員一律とするか、職位に応じて差をつけるかを決めておく。

※支給月数を、給与規程や賞与支給規則に明記せず、法人の経営状況等から、理事会、役員会等で協議して決定する方法もある。この場合も、規程に記載しておく必要がある。

○支給率の加減要素

・期間率　　基準期間中、対象となる月数の割合（期間中に採用された場合等）

・勤務率　　基準期間中、勤務を欠いた日があった場合の減額の割合

・評価率　　評価結果に応じて増減できるようにしておく（詳しくは156ページを参照）。

5．人材育成の体系（キャリアパス要件Ⅱ）を整備する

（1）キャリアパス要件Ⅱの意義

キャリアパス要件Ⅱは、研修計画を定め研修機会を提供するなど、職員のスキルや知識を高めるために必要となる要件です。

この要件を整備することの意義は次の３点です。

一点目は、適正な運営を確保するためです。介護福祉サービスの運営基準では、事業者に対し様々な研修の実施が義務づけられています。これらの基準を遵守することで一定のサービスの質が保たれることが期待できます。

二点目は、計画的な人材育成により、職員の定着と成長を促すためです。キャリアアップの過程で、どのような教育機会が提供されるのかを明示することで、職員が自らの将来像を描けるようになります。

三点目は、職員の不安を軽減させるためです。職員は、利用者への適切なケアに関して不安を抱えていることが多いです。必要なスキルや知識を身に着ける機会が適切に提供されることで、職員に安心感が生まれ、働き続ける意欲を高める効果が期待できるのです。

（2）キャリアパス要件Ⅱの内容

キャリアパス要件Ⅱでは、介護職員の職責・職務内容を踏まえ、介護職員と意見を交換しながら、資質向上の目標、計画を策定することが求められています。その上で研修機会の確保または技術指導等を実施し能力評価を行う必要があります。なお、研修機会の確保等を資格取得支援の実施に代えることもできます（**図表３－９**）。

要件の内容については**図表３－10**のとおりです。

図表3－9　キャリアパス要件Ⅱの全体イメージ

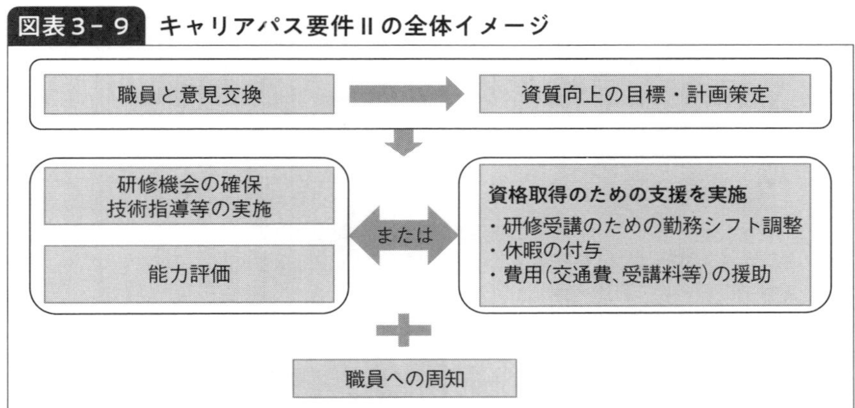

図表３-10　キャリアパス要件Ⅱの要件

次の一および二を満たすこと

一　介護職員の職務内容等を踏まえ、介護職員と意見を交換しながら資質向上のための目標およびａまたｂに掲げる事項に関する具体的な計画を策定し、当該計画に係る研修の実施又は研修の機会を確保していること。

○介護職員と意見交換

労働組合がある場合には労働組合との意見交換のほか、メール等による意見募集を行う等を設けるように配慮することが望ましい。

○資質向上のための目標の例

・利用者のニーズに応じた良質なサービスを提供するために、介護職員が技術・能力の向上に努めること
（例：介護技術、コミュニケーション能力、協調性、問題解決能力、マネジメント能力）

・事業所全体での資格等（例：介護福祉士、介護職員基礎研修、訪問介護員研修等）の事業所全体での資格等の取得率の向上（例：介護福祉士、介護職員基礎研修、訪問介護員研修等）

ａ　**資質向上のための計画に沿って、研修機会の提供または技術指導等を実施（OJT、OFF-JT 等）するとともに、介護職員の能力評価を行うこと。**

✓「資質向上のための計画」とは

事業者の運営方針や事業者が求める介護職員像および介護職員のキャリア志向に応じて適切に設定できる。また、計画期間等の定めは設けておらず、必ずしも賃金改善実施期間と合致していなくともよい。無理な計画を立てて、かえって業務の妨げにならないよう配慮する。

研修計画

研修テーマ	対象者	4月	5月	6月	7月	8月	9月	10月	11月	12月	1月	2月	3月
ヒヤリハット事例への対応	全職員												
基本的な接遇・マナーの理解	初任職員												
認知症の方への理解	中堅職員												
介護保険でできること、できないこと	全職員												
基本的な防火対策の理解	全職員												
感染症への理解	全職員												
法令遵守の理解	リーダー職員												
サービス計画の策定	リーダー職員												

実施予定時期にチェックを入れる

その他の計画
○採用1～2年目の介護職員に対し、3年以上の経験者を担当者として定め、日常業務の中での技術指導・業務に対する相談を実施する。
○月1回のケアカンファレンス、ケース検討の実施（希望者）
○他事業者との交流の実施（年3回）
○都道府県が実施する研修会への参加（希望者）

✓能力評価とは

個別面談等を通して、例えば、職員の 自己評価に対し、先輩職員・サービス担当責任者・ユニットリーダー・管理者等が評価を行う手法が考えられる。

こうした機会を適切に設けているのであれば、必ずしもすべての介護職員に対して評価を行う必要はないが、介護職員が業務や能力に対する自己認識をし、その認識が事業者全体の方向性の中でどのように認められているのかを確認しあうことは重要であり、趣旨を踏まえ適切に運用することが必要。

ｂ　**資格取得のための支援（研修受講のための勤務シフトの調整、休暇の付与、費用（交通費、受講料等）の援助等）を実施すること。**

二　一について、すべての介護職員に周知していること。

（3）具体的な実施事項

①　役割分担を明確にする

人材育成を効果的に進めるには、組織内での人材育成に関する役割分担を定め、それぞれの役割のもと、協力しあえる体制づくりが重要です。**図表３-11**をご覧ください。まず、経営者・役職者は組織が求める人材像や研修の理念・方向性を示します。また、指導的職員は日常の職務を通じて職場研修を実践する役割を担います。さらに、研修担当者は各種委員会活動を通じ研修の企画運営の役割を担います。

図表３-11　職場研修を担うそれぞれの基本的な役割

経営者・役職者	指導的職員	研修担当者
職員研修の理念・方針や仕組みづくり等の環境整備を行う	職務を通じて日常的に実践指導を行う	伝達研修、委員会活動などの企画運営
一人一人の職員 目標をもって自己啓発につとめる 「専門性」や「組織性」の向上、人間的成長を目指す		

（出典：全国社会福祉協議会　社会福祉士経営管理理論より引用）

②　研修手法の組合せ

人材育成の手法には、OJT, OFFJT, SDS の三つの種類があります（**図表３-12**）。まずはそれぞれの特徴、メリット・デメリットを理解しましょう（**図表３-13、図表３-14**）。その上で、事業所の規模・課題・指導人材などの状況に合わせて、最適な方法を組み合わせていきましょう。

令和７年度の本格施行に向けて実施すること

図表3-12 研修の三つの手法

種　類	内　容
OJT (On the Job Training)	職場の上司や先輩が、通常の職務を通じて、または職務と関連させながら、部下（後輩）を指導・育成する
OFF-JT (Off the Job Training)	職務命令により、一定期間日常職務を離れて行う研修。職場内の集合研修と職場外研修への派遣する形がある
SDS (Self-Development SupportSystem)	職員の職場内外での自主的な自己啓発活動を職場として認知し、経済的・時間的な援助や施設の提供などを行う

図表3-13 人材育成の手法の特徴

手　法		講　師	受講人数	時　間	費　用
OJT		内部職員	1人	仕事をしながら	かからない
OFF-JT	施設内	内部職員 外部講師	複数人	まとまった時間	人件費 講師謝礼等
	施設外	外部講師	複数人	移動時間 まとまった時間	人件費 交通費 参加費
SDS		なし	1人	業務時間外	受講費用

図表3-14 研修の手法別のメリット・デメリット

スタイル		メリット	デメリット
OJT		・細かな内容を指導することができる ・特別な費用や時間がかからない ・理解度を確認することができる ・繰り返し行うことができる	・指導者によって指導内容にバラツキがある ・その場対応になりがち
OFF-JT	施設内	・複数名が同じ内容について習得できる ・施設職員のニーズに対応できる ・業務時間内に実施することができる	・準備に時間がかかる ・外部講師の場合は費用がかかる ・複数名の職員のシフト調整が必要
	施設外	・他施設の職員と交流することができる ・専門家の研修を受ける事ができる	・仕事を休む必要がある ・交通費等費用がかかる ・一度に複数名の参加は難しい ・現場に反映することが難しい
SDS		・各自の時間で、各自のペースで進むことができる	・本人のやる気に任される

③　研修計画

㈠　研修計画の立て方

職員の育成を効果的に進めるためには、等級ごとの職員の職責・職務内容に応じて求められる知識技術を整理して、研修計画を定めていきます。

以下に、それぞれの等級ごとに求められる知識・技術と対応する研修内容をまとめましたので、参考にしてください。

1．新入職員向け研修

・求められる知識・技術

新入職員は、介護の基本的な技術やコミュニケーション、緊急時の対応方法など、現場で働く上で必須のスキルを習得させることが求められます。

・OJT

日常業務を通じて、介護技術やコミュニケーションの基本スキルを実践的に学ばせます。現場の経験を積むことで、新入職員が早期に業務に慣れ、安心して働ける環境を整えます。

・OFF-JT

介護の基礎知識や倫理的な側面を学ぶ座学研修を提供します。また、委員会活動に早期に参加させ、他職員とのつながりを築き、チームワークを学ばせます。これにより、職場定着率の向上も期待できます。

2．中堅職員向け研修

・求められる知識・技術

中堅職員には、基本的な知識と技術を深めると同時に、チームの中心となって仕事を進めていく力を育むことが求められます。また、現場での企画や業務改善を担う職員としての成長も促す必要があります。

・OJT

現場での後輩指導や業務企画を実践させ、チームの中心としての役割を強化します。問題解決や業務改善に取り組むことで、現場の効率を高めます。

・OFF-JT

認知症ケアや介護予防に関する専門研修、コミュニケーションや課題解決に関する外部講習を受講させ、より高度なスキルを習得させます。これにより、サービスの質を向上させる能力の育成が期待できます。

3．リーダー職員向け研修

・求められる知識技術

リーダー職員には、現場の中核として、実務を指導・管理し、チーム全体の円滑な業務遂行をサポートする役割が求められます。現場でのリーダーシップや指導力が求められます。

・OJT

後輩指導やチーム運営を通じて、現場でのリーダーシップを強化します。緊急対応や日常業務の管理を実践的に学び、スタッフ間の連携を促進します。

・OFF-JT

チームビルディングやコミュニケーションスキルを強化する研修を提供し、リーダーシップの理論を学ばせます。外部の研修を活用し、現場での指導力を高めます。

4．主任職員向け研修

・求められる知識・技術

主任職員には、リーダー職員を指導・支援し、業務改善や標準化を推進する役割が求められます。また、施設全体の組織運営の視点を持つことも求められるでしょう。

・OJT

業務改善などプロジェクト推進役を実践させ、リーダー職員を支援するスキルを磨かせます。また、現場のマネジメントを行うための経験も積ませます。

・OFF-JT

品質管理や業務改善手法に関する研修機会を提供し、標準化や改善策を提案・実行する力を養います。外部研修により、マネジメントに関する知識も強化します。

5．管理職向け研修

・求められる知識・技術

管理職には、施設全体の運営や人材マネジメントを担うほか、事業計画の策定、推進や行政・地域との対外的な役割が求められます。組織運営能力全般に関するスキルが求められます。

・OJT

日々の施設運営やスタッフ管理を通じて、経営管理能力を強化します。また、行政や地域団体とのやり取りを通じて対外的な説明力を実践的に磨いていきます。

・OFF-JT

事業計画策定、リスクマネジメント、法令遵守など、施設全体の運営に必要な知識を提供する研修を行います。特に、介護サービスにおける利用者の安全管理や人材定着戦略に関する研修が重要です。このほか、折衝力向上を図る研修も必要となるでしょう。

(イ)　まとめた研修計画を組織内に共有する

図表３-15は、職位ごとの研修計画を一覧にまとめたものです。この一覧を組織内で共有することで、各職位ごとの職員が、「自分が今何を学ぶべきか」「今後何を学ぶべきか」を把握しやすくなる効果があります。

図表3-15 階層別の研修計画（例）

職位	目標	OJT	OFFJT
管理職	・施設全体の運営や人材マネジメントを実行 ・事業計画の策定推進、対外的な役割	・施設運営やスタッフ管理を通じて経営管理能力を強化 ・対外的な説明の実践	・経営計画やリスクマネジメントの研修 ・利用者の安全管理や人材定着戦略を学ぶ ・折衝力向上
主　任	・リーダー職員を支援し、業務改善を推進 ・施設全体の組織運営の視点を持つ	・業務改善などプロジェクトを実践 ・現場のマネジメントを行う経験	・品質管理や業務改善手法を研修 ・マネジメントに関する知識
一般上級	・現場の中核として指導・管理 ・リーダーシップと指導力を強化	・後輩指導やチーム運営を通じてリーダーシップを強化 ・緊急対応を実践的に学ぶ	・チームビルディングやコミュニケーションスキル研修 ・外部研修で指導力を強化
一般中級	・専門知識を深め、チームの中心となって仕事を進めていく ・現場での業務改善	・後輩指導やチーム管理を実践 ・問題解決や業務改善に取り組む	・専門研修（認知症ケア、介護予防） ・コミュニケーションや課題解決の外部講習
一般初級	・介護の基本技術、コミュニケーション、緊急時対応を習得	・介護技術やコミュニケーションを実践的に学ぶ ・現場経験を積み安心して業務に従事	・介護の基礎知識や倫理的取組みを座学で学ぶ ・委員会活動でチームワークを学ぶ

（筆者作成）

㈲　新入職員育成計画の実例

図表3-16は、新入職員の育成計画の実例を時系列にまとめたものです。各期ごとの育成目標、OJT、OFF-JT、新入職員が自ら行う自己評価・振り返り（SDS：Self-Directed Study）を一覧化することで、組織全体で育成の見通しを立てやすくなる効果が期待できます。

図表３-16 新入職員育成計画（例）

月	育成目標	育成の計画						
		OJT			OFF-JT（○施設内　●施設外）			SDS
		月	能力（知識／技術）	担当者	月	能力（知識／技術）	講師／指導者	
4	・社会人として責任もった言動をとることができる ・仕事に対する価値を感じることができる	4	・施設内ルール、ハード（施設、物品） ・担当職種と他職種の役割とメンバー構成 ・入居者の生活 入居者の尊厳と支援介護前の準備と声掛け	主任	4	○新入職員研修（２日間） ー法人理念、沿革、事業概要 ー就業規則とキャリアパス ー社会人マナー ー入居者の尊厳と自立支援について ー介護・障害福祉とは	施設長担当役職者事務担当	OJT チェックリストの内容を読み、分からない言葉を調べてくること ＜5月31日まで＞
6	・日常的な仕事を先輩職員と一緒に行うことができる ・利用者の氏名、利用の背景を知ることができる	6	嚥下と食事介助について 排泄介助について 移動・移乗と入浴介助について	班長	6	○移動・移乗（２時間） ○排泄介助の留意点（２時間） ○嚥下機能と食事の種類（２時間）	担当役職者	
9	・すべての日常的な仕事を経験し、なにかを見ながら、聞きながら、時間がかかっても、自立して行うことができる	9	夜勤訓練 担当入居者のヒアリング、モニタリング	班長	9	●緊急連絡の方法、救急要請について（半日）	消防署	課題図書（看取りについて）を読み感想文を作成
	・利用者の好みを知り、個別支援を楽しむことができる	10	ケアプランの目的モニタリングの重要性 アセスメントについて記録の目的と基本	班長	10	○ケアプランについて（２時間） ○ビジネスマナー（２時間） ●初任者研修（２日間）	担当役職者 社協	＜10月１日提出＞
			外部への連絡、電話のかけ方 連絡帳の目的と書き方 家族へ連絡する時の 留意点	班長				
3	・すべての日常的な仕事を自立して、自信をもって行うことができる ・相談すべき点について、正しい時、正しい人に相談することができる ・後輩を迎える心構えができる	3	相談する前に自分の考えをまとめる OJT チェックリスト総点検	班長	3	○介護技術まとめ（２時間） ○１年間を振り返って発表（30分）	施設長	

（出典：高知県福祉人材センター資料より引用加筆）

④　法定研修および加算算定に必要な研修の実施

介護福祉サービスに求められる研修は、「法定研修」と「加算算定に必要な研修」に分類されます。これらの研修が未実施であったり、記録が不備の場合、指定権者から指導が入ったり、最終的には報酬が減額されるリスクもあります。このため、これらの研修は組織全体で管理し、確実に実施していくことが求められます。

(ア)　主な法定研修

以下の法定研修については、サービスを提供する職員に適切な知識と対応力を備えさせるとともに、法令遵守の観点から実施するものです。主なものを掲載しますので、これを機会に確認しておきましょう。

・身体的拘束等の適正化のための研修
・感染症及び食中毒の予防とまん延防止に関する研修（令和６年度から義務化）
・感染症及び災害に係る業務継続計画（BCP）に関する研修（令和６年度から義務化）
・感染症および災害に対応する訓練
・非常災害対策に関する訓練
・介護事故発生防止のための研修
・虐待防止のための研修
・褥瘡対策に関する継続教育

(イ)　加算算定の要件となる研修

加算を算定する要件として定められている研修は、収入を確保していくためにも計画的な実施が望まれます。主なものを掲載しますので、これを機会に報酬基準を確認しておきましょう。

・訪問介護員やサービス提供責任者ごとの研修計画に基づく研修（訪問介護における特定事業所加算の要件）
・ヤングケアラー、障害者、生活困窮者等の事例検討会や研修（訪問介護における特定事業所加算の要件）
・地域住民や他事業所と共同での事例検討会や研修会（定期巡回・随

時対応型介護における総合マネジメント加算）
・認知症介護実践リーダー研修および認知症介護指導者研修（小規模多機能型居宅介護における認知症加算の要件）
・見守り機器の活用に関する研修（夜勤職員配置加算）
・入浴に関する研修（令和６年度から、訪問入浴介護および通所介護における加算要件）

⑤　研修内容の定期的な改善

キャリアパス要件Ⅱでは、研修計画を策定する際、職員からの意見を聞くことが求められています。これは、現場の声を良く聞き効果的な育成計画を作るためだと筆者は考えています。例えば、研修についてアンケートを収集し、結果をもとに研修プログラムを見直す、指導職員や管理者と研修企画担当者が定期的に意見交換の機会を持ち内容に反映させるなどの手法が挙げられます。これらの取組みは研修の実効性を高めるだけでなく組織内のコミュニケーションが密になることで風通しのよい風土づくりにも寄与することが期待できます。

図表3-17 職員アンケートの例

研修アンケート

研修名：	講師：	
受講日時：　年　月　日　～	氏名：	

1．研修内容は理解できましたか？あてはまるものに○をつけてください。

(　　　) 良く理解できた
(　　　) だいたい理解できた
(　　　) どちらともいえない
(　　　) あまり理解できなかった
(　　　) 理解できなかった

その理由など

2．研修内容は仕事に活用できるものでしたか？　あてはまるものに○をつけてください。

(　　　) 大いに活用できる
(　　　) 活用できるところもある
(　　　) どちらともいえない
(　　　) あまり活用できない
(　　　) まったく活用できない

その理由など

3．研修の内容について、印象に残ったことや、疑問に思ったことがあればお書きください。

4．研修時間、場所ほか、運営面に要望がありましたらお書きください。

5．今後受けてみたい研修のテーマがありましたらお書きください。

（4）キャリアパス要件Ⅱにおける能力評価

①　能力評価の意義

キャリアパス要件Ⅱでは、研修の機会提供に加え、能力評価を実施することも求められています。この評価は144ページで説明する人事評価制度に組み込む形も可能です。

この能力評価を実施する意義は、次の２点です。

１点目は日ごろの指導や研修の効果を確認するためです。評価結果をもとに改善点を明らかにして、次回の研修計画に活かしていきます。

２点目は、上司や先輩からフィードバックを受け職員が自らの業務行動を振り返る機会とすることです。できなかったことができるようになる、新たな目標や課題を発見することで人は成長します。このような成長環境が創り出されることで、モチベーションの向上にもつながるのです。

②　OJTチェックシートの活用

図表３-18にOJTチェックシートの例を示しました。このシートはキャリア段位制度の掲載内容を抜粋したものですが、各事業所、等級に求められる項目を適宜活用するとよいでしょう。また、**図表３-19**には、キャリア段位制度を用いたレベルに応じて求められる能力項目を示しました。チェックシート活用にあたり、これらの公的な指標を参考にしていくことも有効です。

［職業能力評価基準の活用］

職業能力評価基準とは、仕事をこなすために必要な「知識」と「技術・技能」に加えて、「成果につながる職務行動例（職務遂行能力）」を業種別、職種・職務別に整理したものです。介護分野に関しては、介護業、施設介護業が整理されてますので、キャリア段位制度と合わせて活用しましょう。

令和７年度の本格施行に向けて実施すること

図表3-18 チェックシート例

業　務	評価基準	本人	上司
移乗介助	移乗用マット、タオル移乗等手順に従って行うことができる。		
	手順に従って各種移動器具を取り扱うことができる。		
	移動前後の安全を確認することができる。		
口腔ケア	うがいの出来る利用者に対し促がし・見守り・介助を行うことができる。		
	手順書に基づき、利用者の状態に合わせて義歯を洗浄し保管することができる。		
	手順に従って口腔内粘膜清拭マッサージやブラッシングをすることができる。		
	食後に口腔清拭・歯磨き・うがい等を行うことができる。		
食事介助	食事残量・摂取時間・水分量等の伝達事項を、メモやノートに記入して申し送りを行うことができる。		
	水分摂取が困難な利用者には嚥下補助剤の使用、お茶ゼリーでの対応をすることができる。		
	利用者にわかりやすいように掲示し、利用者に説明することができる。		
	配膳時、個人持ちの食品を準備することができる。		
	配膳のとき、食べやすい大きさ・形・固さ・温度にして、メニューを利用者に伝えることができる。		
	利用者のペースにあわせて、希望を聞き、主菜・副菜・お汁を交互に摂取するようにすることができる。		
	食べこぼし等は、すみやかにその場において処理することができる。		
	食事介助中に、その場を離れる際は利用者および他のスタッフに声をかけることができる。		
	食堂の環境を整え、配膳前の準備（オシボリ・エプロン・食器等）を適切に行うことができる。		
	食事前に、利用者の手指の洗浄消毒を行う、あるいは促すことができる。		
	服薬後の後始末を手順どおり行うことができる。		

（出典：（一社）シルバーサービス振興会）

図表３-19 キャリア段位制度における評価基準のレベル対応（○が評価すべきもの）

大項目	中項目	レベル２ ①	レベル２ ②	レベル ３	レベル ４
基本介護技術の評価	入浴介助	○	○	○	○
	食事介助	○	○	○	○
	排泄介助	○	○	○	○
	移乗・移動・体位変換	○	○	○	○
	状況の変化に応じた対応	×	○	○	○
利用者視点での評価	利用者・家族とのコミュニケーション	×	一部○	○	○
	介護過程の展開	×	×	○	○
	感染症対策・衛生管理	×	○	○	○
	事故発生防止	×	一部○	○	○
	身体拘束廃止	×	×	○	○
	終末期ケア	×	×	○	○
地域包括ケアシステム&リーダーシップ	地域包括ケアシステム	×	×	×	○
	リーダーシップ	×	×	×	○

（出典：（一社）シルバーサービス振興会）

（５）資格取得支援

①　資格取得支援の方法

キャリアパス要件Ⅱでは、研修や技術指導等の実施に替えて、資格取得支援の実施によっても要件を満たすことができます。

資格取得支援の方法としては、資格取得のための費用補助、外部研修への参加支援、資格試験対策の提供が挙げられます。**図表３-20**に具体的な取組み例を、５つのカテゴリーに分けて示しました。事務所の規模、人員体制に応じて支援等を検討しましょう。また、事業所で資格取得費用を助成する場合の規程例も示しましたので、参考にしてください。

図表３-20　資格取得支援の具体的な取組み例

目　的	具体的な取組み
自己学習支援	・資格取得に関する受験対策本やビデオ等教材の貸出 ・資格取得のための学習室等の設置
事業内勉強会・講習会の開催	・受験対策のための勉強会の開催 ・事業所内に講師を招いての講習会や実技講習の開催 ・模擬テスト等の実施
時間的支援	・受験対策講座への業務派遣 ・資格試験受験日の特別休暇（有給） ・資格取得後更新等にかかる講習会への業務派遣
経済的支援	・受験対策講座受験費用の補助 ・受験対策本、ビデオ等購入費用の補助 ・受験費用の補助
資格取得後のインセンティブ	・資格取得祝い金の支給 ・資格手当の支給

（筆者作成）

○職員資格取得助成制度の例

（総則）

第１条　この規程は、職員が第４条に指定する資格を取得したときに一定の資金を支給する、資格取得支援制度の取扱いを定める。

（目的）

第２条　資格取得支援制度は、職員の自己啓発、能力開発及びキャリア形成を促進し、もってサービスの質及び利用者満足度を向上させるために実施する。

（対象者の範囲）

第３条　資格取得支援制度は、次の各号のすべてに該当する者に適用する。

（１）勤続１年以上

（２）資格取得後も引き続き勤務する意思のあること

（支援対象資格の範囲）

第４条　支援の対象とする資格は、以下のとおりとする。

（１）介護福祉士

（２）介護支援専門員

（３）社会福祉士

（４）精神保健福祉士

（５）その他理事長が別に認めるもの

（支援の内容）

第５条　支援の内容は、次のとおりとする。

（１）受講料　受講料の２分の１

（２）受験料　受験料の全額

（３）登録料　登録料の全額

２　支援は、前条に規定する資格を取得した場合に限って行う。

（申請の手続き）

第６条　職員は、費用の支援を希望するときは、所定の申請書に必要事項を記載し、次の書類を添えて施設に申請するものとする。

（１）受講料の領収書または払込書

（２）資格試験の合格通知の写し

（筆者作成）

② 取得を支援する資格

介護福祉サービスに関する資格は非常に多岐にわたります（**図表3-21**）。どの資格の取得を支援するかは、事業所が提供するサービス内容や、職員に求める知識スキルに応じて決める必要があります。

基本的には、処遇改善加算をはじめとする各種加算の算定要件に挙げられているもの、介護サービスでいえば、「介護福祉士」、障害福祉サービスでいえば、「介護福祉士、社会福祉士、精神保健福祉士、公認心理士」を中心に据えて考えることが良いでしょう。

また、事業所運営に欠かせない資格、例えば障害福祉サービスにおけるサービス管理責任者、児童福祉サービスにおける児童発達支援管理責任者などは育成に期間を要するため計画的に支援していくことが大切です。このほか、認知症ケアや強度行動障害、ガイドヘルパーなどの利用者のニーズに応じた資格取得者の育成もすすめていきましょう。

図表３－21　介護福祉サービスで求められる資格

分　類	資格名称
サービス支援に必要な資格・研修	・介護職員初任者研修 ・介護職員実務者研修 ・介護福祉士 ・保育士
サービス管理に関する資格	・サービス管理責任者 ・児童発達支援管理責任者
医療、機能訓練、栄養関連の資格	・看護師 ・准看護師 ・理学療法士 ・作業療法士 ・言語聴覚士 ・栄養士、管理栄養士 ・喀痰吸引等研修
障害特性に合わせた資格・研修	・ガイドヘルパー ・行動援護従事者養成研修 ・同行援護従事者養成研修 ・強度行動障害者支援者養成研修 ・職場適用援助者 ・医療的ケア児等支援者養成研修
相談系の資格・研修	・社会福祉士 ・精神保健福祉士 ・公認心理士 ・相談支援専門員

（筆者作成）

③　国の資格取得費用の助成制度の活用

国では、資格取得のための費用助成として、雇用保険料を財源とした公的な支援制度を用意しています。

例えば、職員に直接支給される「教育訓練給付」（**図表３－22**）や、人材育成を図る事業所に対して支給される「人材開発支援助成金」（**図表３－23**）がありますので、積極的に活用し人材育成に努めましょう。

図表３-22　教育訓練給付の概要

教育訓練の種類と給付率	対象講座の例
専門実践教育訓練 **最大で受講費用の80%** **[年間上限64万円]** を受講者に支給 ※2024年９月までに開講する講座は最大で受講費用の70%（年間上限56万円）を支給	**業務独占資格などの取得を目標とする講座** ・介護福祉士、看護師・准看護師、美容師、社会福祉士、歯科衛生士、保育士、調理師、精神保健福祉士、はり師　など **デジタル関係の講座** ・第四次産業革命スキル習得講座（経済産業大臣認定） ・ITSSレベル３以上の情報通信技術関係資格の取得を目標とする講座 **大学院・大学・短期大学・高等専門学校の課程** ・専門職大学院の課程（MBA、法科大学院、教職大学院　など） ・職業実践力育成プログラム（文部科学大臣認定）　など **専門学校の課程** ・職業実践専門課程（文部科学大臣認定） ・キャリア形成促進プログラム（文部科学大臣認定）
特定一般教育訓練 **最大で受講費用の50%** **[上限25万円]** を受講者に支給 ※2024年９月までに開講する講座は受講費用の40%（上限20万円）を支給	**業務独占資格などの取得を目標とする講座** ・介護支援専門員実務研修、介護職員初任者研修、特定行為研修、大型自動車第一種・第二種免許　など **デジタル関係の講座** ・ITSSレベル２の情報通信技術関係資格の取得を目標とする講座 **大学等、専門学校の課程** ・短時間の職業実践力育成プログラム（文部科学大臣認定） ・短時間のキャリア形成形成促進プログラム（文部科学大臣認定）
一般教育訓練 **受講費用の20%** **[上限10万円]** を受講者に支給	**資格の取得を目標とする講座** ・輸送・機械運転関係（大型自動車、建設機械運転等）、介護福祉士実務者養成研修、介護職員初任者研修、税理士、社会保険労務士、Webクリエイター、CAD利用技術者試験、TOEIC、簿記検定、宅地建物取引士　など **大学院などの課程** ・修士・博士の学位などの取得を目標とする課程

（出典：厚生労働省　資料）

図表3-23 人材開発助成金の概要

事業主等が雇用する労働者に対して、職務に関連した専門的な知識および技能を習得させるための職業訓練等を計画に沿って実施した場合等に、訓練経費や訓練期間中の賃金の一部等を助成する制度

研修実施や資格取得支援に関しては、3つのコースが活用できる。

コース	主な要件と内容（正職員のみ記載）	
人材育成支援コース	・OFF-JTにより実施される訓練（事業内訓練または事業外訓練） ・実訓練時間数が10時間以上	経費助成（講師への謝礼・旅費、会場代等）と賃金助成
教育訓練休暇等付与コース	**教育訓練休暇制度** 3年間に5日以上の取得が可能な有給の教育訓練休暇を導入した、実際に適用	制度導入に対して30万円を支給
	長期教育訓練休暇制度 30日以上の長期教育訓練休暇の取得が可能な制度を導入し、実際に適用	制度導入に対して20万円を支給 有給の休暇に対して、1人につき1日6,000円 最大150日分の賃金助成を支給
	教育訓練短時間勤務等制度 30回以上の所定労働時間の短縮および所定外労働時間の免除が可能な制度を導入し、実際に1回以上適用した事業主に助成	制度導入に対して20万円を支給
人への投資促進コース（柔軟な訓練形態の助成）	**定額制訓練** 労働者の多様な訓練の選択・実施を可能する定額受け放題研修サービス（サブスクリプション）に対する経費を助成	経費助成45%～60%（初期設定費用、アカウント料、ID付与など）
	自発的職業能力開発訓練 自発的職業能力開発経費負担制度を利用し被保険者が自発的職業能力開発を行うために実施する訓練に対する経費を助成	経費助成　45%
	長期教育訓練休暇等制度、教育訓練短時間勤務等制度 教育訓練休暇制度や教育訓練短時間勤務等制度を導入し、労働者の自発的な職業能力開発を促進した場合助成	賃金助成6,000円～7,200円／1人1日（150日限度） 経費助成　20万円～45万

（出典：厚生労働省資料を基に作成）

6．昇給制度の整備（キャリアパス要件Ⅲ）

（1）キャリアパス要件Ⅲの制定経緯と内容

①　制定経緯

キャリアパス要件Ⅰでは、賃金体系の明示のみで昇給の実施までは明確に求められておらず、「経験や資格取得により資質向上を図っても、キャリアパスに示されたように給与が上がらない」との指摘がされていました。

これを受けて、平成29年4月に昇給を実施する仕組みを設けることで、より高い加算区分が算定できる仕組みとして、キャリアパス要件Ⅲが導入されました。

なお、新加算では、昇給制度の整備を行うことで、新加算の最下位区分である区分Ⅳから上位区分にランクアップできる仕組みとなっています。

図表3-24　昇給制度のイメージ

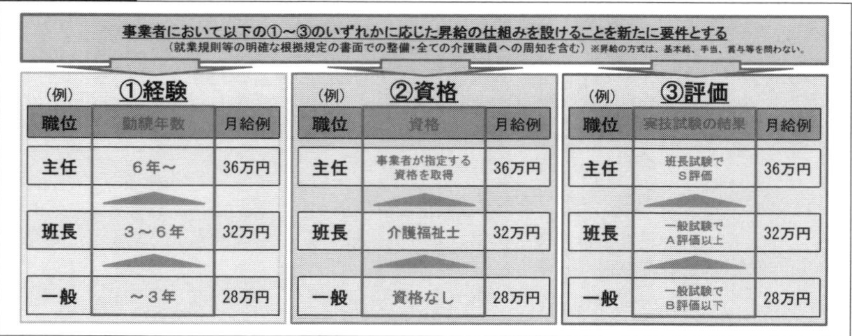

事業者において以下の①～③のいずれかに応じた昇給の仕組みを設けることを新たに要件とする
（就業規則等の明確な根拠規定の書面での整備・全ての介護職員への周知を含む）※昇給の方式は、基本給、手当、賞与等を問わない。

（例）①経験

職位	勤続年数	月給例
主任	６年～	36万円
班長	３～６年	32万円
一般	～３年	28万円

（例）②資格

職位	資格	月給例
主任	事業者が指定する資格を取得	36万円
班長	介護福祉士	32万円
一般	資格なし	28万円

（例）③評価

職位	実技試験の結果	月給例
主任	班長試験でＳ評価	36万円
班長	一般試験でＡ評価以上	32万円
一般	一般試験でＢ評価以下	28万円

（出典：厚生労働省　ホームページ）

② キャリアパス要件Ⅲの内容

キャリアパス要件Ⅲの内容は以下のとおりで、次の一および二を満たすことが必要です。

<table>
<tr><td colspan="2">一　介護職員について、経験若しくは資格等に応じて昇給する仕組み又は一定の基準に基づき定期に昇給を判定する仕組みを設けていること。
具体的には、次のａからｃまでのいずれかに該当する仕組みであること。
ａ、ｂ、ｃの組合せも可</td><td>✓昇給は定期に行われていればよい
※仕組みがあれば毎年でなくても良い
✓非常勤職員を含め、すべての介護職員が対象とする必要がある
✓昇給の判定基準の明文化が必要
✓昇給の方式は基本給が好ましいが、手当でも構わない</td></tr>
<tr><td>a</td><td>経験に応じて昇給する仕組み
「勤続年数」や「経験年数」などに応じて昇給する仕組みであること。</td><td></td></tr>
<tr><td>b</td><td>資格等に応じて昇給する仕組み
介護福祉士等の資格の取得や実務者研修修了者の修了状況に応じて昇給する仕組みであること。
ただし、介護福祉士資格を有した上で、就業する者についても昇給が図られる仕組みであることを要する。</td><td>✓「介護福祉士」「社会福祉士」「介護支援専門員」「初任者研修修了」「実務者研修修了」「認知症実務者研修修了者」「喀痰吸引研修修了」「キャリア段位」等
✓公的資格でなく事業所独自資格でも可
✓資質向上につながる研修受講でも可</td></tr>
<tr><td>c</td><td>一定の基準に基づき定期に昇給を判定する仕組み
「実技試験」や「人事評価」などの結果に基づき昇給する仕組みであること。ただし、客観的な評価基準や昇給条件が明文化されていることを要する。</td><td>✓あらかじめ定められた評価基準により、公平な評価を行う
✓評価結果を職員の指導・育成に役立てる姿勢が望まれる</td></tr>
<tr><td colspan="2">二　一の内容について、就業規則等の明確な根拠規程を書面で整備し、すべての介護職員に周知していること</td><td>✓すべての職員に周知が必要
✓給与規程、昇給規程など
✓昇給の仕組みは、給与表が必須ではない</td></tr>
</table>

（2）昇給の仕組みの整備

①　昇給制度設計のポイント

昇給制度を設計するにあたっては、賃金の持つ様々な側面を理解しておく必要があります。

まず、賃金は職員にとっての生活の糧となるものですが、それと同時に、仕事への評価の証（あかし）でもあります。介護福祉サービスの経験を積み重ね知識スキルを身に着けたことを評価され、賃金水準が上がることで、仕事に対する誇りや責任もさらに高まる効果があります。

一方、事業者にとっては賃金は人件費というコストにあたります。介護福祉サービスの報酬は国一律の基準で決められる中、事業者が人件費として活用できるコストには自ずと限界があります。

昇給制度を設計していく際には、賃金が持つ意義、つまり「職員にとっての生活の糧、仕事の誇り」、「収入の総枠内での事業継続」の視点を持ちこれらのバランスをとり続けることがポイントになります。このため、賃金が単に経験年数や年齢の積み重ねで自動的に上がり続けるのではなく、職員のスキルの向上・役割の拡大・業績に対する貢献度に基づく仕組みにしていくことが求められるのです。

②　昇給の仕組みの種類

㈀　給料表

「基本給の増加」を制度化した最もわかりやすいものが「給料表」です。公務員の給与制度がその代表的な例です。

給料表の構成は、横軸に職位を表す等級を、縦軸に昇給増加を表す号棒で構成されます。

例えば、**図表３–25** に示されている例では、初任給が１級の１号棒で 162,100 円からスタートし、その後勤務を続けた場合の基本給の昇給額がわかる仕組みです。また、１級から２級に昇格した場合の給与の変化も明示されキャリアアップによる収入増加の見通しがつきやすくなります。

図表3-25 給料表の例

職務の級 号俸	1 級	2 級	3 級	4 級	5 級
	俸給月額	俸給月額	俸給月額	俸給月額	俸給月額
	円	円	円	円	円
1	162,100	190,200	226,400	259,900	286,200
2	163,200	192,000	228,000	261,900	288,400
3	164,400	193,800	229,500	263,700	290,700
4	165,500	195,600	231,100	265,800	292,900
5	166,600	197,200	232,600	267,700	294,900
6	167,700	199,000	234,300	269,600	297,200
7	168,800	200,800	235,800	271,600	299,500
8	169,900	202,600	237,400	273,700	301,800

○給料表のメリット

1．現在の給料水準の納得感が高まる

給料表を策定することで、自身の給料の根拠が明確となり納得感が高まります。

2．キャリアアップ意欲を高める

職位に応じて給料が上がり、また昇給幅を大きくすることなどで、職員のキャリアアップ意欲を高めます。

3．ライフプランが立てやすい

キャリアアップによる収入増加が見通せるため、将来のライフプランも描きやすくなります。

4．人件費の管理がしやすい

職員ごとの将来の賃金額が予測しやすく、長期的な人件費管理がしやすくなります。

○給料表のデメリット

過去の昇給による効果が累積され、現在の働きぶりと乖離する可能性があります。例えば、「昨年度は頑張った職員が、今年度は努力が見られないのに高い給料をもらい続ける」という状況や、経験年数が長い職員の比率が高まり人件費が事業を圧迫するデメリットがあります。

このようなデメリットに対応するため、昇給制度の設計では年次による昇給額は少なくする、同一等級内での昇給上限を設定する、評価により昇給額にメリハリをつける、などの工夫が求められます。

また、同じ等級にとどまりキャリアアップしない場合に、同じ評価を維持していても昇給額が減少、場合によってはマイナス評価とする「ゾーン型賃金表」を用いる場合もあります。

図表３-26 の例では、各等級ごとに３つのゾーンに分け、通常評価ランクＣであれば、７号俸までは２号昇給、８号俸から15号俸までは１号昇給、16号俸以降では昇給ゼロと差をもたせる仕組みとしています。この手法は職員にキャリアアップの意欲を高める効果と同時に、若手や昇格直後の職員に一定の昇給が保障される安心感も与える効果も期待できます。

図表3－26 ゾーン型賃金管理の例

号俸	1等級	2等級	3等級	4等級	5等級
昇給差	1,000	1,200	1,500	1,800	2,000
1	180,000	194,000	210,800	231,800	257,000
2	181,000	195,200	212,300	233,600	259,000
3	182,000	196,400	213,800	235,400	261,000
4	183,000	197,600	215,300	237,200	263,000
5	184,000	198,800	216,800	239,000	265,000
6	185,000	200,000	218,300	240,800	267,000
7	186,000	201,200	219,800	242,600	269,000
8	187,000	202,400	221,300	244,400	271,000
9	188,000	203,600	222,800	246,200	273,000
10	189,000	204,800	224,300	248,000	275,000
11	190,000	206,000	225,800	249,800	277,000
12	191,000	207,200	227,300	251,600	279,000
13	192,000	208,400	228,800	253,400	281,000
14	193,000	209,600	230,300	255,200	283,000
15	**194,000**	**210,800**	**231,800**	**257,000**	**285,000**
16	195,000	212,000	233,300	258,800	287,000
17	196,000	213,200	234,800	260,600	289,000
18	197,000	214,400	236,300	262,400	291,000
19	198,000	215,600	237,800	264,200	293,000
20	199,000	216,800	239,300	266,000	295,000
21	200,000	218,000	240,800	267,800	297,000
22	201,000	219,200	242,300	269,600	299,000
23	202,000	220,400	243,800	271,400	301,000

昇格後の給料の初号

ゾーン1 昇給区分

等級	評価ランク	A	B	C	D	E
	昇給数	4号給	3号給	2号給	1号給	0号給
1等級	1,000	4,000	3,000	2,000	1,000	0
2等級	1,200	4,800	3,600	2,400	1,200	0
3等級	1,500	6,000	4,500	3,000	1,500	0
4等級	1,800	7,200	5,400	3,600	1,800	0
5等級	2,000	8,000	6,000	4,000	2,000	0

ゾーン2 昇給区分

等級	評価ランク	A	B	C	D	E
	昇給数	3号給	2号給	1号給	0号給	-1号給
1等級	1,000	3,000	2,000	1,000	0	-1,000
2等級	1,200	3,600	2,400	1,200	0	-1,200
3等級	1,500	4,500	3,000	1,500	0	-1,500
4等級	1,800	5,400	3,600	1,800	0	-1,800
5等級	2,000	6,000	4,000	2,000	0	-2,000

ゾーン3 昇給区分

等級	評価ランク	A	B	C	D	E
	昇給数	2号給	1号給	0号給	-1号給	-2号給
1等級	1,000	2,000	1,000	0	-1,000	-2,000
2等級	1,200	2,400	1,200	0	-1,200	-2,400
3等級	1,500	3,000	1,500	0	-1,500	-3,000
4等級	1,800	3,600	1,800	0	-1,800	-3,600
5等級	2,000	4,000	2,000	0	-2,000	-4,000

(イ) 複数の要素を組み合わせた昇給の仕組み

給料表のように基本給が「給料」のみではなく、複数の要素を組み合わせる手法もあります。例えば**図表3－27**に示したような「職務給」（能力やスキルに応じた給与）と、「勤続給」（勤務年数に応じた給与）を組み合わせることも一つの方法です。

図表３-27　複数要素を組み合わせた昇給の仕組み

職務給

等級	金額
初級	50,000
中級	60,000
上級	65,000
主任	75,000
管理者	90,000

勤続給

勤続	金額	勤続	金額	勤続	金額	勤続	金額	勤続	金額	勤続	金額
0	100,000	7	114,000	14	128,000	21	142,000	28	156,000	35	170,000
1	102,000	8	116,000	15	130,000	22	144,000	29	158,000	36	172,000
2	104,000	9	118,000	16	132,000	23	146,000	30	160,000	37	174,000
3	106,000	10	120,000	17	134,000	24	148,000	31	162,000	38	176,000
4	108,000	11	122,000	18	136,000	25	150,000	32	164,000	39	178,000
5	110,000	12	124,000	19	138,000	26	152,000	33	166,000	40	180,000
6	112,000	13	126,000	20	140,000	27	154,000	34	168,000		

【昇給シミュレーションの具体例】

例１は、新規採用者１年目で、「職務給」が初級、「勤続給」が０年目の職員を想定した昇給シミュレーションです。４年目に中級職へキャリアアップすることで、12,000 円の収入増が見込まれます。

（例１）新規採用、経験年数０年→初級に採用→その後４年目で中級に昇格

年　数	等級	職務給	勤続給	合　計	昇給額	備　考
1年目	初級	50,000	100,000	150,000		
2年目	初級	50,000	102,000	152,000	2,000	
3年目	初級	50,000	104,000	154,000	2,000	
4年目	中級	60,000	106,000	166,000	12,000	初級から中級に昇格

例２、例３は、中途採用で管理職を採用したケースを想定しています。例２では、「職務給」は 90,000 円ですが、勤続年数は０年目として「勤続給」が 100,000 円で、初任時の基本給は合計 190,000 円となります。また例３では、同じ役割であっても、前職の経験年数やスキルを加味し、職歴を勤続年数に通算し処遇に反映しています。

（例２）管理者を新規採用する場合（経験年数は考慮しない）

年　数	等級	職務給	勤続給	合　計	備　考
1年目	管理者	90,000	100,000	190,000	勤続給は0年目を適用

（例３）管理者を新規採用する場合（介護業界での経験が10年あり、そのうち８割を換算する）

年　数	等級	職務給	勤続給	合　計	備　考
1年目	管理者	90,000	116,000	206,000	勤続給は8年目を適用

※１年間は経験年数は考慮せず、働きぶりにより再度格付けを行うという方法もある。

㈦　処遇改善加算を昇給制度に組み込む方法

処遇改善加算の配分方法として、処遇改善手当を設定し、月例給で支払う方法があります。この手当を昇給制度に組み込む場合は、事業所の重視する方針に基づき、適切に設計することが重要です。

○キャリアアップへの意欲を高めたい場合

役割、責任、困難度に応じて等級を設定し、高い等級ほど手当額を増加させます。

○採用時に給与水準の向上を図りたい場合

初任者層（１等級や２等級）の手当額を高める設定にします。

○長期勤続の意欲を高めたい場合

勤続年数や号俸が上がるに従い、手当額を段階的に増加させます。

以下の例は、キャリアアップ促進と長期勤続の意欲向上を目的とした設計例ですので、参考にしてください。

（例）基本給と処遇改善手当を組み込んだ給料表（１級～３級のみ表示）

等級	１級			２級			３級		
項目	基本給	処遇改善手当	合計	基本給	処遇改善手当	合計	基本給	処遇改善手当	合計
差	500	500	1,000	1,000	1,000	2,000	1,500	2,000	3,500
１号俸	170,000	10,000	180,000	178,500	18,000	196,500	193,500	26,000	219,500
２号俸	170,500	10,500	181,000	179,500	19,000	198,500	195,000	28,000	223,000
３号俸	171,000	11,000	182,000	180,500	20,000	200,500	196,500	30,000	226,500
４号俸	171,500	11,500	183,000	181,500	21,000	202,500	198,000	32,000	230,000
５号俸	172,000	12,000	184,000	182,500	22,000	204,500	199,500	34,000	233,500
６号俸	172,500	12,500	185,000	183,500	23,000	206,500	201,000	36,000	237,000
７号俸	173,000	13,000	186,000	184,500	24,000	208,500	202,500	38,000	240,500
８号俸	173,500	13,500	187,000	185,500	25,000	210,500	204,000	40,000	244,000

③　昇給制度の設計ケース

ここでは以下のケースをもとに、昇給制度の設計を考えていきましょう。

【想定ケース】

○職員構成

一般職員A：基本給160,000円（1年目）

一般職員B：基本給165,000円（5年目）

一般職員C：基本給168,000円（8年目）

主　任　D：基本給183,000円

管 理 者 E：基本給222,000円

○これまでの経緯

・初任給は160,000円で、これまで正式な規程はありません。

・毎年、1,000円の定期昇給を実施してきました。

・3年前にDさんが「主任」に昇進した際、主任ではない先輩職員の給与がDさんより高い状態だったため、定期昇給時に180,000円まで引き上げ、その後毎年1,000円昇給しています（3回実施）。

・管理者Eは他法人の経験者で、採用時に前職の基本給と相場を考慮し220,000円に設定しました。今年は2,000円の定期昇給が行われました。

ステップ1：階層を分ける

まず、職員の役職や経験に基づき、5つの階層に分けます。

一般職は「初級（1年目）」「中級（5年目）」「上級（10年目）」に分類。

さらに「管理職」「主任職」を設け、全体で5段階の等級を設定します。

ステップ2　級ごとの基本給の上限額と下限額を設定する

次に、各階層ごとに基本給の上限額と下限額を決めます。

下限額は初級の初任給である16万円、上限額は10年目職員の世間相場（※）を参考に22万円と設定します。16万円と22万円の差額6万円を3段階（初級・中級・上級）に分け、各級の昇給幅を2万円ずつ設定します。

※世間相場の考え方
特定加算での経験・技能のある職員が「10年目職員」を設定
調査結果：「企業規模10人以上100人未満の介護福祉施設等で働く10年～14年の職員」（厚生労働省「賃金構造基本統計調査」より）
・所定定内給与は24万3,500円（手当含む）
・基本給相当額を算出するため、上記金額に90％を乗じた額「22万円」を上限額として仮置き

ここまでをまとめると、以下のとおりとなります。

職　位	下限（現在額）	上限額（仮置き）
一般職（初級）	16万円	18万円
一般職（中級）	16万3千円	20万円　按分
一般職（上級）	16万8千円	22万円
主任職	18万3千円	24万円
管理職	22万2千円	26万円

ステップ3：調整

次に、以下のポイントを考慮して調整していきます。
・主任にならない一般職の上限額が高すぎないか？
・主任の下限額が低すぎないか？
・特に一般職の上限額は、昇格年数を踏まえ設定できないか？

（例）初級から中級は3年で昇格。6年で昇格しない場合を上限
→1,000円×6年＝6,000円　16万円＋6千円＝16万6千円≒17万円
中級から上級へは4年で昇格。8年で昇格しない場合を上限

→1,000円×14年（6年＋8年）＝1万4千円　16万円＋1万4千円＝17万4千円≒17万5千円

上級から主任へは4年で昇格　8年で昇格しない場合を上限

→1,000円×22年（6年＋8年＋8年）＝2万2千円　16万円＋2万2千円＝18万2千円≒18万円

調整後の状況をまとめると、以下のとおりです。

（主任と管理職についても微調整）

職　位	下　限	上　限
一般職（初級）	16万	17万円
一般職（中級）	16万3千円	17万5千円
一般職（上級）	16万8千円	18万円
主任職	18万円	22万円
管理職	22万円	26万円

＜ステップ4：定期昇給の仕組みをつくる＞

これまで一般職は1,000円、管理職は2,000円の定期昇給をしていました。キャリアアップによるモチベーションを高めることを目的に、昇給額を職位ごとに増やすこととします。

［昇給額］

初　級：1,000円

中　級：1,100円

上　級：1,200円

主任職：1,500円

管理職：2,000円

なお、評価結果に応じて昇給額を調整したり、業績に応じて昇給額を見直す余地を残すために、「評価結果に応じて加算減算を行う」「法人の業績が低下した場合は、昇給を行わない」などの規定も追加しています。

<ステップ５：規程として文書化する>

これまでの検討例を、給与規程に記述すると以下のとおりになります。

（給与等級）
第○条　正職員に、以下の給与等級を置く。昇格にあたっての基準は別紙キャリアパス表に記載するものとする。
　　1．管理職
　　2．主任職
　　3．一般職上級
　　4．一般職中級
　　5．一般職初級

（基本給）
第○条　基本給は、給与等級別の範囲給とし、その額は別表１に定める。

（昇　給）
第●条　昇給は、基本給について原則として年１回毎年４月に行うこととする。ただし、法人業績の低下その他やむを得ない事由がある場合は、昇給を行わない。
2．新基本給は、●年３月31日現在の基本給に、●年４月１日現在の給与等級に該当する給与等級別昇給額を加えた額とする。
3．給与等級別昇給額は、別表２の給与等級別基準額に対して、前年４月１日から３月31日までの評価結果に応じて、加算・減算を行って決定することとする。
4．現基本給に昇給額を加算した額が、その職員の属する給与等級の下限額に満たない場合は下限額を新基本給とし、上限額を超える場合は上限額を新基本給とする。

＜別表１＞

給与等級	下限額	上限額	給与等級	下限額	上限額
一般職初級	160,000円	170,000円	主　任　職	180,000円	220,000円
一般職中級	163,000円	175,000円	管　理　職	220,000円	260,000円
一般職上級	168,000円	180,000円			

＜別表２＞

給与等級	基準額	給与等級	基準額
一般職初級	1,000円	主　任　職	1,500円
一般職中級	1,100円	管　理　職	2,000円
一般職上級	1,200円		

（筆者作成）

④　短時間勤務職員の昇給の仕組み

(ア)　**賃金単価の決め方**

短時間勤務職員の賃金単価は、常勤職員とのバランスを考慮しながら設定します。具体的には業務内容、スキル、資格に応じて、常勤職員の給与水準を時間単価に割り戻して計算します。また、勤続意欲を高めるため昇給も検討が必要でしょう。ただし、事業収入や常勤職員とのバランスを踏まえた上限の設定も併せて必要です。

（例）**直接介護を行わない職員（ベッドメイキング、清掃など）**

１年目　１等級１号（180,000円）÷月所定労働時間（160時間）
＝　賃金単価（1,125円）

２年目　１等級２号（181,000円）÷月所定労働時間（160時間）
＝　賃金単価（1,131円）

～～

10年目　１等級10号（189,000円）÷月所定労働時間（160時間）
＝　賃金単価（1,181円）

※昇給停止基準を設け、これ以上昇給しない設定にする。

・**直接介護を行う職員**

１年目　２等級１号（194,000 円）÷月所定労働時間（160 時間）
＝　賃金単価（1,213 円）

２年目　２等級２号（195,200 円）÷月所定労働時間（160 時間）
＝　賃金単価（1,280 円）

〜

10 年目　２等級 10 号（204,800 円）÷月所定労働時間（160 時間）
＝　賃金単価（1,280 円）

これ以上昇給しないとするか、業績に応じた特別昇給を検討する。

図表３−28　短時間勤務職員の賃金単価設定例

号俸	1等級（介護助手）			2等級（介護助手・直接介護あり）		
	常勤月額	常勤月額／160H	年数	常勤月額	常勤月額／160H	年数
1号	180,000	**1,125**	1年目	194,000	**1,213**	1年目
2号	181,000	**1,131**	2年目	195,200	**1,220**	2年目
3号	182,000	**1,138**	3年目	196,400	**1,228**	3年目
4号	183,000	**1,144**	4年目	197,600	**1,235**	4年目
5号	184,000	**1,150**	5年目	198,800	**1,243**	5年目
6号	185,000	**1,156**	6年目	200,000	**1,250**	6年目
7号	186,000	**1,163**	7年目	201,200	**1,258**	7年目
8号	187,000	**1,169**	8年目	202,400	**1,265**	8年目
9号	188,000	**1,175**	9年目	203,600	**1,273**	9年目
10号	189,000	**1,181**	10年目	204,800	**1,280**	10年目

㈠　最低賃金法への対応

最低賃金とは、最低賃金法に基づき国が賃金の最低限度を定め、使用者に、その最低賃金額以上の賃金を支払う義務を課す制度です。仮に労働者、使用者双方の合意の上で最低賃金額より低い賃金を定めた場合でも無効となり、最低賃金額と同額の定めをしたことになります。最低賃金の計算対象となる賃金は、毎月支払われる金額で、具体的には、実際に支払われる賃金総額から次の項目を除外した金額です。

[最低賃金から除外されるもの]
・臨時に支払われる賃金（結婚手当など）
・１か月を超える期間ごとに支払われる賃金（賞与など）
・所定労働時間を超える時間の労働に対して支払われる賃金（時間外割増賃金など）
・所定労働日以外の日の労働に対して支払われる賃金（休日割増賃金など）
・午後10時から午前５時までの間の労働に対して支払われる賃金のうち、通常の労働時間の賃金の計算額を超える部分（深夜割増賃金など）
・精皆勤手当、通勤手当および家族手当

近年の最低賃金は毎年上昇し、東京都では、時給1,163円（令和６年10月）に達しています。

このため、短時間勤務職員の賃金単価を設定する際は、最低賃金額の動向を注視し、定期的な見直しが必要です。例えば、最低賃金引上げにより、賃金単価が最低賃金を下回る場合には、賃金表の改定または加給金支払いにより賃金の引上げを図る必要があるでしょう。

(ウ) 同一労働同一賃金への対応

令和２年４月に、「短時間労働者及び有期雇用労働者の雇用管理の改善等に関する法律」（以下「短時間・有期雇用労働者法」が施行され、これに基づき、いわゆる「同一労働同一賃金ガイドライン」が策定されました。

このガイドラインでは、同一企業内において、正社員と有期雇用労働者や短時間労働者との間で、基本給や賞与などのあらゆる待遇について、不合理な待遇差を設けることが禁止されています。

これまで常勤職員のみに支給される手当であったとしても、「職務内容」・「職務の内容・配置の変更範囲」「その他の事情」等を考慮したうえで、短時間勤務職員への支払いを検討する必要があります。

以下の例では資格や祝日勤務にあたっての均衡を図ったケースですので、参考にしてください。

（例）

・介護福祉士資格を持つ常勤職員に資格手当を10,000円支給している場合、これを所定労働時間（160時間）で除し63円を時給に加える。

・年末年始に勤務する常勤職員に年末年始勤務手当を1日1,000円支給する場合、これを所定労働時間（8時間）で除し、125円を時給に加える。

(エ) 年収の壁について

昇給等により賃金単価が引き上がる影響として、「年収の壁」に関する理解も大切です。**図表3-29**に示したとおり、給与収入が100万円までは税・社会保険料の負担は発生しませんが、100万円を超えると住民税が、103万円を超えると所得税が課されるようになります。また、130万円（一定規模の条件のもと106万円）を超えた場合には、家族が加入する健康保険、厚生年金保険の扶養から外れ、社会保険料負担が発生します。

図表３-29　税と社会保険料の年収の壁

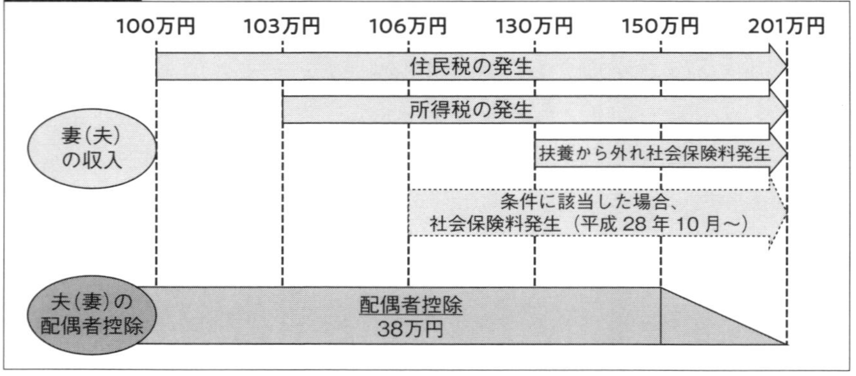

「年収の壁」を原因として、短時間勤務職員が勤務日数や時間を抑える「就業調整」を行うケースが生じています。

筆者も、介護施設で労務担当者であった際、年収の壁の仕組みについて、管理者・短時間勤務職員本人から、頻繁に質問を受けていました。その際に筆者が感じたことは、多くの場合で制度理解が不足しており、勤務日数・時間を過度に抑制したり、逆に、収入の捉え方を誤り遡って保険料負担が生じたりするケースも散見されていたことです。

図表３-30　税と社会保険の収入の捉え方の違い

項　目	税の扶養	社会保険の扶養※
収入の捉え方	１月から12月の間に実際に得た収入	将来にわたる１年間に見込まれる収入
通勤手当	合算しない（限度額あり）	合算する

年収の壁による就業調整は、短時間勤務職員を多く抱える介護福祉サービスの運営に大きな影響を及ぼします。今後、**図表３-31**にあるとおり、社会保険の適用拡大も進んでいくほか、令和７年11月には新たな経済対策として「103万円の壁」の引上げが検討されることとなって

います。今一度、「年収の壁」の仕組み、収入の捉え方、今後の制度改正や施策の方向性などを確認して職員に対する適切な情報提供に努めていきましょう。

図表３-31　社会保険の適用拡大のイメージ

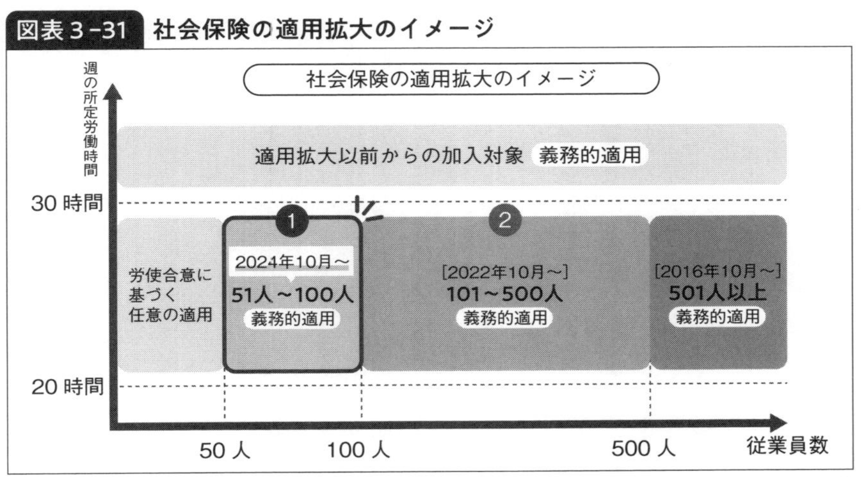

（厚生労働省　社会保険適用拡大ハンドブックから引用）

㈿　職員登用制度の整備

短時間勤務職員が一定の経験を積んだ後に常勤職員として働くことを希望したり、事業者側から要請したりするケースがあります。

こうした状況に対応する仕組みとして登用制度を整えることは、人材の確保と定着の面で重要な取組みです。以下に職員登用制度の規程例を示しましたので、参考にしてください。

【例　職員登用制度規程】

（目　的）

第１条　本規程は、パートタイム就業規則第○○条の定めるところにより、社会福祉法人●●福祉会（以下「法人」という）のパートタイム職員を正規職員へ登用することに関する事項を定めるものである。

（申請資格）

第２条　パートタイム職員が次の各号に規定する内容をすべて満たした場合に限り、正規職員登用の申請を行うことができる。

一　本人が正規職員を希望しており、意欲があること

二　勤続年数が３年以上あること

三　社会福祉主事任用資格を取得していること

四　法人が定める業務項目を遂行できること

五　直近の人事考課がＢ以上であること

六　登用試験に合格すること

七　所属長の推薦があること

八　正規職員と同様の所定労働時間を勤務できること

九　法人の配置転換、出向に関する業務命令に応じられること

２　前条によらず、組織に必要性がない場合には、当該年度の正規職員登用を実施しない場合がある。

（正規職員登用に関する申請）

第３条　パートタイム職員であって、正規職員への登用を希望するもの（以下「登用希望者」という）は、毎年２月１日から２月末日の間に、法人に対して所定の手続きを行うことにより、申請を行うものとする。

（登用日）

第４条　法人は厳正に登用試験の結果を審査し、３月15日までに個別に通知し、４月１日を登用日とする。

（登用者の提出書類）

第５条　登用決定者は、法人所定の雇用契約書により雇用契約を締結するものとする。登用決定者は、採用後速やかに次の書類を提出しなければならない。但し、法人が提出を必要としないと認めた書類については、省略することができる。

一　基礎年金番号通知書またはその代替書類

二　身元保証書

三　扶養親族届

四　通勤方法の届出および通勤経路図

五　従業員の通常および緊急の連絡先（住所、氏名、電話番号等）

六　誓約書

七　各種資格証明書

八　その他法人が必要とする書類

（就業規則の適用）

第６条　登用決定者についての労働条件、服務およびその他の就業に関する事項については、法人の就業規則に定めるところによる。

２　年次有給休暇の勤続年数の算定においては、パートタイマー職員としての勤続年数を通算する。

附 則

この規則は令和●●年●●月●●日から実施する。

（3）人事評価の仕組みと運用方法

キャリアパス要件Ⅲでは、一定の基準に基づき定期に昇給を判定する仕組みとして、人事評価によるものが挙げられています。

以下、人事評価の仕組み、運営方法、処遇への反映について説明していきます。

㈠ 人事評価とは

人事評価とは、職員一人ひとりの仕事の成果やプロセスを評価する仕組みです。評価は、半年に1回、年に1回など、一定期間ごとに、設定された目標、評価基準の達成状況が判定されます。評価の全体プロセスは**図表3−32**のとおりです。

図表3−32 人事評価のプロセス

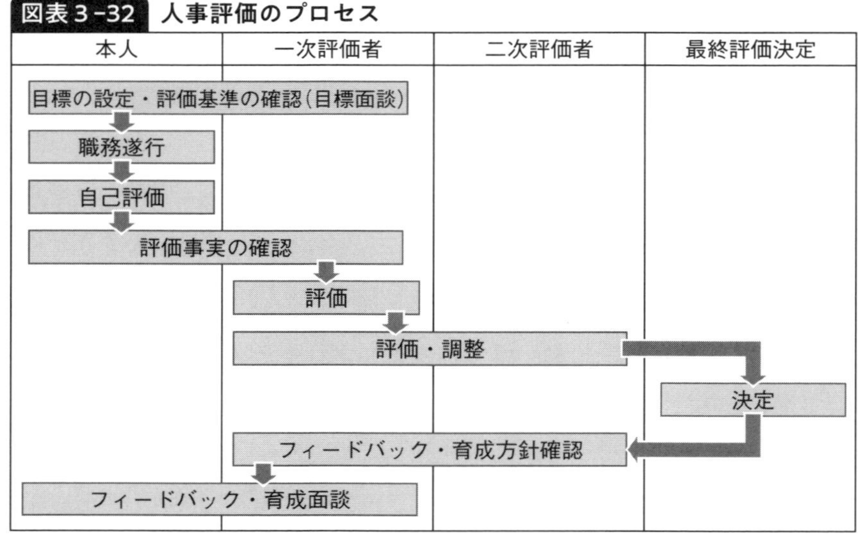

㈡ 人事評価制度を導入するメリット

人事評価制度を導入するメリットは次の三つです。

○処遇や選抜に活用できる

職位や役割に応じて定めた評価基準により、職員の能力や業績を公平に評価し、昇給、賞与、昇進選抜などに活用することができます。介護福祉サービスの職場は、年齢順、採用順、人間関係などで処遇が決定され不公平感が生まれやすい環境といわれています。能力や業績に基づいた評価制度を導入することで、職員間の不公平感の払しょく、「がんばれば評価される風土づくり」につながります。

○人材育成に活用できる

職員の能力・技術、業務のレベルを定期的に測定し、振り返りを促すことは、自発的な能力開発を促すことにつながります。モチベーション理論によれば、ヒトは、自分が決めた目標があることで、そこに向かって努力するという特性をもっています。「個人で目標設定する」、「期末に振り返りを行う」、「評価者からフィードバックを受ける」というサイクルを繰り返すことで、職員が成長を感じ、さらなる能力開発に向けた行動が期待できます。

○組織の方向性を統一できる

評価制度を運用することで職員と管理者が目標を共有することで、目指すべき方向での行動が促せます。また、評価者が適正な評価をするために、日ごろの職員の仕事ぶりをしっかりと観察し職員とのコミュニケーションが促進されることにもつながり、評価者自身のマネジメント能力の向上にもつながります。

特に利用者の生活を支える介護福祉サービスは、チームワークが重要となります。人事評価制度では、組織の目指す方向性に沿って評価基準を定め運用することで、職員に組織が求める行動を促していくことができるのです。

このように、人事評価制度は、公平な処遇・選抜、職員の育成、組織の方向性の統一に役立つ仕組みであり、事業運営において不可欠なものといえるでしょう。

(ウ)　人事評価の評価項目の構成

人事評価の評価項目の構成は、以下の三つに分類できます。

・情意評価：職員の働く意欲や態度を評価。

・能力評価：業務に必要な知識やスキルの発揮状況を評価。

・業績評価：仕事の成果・業績（アウトプット）を評価。

図表３－33にはヒトが仕事で発揮されるプロセスを図式化したものです。「意欲・態度」と「知識・スキル」（インプット）を掛けあわせることで「成果」（アウトプット）が生まれるという流れです。

なお、評価される対象は一定ではなく、職位が上がるにつれて組織に対する責任が増し、業績評価の割合が大きくなっていきます。具体的な評価項目の種類は、**図表３－34**にまとめましたので、参考にしてください。

図表３－33　各評価項目と仕事の進め方の関係

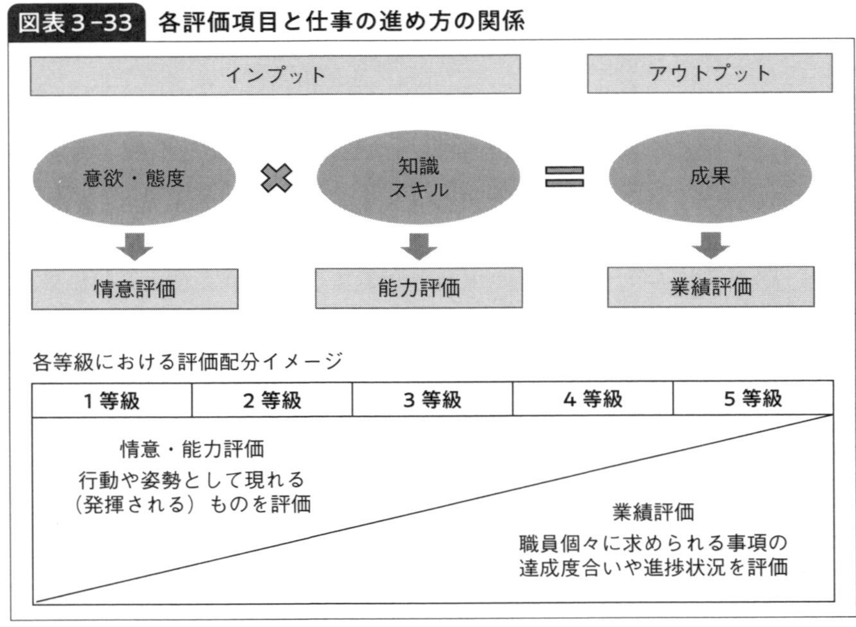

図表３−34　評価項目の種類

評価区分	概　要	具体的な評価項目	
情意評価	仕事に対する「思いや気持ち」 「働く意欲や態度」が備わっていたかを評価するもの	規律性	職場のルールや上司からの指示を守れたか
		責任性	与えられた仕事を最後までやり遂げたか
		協調性	周囲と協力して業務を進められたか
		積極性	自身の仕事の範囲を超えて、提案や工夫をしたか
能力評価	仕事をする上で必要とされる能力が備わっているかを評価するもの ※能力とは、いわゆる潜在的に兼ね備えている能力ではなく、現在の仕事の中で「発揮された能力」を対象とする ※評価項目は、等級の役割に応じて求められる能力が設定される。 （例） 初任者：知識・スキルを中心 中　堅：判断力や企画力 熟練者や管理職：指導力、統率力	業務知識	等級に期待された業務を達成するために必要な知識を身につけ活かせたか
		技能	等級に期待された業務を遂行するために必要なノウハウ・技能を身につけ活かせたか
		判断力	状況をすばやく、正確に把握した上で、タイミングよく適切な行動・決定が選択できたか
		企画力	状況に即した実現性のある構想を描き、それに基づく綿密な実施計画をまとめることができたか
		折衝力	必要に応じて交渉を行い、目的達成に向け問題解決を行うことができたか
		指導力	下位者の個性をつかんで、意識付け、能力向上を促すような接し方や働きかけができたか
		調整力	状況に応じて、役割分担等の指示ができたか。 労務管理において、適切に判断対応ができたか。
		統率力	目的達成のため、集団が一体となってその方向で努力するよう指導性を発揮できたか
業績評価	「期待した成果（結果）を出すことができたか」を評価するもの	期待される成果・目標は、組織方針、等級に求められる役割、職員の担当業務の状況に応じて、毎期ごとに定める	

(エ) 目標設定の方法

人事評価における目標は、組織や職位に求められる役割、当該職員の担当業務に応じて、評価期間ごとに評価者と職員との間で定めます。設定する目標は、明確で測定可能なものが理想ですが、介護福祉サービスの特性上、すべてを数値目標とすることは現実的ではありません。能力評価により課題となっている事項や施設での取り組むべき事項をピックアップして定めるとよいでしょう。例えば、利用者とのコミュニケーションに課題がある職員には「相手に合わせた声掛けをする」という目標を立て、そのために必要となる行動を評価者と職員との間で決めます。また、事務所全体で重度化防止を目標としているのであれば、「利用者のできることを引き出す取組みをする」などの目標を立ててもよいでしょう。

図表 3 –35 に各職位層ごとの目標例をまとめました。初任者層では、「基本的な介護業務の習得」や「利用者との良好なコミュニケーション」などの目標が求められます。中堅層では、「業務の効率化」や「新人職員の指導」を目指し、責任ある業務を遂行する目標が求められます。そして、管理職層では、「チームマネジメント」や「施設全体の業績向上」を重視し、組織運営や事業の業績達成を求める目標を設定しています。

図表3-35 業績評価に関わる目標設定例

職　層	目標設定例
初任者層	・３か月以内に利用者の方の顔と名前を覚え、好きなことや持病、家族構成を把握しておく ・問題点や報告すべきことがあったりしたら、その日のうちに報告・連絡・相談をする ・１日に一度は利用者さんに自分から声をかけてコミュニケーションをとってみる ・○月○日から実務者研修の取得に向けて研修を初め、研修最終日の○月○日に実務者研修を修了する
中堅層	・３か月以内に現在の指導内容を見直し、新たに指導のためのマニュアルを作る ・月に一回は自分でレクリエーションを企画し、実行する ・月に一度、他職種連携会議を開いて他の職種との連携を図りながら利用者に適切なケアを行う ・試験の半年前にあたる○月○日から１日１時間は問題集を解いて対策する 最初の１か月で問題集の○○の部分までを終わらせる
管理職	・離職率が前年比で○％だったので、残業を減らすなどの業務改善を行って○％まで離職率を下げる ・ヒヤリハットを月に50個集めて対応マニュアルを作り、半年以内に事故の件数を50％減らす ・外部の研修に２か月に１回のペースで参加するのに加え、施設の経営状況の把握を進めて経費を削減する

(オ) 評価ランクについて

評価期間終了後、職員（被評価者）は、自身の目標の達成状況や業務への取組みを振り返り、人事評価シートに必要項目を記入し、評価者に提出します。その後、評価者は評価基準に基づき評価ランクを決定し、上司からコメントを記入します。

図表3-37、図表3-38 に評価ランクの例を示しましたので、参考にしてください。

図表3-36 人事評価シート例

評価シート（一般職員用）

氏　　名	㊞
職　種　名	
役　職　名	
所　属　部　署	

役割資格等級（現在のステージ）	役割	等級	経過年数

シート提出日	年　月　日

一次考課者	
氏　　名	㊞
面　接　日	年　月　日

評価基準の目安		
S	5	目標を大幅に上回る成果や貢献が認められる
A	4	基準以上の取組み姿勢で余裕を持って目標達成できた
B	3	求められる基準通りの取組みで目標達成できた
C	2	十分とはいえず目標も達成できなかった
D	1	業務に支障があった、目標への取組みもしなかった

区分	評価要素	評価の着眼点	自己評価	上司評価	得点100点換算
業績	①前期の事業所目標	前期テーマ転記	5 4 3 2 1	5 4 3 2 1	/100
		前期の事業所目標に対する個人計画は達成できたか・達成に寄与する役割を果たしたか			
	③前期の個人目標	前期テーマ転記	5 4 3 2 1	5 4 3 2 1	
		前期の個人目標に対する計画は達成できたか			
情意	法人理念に基づいた取組み	一人ひとりの尊厳を大切にした支援や取組みができたか	5 4 3 2 1	5 4 3 2 1	/100
		常に利用者本位（中心）を意識したサービス実践に取り組んだか	5 4 3 2 1	5 4 3 2 1	
		行動基準・求める人財像を理解し、取り組んでいるか	5 4 3 2 1	5 4 3 2 1	
		法人理念を理解した行動が、日々の活動に表れているか	5 4 3 2 1	5 4 3 2 1	
	規律性	就業規則（職場のルール・決まりごと）を厳守したか	5 4 3 2 1	5 4 3 2 1	
		利用者の個人情報や法人の情報等、守秘義務を厳守したか	5 4 3 2 1	5 4 3 2 1	
		施設物品の取扱いや保管は丁寧に行っているか	5 4 3 2 1	5 4 3 2 1	
		5S（整理・整頓・清潔・清掃・習慣化）ができているか	5 4 3 2 1	5 4 3 2 1	
	責任性	担当業務や委員会等を責任持って遂行したか	5 4 3 2 1	5 4 3 2 1	
		提出物や約束事等の制限・期日を厳守し遅れることがなかったか	5 4 3 2 1	5 4 3 2 1	
		業務マニュアル、手順や手続きに従い業務を遂行したか（自己流がなかったか）	5 4 3 2 1	5 4 3 2 1	
		ムリ・ムダ・ムラのない仕事ができたか（事前準備や時間内の業務遂行）	5 4 3 2 1	5 4 3 2 1	
	協調性・連携	法人の一員として自分の役割を自覚し、チームワーク・チームケアに努めたか	5 4 3 2 1	5 4 3 2 1	
		同僚や上司を批判する言動や反抗的な態度（和を乱す）はなかったか	5 4 3 2 1	5 4 3 2 1	
		記録の記載や申送りは的確に実施し、報告・連絡・相談を密に行ったか	5 4 3 2 1	5 4 3 2 1	
		感謝の心を忘れず、相手の立場を考えて行動したか	5 4 3 2 1	5 4 3 2 1	
	積極性	利用者本位を意識した活動・提案を行ったか	5 4 3 2 1	5 4 3 2 1	
		ヒヤリハット（危険防止・事故防止）に意欲的に取り組んだか	5 4 3 2 1	5 4 3 2 1	
		会議等では積極的に自分の意思や考えを明確にし発言したか	5 4 3 2 1	5 4 3 2 1	
		仕事に対してチャレンジする心（やってみる）・向上心を持ち取り組んだか	5 4 3 2 1	5 4 3 2 1	
能力	自己啓発・自己管理	自己覚知（強み・弱みの把握）できているか	5 4 3 2 1	5 4 3 2 1	/100
		業務上必要な知識の習得（研修への参加等）に努めたか	5 4 3 2 1	5 4 3 2 1	
		業務上必要なスキル（技術・技能）の習得に努めたか	5 4 3 2 1	5 4 3 2 1	
		業界や社会動向に関心を持ち、広い視野で情報収集に努めたか	5 4 3 2 1	5 4 3 2 1	
	専門性・能力	キャリアパス要件書に対する自己評価	5 4 3 2 1	5 4 3 2 1	
		現在の等級に求められる知識・技術を備えるとともに、日常的に発揮していたか	5 4 3 2 1	5 4 3 2 1	
		関連機器の操作（パソコンや機械等）を適切に行っていたか	5 4 3 2 1	5 4 3 2 1	
		他者の話を正しく理解し、自分の思いや考えを他者に伝えることができるか	5 4 3 2 1	5 4 3 2 1	

Ⅱ．自己評価を終えての総合的感想を簡潔に記述する（具体的成果や反省点）。

Ⅲ．自己評価・総合的感想を踏まえて、今期取り組む個人目標・計画を記述する。	
テーマ	
計画（どのように）（いつまで）	

Ⅳ．その他の伝えたいこと（プライベートや健康面等で考慮してほしいこと）等を記述する。

上司からのコメント・フィードバック時に確認した事項を簡潔に記載する。（※　上司記入）

※　この評価シートは、評価期間終了後7日以内に、上司に提出するものとする。
※　本評価シートを受け取った評価者は、一次評価を行いフィードバックシートとともに二次評価者に提出する。
※　二次評価者は、部門の職員の評価結果をとりまとめ調整を行ったうえで、施設評価会議の了承を得るものとする。
※　施設評価会議の了承後、評価者は被評価者との面談を実施し、その際、評価シート及びフィードバックシートの写しを交付する。

図表３−37　能力・情意評価の評価基準

評価ランク	評価基準
5	求められる行動がすべて確実にとられており、当該職位として特に優秀な能力発揮状況である
4	求められる行動が十分にとられており、当該職位として優秀な能力発揮状況である
3	求められる行動がおおむねとられており、当該職位として求められる能力がおおむね発揮されている状況である
2	求められる行動がとられないことがやや多く、当該職位として十分な能力発揮状況とはいえない。 （当該職位の職務を遂行するために求められる能力を発揮していないとまではいえない）
1	求められる行動がほとんどとられておらず、当該職位に必要な能力発揮状況でない。 （当該職位の職務を遂行するために求められる能力の発揮の程度に達していない）

図表３−38　業績評価の評価基準

評価ランク	評価基準
5	問題なく目標を達成し、期待をはるかに上回る成果をあげた
4	問題なく目標を達成し、期待された以上の成果をあげた
3	マイナス要因がほとんどなく目標を達成し、期待された成果をあげた
2	マイナス要因が見られるなど、目標の達成が不十分であり、期待された成果水準に及ばなかった
1	本人の責任により、期限・水準とも目標を達成できず、通常の努力によって得られるはずの成果水準にはるかに及ばなかった

(カ)　評価結果の伝達・フィードバック

評価者は、評価決定後、本人と面談し、評価結果を伝達します。この際、今期の成果や努力を労い、業務への取組み状況や成長できた点についてフィードバックを行います。また、次の期の目標設定に向けたアドバイス、組織・職場での重点事項について意見交換を行い、職員のさらなる成長を支援します。

図表３–39では実際の面談におけるポイントを**図表３–40**ではフィードバックシート例を示しますので、参考にしてください。

図表３–39 評価結果の伝達面談でのポイント

<table>
<tr><th>行うこと</th><th>ポイント</th></tr>
<tr><td>今期の取組状況の振り返り</td><td>・労をねぎらう言葉をかけてから面談を始めるなど、話しやすい雰囲気を作るようにします。
・被評価者が話し始めたら、途中で口を挟むことのないよう、被評価者の話をよく聞きます。</td></tr>
<tr><td>雰囲気づくり</td><td>・被評価者が素直な意思を話せる雰囲気を心掛けます。
・座る位置などにも配慮しましょう。
一般に、真横に座ると褒めやすくなるが叱りにくくなり、正面に座ると相手が緊張します。斜め横（90度の角度）の場所に座ると適度に目が合いちょうどよいとされています。また、複数で行う際には、その横に座って実施するよう心掛けてください。
上司
部下
上司１
上司２
部下</td></tr>
<tr><td>客観的な事実に基づく評価結果の伝達</td><td>・評価内容についての話し合いは、例えば、評価者と被評価者で認識が一致するものから始め、次に一致しないものについて話し合うなど、流れを工夫しましょう。
・結果の良し悪しよりも原因に目を向け、プロセスを十分に分析し、話し合うよう心掛けます。
※被評価者が自ら気が付き改善できるよう、理由・原因を詰問するのではなく「今後どうしたらできるか、何をすればよいか」を共有します。</td></tr>
<tr><td>来期に向けた指導・助言、意見交換</td><td>・被評価者の成長のため、伸ばしてほしいことを伝える際、意見・提案の形とすることで、押し付けではない印象で伝えられます。
・改善点について伝える際にも、非難や批判ではなく、こうすればよくなるという提案の形とし、被評価者が納得して改善に取り組んでもらうよう努めます。
・来期も期待しているなど、前向きなメッセージを伝えて終えることで意欲向上につながります。
（ほめ方、しかり方のポイント）
<table><tr><th></th><th>褒める場合</th><th>叱る場合</th></tr><tr><td>対象</td><td>仕事の成果とその過程評判・人柄（存在感）</td><td>仕事の結果とその過程</td></tr><tr><td>タイミング</td><td>その場で、または事後でも可</td><td>原則、その場で</td></tr><tr><td>場所</td><td>人前が望ましい</td><td>状況により別室で</td></tr><tr><td>育成の視点</td><td>さらに次の課題・目標を与える</td><td>改善目標を立てさせる
（くどくど叱らない）</td></tr></table></td></tr>
</table>

（出典：内閣人事局　面談ガイドラインを参考に筆者作成）

図表3-40　フィードバックシート例

○○年○月○日

フィードバックシート

様

部署		等級	
職種			
評価期間			
評価日			

確認印		
主任	リーダー	施設長

評価得点（換算後）

業績	/100
情意	/100
能力	/100

● 本フィードバックシートについて

1. 本フィードバックシートは、評価会議を経た結果に基づいた、法人からのメッセージです。
2. このシートおよび評価シートの内容について、日頃から随時確認し、業務改善に役立ててください。
3. 評価シート得点は、人事評価規程４条における各等級ごとの割合に沿って得点化したもので、この結果を、賞与・昇給・昇格の基礎とします。
4. 評価結果に異議がある場合は、本日より７日以内に事務局まで申し出てください。

● 前期の成果や成長が認められる点

● 今後の課題や要望

（出典：中央職業能力開発協会資料より引用加筆）

(キ) 評価結果の処遇への反映

評価結果を昇給、昇格、賞与に反映するには、評価結果を得点化する、得点区分ごとに係数を設定する、処遇に反映させるという三つの段階があります。

ステップ１：評価結果を得点化する

評価結果を得点化する方法は様々な方法がありますが、**図表３–41**では、業績・能力・情意の三つのランクを100点満点に換算し、職位に応じた比率で、全体の得点を計算する方法をご紹介します。

初任層や中堅層では情意・能力を重視し、管理職層では業績を重視するよう評価の比率を調整することで、職位に応じた処遇への反映が可能となります。

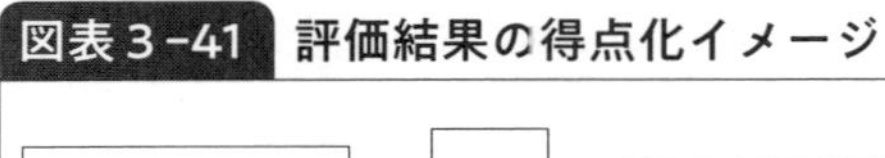

図表3-41 評価結果の得点化イメージ

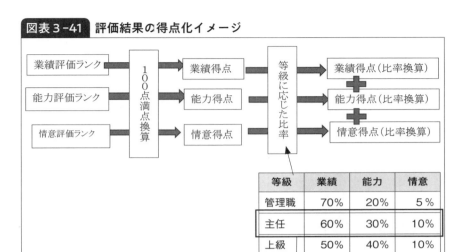

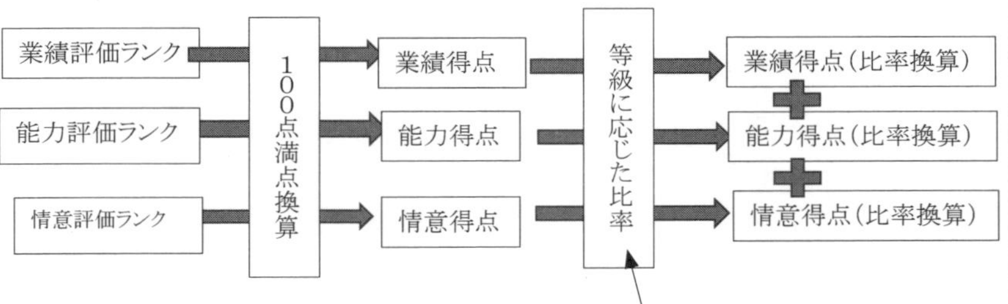

等級	業績	能力	情意
管理職	70%	20%	5%
主任	60%	30%	10%
上級	50%	40%	10%
中級	30%	50%	20%
初級			

(例)得点換算例(主任の場合)

評価区分	評価ランク(5段階)	100点満点換算(❶)	等級比率(❷)	等級比率による換算 ❶×❷	評価得点
業績評価	組織目標 3 個人目標 4 →7点	70点 ※10点満点のため10倍	60%	42点	69点
能力評価	人材育成 4 業務改善 3 判断力 3 知識技術 3 →13点	65点 ※20点満点のため5倍	30%	20点	
情意評価	積極性 3 責任感 4 →7点	70点 ※10点満点のため10倍	10%	7点	

ステップ２：得点区分ごとの係数設定

換算後の得点を、昇給や賞与の算出に活用できるよう係数を設定します。

図表３-42 の例では、職位が高くなるほど、求められる役割の重要性や業務の困難さが増すことを踏まえた設定としています。例えば、得点が同じ60点であっても管理職は1.3、初級職は1.0となっています。これにより、昇給・賞与に反映される際は、職位に応じた適切な処遇反映が可能となります。

図表３-42　得点区分ごとの評価係数の算出例

得点区分	管理職	主任	上級	中級	初級
90点以上	2．0	1．5	1．3	1．2	1．2
70点以上～89点以下	1．5	1．3	1．2	1．1	1．1
60点以上～69点以下	1．3	1．2	1．1	1．0	1．0
50点以上～59点以下	1．0	0．9	0．8	0．9	0．9
50点未満	0．5	0．6	0．7	0．8	0．8

ステップ３：処遇へ反映

得点区分ごとの係数を用いて、賞与の計算や昇給に活用します。

○賞与算定式の例　　月例給×○か月分×評価係数
（主任69点の場合は、1.2となる）

○昇給への反映　　評価の得点区分に応じて昇給号俸を決定

㈿ 評価制度の運用のポイント

○評価項目、評価されるポイントを明確にする

評価項目は、職員のとるべき行動や目標を立てる際の基準になるものです。このため、各評価項目は事前に職員に書面でわかりやすく示し、各項目について「どのような行動が評価されるのか」（着眼点）を示しておくと良いでしょう。

○目標は「ひと踏ん張りすればできるもの」に設定する

設定する目標は職員の役割、経験、スキルに応じたものとし、成長を促すため、職員が容易に達成できるものでなく、相応の努力を必要とするものにしましょう。「ひと踏ん張りすればできるレベル」に設定することで成長を促進することが期待できます。

ただし、レベルアップを促す目標への挑戦は職員にとって「未知の世界」であり、不安が伴うものです。指導する職員は達成までのプロセスがイメージできるようプロセスを具体的に助言しましょう。また、管理職や組織として支援できることを提示し、「点」ではなく「面」での支援も心がけることが肝要です。

○まずは職員の思いを「わかる」ことからはじめる

評価というと、どうしても「正確に評価すること」が目的となりがちです。しかし、評価の目的は「育成」と「組織の方向性を一つにすること」です。

「正確な評価」を目指すのではなく、「評価プロセスを通じた関係性の向上」、「納得いく評価」を心がけましょう。

○こまめなコミュニケーションと継続的な支援

評価制度での面談の場だけでなく、職員とこまめにコミュニケーションを重ねていく姿勢が大切です。目標達成が難しい状況になったり、職員が悩んでいる様子があれば、業務アドバイス（業務支援）に加え、振り返りのサポート（内省支援）、励ます等のケア（精神支援）を行うことも効果的です。

○組織は評価者の不安を軽減する取組みをする

人が人を評価することには限界があります。また、筆者の経験上、評価者は自分が正しい評価ができているか不安を常に抱えていることが多く、組織として評価者の不安を軽減するための取組みも大切です。

具体的には、一次評価の結果を上位の役職者が再確認・調整することで、評価は一人の責任でなく、組織全体で行う仕組みが必要でしょう。また、評価者訓練を行い、同じ立場の管理職同士で評価の目線を合わせたり、評価の実施手順や陥りがちなケースや防止等を学ぶ場を設けることも効果的です。

図表３-43　評価者訓練の例

評価者研修カリキュラム（例）

1．評価の意義と重要性 （1）人事評価制度とは （2）評価者の役割 （3）人事評価制度を活用する （4）評価者に求められるもの
2．目標管理とは （1）目標管理の原則 （2）目標管理における流れと評価者の役割 （3）適切な目標とは （4）部下の目標達成を支援し、組織の成果を上げる
3．能力評価のポイント （1）評価の手順 行動の選択、評価項目の選択、段階の選択 （2）評価の精度を高める～評価者が陥りがちなケースと防止策
4．評価面談の基本 （1）評価面談の意義・ポイント （2）各面談の目的 （3）評価面談におけるコミュニケーション①～部下の話を聴く （4）評価面談におけるコミュニケーション②～質問をする （5）評価面談におけるコミュニケーション③～評価を部下に伝える

（筆者作成）

(ケ) 人事評価規程の例

図表３-42 は、ここまで説明してきた人事評価の進め方をまとめた規程例です。

事業所の規模、提供サービスに応じて加筆修正し、ご活用ください。

図表３-44　人事評価規程例

（総　則）
第１条　この規程は、人事評価の取扱いについて定めることで適正な制度運用を図り、もって、職員の能力の引上げ、サービス水準の向上を実現するために規定する。

（人事評価の活用目的）
第２条　人事評価は、次のものに活用するために行う。
① 昇給、賞与等の給与配分に関すること
② 昇進・昇格・配置転換等の任用に関すること
③ 研修計画の策定等、人材育成に関すること

（人事評価の種類）
第３条　人事考課は、次の３種類とする。
① 職務成績に関する考課（成績評価）
② 日常の勤務態度に関する考課（情意評価）
③ 職務遂行能力に関する考課（能力評価）

（処遇への活用割合）
第４条　人事評価結果の処遇への活用割合は、次のとおりとする。

	成績評価	能力評価	情意評価	計
経営職	別に定める			
管理職	80%	15%	5%	100%
監督職	60%	30%	10%	100%
上級	30%	50%	20%	100%
中級	20%	40%	40%	100%
初級・補助業務	10%	30%	60%	100%

（評価基準）
第５条　人事評価基準は、各等級に定められた職責、求められる能力の内容を基準にして別紙のとおり定める。

（評価者）
第６条　評価者は、次のとおりとする。

被評価者	一次評価者	二次評価者
初級～主任	部門長	施設長
部門長	施設長	理事長
管理者	理事長	―

（評価対象期間）
第７条　評価対象期間は、次のとおりとする。
前期：４月１日～9月30日
後期：10月１日～3月31日

（人事評価表）
第８条　人事評価は、所定の評価シートによって行うものとする。

（人事評価の手順）
第９条　人事評価は、以下の手順で行うものとする。
① 被評価者は、評価期間終了後７日以内に評価シートの自己評価および所定欄を記入の上、一次評価者に提出する。
② 一次評価者は、前号において提出された評価シートに評価結果を記載しフィードバックシートを作成のうえ、二次評価者に提出する。
③ 二次評価者は、前号において提出された評価シートおよびフィードバックシートをとりまとめ、調整を図った上で、施設評価会議に付し了承を得る。
④ 一次評価者および二次評価者は、施設評価会議の了承を得た後、被評価者と面談を行い、評価シートおよびフィードバックシートの写しを交付するものとする。
⑤ 被評価者は、評価結果に不服がある場合は、面談後７日以内に施設評価会議に対して異議申立てができる。

（評価者の心得）
第10条　評価者は、人事評価実施にあたっては、次の事項に留意しなければならない。
① 個人的な感情や好き嫌いにとらわれることなく、公正に行うこと
② 客観的な事実と日常の観察結果をもとに行うこと
③ 職務に関係した行動や態度だけを取り上げるとともに、私生活上の行動や態度は、取り上げないこと

④　対象期間中の行動、態度、成績のみを対象とすること

（再評価）

第 11 条　施設評価会議は、評価結果が著しく公正さを欠いていると判断されるときは、評価者に対して再評価を求めることがある。

（評価結果の調整）

第 12 条　法人は、必要であると判断されるときは、全社的な立場から考課結果の調整を行うことがある。

（施設評価会議）

第 13 条　施設評価会議は、人事評価の適正な運用を図るために事務局に置くものとし、メンバーは次のとおりとする。

①　法人理事長
②　施設長
③　事務局長
④　各部門長
⑤　その他法人が必要と定める者

７．改善後の年額賃金要件（キャリアパス要件Ⅳ）

（１）要件の内容

新加算では、旧３加算のうち特定加算の要件であった「経験・技能のある介護職員のうち１人以上は、賃金改善後の賃金の見込額が年額440万円以上であること」を満たすことで、加算区分Ⅱの算定が可能となります。なお、新加算による賃金改善以前の賃金が年額440万円以上である者は対象から除かれます。

ただし、以下の場合など、例外的に当該賃金改善が困難な場合である場合には要件の緩和が認められることがあります。どのようなケースが認められるかは各指定権者にて個別に判断されます。

・小規模事業所等で加算額全体が少額である場合
・職員全体の賃金水準が低い事業所などで、直ちに１人の賃金を引き上げることが困難な場合
・その他（事業所の収支等）

（２）月額８万円以上の要件の廃止

旧３加算の一本化により旧特定加算による賃金改善額が月額８万円以上の改善継続が難しくなったことから、令和７年度以降、月額８万円以上の要件について廃止されることになりました。

※激変緩和措置として、令和６年度に限り、旧特定加算相当の加算額を用いて月額８万円以上の改善を行うことは可能です。なお、その際の旧特定加算相当の受給額は、令和６年６月以降、新加算Ⅰを算定する場合でも、６月以降も旧特定加算Ⅰを算定し続けた場合に見込まれる加算額を用いる等の適当な方法で推計して差し支えないとされています。例えば、訪問介護の場合では、新加算Ⅰの加算額（24.5％）のうち、旧特定加算Ⅰ（6.3％）分を用いて月額８万円以上の改善を行うことになります。

以下、厚生労働省から発出されたQAをもとに、キャリアパス要件Ⅳに関する取扱いに関する留意点をまとめましたので、ご活用ください。

問　い	取扱い
新加算等による賃金改善後の年収が440万円以上かを判断するにあたっての賃金に含める範囲はどこまでか。	・処遇改善後の賃金「440万円」は、手当等（通勤手当、住居手当、時間外手当、賞与）を含めて判断する。 ・処遇改善後の賃金「440万円」は、社会保険料等の事業主負担その他の法定福利費等は含めずに判断する。

賃金改善のそれぞれの考え方

	月額８万円の改善	改善後賃金が440万以上
特定加算以外の加算	含めない	含める
法定福利費の増加分	含める	含めない

賃金改善のイメージ

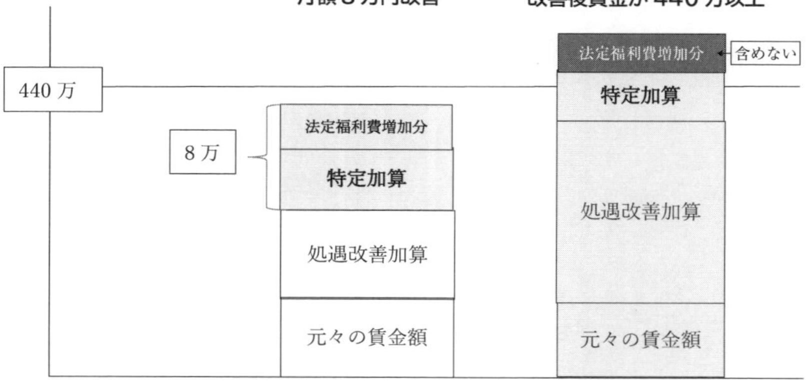

新加算等については、法人単位の申請が可能とされているが、キャリアパス要件Ⅳについても法人単位での取扱いが認められるのか。	・法人単位で申請を行う場合、月額8万円または年額440万円の要件を満たす者の設定・確保を行う場合、法人全体で、一括して申請する事業所の数以上、要件を満たす職員が設定されていればよい。 (例) 5事業所について一括して申請する場合 ○全体で5人以上要件を満たす職員が在籍 ※5事業所のそれぞれに要件を満たす職員を配置する必要はない。 ・一括して申請する事業所の中に、設定することが困難な事業所が含まれる場合は、処遇改善計画書にその合理的理由を記載することにより、設定の人数から除くことが可能である。
キャリアパス要件Ⅳを満たす職員は、経験・技能のある介護職員である必要はあるか。	・経験・技能のある介護職員については、勤続年数10年以上の介護福祉士を基本としつつ、各事業所の裁量において設定が可能である。例えば、小規模の事業所であって、介護福祉士の資格を有する者がいない場合には、介護福祉士の資格を有さない者を「経験・技能のある介護職員」としてキャリアパス要件Ⅳを満たす職員に計上して差し支えない。 ・「勤続10年の考え方」については、各事業所の裁量により柔軟に設定可能である。 勤続年数を計算するにあたり、同一法人のみだけでなく、他法人や医療機関等での経験等も通算する

	すでに事業所内で設けられている能力評価や等級システムを活用するなど、10年以上の勤続年数を有しない者であっても業務や技能等を勘案して対象とする。
「年額440万円以上」の改善の対象とし、賃金改善を行っていた経験・技能のある介護職員が、年度の途中で退職した場合には、改めて別の職員について、「年額440万円以上」の改善を行わなくてはならないか。	賃金改善を予定していた者が、賃金改善実施期間に退職した場合等においては、指定権者に合理的な理由を説明することにより、算定要件を満たしたものと扱うことが可能である。
介護給付のサービスと介護予防・日常生活支援総合事業を一体的に運営している場合であっても、新加算等による賃金改善後の年収が440万円以上となる者を２人設定する必要があるのか。	介護給付のサービスと介護予防・日常生活支援総合事業を一体的に実施しており、同一の就業規則等が適用される等、労務管理が一体と考えられる場合は、同一事業所とみなし、年収が440万円以上となる者を合計で１人以上設定することにより、キャリアパス要件Ⅳを満たすこととする。
介護給付のサービスと介護予防給付のサービス、施設サービスと短期入所サービス、介護老人保健施設と併設する通所リハビリテーションについても同様に扱うことは可能か。	・介護給付のサービスと介護予防給付のサービス（通所リハビリテーションと予防通所リハビリテーションなど）については、労務管理が一体と考えられる場合は、同一事業所とみなし、年収が440万円以上となる者を合計で１人以上設定することにより、キャリアパス要件Ⅳを満たすこととする。 ・特別養護老人ホーム等と併設されているまたは空床利用型である短期入所生活介護、介護老人保健施設等と短期入所療養介護についても、同様に判断することが可能である。

	・介護老人保健施設に併設する通所リハビリテーション事業所については、原則として、それぞれで、年収440万円となる者を設定する必要がある。キャリアパス要件Ⅳを満たす職員の設定については、処遇改善計画書の作成を一括して行う同一法人全体として満たしていればよいことから、例えば、介護老人保健施設において２人年収440万円となる者を設定することとしても差し支えない。
共生型サービスを提供する事業所において、新加算等を算定する場合、年収440万円となる者の設定は、介護サービスのみで設定する必要があるのか。	介護保険の共生型の指定を受け共生型サービスを提供している事業所においては、介護保険の共生型サービスとして、年額440万円の改善の対象となる者について、１人以上設定する必要がある。また、介護サービスと障害福祉サービスを両方行っている事業所についても同様に扱われたい。ただし、小規模事業所等で加算額全体が少額である場合等は、その旨を説明すること。

（出典：厚生労働省「介護職員等処遇改善加算等に関するＱ＆Ａ（第３版）」下線は筆者）

8．介護福祉士等の配置要件（キャリアパス要件Ⅴ）

（1）要件の概要

要件の内容は**図表3-45**のとおりであり、これらを満たすことで新加算における区分Ⅰの算定が可能となります。

図表3-45　キャリアパス要件Ⅴ

【介護サービス】
以下の加算のいずれかを取得していること

サービス種別	加算名
下記以外のサービス	サービス提供体制強化加算（Ⅰ）、（Ⅱ）
訪問介護	特定事業所加算（Ⅰ）、（Ⅱ）
特定施設入居者生活介護　（地域密着型含む）	サービス提供体制強化加算（Ⅰ）、（Ⅱ） または 入居継続支援加算（Ⅰ）、（Ⅱ）
介護老人福祉施設（地域密着型含む）	サービス提供体制強化加算（Ⅰ）、（Ⅱ） または 日常生活継続支援加算（Ⅰ）、（Ⅱ）

【障害福祉サービス】
以下の加算のいずれかを届け出ていること

サービス種別	加算名
下記以外のサービス	福祉専門職員配置等加算
居宅介護、重度訪問介護、同行援護、行動援護	特定事業所加算

※重度障害者等包括支援、施設入所支援、短期入所、就労定着支援、居宅訪問型児童発達支援、保育所等訪問支援にあっては配置等要件がない。

（2）配置要件を満たす意義

配置要件を満たすために求められる介護福祉士などの有資格者の配置には、計画的な人材育成をする体制づくりが重要です。例えば資格手当の増設や上位の職への任用条件とし、研修体制の充実も望まれます。この要件を満たすことは、サービスの質向上につながるだけでなく、体制加算として利用者全員に適用が可能となり、経営上のメリットも大きくなります。それぞれの配置要件に求められる加算の内容を確認し、取り組んでいきましょう。

（3）配置要件に求められる加算の内容

①　サービス提供体制強化加算

介護サービスにおいて、介護福祉士の資格を持つ職員を一定割合で配置している事業所に対して付与される加算です。配置要件を満たすには（Ⅰ）または（Ⅱ）の取得が必要です。

【算定要件】

	資格・勤続年数要件		
	加算Ⅰ （22 単位／日）	加算Ⅱ （18 単位／日）	加算Ⅲ （6 単位／日）
通所介護など	以下のいずれかに該当すること。 ①介護福祉士 70%以上 ②勤続 10 年以上介護福祉士 25%以上	介護福祉士 50%以上	以下のいずれかに該当すること。 ①介護福祉士 40%以上 ②勤続 7 年以上 30%以上
特定施設入居者生活介護 認知症対応型共同生活介護 など	以下のいずれかに該当すること。 ①介護福祉士 70%以上 ②勤続 10 年以上介護福祉士 25%以上	介護福祉士 60%以上	以下のいずれかに該当すること。 ①介護福祉士 50%以上 ②常勤職員 75%以上 ③勤続 7 年以上 30%以上
介護老人福祉施設 介護老人保健施設※、 介護医療院※ 介護療養型医療施設※ など	以下のいずれかに該当すること。 ①介護福祉士 80%以上 ②勤続 10 年以上介護福祉士 35%以上 ※印のサービスは、上記に加え、サービスの質の向上に資する取組を実施していること。	介護福祉士 60%以上	以下のいずれかに該当すること。 ①介護福祉士 50%以上 ②常勤職員 75%以上 ③勤続 7 年以上 30%以上

（注1）表中、複数の単位が設定されているものについては、いずれか一つのみを算定することができる。
（注2）介護福祉士に係る要件は、「介護職員の総数に占める介護福祉士の割合」、常勤職員に係る要件は「看護・介護職員の総数に占める常勤職員の割合」、勤続年数に係る要件は「利用者に直接サービスを提供する職員の総数に占める7年（一部3年）以上勤続職員の割合」である。

②　福祉専門職員配置等加算

障害福祉サービス等の事業所において、社会福祉士、介護福祉士等のなどの福祉専門職員を一定数以上配置し、質の高いサービスを提供する体制を整えている場合に付与される加算です。

配置要件を満たすには（Ⅰ）または（Ⅱ）の取得が必要です。

【算定要件】

（Ⅰ） （15単位／日） ※ グループホームは10単位／日	（Ⅱ） （10単位／日） ※ グループホームは7単位／日	（Ⅲ） （6単位／日） ※ グループホームは4単位／日
生活支援員等として常勤で配置されている従業者のうち、社会福祉士、介護福祉士、精神保健福祉士または公認心理師である従業者の割合 35%	生活支援員等として常勤で配置されている従業者のうち、社会福祉士、介護福祉士、精神保健福祉士または公認心理師である従業者の割合 25%	・以下の①,②のいずれかに該当する場合 ①生活支援員等として配置されている従業者のうち、常勤で配置されている従業者割合 75%以上 ②生活支援員等として常勤で配置されている従業者のうち、3年以上従事 している従業者の割合 30%以上

③　特定事業所加算

特定事業所加算は、訪問介護事業所において、質の高いサービス提供体制を確保するために、一定の基準を満たした事業所に対して付与される加算です。

配置要件を満たすには（Ⅰ）または（Ⅱ）の取得が必要です。

【算定要件】

	要件	加算区分 I	II	III	IV	V
		20%	10%	10%	3%	3%
体制要件	(1) 訪問介護員等・サービス提供責任者ごとに作成された研修計画に基づく研修の実施 (2) 利用者に関する情報またはサービス提供にあたっての留意事項の伝達等を目的とした会議の定期的な開催 (3) 利用者情報の文書等による伝達、訪問介護員等からの報告 (4) 健康診断等の定期的な実施 (5) 緊急時等における対応方法の明示	○	○	○	○	○
体制要件	(6) 病院、診療所または訪問看護ステーションの看護師との連携により、24時間連絡できる体制を確保しており、かつ、必要に応じて訪問介護を行うことができる体制の整備、看取り期における対応方針の策定、看取りに関する職員研修の実施等	○※2		○※2		
体制要件	(7) 通常の事業の実施地域内であって中山間地域等に居住する者に対して、継続的にサービスを提供していること					○
体制要件	(8) 利用者の心身の状況またはその家族等を取り巻く環境の変化に応じて、訪問介護事業所のサービス提供責任者等が起点となり、随時、介護支援専門員、医療関係職種等と共同し、訪問介護計画の見直しを行っていること					○
人材要件	(9) 訪問介護員等のうち介護福祉士の占める割合が100分の30以上、または介護福祉士、実務者研修修了者、並びに介護職員基礎研修課程修了者および1級課程修了者の占める割合が100分の50以上	○	■			
人材要件	(10) すべてのサービス提供責任者が3年以上の実務経験を有する介護福祉士、または5年以上の実務経験を有する実務者研修修了者若しくは介護職員基礎研修課程修了者もしくは1級課程修了者	○	■			
人材要件	(11) サービス提供責任者を常勤により配置し、かつ、基準を上回る数の常勤のサービス提供責任者を1人以上配置していること			■	■	
人材要件	(12) 訪問介護員等の総数のうち、勤続年数7年以上の者の占める割合が100分の30以上であること			■	■	
重度者等対応要件	(13) 利用者のうち、要介護4、5である者、日常生活自立度(Ⅲ、Ⅳ、M)である者、たんの吸引等を必要とする者の占める割合が100分の20以上	■		■		
重度者等対応要件	(14) 看取り期の利用者への対応実績が1人以上であること(併せて体制要件(6)の要件を満たすこと)	■(※2)		■(※2)		

※1 ■はいずれかに適合していることを示す
※2 (14)を選択する場合には(6)を併せて満たす必要がある。

(厚生労働省資料から引用)

④ 入居継続支援加算

有料老人ホームなど特定施設入居者介護の入居者が要介護度が高くなった場合でも、引き続き施設に入居し続けられるように支援体制を整えた施設に対して付与される加算です。

これにより、介護度の重い入居者に対しても適切なケアを提供し、安心して住み続けられる環境を確保することを目的としています。施設側には、医療機関との連携や専門職の配置などが求められます。

【算定要件】

要　件	単　位
(1)①～⑤を必要とする入居者が　5%～15%以上(※)であること。 ① 口腔内の喀痰吸引 ② 鼻腔内の喀痰吸引 ③ 気管カニューレ内部の喀痰吸引 ④ 胃ろうまたは腸ろうによる経管栄養 ⑤ 経鼻経管栄養	Ⅰ　36単位／日 Ⅱ　22単位／日
(2) ①～⑤を必要とする入居者と⑥～⑧に該当する入居者の割合が5%～15%以上(※)であり、かつ、常勤の看護師を1名以上配置し、看護に係る責任者を定めていること。 ⑥ 尿道カテーテル留置を実施している状態 ⑦ 在宅酸素療法を実施している状態 ⑧ インスリン注射を実施している状態	
(3) 介護福祉士の数が、常勤換算方法で、入居者の数が6(※)またはその端数を増すごとに1以上であること。 ※次に掲げる基準のいずれにも当てはまる場合は「7」とする。 a 業務の効率化および質の向上または職員の負担の軽減に資する機器(以下「介護機器」という。)を複数種類使用していること。 b 介護機器の使用にあたり、介護職員、看護職員、介護支援専門員その他の職種の者が共同して、アセスメントおよび入居者の身体の状況等の評価を行い、職員の配置の状況等の見直しを行っていること。 c 介護機器を活用する際の安全体制およびケアの質の確保並びに職員の負担軽減に関する次に掲げる事項を実施し、かつ、介護機器を安全かつ有効に活用するための委員会を設置し、介護職員、看護職員、介護支援専門員その他の職種の者と共同して、当該委員会において必要な検討等を行い、および当該事項の実施を定期的に確認すること。 i 入居者の安全およびケアの質の確保 ii 職員の負担の軽減および勤務状況への配慮 iii 介護機器の定期的な点検 iv 介護機器を安全かつ有効に活用するための職員研修	
(4) 人員基準欠如に該当していないこと。	

⑤　日常生活継続支援加算

介護老人福祉施設において、要介護者が住み慣れた環境で日常生活を継続できるよう支援するための体制を整えている施設に対して付与される加算です。この加算を取得するためには、入居者の生活の質を維持・向上させる取組みが求められ、個別ケアや職員の配置基準、24時間体制での支援が整備されていることが要件となります。

【算定要件】

次の（ア）～（ウ）のいずれかを満たすこと （ア）新規入所者の総数のうち、要介護4または5の入居者が70％以上 （イ）新規入所者の総数のうち、認知症日常生活自立度のランクがⅢ以上の入居者が65％以上 （ウ）入居者の総数のうち、たんの吸引などが必要な入所者が15％以上
入所者6に対し、介護福祉士を常勤換算で1以上の人数を配置すること。 ただしICT機器などテクノロジーを活用する場合は入所者7に対し1以上の人数を配置に緩和
定員超過利用・人員基準欠如に該当しないこと
サービス提供体制強化加算を算定していないこと

○単位数
加算区分Ⅰ（従来型）　　　・・・36単位／日
加算区分Ⅱ（ユニット型）　・・・46単位／日

（4）配置要件における留意点

①　対象となる介護福祉士等が異動、退職した場合

事業所に勤務する介護福祉士等の人事異動や退職等により常勤職員の配置要件が満たせなくなった場合は、「サービス提供体制加算」「特定事業所加算」「福祉専門職員配置等加算」は翌月から算定ができなくなります。この場合は、当該加算の変更届とともに、新加算Ⅰから新加算Ⅱへ算定区分の変更届が必要となります。

②　利用者の構成が変化した場合

喀痰吸引を必要とする利用者の割合や利用者の入退所により要介護度や認知症、自立度の割合に変化が生じ、「入居継続支援加算」や「日常生活継続支援加算」を算定できない状況が３か月を超えた場合には、翌月から新加算Ⅰの算定はできなくなります。例えば、７月まで入居継続支援加算等を算定し新加算Ⅰを算定していた事務所が８月、９月、10月と入居継続支援加算を算定できず、11月も引き続き算定できない場合には、11月から、新加算Ⅰから新加算Ⅱへ算定区分の変更が必要です。

9．月例給での賃金改善の実施（月額賃金改善要件）

（1）月額賃金改善要件Ⅰ

① 要件の目的・内容

賃金改善要件Ⅰは、月額賃金で処遇改善を促すことで、介護職員の生活の安定・向上や、労働市場での介護職種の魅力の増大につなげることを目的に新たに定められ、令和７年度から適用されます。

賃金改善要件Ⅰの内容は、以下のとおりです。

a．新加算Ⅳの加算額の２分の１以上を基本給または決まって毎月支払われる手当（以下「基本給等」という。）の改善に充てること。

b．事業所等が新加算ⅠからⅢまでのいずれかを算定する場合にあっては、仮に新加算Ⅳを算定する場合に見込まれる加算額の２分の１以上を基本給等の改善に充てること。

図表３-46 は月400万円の報酬がある訪問介護の事業者が、令和６年６月から新加算Ⅰを算定した場合における本要件のイメージです。この場合、新加算Ⅳ相当額の２分の１である290,000円を月例給での改善に充当する必要があります。

図表3-46 要件のイメージ（訪問介護、月額報酬400万円、新加算Ⅰと算定した場合

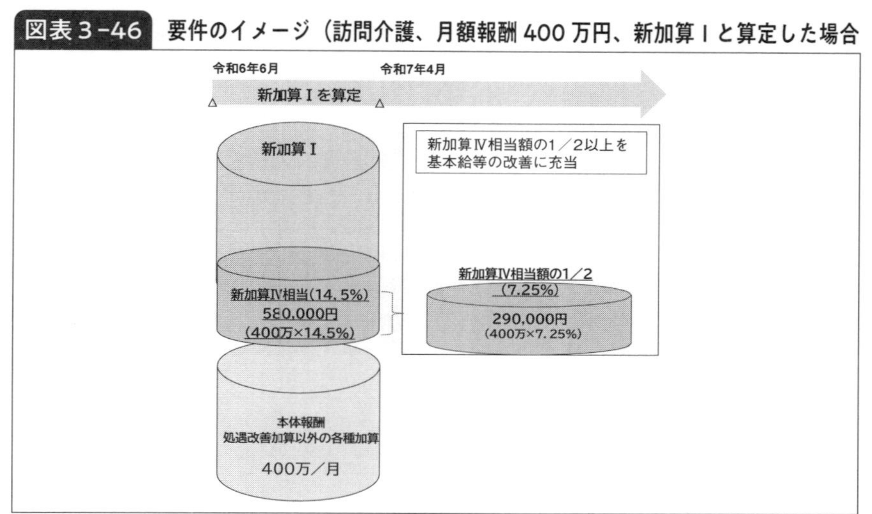

（筆者作成）

② 要件を満たすための実施事項

これまで処遇改善加算の受給額を基本給等以外の手当または一時金（以下、「一時金等」という。）により支払っていた事業者は、本要件を満たすために賃金の配分方法を変更する必要があります。

変更にあたっては、要件を満たすために賃金総額を新たに増加させる必要はなく、**図表3-47**の例に示したように、一時金の一部を減額し、その分を基本給等に付け替える方法でも差し支えありません。ただし、付け替えを行う場合は、事業所全体の賃金水準や各職員の賃金年額が低下しないよう努めることが求められています。

本要件は令和7年度からの適用となりますが、計画的な準備を促す観点から、令和6年度の処遇改善計画書にも任意の記載項目が設けられています。

図表3-47　一時金等から月例給への配分変更のイメージ

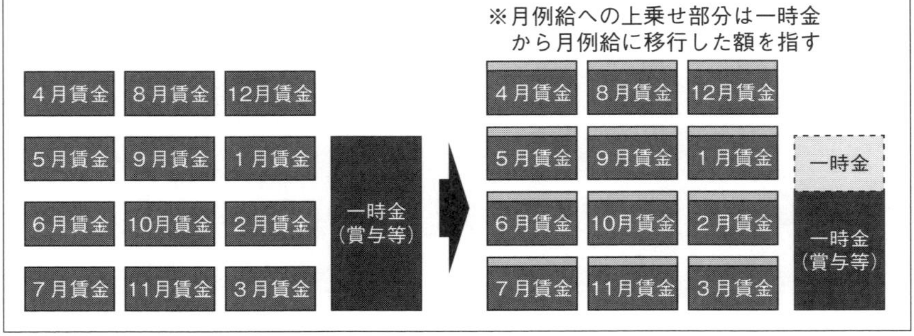

（対応例）

新加算Ⅰ（24.5%）を算定している訪問介護事業所

一人当たり平均4万円の加算額が受給できる。

そのうち新加算Ⅳ（14.5%）相当分（約2.4万円≒4万円×14.5%÷24.5%）の配分内訳

【当初の配分額】

月例給　0.5万円、賞与　1.9万円

⇩

【移行後の配分額】

月例給　1.2万円（+0.7万円）、賞与1.2万円（−0.7万円）

新加算Ⅳ（14.5%）相当分（2.4万円）の1／2である1.2万円以上の額となっており、要件を満たす。

（出典：厚生労働省の資料に筆者加筆）

（2）月額賃金改善要件Ⅱ

①　要件の目的・内容

本要件は、令和6年6月から新加算を算定した事業所のうちで旧ベースアップ加算を算定し基本給等を2／3以上改善していた事業所と、ベースアップ加算を算定せず一時金等のみで改善していた事業所との間での公平性を図るために設けられたものです。具体的には、令和６年５月までに処遇改善加算または特定加算を算定し、かつ、ベースアップ加算を算定していない事業者が新加算を算定する場合には、令和６年６月から令和８年３月まで、ベースアップ等加算相当額の２／３以上の額を、基本給等の引上げに充当することが求められています（**図表３-48**）。

図表３-48　月額賃金改善要件Ⅱのイメージ

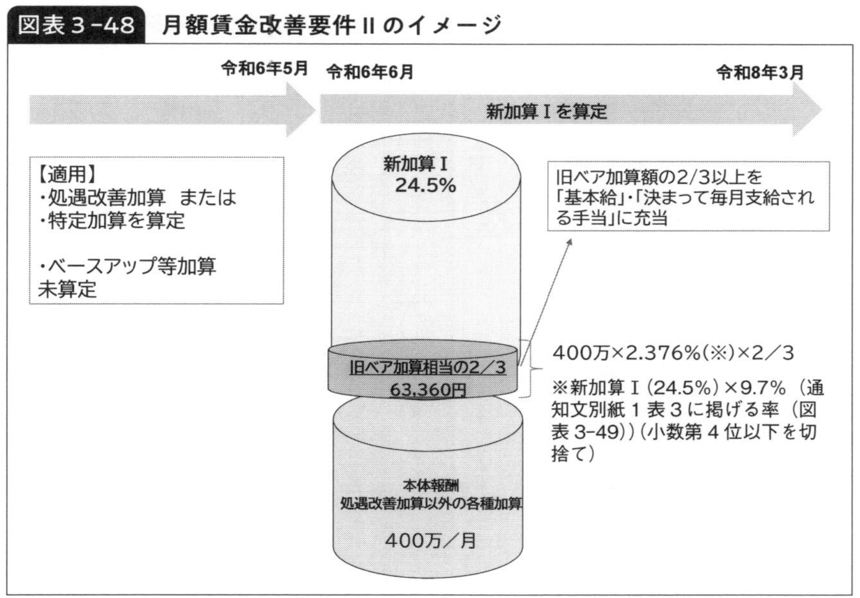

②　実施内容の適用上の留意点

本要件の適用を受ける事業所は、初めて新加算を算定した年度の実績報告書において、賃金改善の実施内容を報告しなければなりません。

なお、本要件は、令和６年５月以前までに処遇改善に関する加算を算定していた事業所間の公平性を図る措置であるため、令和６年５月以前に旧３加算すべてを算定していなかった事業所または令和６年６

月以降に新たに開設された事業所には、適用されません。

③　額の計算方法

本要件で使用される旧ベースアップ等加算の相当額の計算は、新加算の加算率に**図表３-49**に掲げる率を乗じた率を（小数第４位以下を切捨て）を算出した上で、その率に月額報酬を乗じて計算します。

図表３-49　ベースアップ等加算相当額の算出に用いる率（介護）

サービス区分	介護職員等ベースアップ等支援加算の加算率との比			
	介護職員等処遇改善加算Ⅰ	介護職員等処遇改善加算Ⅱ	介護職員等処遇改善加算Ⅲ	介護職員等処遇改善加算Ⅳ
訪問介護	9.7%	10.7%	13.1%	16.5%
夜間対応型訪問介護	9.7%	10.7%	13.1%	16.5%
定期巡回・随時対応型訪問介護看護	9.7%	10.7%	13.1%	16.5%
（介護予防）訪問入浴介護	11.0%	11.7%	13.9%	17.4%
通所介護	11.9%	12.2%	13.7%	17.1%
地域密着型通所介護	11.9%	12.2%	13.7%	17.1%
（介護予防）通所リハビリテーション	11.6%	12.0%	15.1%	18.8%
（介護予防）特定施設入居者生活介護	11.7%	12.2%	13.6%	17.0%
地域密着型特定施設入居者生活介護	11.7%	12.2%	13.6%	17.0%
（介護予防）認知症対応型通所介護	12.7%	13.2%	15.3%	18.8%
（介護予防）小規模多機能型居宅介護	11.4%	11.6%	12.6%	16.0%
看護小規模多機能型居宅介護	11.4%	11.6%	12.6%	16.0%
（介護予防）認知症対応型共同生活介護	12.3%	12.9%	14.8%	18.4%
介護老人福祉施設	11.4%	11.7%	14.1%	17.7%
地域密着型介護老人福祉施設	11.4%	11.7%	14.1%	17.7%
（介護予防）短期入所生活介護	11.4%	11.7%	14.1%	17.7%
介護老人保健施設	10.6%	11.2%	14.8%	18.1%
（介護予防）短期入所療養介護　（老健）	10.6%	11.2%	14.8%	18.1%
（介護予防）　短期入所療養介護（病院等（老健以外））	9.8%	10.6%	13.8%	17.2%
介護医療院	9.8%	10.6%	13.8%	17.2%
（介護予防）短期入所療養介護（医療院）	9.8%	10.6%	13.8%	17.2%

注　介護予防・日常生活支援総合事業によるサービスを行う事業所は、訪問型は訪問介護と、通所型は通所介護と同じとする。

（計算例）

・月400万円の報酬がある訪問介護事業所
・新加算Ⅰ（24.5%）を算定

↓

①新加算の率（24.5%）×**図表３-49**の率（9.7%）＝2.376%（小数第４位切捨て）
②月額報酬（400万円）×2.376%＝95,040円
③ベースアップ加等相当額（95,040円）×２／３＝63,360円

↓

月例給で改善

図表３-50　ベースアップ等加算相当額の算出に用いる率（障害）

サービス区分	福祉・介護職員等ベースアップ等支援加算の加算率との比			
	福祉・介護職員等処遇改善加算Ⅰ	福祉・介護職員等処遇改善加算Ⅱ	福祉・介護職員等処遇改善加算Ⅲ	福祉・介護職員等処遇改善加算Ⅳ
居宅介護	10.7%	11.1%	12.9%	16.4%
重度訪問介護	13.1%	13.7%	16.4%	20.5%
同行援護	10.7%	11.1%	12.9%	16.4%
行動援護	11.7%	12.2%	14.4%	18.1%
重度障害者等包括支援	20.1%		27.7%	32.6%
生活介護	13.5%	13.7%	16.4%	20.0%
施設入所支援	17.6%		20.2%	24.3%
短期入所	17.6%		20.2%	24.3%
療養介護	20.4%	20.7%	24.1%	28.2%
自立訓練（機能訓練）	13.0%	13.4%	18.3%	22.5%
自立訓練（生活訓練）	13.0%	13.4%	18.3%	22.5%
就労選択支援	12.6%	12.8%	15.1%	18.8%
就労移行支援	12.6%	12.8%	15.1%	18.8%
就労継続支援Ａ型	13.5%	13.8%	16.4%	20.6%
就労継続支援Ｂ型	13.9%	14.2%	17.1%	20.9%
就労定着支援	12.6%		15.1%	18.8%
自立生活援助	12.6%	12.8%	15.1%	18.8%
共同生活援助（介護サービス包括型 ）	17.6%	18.0%	20.3%	24.7%
共同生活援助（日中サービス支援型）	17.6%	18.0%	20.3%	24.7%
共同生活援助（外部サービス利用型）	12.3%	12.5%	13.5%	17.1%
児童発達支援	15.2%	15.6%	16.9%	20.8%
医療型児童発達支援（※）	11.3%	11.5%	12.2%	15.5%
放課後等デイサービス	14.9%	15.2%	16.5%	20.4%
居宅訪問型児童発達支援	15.5%		16.9%	20.8%
保育所等訪問支援	15.5%		16.9%	20.8%
福祉型障害児入所施設	18.0%	18.3%	22.6%	26.9%
医療型障害児入所施設	19.8%	20.3%	25.6%	29.9%
障害者支援施設が行う生活介護	10.8%		13.0%	16.4%
障害者支援施設が行う自立訓練（機能訓練）	14.4%		18.1%	22.2%
障害者支援施設が行う自立訓練（生活訓練）	14.4%		18.1%	22.2%
障害者支援施設が行う就労移行支援	12.1%		14.6%	18.3%
障害者支援施設が行う就労継続支援Ａ型	12.3%		14.9%	18.8%
障害者支援施設が行う就労継続支援Ｂ型	12.5%		15.1%	18.8%

※　旧指定医療型児童発達支援事業所又は旧指定発達支援医療機関において、肢体不自由児又は重症心身障害児に対し行う指定児童発達支援をいう。

(3) 月額賃金の範囲

月例給での改善にあたっては、月額賃金の範囲を確認しておく必要があります。この点厚生労働省からのQAにおいては、基本給のほか、労働と直接的な関係が認められ、労働者の個人的事情とは関係なく支給される手当であって、決まって毎月支払われるものであれば、含まれるとされています。なお、月ごとに支払われるか否かが変動する手当や労働と直接的な関係が薄く、当該労働者の個人的事情により支給される手当(通勤手当、扶養手当)などは月額賃金には含まれないとされています(**図表3-51**)。

図表3-51 月額賃金に含まれる手当の範囲

項　目	例	月額賃金への該当
決まって毎月支払われる手当 (労働と直接的な関係が認められ、労働者の個人的事情とは関係なく支給される手当)	・資格手当、役職手当、職務手当など ・処遇改善手当 ※決まって毎月支払われるのであれば、月ごとに額が変動するような手当も含む	該当
月ごとに支払われるか否かが変動するような手当(※)	・回数業績に応じて支払う夜勤特別手当、業績手当 ・夏季賞与　・冬季賞与、 ・処遇改善手当一時金	非該当
労働と直接的な関係が薄く、当該労働者の個人的事情により支給される手当(※)	・通勤手当、扶養手当等	非該当

※賃金改善には含まれる。

(4) 月額賃金への移行の考え方

新加算では、旧3加算で異なっていた対象者が一本化され、介護職員への配分を基本としつつも、職種にとらわれず柔軟な配分が可能となりました。今回の月額賃金への移行を契機として、各事業所ごとの状況に応じて手当や一時金を整理していく必要があるでしょう。

① 経験豊富な職員に重点を置く

・資格手当や役職手当を増額し、経験者を優遇する。
・教育担当者やリーダー職に手当を設け、組織の中核人材の定着を図る。

② 採用競争力を強化する

・初任者層に重点を置き、月例給を引き上げることで、求人活動の際に「魅力ある給与条件」を提示しやすくする。
・定着を促すために初任者層の昇給幅を拡大したり、資格取得や技術向上などへの手当を設定し、将来への展望を示す。

(5) 月額賃金への移行時のポイント

月額賃金は、時間外手当や賞与の基礎となり、また社会保険料の算定にも影響を与えるため、増額や新たな手当の増設が予想以上に人件費を増加させる可能性があります。

また、処遇改善加算は利用実績に応じて額に増減が生じるため、毎月の受給額と支払額の管理をしておく必要もあるでしょう。

加えて、職員に対する説明にあたっては、一時金等の引下げにより賃金水準全体が低下したとの誤解を与えないよう、配分の目的や年収の変動額をわかりやすく説明しましょう。次の①、②では、月額賃金へ移行した場合の影響額の算出方法、実際の移行シミュレーションを掲載しましたので、参考にしてください。

①　月額賃金へ移行した場合の１人あたりの影響額の算出

１万円を月額賃金に加算した場合、平均時間外勤務が、20 時間の場合

⇩

月給上昇額 (A)	月所定労働時間(B)	時間引上単価　(C) (A)/(B)	割増率 (D)	時間外単価 (E) (C)×(D)	月平均時間外 (F)	時間外手当増加額(G) (E)×(F)
1万円	160 時間	62.5 円	1.25	78.125 円	20 時間	1,562 円

⇩

月額賃金に１万円を移行したことで、１人あたり 1,562 円の影響が生じている

②　事業所全体の移行シミュレーション例

（例１）賞与１か月分を一律で月給に移行した場合

	変更前				変更額計算	変更後				影響額試算		
	月給(A)	賞与月(B)	賞与額(C) (A)×(B)	年収額(D) (A)*12月+(C)	基本給増加目安額(E) (C)/(B)/12月 (100円未満四捨五入)	月給目安額(F) (A)+(E)	賞与月(G)	賞与額(H) (F)×(G)	年収額(I) (F)×12月×(H)	変更前後との差 (J) (I)-(A)	職員数(k)	人件費 影響額 (J)＊(k)
5級	280,000	4	1,120,000	4,480,000	23,300	303,300	3.0	909,900	4,549,500	69,500	1	69,500
4級	240,000	4	960,000	3,840,000	20,000	260,000	3.0	780,000	3,900,000	60,000	2	120,000
3級	220,000	3	660,000	3,300,000	18,300	238,300	2.0	476,600	3,336,200	36,200	3	108,600
2級	200,000	3	600,000	3,000,000	16,700	216,700	2.0	433,400	3,033,800	33,800	2	67,600
1級	180,000	3	540,000	2,700,000	15,000	195,000	2.0	390,000	2,730,000	30,000	2	60,000
					賞与額1月分		賞与を1月マイナス				影響額→	425,700
											社会保険料増加含む→	489,555

（例２）各等級ごとにバランスをとり月給に移行した場合

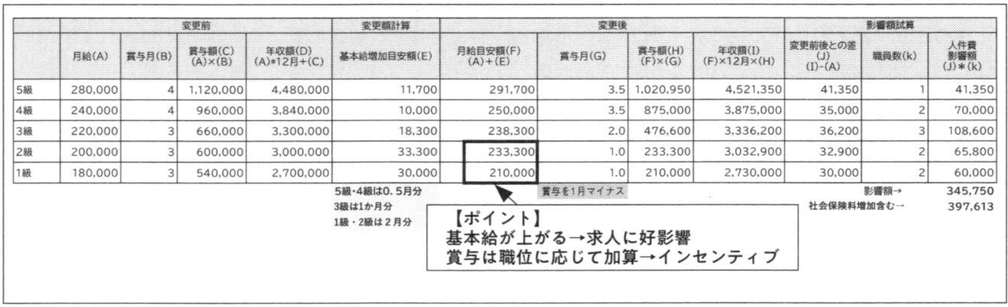

	変更前				変更額計算	変更後				影響額試算		
	月給(A)	賞与月(B)	賞与額(C) (A)×(B)	年収額(D) (A)*12月+(C)	基本給増加目安額(E)	月給目安額(F) (A)+(E)	賞与月(G)	賞与額(H) (F)×(G)	年収額(I) (F)×12月×(H)	変更前後との差 (J) (I)-(A)	職員数(k)	人件費 影響額 (J)＊(k)
5級	280,000	4	1,120,000	4,480,000	11,700	291,700	3.5	1,020,950	4,521,350	41,350	1	41,350
4級	240,000	4	960,000	3,840,000	10,000	250,000	3.5	875,000	3,875,000	35,000	2	70,000
3級	220,000	3	660,000	3,300,000	18,300	238,300	2.0	476,600	3,336,200	36,200	3	108,600
2級	200,000	3	600,000	3,000,000	33,300	233,300	1.0	233,300	3,032,900	32,900	2	65,800
1級	180,000	3	540,000	2,700,000	30,000	210,000	1.0	210,000	2,730,000	30,000	2	60,000
					5級・4級は0.5月分 3級は1か月分 1級・2級は２月分		賞与を1月マイナス				影響額→	345,750
											社会保険料増加含む→	397,613

【ポイント】
基本給が上がる→求人に好影響
賞与は職位に応じて加算→インセンティブ

10. 職場環境等を改善する取組みの実施（職場改善等要件）

（1）要件の概要

職場環境等要件とは、処遇改善加算を算定するために必要となる職場環境整備の条件で、**図表３-52、３-53**に示される６つの区分ごとに取組みが定められています。また、取組み内容はホームページ等での見える化と職員への周知が必要です。

新加算においては、令和６年度中は現行の要件が維持されますが、令和７年度からはさらなる取組みの拡大が求められています（**図表３-52、３-53**）。

取組みの詳細は、**図表３-54**に記載しました。網掛けをした部分は新たに取組みとして加わった部分ですので、内容を確認しておきましょう。

なお、本要件は毎年度取組みを増やし続けることまでは求めているものではありません。

図表３-52　新加算における職場環境等要件（介護）

区　分	R5 R6		R7	
	Ⅰ Ⅱ	Ⅲ Ⅳ	Ⅰ Ⅱ	Ⅲ Ⅳ
入職促進に向けた取組み	1以上	いずれか一つ	2以上	1以上
資質向上やキャリアアップに向けた支援	1以上		2以上	1以上
両立支援・多様な働き方の推進	1以上		2以上	1以上
腰痛を含む心身の健康管理	1以上		2以上	1以上
生産性向上のための業務改善の取組み	1以上		3以上 ⑰と⑱必須	2以上
やりがい・働きがいの醸成	1以上		2以上	1以上
見える化 （ホームページ掲載、情報公表システムへの登録、事務所入り口などに貼り出し）	必要	必要	必要	必要

図表3-53 新加算における職場環境等要件（障害）

区　分	R5 R6		R7	
	Ⅰ Ⅱ	Ⅲ Ⅳ	Ⅰ Ⅱ	Ⅲ Ⅳ
入職促進に向けた取組み	3つの区分を選択 それぞれ1以上	いずれか一つ	2以上	1以上
資質向上やキャリアアップに向けた支援			2以上	1以上
両立支援・多様な働き方の推進			2以上	1以上
腰痛を含む心身の健康管理			2以上	1以上
生産性向上のための業務改善の取組み			3以上 ⑰と⑱必須	2以上
やりがい・働きがいの醸成			2以上	1以上
見える化 （ホームページ掲載、情報公表システムへの登録、事務所入り口などに貼り出し）	必要	必要	必要	必要

図表3-54 新加算における職場環境等要件　　　は新規

区　分	取組み
入職促進に向けた取組み	①　法人や事業所の経営理念やケア方針・人材育成方針、その実現のための施策・仕組みなどの明確化
	②　事業者の共同による採用・人事ローテーション・研修のための制度構築
	③　他産業からの転職者、主婦層、中高年齢者等、経験者・有資格者等にこだわらない幅広い採用の仕組みの構築
	④　職業体験の受入れや地域行事への参加や主催等による職業魅力度向上の取組みの実施
資質の向上やキャリアアップに向けた支援	（介　護） ⑤　働きながら介護福祉士取得を目指す者に対する実務者研修受講支援や、より専門性の高い介護技術を取得しようとする者に対するユニットリーダー研修、ファーストステップ研修、喀痰吸引、認知症ケア、サービス提供責任者研修、中堅職員に対するマネジメント研修の受講支援等 （障　害） ⑤　働きながら国家資格等の取得を目指す者に対する研修受講支援や、より専門性の高い支援技術を取得しようとする者に対する各国家資格の生涯研修制度、サービス管理責任者研修、喀痰吸引研修、強度高度障害支援者養成研修等の業務関連専門技術研修の受講支援等
	（介　護） ⑥　研修の受講やキャリア段位制度と人事考課との連動 （障　害） ⑥　研修の受講やキャリア段位制度等と人事考課との連動によるキャリアサポート等の導入
	⑦　エルダー・メンター（仕事やメンタル面のサポート等をする担当者）制度等導入
	⑧　上位者・担当者等によるキャリア面談など、キャリアアップ等に関する定期的な相談の機会の確保

・両立支援・多様な働き方の推進	⑨　子育てや家族等の介護等と仕事の両立を目指す者のための休業制度等の充実、事業所内託児施設の整備
	⑩　職員の事情等の状況に応じた勤務シフトや短時間正規職員制度の導入、職員の希望に即した非正規職員から正規職員への転換の制度等の整備
	⑪　有給休暇を取得しやすい雰囲気・意識作りのため、具体的な取得目標（例えば、１週間以上の休暇を年に●回取得、付与日数のうち●％以上を取得）を定めた上で、取得状況を定期的に確認し、身近な上司等からの積極的な声かけを行っている）
	⑫　有給休暇の取得促進のため、情報共有や複数担当制等により、業務の属人化の解消、業務配分の偏りの解消を行っている
	（障害のみ） ⑬　障害を有する者でも働きやすい職場環境の構築や勤務シフトの配慮
・腰痛を含む心身の健康管理	⑬　業務や福利厚生制度、メンタルヘルス等の職員相談窓口の設置等相談体制の充実
	⑭　短時間勤務労働者等も受診可能な健康診断・ストレスチェックや、従業員のための休憩室の設置等健康管理対策の実施
	⑮　介護職員の身体の負担軽減のための介護技術の修得支援、職員に対する腰痛対策の研修、管理者に対する雇用管理改善の研修等の実施
	⑯　事故・トラブルへの対応マニュアル等の作成等の体制の整備

・生産性向上のための業務改善の取り組み（※1，※2）	（介護のみ） ⑰　厚生労働省が示している「生産性向上ガイドライン」に基づき、業務改善活動の体制構築（委員会やプロジェクトチームの立ち上げ、外部の研修会の活用等）を行っている
	⑱　現場の課題の見える化（課題の抽出、課題の構造化、業務時間調査の実施等）を実施している
	⑲　５Ｓ活動（業務管理の手法の１つ。整理・整頓・清掃・清潔・躾の頭文字をとったもの）等の実践による職場環境の整備を行っている
	⑳　業務手順書の作成や、記録・報告様式の工夫等による情報共有や作業負担の軽減を行っている
	（介　護） ㉑　介護ソフト（記録、情報共有、請求業務転記が不要なもの。居宅サービスにおいてはケアプラン連携標準仕様を実装しているものに限る）および情報端末（タブレット端末、スマートフォン端末、インカム等）の導入 （障　害） ㉑　業務支援ソフト（記録、情報共有、請求業務転記が不要なもの）および情報端末（タブレット端末、スマートフォン端末等）の導入
	㉒　介護ロボット（見守り支援、移乗支援、移動支援、排泄支援、入浴支援、介護業務支援等）またはインカム等の職員間の連絡調整の迅速化に資するICT機器（ビジネスチャットツール含む）の導入
	㉓　業務内容の明確化と役割分担を行い、介護職員がケアに集中できる環境を整備。特に、間接業務（食事等の準備や片付け、清掃、ベッドメイク、ゴミ捨て等）がある場合は、いわゆる介護助手等の活用や外注等で担うなど、役割の見直しやシフトの組み換え等を行う。
	㉔　各種委員会の共同設置、各種指針・計画の共同策定、物品の共同購入等の事務処理部門の集約、共同で行うICTインフラの整備、人事管理システムや福利厚生システム等の共通化等、協働化を通じた職場環境の改善に向けた取組みの実施

※１　介護のみ
生産性向上推進体制加算を算定している場合には、「生産性向上（業務改善および働く環境改善）のための取組み」の要件を満たすものとする。
※２　介護・障害
１法人あたり１の施設または事業所のみを運営するような法人等の小規模事業者は、㉔の取組みを実施していれば、「生産性向上（業務改善および働く環境改善）のための取組み」の要件を満たすものとする

・やりがい・働きがいの醸成	㉕　ミーティング等による職場内コミュニケーションの円滑化による個々の介護職員（障害：福祉・介護職員）の気づきを踏まえた勤務環境やケア内容の改善
	（介　護） ㉖　地域包括ケアの一員としてのモチベーション向上に資する、地域の児童・生徒や住民との交流の実施 （障　害） ㉖　地域社会への参加・包容（インクルージョン）の推進のための、モチベーション向上に資する、地域の児童・生徒や住民との交流の実施
	（介　護） ㉗　利用者本位のケア方針など介護保険や法人の理念等を定期的に学ぶ機会の提供 （障　害） ㉗　利用者本位のケア方針など障害福祉や法人の理念等を定期的に学ぶ機会の提供
	㉘　ケア（障害では「支援」）の好事例や、利用者やその家族からの謝意等の情報を共有する機会の提供

(2) 新たな取組み事項

令和７年度から次の区分で新たな取組みが追加されています。

① 両立支援・多様な働き方の推進

令和４年度介護労働実態調査によれば、早期離職防止や定着促進に最も効果があった方策として、「残業を少なくする、有給休暇を取りやすくする」、「本人の希望に応じた勤務体制にする」との回答が多くなりました（**図表３−55**）。

図表３−55　早期離職防止や定着促進に最も効果のあった方策（抜粋）

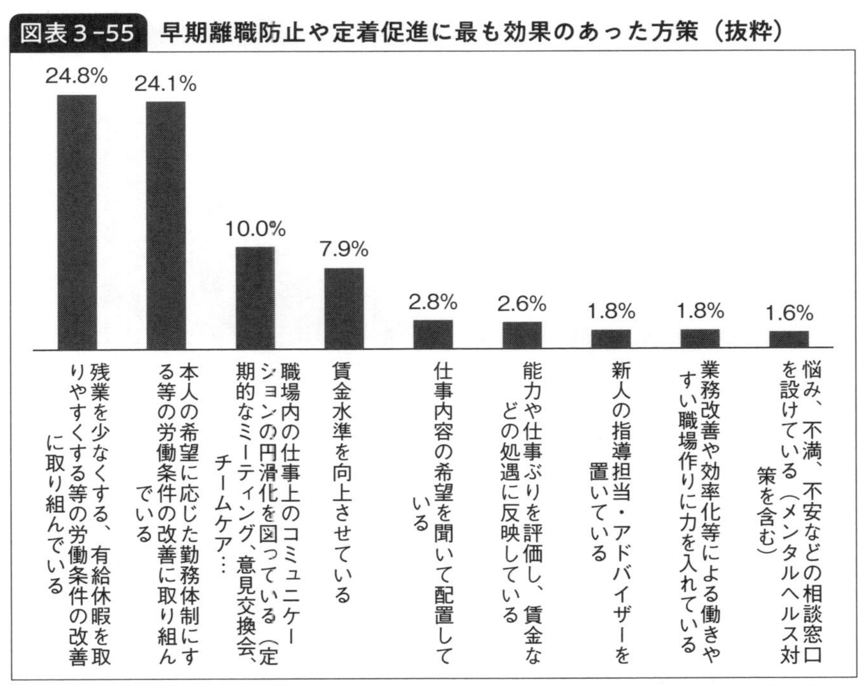

（出典：令和５年９月８日　厚生労働省介護給付費分科会資料）

職員が仕事とプライベートを両立でき働きやすい環境を提供することは、定着率向上や業務効率化にも直結し、サービスの質の向上にも効果が期待できます。

新たに盛り込まれた取組み内容は、休暇日数の取得目標の設定や属人化防止のための情報共有など、実施負担はそこまで高くはありません。是非取り組んでいきましょう。

○職場環境等要件に盛り込まれた内容

⑪ 有給休暇を取得しやすい雰囲気・意識作りのため、具体的な取得目標（例えば、１週間以上の休暇を年に●回取得、付与日数のうち●％以上を取得）を定めた上で、取得状況を定期的に確認し、身近な上司等からの積極的な声かけを行っている）
⑫ 有給休暇の取得促進のため、情報共有や複数担当制等により、業務の属人化の解消、業務配分の偏りの解消を行っている

② 生産性向上のための業務改善の取組み

生産性向上のための業務改善の取組みには**図表３-56**内容が盛り込まれました。具体的には、業務のデジタル化や効率的な業務プロセスの導入のほか、業務改善活動の体制構築、業務課題の見える化などにより、生産性の向上を図ることが求められています。また、経営の協働化・大規模化も定められました。この区分は他の区分と比較し、求められる取組み数が多くなっていることも特徴です。

図表３-56　生産性向上のための業務改善の取組み

（介護のみ） ⑰ 厚生労働省が示している「生産性向上ガイドライン」に基づき、業務改善活動の体制構築（委員会やプロジェクトチームの立ち上げ、外部の研修会の活用等）を行っている
⑱ 現場の課題の見える化（課題の抽出、課題の構造化、業務時間調査の実施等）を実施している
㉔ 各種委員会の共同設置、各種指針・計画の共同策定、物品の共同購入等の事務処理部門の集約、共同で行うICTインフラの整備、人事管理システムや福利厚生システム等の共通化等、協働化を通じた職場環境の改善に向けた取組の実施

（3）生産性向上のための業務改善の取組み

①　生産性向上とは

生産性向上とは、企業活動における生産性を高め、限られた資源からより大きな成果を生み出すことを目指す取組みです。

各産業では、その指針となるガイドラインが示され、国を挙げて推進されており、介護分野においても、急速に増加するニーズや人手不足に対応するために令和元年度から４年度にかけ、ガイドラインが策定・公表されています。

②　生産性向上の目的

介護分野における「生産性向上」について、ガイドラインでは次のように定義されています。

> 介護ロボット等のテクノロジーを活用して業務の改善や効率化を進め、職員の業務負担を軽減し、その結果として生み出された時間を直接的な介護ケアに充てることで、利用者と職員が接する時間を増やし、介護サービスの質の向上を図ること

つまり、介護現場における生産性向上の目的は、単に業務の負担軽減や効率化を図るだけでなく、そこで生まれた時間を活用して「介護サービスの質の向上」に貢献することにあります。

③　生産性向上のための取組みツール

厚生労働省のホームページでは、事業所での実施手順や研修資料、職務の役割分担、業務時間の分析、さらには時間外勤務の可視化ツールも提供されていますので、確認してみましょう。

図表3-57 介護分野における生産性向上ガイドライン

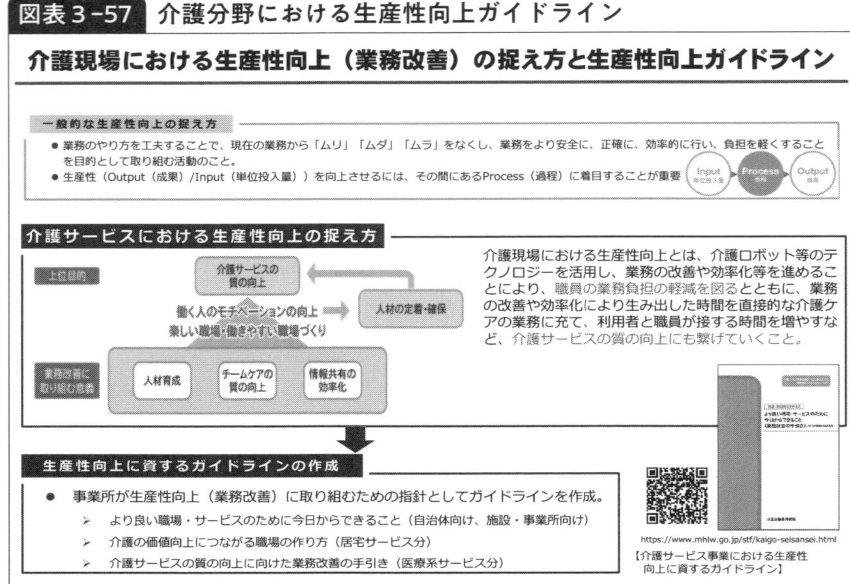

（出典：令和5年9月8日　介護給付費分科会資料）

④　生産性向上の取組みへの向きあい方

生産性向上という言葉を聞くと、「何か特別なことをしなければならないのか？」「現場はただでさえ大変なのに」というイメージを抱く方も多いのではないでしょうか？

業務負担をすぐに軽くすることはできませんが、小さな工夫を積み重ねていくことで、次第に余裕が生まれます。その生まれた時間を、利用者へのサービス向上や職員のために使えるようにしていくことが大切です。

また令和6年度補正予算案における総合対策では、介護人材確保職場環境等事業が盛り込まれ、その要件の一つとして「業務の洗い出し、棚卸しとその業務効率化など改善方策の立案を行うこと」が挙げられていることからも取組みの重要度はより高まってきていることがわかります（215ページ参照）。

生産性向上に資するガイドラインでは、**図表３-56**にある７つの取組みが掲載されています。本書では、その中で、負担軽減に結びつく「介護ロボットの導入」と、業務分担の見直を図る「介護助手の活用」についてご紹介します。職員の皆さんが協力し、事業所ごとに実践可能な取組みから始め、少しずつ改善を進めていきましょう。

図表３-58　ガイドライン上の７つの取組み

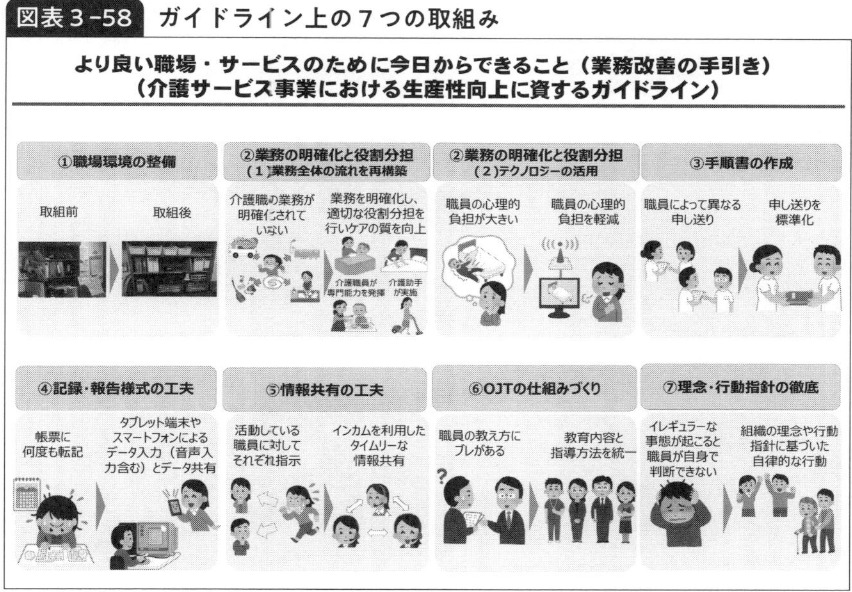

（出典：令和５年９月８日　介護給付費分科会資料）

⑤　介護ロボット導入

㋐　介護ロボットとは

ロボットとは、センサーによって「情報を感知し」、得た情報をもとに「判断し」、そして「動作する」という３つの要素技術を備えた知能化機械システムです。このロボット技術を応用し、利用者の自立支援や介護者の負担軽減に役立つ機器が「介護ロボット」と呼ばれています。

これまで、民間企業や研究機関が、高度な工学技術を活用して、高齢者や介護現場の具体的なニーズに応じた機器の開発を進めてきました。厚生労働省は、経済産業省と連携し、「ロボット技術の介護利用における重点分野」を６つの分野にわたり13項目にわたって定め、その開発と導入を支援しています。

介護ロボットは、現場における業務負担の軽減や利用者の自立を促進する重要な役割を担っており、導入により、サービスの質を向上させることが期待されています。

図表３-59　介護ロボットの開発支援の重点６分野

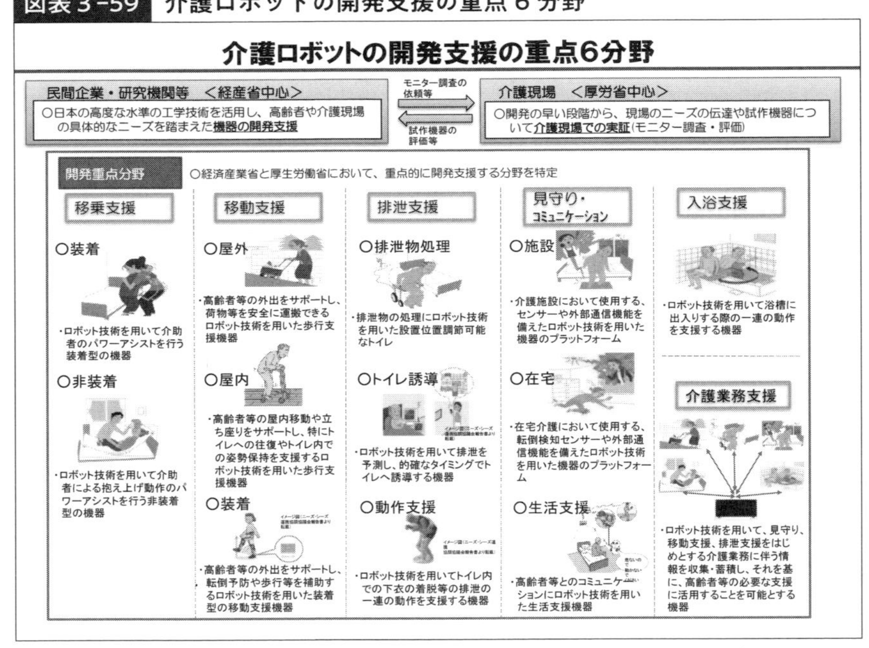

（出典：厚生労働省資料より）

(イ)　介護ロボットへの導入支援

介護ロボットの導入・運用には、一定のノウハウが必要であったり、費用がかかるという課題があります。

この課題に対しては、各都道府県で運用している「地域医療介護総合確保基金」による補助事業が展開されています。主な支援等を**図表3-60**にまとめました。毎年度、各都道府県から募集が行われます。是非活用しましょう。また、令和6年度補正予算案では介護テクノロジー協働化支援事業が盛り込まれています。今後予算承認後の各自治体での施策展開を注視していきましょう（215ページ参照）。

図表3-60　介護ロボットの導入・活用支援

事業名	補助・助成内容
介護事業所に対する業務改善支援事業	・第三者が生産性向上の取組みを支援するための費用の支援 （コンサル経費の補助）（補助上限額1事業所30万円） ・「地域のモデル施設育成」に必要と認められる経費の一部を助成 （介護現場革新会議の設置に伴う必要経費分は全額補助、介護事業所の取組みに必要な経費は上限500万円）
介護ロボット導入支援事業	介護ロボットを活用した介護事業所の生産性向上の取組を通じてケアの質の維持・向上や職員の負担軽減等を図るための費用を支援 ・介護ロボットの導入支援（補助上限額1機器30万円、移乗支援・入浴支援ロボットに関しては補助上限額100万円）、 ・見守りセンサーの導入に伴う通信環境整備（wi-fi、インカム等）（上限750万円）
ICT導入支援事業	記録業務、情報共有業務、請求業務等を一気通貫で行うことが可能となっている介護ソフトおよび当該ソフトを使用するための端末（タブレット等）、通信環境機器等を対象に導入支援 （事業所職員数により上限額変動100万円～260万円）

（出典：厚生労働省ホームページより抜粋）

(ウ) テクノロジー活用による人員要件・加算要件の緩和

介護サービスの質向上や業務効率化を推進するため、見守り機器などのテクノロジーを活用した安全体制の確保を条件に、人員要件や加算算定要件が緩和されています。

主な緩和等例を**図表3-61**にまとめました。介護ロボット導入におけるメリットとして活用していきましょう。

図表3-61　介護ロボット導入による緩和策の例

項目、対象サービス	要件等
見守り機器を導入した場合の夜間における加算要件の緩和 （介護老人福祉施設、地域密着型介護老人福祉施設入所者生活介護、短期入所生活介護）	・見守り機器を導入した場合の夜勤職員配置加算について、見守り機器の導入割合の緩和（15%→10%） ・職員体制等を要件とする加算（日常生活継続支援加算やサービス提供体制強化加算等）において、テクノロジー活用を考慮した要件を導入する。
見守り機器等を導入した場合の夜間における人員配置基準の緩和 （介護老人福祉施設、地域密着型介護老人福祉施設入所者生活介護、短期入所生活介護）	・特養（従来型）について、見守り機器やインカム等のICTを導入する場合における夜間の人員配置基準を緩和する。 ※緩和にあたっては、利用者数の狭間で急激に職員人員体制の変更が生じないよう配慮して、現行の配置人員数が２人以上に限り、１日あたりの配置人員数として、常勤換算方式による配置要件に変更する。 　ただし、配置人員数は常時１人以上（利用者数が61人以上の場合は常時２人以上）配置することとする。 （要件） ・施設内の全床に見守り機器を導入していること ・夜勤職員全員がインカム等のICTを使用していること ・安全体制を確保していること（※） 見守り機器やICT導入後、右記の要件を少なくとも３か月以上試行し、現場職員の意見が適切に反映できるよう、夜勤職員をはじめ実際にケア等を行う多職種の職員が参画する委員会において、安全体制やケアの質の確保、職員の負担軽減が図られていることを確認した上で届け出が必要
テクノロジーの活用によるサービスの質の向上や業務効率化の推進 （介護老人福祉施設、地域密着型介護老人福祉施設入所者生活介護、特定施設入居者生活介護、地域密着型特定施設入居者生活介護）	特養の日常生活継続支援加算及び介護付きホームの入居継続支援加算 →テクノロジーを活用した複数の機器（見守り機器、インカム、記録ソフト等のICT、移乗支援機器）を活用し、利用者に対するケアのアセスメント評価や人員体制の見直しをPDCAサイクルによって継続して行う場合は、当該加算の介護福祉士の配置要件を緩和する。（現行６：１を７：１とする。）

⑥　介護助手の導入

(ア)　介護助手とは

介護助手とは、掃除や配膳、見守りなどの業務を担当する職種です。近年、介護福祉分野の人手不足に対応するため、介護職の業務を機能別に分化し、周辺業務を介護助手に委ねる取組みが進められています。介護助手を活用することで、介護職員が専門的なケアに集中できる環境を整える効果が期待されています。

また、介護助手は現役を引退した元気な高齢者の新たな活躍の機会としても注目されています。

図表3-62　介護助手導入のイメージ

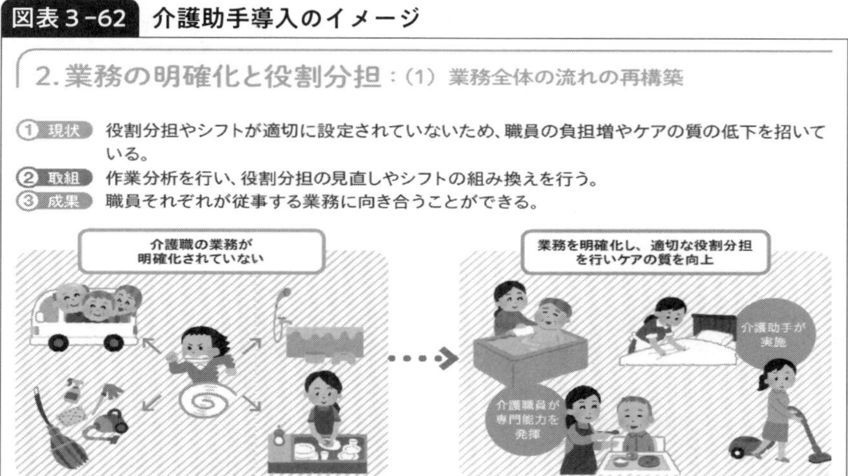

（出典：令和５年９月８日　介護給付費分科会資料）

(イ)　導入の手順

介護助手を導入する際は、まずは業務内容の分類を行い、介護助手が担う業務の切出しを行います。

図表3-63では、事業所における業務内容を「経験」と「体力」の二つの軸で分類例を示しています。また**図表3-64**では、この分類に基づき、各業務の特徴に応じた担い手の選定や、実施時の留意点を

まとめました。

具体的な分類や役割分担の方法については、図表を参考にしながら各事業所での状況に応じた検討をしてみてください。

図表３-63　業務分担の整理（例）

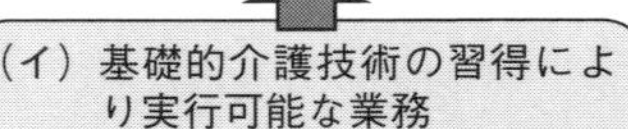

経験

○他の職員との均衡を図りつつ業務を切り出す
業務時間の限定や事故防止の対策を講ずる

○経験のある高齢職員の活用
・継続雇用、定年引上げ
・介護ロボット導入による負担軽減
・腰痛予防診断など

（イ）基礎的介護技術の習得により実行可能な業務
（　　）は他の職員がフォローするもの
・食事介助（誤嚥事故見守り）
・施設外への散歩同行（事故、徘徊防止）
・整容（髭剃り、爪切り、散髪等）
・洗面介助
・口腔ケア（歯磨き、入歯の洗浄）

（ウ）基礎介護技術と一定の体力が求められる業務
・トイレ介助、おむつ交換、移動介助
・入浴介助
・ベッド移乗介助、体位変換
・食堂、浴室への移動介助　など

（ア）介護技術や経験が無くても実行可能な業務
・ベッドメイキング
・衣類洗濯、居宅清掃（感染症利用者除く）
・物品の管理
・ポータブルトイレの洗浄、汚物処理
・食事の配膳下膳
・居室の開閉
・入浴時のタオル等用品の準備

○積極的な業務の切り出し
・業務手順書の整備
・委託化も検討

体力

（筆者作成）

図表3-64 業務の分類、留意点

<table>
<tr><th>業務の分類</th><th>留意点</th></tr>
<tr><td>(ア) 介護技術や経験無しで実行可能な業務
(例)
・ベッドメイキング、居室清掃、配膳下膳・おむつ類の整理などの利用者へ直接サービスを提供しない間接業務など、介護に関する知識経験・体力が要求されないもの</td><td>作業工程を定型化しやすいこともあり、業界未経験の方への職務付与や外部に委託することも可能

直接利用者にサービスを提供しない場合でも、接遇、事故防止、感染予防などの教育は不可欠。
また、業務を委託するにあたっては、「委託職員への接し方」の知識を、職場に教育する必要がある。

<table><tr><td>委託職員への接し方</td><td>同一の空間の中で業務を行っているが、委託職員は別の会社の社員である。
→委託職員への直接指示は、必ず権限がある人から行うよう注意すること</td></tr><tr><td>個人情報の秘密保持</td><td>・業務上知りえた個人情報を漏洩しないよう、受託契約には秘密保持条項を入れる。
・受託業者の情報管理体制の確認が必要</td></tr><tr><td>感染症対策</td><td>・契約上、事業所の感染対策への協力を求める。
・受託社員の健康状態の確認が必要</td></tr></table></td></tr>
<tr><td>(イ) 基礎的介護技術習得により実行可能な業務
(例)
食事介助、施設外への散歩同行、整容、口腔ケアなど、利用者への直接サービスを伴うが、体力的な負担は比較的少ないもの。</td><td>・食事介助時の誤嚥事故、散歩時の転倒事故等のサービス提供時の事故発生の可能性がある職務も含まれている。
このため、熟練した職員の目が届く範囲での職務付与が必要。

・食事時、起床時など、配置を手厚くする時間帯に配置する。

・組織への貢献実感が得られにくい部分もあるため、声かけ(「いつも助かっています」など)を通じ、職員の承認意欲への働きかけを意識的に行う必要がある。
※通常、早朝時や夕食時など子供のいる主婦層が働きに出ることが困難な時間帯に勤務してもらう場合には、時給の上乗せする等で感謝の気持ちを示すという方法も考えられる。</td></tr>
<tr><td>(ウ) 基礎介護技術と一定の体力が求められる業務
(例)
トイレ介助、おむつ交換、食堂や風呂への移動介助、ベッド移乗介助など、基礎介護技術に加え一定の体力が求められるもの。</td><td>・食堂や浴場への移動介助など一部時間を限定した業務もありますが、安全性の観点から他職員との連携が重視される。
・利用者の体調や気分などその時々の状況に合わせた対応が必要なものも多く熟練した経験が必要であり、介護助手のみに付与する場合には慎重な検討が求められる。</td></tr>
</table>

(筆者作成)

㈘　個別性の把握と環境への配慮

介護助手として勤務される方の多くは、高齢者、子育て・介護がひと段落した方々であることが多いです。こうした方々は、加齢による体力低下や家庭環境が変化することがあるため、個々の働き方や執務環境への配慮が求められます。

図表３-65では、個別の状況を確認するための「状況確認シート」を掲載しました。このシートを定期的に活用して、状況把握に努めていきましょう。

図表3-65 状況確認シートの例

施設長	事務長	部門長	リーダー

状況確認シート（契約更新用）

契約更新の判断欄 ※２～６を総合して判断の上、該当する項目に○をする			
現行契約更新	条件付で契約更新	契約終了	
	条件：	終了日：　　年　　月　　日	

1　基本情報				
所属		社員 No.		
氏名（漢字）		性別	男　・　女	
氏名（ふりがな）		生年月日	年　　月　　日（　　歳）	
採用年月日	年　　月　　日	在籍年数	年　　ヶ月	
等級	一般職１級（一般介護） 一般職２級（基本介護） 短時間勤務（介護補助）	保有資格	キャリア段位	2①、2②、3、4

2　稼働実績					
月	月	月	月	月	月
時間	時間	時間	時間	時間	時間

3　健康状態	
健康診断日：　　年　　月　　日	次回予定：　　年　　月頃
健診結果：　1．問題なし　2．ほぼ問題なし 3．経過観察中　4．要二次検査 5．要精密検査　6．要治療	既往症： 医師の所見：
その他、気になることなど（本人・上司）：	

4　就業ニーズ

	月	火	水	木	金	土	日	稼働ペース	週　　回程度　：　週　　時間程度
6時								勤務場所	（希望地域など）
8時									
10時								支　援	（家族の理解など）
12時									
14時								制　約	（孫育て、家族介護、体力など）
16時									
18時								所有物	パソコン・携帯・FAX・自家用車・自転車
20時									
22時								IT スキル	インターネット閲覧・パソコンメール送受信 携帯メール送受信・ワード・エクセル
※可能な曜日・時間帯に○をつける									

その他、就業上の希望、就業意欲などを記載（本人・上司）：

稼働時間、仕事の量と内容、利用者、ケア内容、事業所との連絡、福祉用具、職場環境等

5　介護能力　経験（上司の評価と職員とで確認する）

1＝遂行困難　2＝未経験　3＝初級レベル　4＝一人前レベル　5＝指導者レベル

生活援助	掃除・洗濯	1	2	3	4	5	身体介護	食事介助	1	2	3	4	5
	衣類の整理・補修	1	2	3	4	5		排泄介助	1	2	3	4	5
	配膳・下膳	1	2	3	4	5		衣類の着脱介助	1	2	3	4	5
	ベッドメイク	1	2	3	4	5		整容、洗面	1	2	3	4	5
	環境整備	1	2	3	4	5		入浴介助・清拭	1	2	3	4	5
								体位変換	1	2	3	4	5

6　体力（新体力テスト得点）

握力：	上体起こし：	長座体前屈：	総合評価：
開眼片足立ち：	障害物歩行：	6分間歩行：	

（出典：高齢・障害求職者雇用支援機構ホームページのツールを参考に作成）

⑦　生産性向上の要件を満たすための取組みの特例

生産性向上の区分における取組みについては、次の２つの特例が設けられています。(ア) または (イ) のいずれかを実施することで、取組み数に関わらず、要件を満たすことができます。

(ア)　生産性向上推進体制加算の算定（訪問系、通所系除く）

生産性向上推進体制加算とは、介護現場における生産性向上に向けた取組みを促進することを目的に、令和６年度の報酬改定で新たに設けられた加算です。

加算要件については、**図表３-66** のとおりです。算定区分Ⅱは、以下の取組みを実施することのみで算定が可能な仕組みとなっています。取得を検討していきましょう。

○テクノロジーの活用を支援する委員会を３月に１回以上開催し必要な安全対策を議論

利用者の安全およびケアの質確保	①　見守り機器から得られる情報を基にした各職種が連携 ②　介護機器の活用方法の変更の必要性の有無等を確認対応 ③　安全面の検討 ④　介護事故またはヒヤリ・ハット事例の状況を把握、原因分析
従業者負担の軽減等への配慮	職員にアンケート調査やヒアリング等を行い、介護機器等の導入後における適切な人員配置や処遇の改善の検討等
介護機器の定期的な点検	①　介護機器の不具合がないことのチェックを行う仕組み ②　介護機器の開発メーカー等と連携した定期的な点検
職員に対する研修	介護機器の使用方法やヒヤリ・ハット事例等の周知、その事例を通じた再発防止策の実習等を含む職員研修を定期的な開催

○見守り機器等のテクノロジーを１つ以上導入し、業務改善を継続的に行う。

見守り機器	利用者の状況を感知し外部通信機能で職員に知らせる仕組み ※加算（Ⅱ）の場合は、１つの居室への導入でも算定可能。
職員間の連絡調整の迅速化に資する ICT 機器	インカムやチャット等を活用した職員間の連絡に資する ICT 機器 ※同一時間帯勤務のすべての介護職員の使用が必要。
介護記録作成効率化に資する ICT 機器	介護記録作成効率化に資する ICT 機器（複数機器の連携も含め入力、記録・保存・活用を一体的に支援するものに限る。）

○毎年度３月31日までに、生産性向上の取組に関する実績データを厚生労働省に報告

利用者の満足度等の評価　※５名程度	①　WHO-5調査（利用者における満足度の変化） ②　利用者の認知機能の変化に関する調査
業務時間及び超過勤務時間の調査	対象事業年度の10月における介護職員（※）の１月当たりの ①　総業務時間　②　残業時間
年次有給休暇の取得状況の調査	事業年度の10月を基準として直近１年間（11月～10月）の職員（※）の年次有給休暇の取得日数を調査

※加算（Ⅱ）では介護機器活用を行ったフロア等の職員のみ

図表3-66　生産性向上推進体制加算の要件

加算区分	要　件	要件の具体的な内容	加算数
Ⅰ	○（Ⅱ）の要件を満たし、（Ⅱ）のデータにより業務改善の取組みによる成果が確認されていること。	以下が確認された場合 ・利用者満足度が維持または向上 ・職員の超過勤務時間数が短縮 ・年次休暇の取得が維持または向上	100単位／月
	○見守り機器等のテクノロジーを複数導入していること。	・見守り機器、インカム、介護記録の効率化機器	
	○職員間の適切な役割分担（いわゆる介護助手の活用等）の取組等を行っていること。		
	○1年以内ごとに1回、業務改善の取組みによる効果を示すデータの提供（オンラインによる提出）を行うこと。	・利用者満足度 ・超過勤務時間 ・年休取得数 ・心理的負担 ・業務時間（直接・関節・休憩等）	
Ⅱ	○利用者の安全並びに介護サービスの質の確保および職員の負担軽減に資する方策を検討するための委員会の開催や必要な安全対策を講じた上で、生産性向上ガイドラインに基づいた改善活動を継続的に行っていること。		10単位／月
	○見守り機器等のテクノロジーを1つ以上導入していること。		
	○1年以内ごとに1回、業務改善の取組みによる効果を示すデータの提供（オンラインによる提出）を行うこと。	・利用者満足度 ・超過勤務時間 ・年休取得数	

(イ) 経営の協働化の推進

生産性向上の取組みでは、小規模事業所単独での実施が難しい場合に、複数の事業所が協働で、職場環境の改善や効率化を図る取組みでも、要件を満たすことが可能です。具体的には、以下のような協働化による施策が掲げられています。

・各種委員会の共同設置や指針・計画の共同策定
・物品の共同購入などによる事務処理部門の集約
・ICT インフラの共同整備
・人事管理や福利厚生システムの共通化

また、小規模法人を対象としたアンケート調査では、「研修等、職員教育の合同実施」、や「地域貢献の拡充」の取組みが多く挙げられています。

介護福祉業界では、社会福祉協議会や自立支援協議会をはじめ、事業所を超えた自主的な勉強会が盛んに行われています。介護や福祉の仕事は、事業所内だけでなく、多くの関係者との協働で支えられています。自身の事業所だけで抱えていた悩み事や問題も、他事業所の方々と共有、議論することで、新たな視点や解決策が得られることもあります。例えば、BCP（事業継続計画）、感染症対策、人材確保など事業運営に共通するテーマで勉強会を共同で開催、参加することも協働への第一歩です。

図表３-67　介護サービス事業所の経営の協働化の事例（アンケート調査）

○　小規模法人のネットワーク化を実施した団体等を対象としたアンケート調査によれば、法人間連携を実施したきっかけは、「職員の確保、教育体制の強化のため」が最も多く、「多様化する地域のニーズへの対応のため」、「サービスの質の向上のため」が続いた。

○　法人間連携で取り組んだ内容に、「研修等、職員教育の合同実施」が最も多く、「地域貢献の拡充」が続いた。

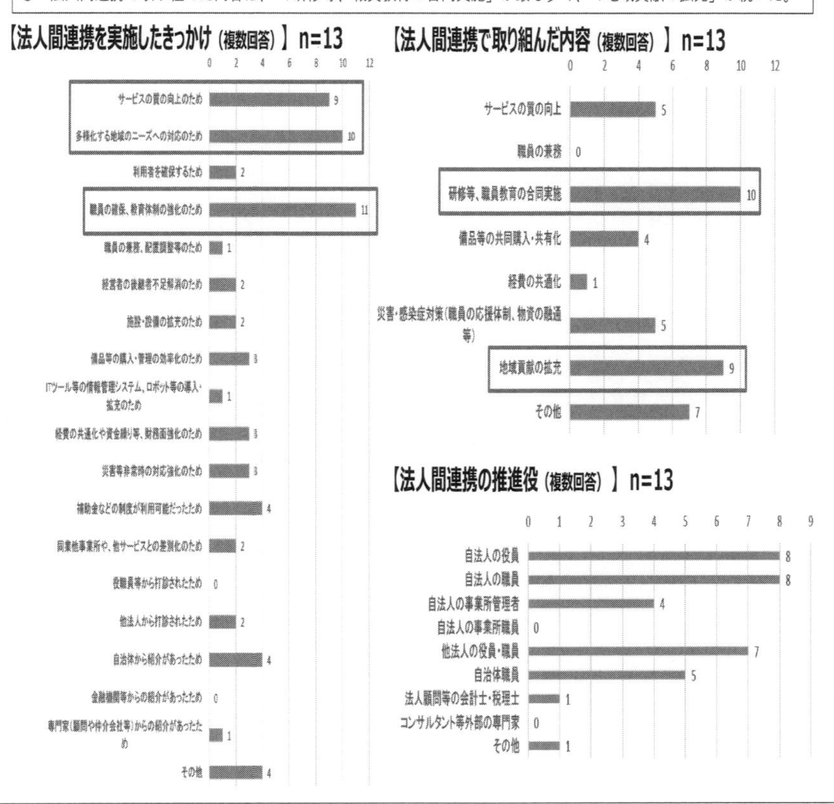

（出典：厚生労働省資料）

11. 賃金規程の改定、職員への説明

(1) 賃金規程の整備にかかる手続き

処遇改善加算に関する手当や一時金の取扱いを変更する場合には、賃金規程の改定が必要です。賃金規程は、就業規則の一部であり、変更する際は、労働者の代表者の意見を聴取したうえで労働基準監督署に届け出る必要があります。

【介護職員に対する処遇改善加算金の支給に関する規程】

(目　的)

第1条 この規程は、社会福祉法人会(以下、「法人」という。)賃金規程に規定する賃金とは別に、厚生労働省が創設した介護職員等処遇改善加算制度(以下、「加算制度」という。)に基づき法人の介護職員に対し支給する処遇改善加算金(以下、「加算金」という。)について必要な事項を定めるものとする。

(支給対象者)

第2条 法人の常用職員または有期雇用職員等の雇用形態の別を問わず、厚生労働省の定める介護職員処遇改善加算制度の対象職員に対し、介護職員処遇改善加算金を支給する。

(支給額)

第3条 加算金の支給は、介護職員処遇改善加算制度による加算振込額に応じて、法人が定めた額を支給する。

(支　給)

第4条 加算金の支給は、毎月の給与支給日に手当として給与に上乗せして支給するとともに、9月と3月に一時金として支給する。

2 前項に基づく支給後に、加算振込額に余剰が生じた場合には、5月末に処遇改善一時金として支給する。

（在籍の限定）
第５条 介護職員処遇改善加算金の支給は、算定期間に在籍している者を対象とする。
（キャリアパス）
第６条 職位、職責および職務内容に応じた任用要件、賃金体系については別に定める。
（支給配分）
第７条 手当および一時金の額は、キャリアパス等級、人事評価結果及び勤務日数を考慮し決定する。
２ 手当および一時金の額は、加算対象期間における勤務形態による差異を設けることとし、常勤職員の勤務時間を1.0とし、勤務時間から換算して支給算定する。
（その他）
第８条 この規程は、加算制度が終了すると同時に廃止するものとする。
（附則）
１．この規程は、令和６年６月１日から施行する

（2）職員への周知方法

賃金規程は職員に周知しなくてはなりません。

周知の方法は各法人や事業所の状況に応じて選ぶことが大切です。具体的には以下の方法が考えられます。

・掲示板への掲示（イントラネットなどの電子掲示板も含む）
・文書による通知
・会議での説明

なお、これらの周知については、指定権者からの運営指導に備え、周知した方法、日付などの記録を残しておきましょう。また、職員の入れ替わりに際し、周知が不十分にならないよう定期的な周知を心がけましょう。

【周知文例】

第○○○○号
令和６年

職員各位

○○法人理事長○○

令和６年度介護職員等処遇改善加算計画書について

日ごろから、心を込めた質の高いサービス提供にご尽力いただき感謝します。

このたび、令和６年度の標記加算について、職員の皆さんが働きやすく、かつ働きがいがもてる事業所として運営していくために、下記のとおり計画を定めました。

職員の皆さまにおかれましては、趣旨等をご理解いただき、引き続き安心安全で、心のこもったサービスを通じた、利用者様、ご家族、そして地域の幸せの実現ができるよう、ご協力をお願いします。

なお、本件に関してのご質問やご要望がありましたら、○○までお問合せください。

記

１．対象事業所
　　○○グループホーム、デイサービス○○
２．対象職員
　　正規職員、非常勤職員
３　改善期間
　　令和６年７月～令和７年６月まで　算定区分　加算Ⅰ

4．改善方法及び金額

（1）一時金支給時期　　7月　　12月　　3月

（2）職務手当の増額　リーダー手当　10,000円

（3）資格手当の増額　介護福祉士　10,000円

期中に事業収入が増減した場合は、一時金の額を増減して調整する。

5．キャリアパス要件

（1）キャリアパス要件Ⅰ

① 職位、職責または職務内容等に応じた任用の要件は「キャリアパス」に定める。

② 職位、職責または職務内容等に応じた賃金体系は「給与規程」に定める。

③ ②「キャリアパス」「給与規程」を配布することで周知する。

（2）キャリアパス要件Ⅱ

① 職員と面談をして、階層別研修の計画を作成する。研修費用は法人の全額負担とする。

② 「階層別研修計画書」を配布することで周知する。

（3）キャリアパス要件Ⅲ

① 昇給は毎年4月に行う。「人事評価」と「経験年数」に応じてなされる仕組みとする。

② 「給与規程」「人事評価要綱」を事業所に備え付けることで周知する。

6．職場環境等要件

別紙の取組みを行う。

12. 利用者への説明

新規に処遇改善加算を算定したり、上位区分を算定することは利用者の負担額の増加につながります。運営基準では、サービスに係る費用が変更される場合は、変更内容について利用者に説明を行い、同意を得ることが求められています。

具体的な手続きには、サービスの単位や負担額などを明記した重要事項説明書を交付し、利用者から署名または記名・捺印を得る必要があります。遅くとも加算の算定が始まる前月までにすべての利用者から同意が得られるようスケジュールを立てておきましょう。

【同意書例①】

重要事項説明書「○. 利用料金」の変更に伴う同意書

(利用料金変更のお知らせ)

「介護職員等処遇改善加算」とは、介護サービスを支える人材の確保・定着を促すことを目的として、国が定めた加算です。介護職員のキャリアアップ、人材育成や処遇改善の仕組み、職場環境等を整備した事業所が算定することができます。

社会福祉法人○○○会では、加算の要件を満たしており、○月○日より処遇改善加算○を取得させていただくことにいたしました。

今後も地域に必要とされる法人を目指して、より良いサービスの提供に努めてまいりますので、ご理解、ご協力のほどよろしくお願いいたします。

重要事項説明書　「○．利用料金」

<変更前>

1か月あたりのサービス利用単位数（加算を含む）に以下の加算率が加わります。 1．介護職員処遇改善加算：○.○％相当 2．特定処遇改善加算　：○.○％相当 3．ベースアップ加算　：○.○％相当

<変更後>

1か月あたりのサービス利用単位数（加算を含む）に別途○.○○％相当の介護職員等処遇改善加算率が加わります。

※利用者負担は、１割～３割となります。また、本加算は支給限度額管理の対象外です。

本書を２部作成し事業所、ご契約者様が署名捺印の上、各一部を保有するものとします。

年　月　日

<事業者>

法人名　社会福祉法人○○○会

事業者名　○○○○デイサービスセンター代表者

者　センター長　○○　○○　印

利用料について、上記の内容に同意します。

<利用者>

氏　名　印

住　所　〒　－

<代理人>

氏　名　印

住　所　〒　－

【同意書例②】

重要事項説明書「○．利用料金」の変更に伴う同意書

（利用料金変更のお知らせ）

処遇改善加算とは、介護サービスを支える人材の確保・定着を促すために国が定めた加算です。介護職員のキャリアアップ、人材育成や処遇改善の仕組み、職場環境等を整備した事業所が算定することができます。

社会福祉法人○○○会では、令和６年度改正されました加算の要件を満たしており、介護職員等処遇改善加算Ⅰを算定させていただくことにいたしました。

今後も地域に必要とされる法人を目指して、より良いサービスの提供に努めてまいりますので、ご理解、ご協力のほどよろしくお願いいたします。

重要事項説明書「○．利用料金」

令和６年５月31日まで	平成６年６月１日から
介護職員処遇改善加算Ⅰ　○.○％	介護職員等処遇改善加算Ⅰ　○.○％
特定処遇改善加算Ⅱ　○.○％	
ベースアップ加算　○.○％	

現在のご利用料に加え、以下の加算が追加される見込みです。

月と同様のご利用の場合　　サービスの種類　通所介護		
基本報酬＋各種減算・加算	単位	
×加算率	％	
＝処遇改善加算	単位	（A）
（A）×１単位の単価（○○円）	円	（B）
（B）の１割・２割・３割	円	

※Aは支給限度額管理の対象外です。

本書を２部作成し事業所、ご契約者様が署名捺印の上、各一部を保有するものとします。

年　　月　　日

<事業者>

法人名　　社会福祉法人○○○会

事業者名　○○○○デイサービスセンター 代表者

者　　センター長　○○　○○　印

利用料について、上記の内容に同意します。

<利用者>

氏　名　　　　印

住　所　〒　－

<代理人>

氏　名　　　　印

住　所　〒　－

◆令和６年度補正予算案における総合対策について◆

令和６年11月29日に発表された補正予算案には、介護人材・障害福祉人材の確保および職場環境改善を目的とした総合対策が盛り込まれました。内容としては、処遇改善加算を取得し業務効率化や職場環境改善、生産性向上や経営の協働化・大規模化などの取組みを支援する施策となっています。今後、予算承認後の各自治体での施策展開を注視しましょう。

【介護（障害福祉分野）人材確保・職場環境等事業（実施主体：都道府県）】

主な要件	対象経費
➢ **処遇改善加算を取得していること** ➢ **介護職員等の業務の洗い出し、棚卸しとその業務効率化など、改善方策の立案を行うこと**	➢ **職場環境改善等の経費** ・介護助手等、間接業務に従事する者を募集するための経費 ・職場環境改善等（処遇改善加算の職場環境要件の更なる実施）のための様々な取組を実施するための研修等の経費など ➢ **介護職員、介護職員以外の人件費**

（手続き）

①　事業業者から都道府県に計画書等を提出

②　都道府県から事業者に交付決定・補助金交付　※国保連を通じて交付

③　事業者から都道府県に実績報告書を提出

【介護テクノロジー・協働化支援事業（介護分野）（実施主体：都道府県)】

対象となる経費
（1）生産性向上の取組を通じた職場環境改善 ①生産性向上に資する介護ロボット・ICT の導入や更新 ②地域全体で生産性向上の取組を普及・推進する事業の実施 ・地域の複数事業所における機器の導入に向けた研修 ・地域のモデル施設の育成など都道府県等が主導して生産性向上の取組を推進など **（2）小規模事業者を含む事業者グループが協働して行う職場環境改善** ・人材募集や一括採用、合同研修等の実施　・事務処理部門の集約 ・協働化・大規模化にあわせて行う老朽設備の更新・整備のための支援 等

（補助率）

・（1）①または（2）……3／4　　・（1）①および（2）……4／5
・（1）②……10／10

【障害福祉分野の介護テクノロジー導入支援事業（実施主体：都道府県、政令市、中核市等)】

対象事業所	対象となる経費
・障害者支援施設 ・共同生活援助　・居宅介護 ・重度訪問介護　・短期入所 ・重度障害者等包括支援 ・障害児入所施設	➢ **介護ロボット導入経費** 日常生活支援における移乗介護、移動支援、排泄支援、見守り・コミュニケーション（※)、入浴支援、機能訓練支援、食事・栄養管理支援のいずれかの場面で利用する介護ロボット　※通信環境等の整備費用も対象
・障害福祉サービス事業所 ・障害者支援施設 ・一般・特定相談支援事業所	➢ **ICT 導入経費** ①　情報端末（タブレット端末など） ②　ソフトウェア（開発の際の開発基盤のみは対象外） ③　①、②の導入に伴う通信環境機器等（Wi-Fi、ルーターなど）保守経費等（クラウドサービスなど)、 ④　AI カメラ等（防犯、虐待防止、事故防止など、利用者の安心安全のために活用するカメラ）

※上記のほか、「介護ロボット・ICT を複数組み合わせて導入する場合に必要な経費」や「導入マニュアル・効果測定の実施支援」を実施

（補助率）

3／4（国1／2、都道府県等　1／4）

（実施手続）

①　事業者から都道府県等に導入計画提出
②　都道府県等から事業者に補助
③　事業者から都道府県に検証結果報告

（厚生労働省資料をもとに筆者作成）

第4章

計画書作成から実績報告までの実務上のポイント

本章では、処遇改善加算の算定に必要な計画書の作成方法、賃金改善の管理手順、実績報告書の作成に関する実務上のポイントを具体例とともに解説します。

1．書類の提出について

（1）提出書類

処遇改善加算を算定するために提出が必要な書類は、以下のとおりです。

① 処遇改善計画書

賃金改善の方針や計画を記載する書類です。この書類には、その年度における賃金改善の実施方法や要件の充足状況を記入します。

② 介護給付費算定にかかる体制等に関する届出書・体制等状況一覧表

事業所における事業所・事業種類や各種加算の状況について記載する書類です。処遇改善加算だけでなく、その他の加算の状況も含めて記入します（**図表４－３**、**図表４－４**）。

③ 実績報告書

実際に支給された加算額、加算額を超えた賃金改善の結果要件の充足状況を報告するための書類です。

（2）提出時期

書類の提出時期は、**図表４－１**のとおりです。なお、指定権者ごと提出期日が異なる場合もありますので、指定権者からの通知やホームページをよく確認しておきましょう。

図表4－1　各書類の提出時期

書類名		提出時期
処遇改善計画書		算定を開始する前々月の末日まで （例）10月から算定→8月末まで
介護給付費算定にかかる体制等に関する届出書	居宅系サービス	算定を開始する月の前月15日まで （例）10月から算定→9月15日まで
	施設系サービス	算定を開始する月の当月1日まで （例）10月から算定→10月1日
実績報告書		最終の加算の支払いがあった月の翌々月の末日まで （例）3月サービス提供→4月報酬請求→5月下旬報酬受領→7月末日となる

（3）提出先

書類の提出先は、**図表4－2**に示した事業所を管轄する指定権者（都道府県など）となります。

複数の事業所を運営する法人の場合、法人単位で一括して書類を作成することができますが、事業所が複数の指定権者の管轄に属している場合には、それぞれの指定権者に対して、届出を行う必要があります。なお、その場合は提出先の項目以外の書類は同じ内容で差支えありません。

図表4－2　事業範囲と指定権者

事業範囲		事業の種類	
		地域密着型サービス	その他
地方公共団体の種類	政令市・中核市・東京23区	市町村が指定	政令市・中核市・東京23区
	その他一般市町村		都道府県

（4）書類の保存期間

①　保存期間と保存書類

提出書類や記載内容に関する根拠資料の保存期間は、厚生労働省からの通知では２年間となっています。また、根拠資料は運営指導等で指定権者から求めがあった場合には速やかに提示する必要があります。

なお、保存期間の起算日は、行政文書の管理に関するガイドラインにより、指定権者に書類を提出した日が属する年度の翌年度の４月１日となります。例えば、計画書を令和６年10月に提出した場合の起算日は令和７年４月１日となりますので、文書保存期間は令和９年３月31日までとなります。

【記載内容に関する根拠資料】

㈠　労働基準法第89条に規定する就業規則等

以下の規定を別に作成している場合には、それらの規程を含む。

・賃金・退職手当・臨時の賃金等に関する規程

・キャリアパス要件Ⅰに係る任用要件及び賃金体系に関する規程

・キャリアパス要件Ⅲに係る昇給の仕組みに関する規程

㈡　労働保険に加入していることが確認できる書類（労働保険関係成立届、労働保険概算・確定保険料申告書等）

㈢　キャリアパス要件Ⅱに該当する場合、要件が確認できる具体的な研修計画

㈣　キャリアパス要件Ⅳに該当する場合、賃金支払い実績が確認できる書類等

㈤　キャリアパス要件Ⅴに該当する場合、職員の資格を証明する書類等（※）

※資格証明は原本証明していることが望ましい

㈥　利用者との契約・請求・サービス提供などの記録

②　保存期間は５年間とすることが望ましい

①のとおり、通知上書類の保存期間は２年となりますが、報酬の過払いや不正請求に対する時効が地方自治法第236条第１項により、５年間となっていることから、保存期間を独自の方針で５年間としている指定権者も散見されます。詳しくは各指定権者に確認した上での判断となりますが、運営指導による指摘の可能性も踏まえると、書類の保存期間は５年間とすることが望ましいと筆者は考えています。

図表4－3 介護給付費算定に係る体制等に関する届出書

（別紙２）

介護給付費算定に係る体制等に関する届出書<指定事業者用>

年　　月　　日

（宛先）
埼玉県知事

所在地

申請者 名　称

代表者 職名　　　　　　氏名

このことについて、関係書類を添えて以下のとおり届け出ます。

届出者	フリガナ			
	名　称			
	主たる事務所（本社）の所在地	（郵便番号　　―　　） 県・都・道・府		
	連絡先	電話番号　―　―	FAX番号　―　―	
	代表者の職・氏名	職　名	氏　名	
事業所・施設の状況	フリガナ			
	名　称			
	事業所・施設の所在地	（郵便番号　　―　　） 埼玉県		
	連絡先	電話番号　―　―	FAX番号　―　―	

届出を行う事業所・施設の種類		同一所在地において行う事業等の種類	実施事業	指定（許可）年月日	異動等の区分	異動（予定）年月日
	指定居宅サービス	訪問介護		年　月　日	1新規　2変更　3終了	年　月　日
		訪問入浴介護		年　月　日	1新規　2変更　3終了	年　月　日
		訪問看護		年　月　日	1新規　2変更　3終了	年　月　日
		訪問リハビリテーション		年　月　日	1新規　2変更　3終了	年　月　日
		居宅療養管理指導		年　月　日	1新規　2変更　3終了	年　月　日
		通所介護		年　月　日	1新規　2変更　3終了	年　月　日
		通所リハビリテーション		年　月　日	1新規　2変更　3終了	年　月　日
		短期入所生活介護		年　月　日	1新規　2変更　3終了	年　月　日
		短期入所療養介護		年　月　日	1新規　2変更　3終了	年　月　日
		特定施設入居者生活介護		年　月　日	1新規　2変更　3終了	年　月　日
		福祉用具貸与		年　月　日	1新規　2変更　3終了	年　月　日
	指定介護予防サービス	介護予防訪問入浴介護		年　月　日	1新規　2変更　3終了	年　月　日
		介護予防訪問看護		年　月　日	1新規　2変更　3終了	年　月　日
		介護予防訪問リハビリテーション		年　月　日	1新規　2変更　3終了	年　月　日
		介護予防居宅療養管理指導		年　月　日	1新規　2変更　3終了	年　月　日
		介護予防通所リハビリテーション		年　月　日	1新規　2変更　3終了	年　月　日
		介護予防短期入所生活介護		年　月　日	1新規　2変更　3終了	年　月　日
		介護予防短期入所療養介護		年　月　日	1新規　2変更　3終了	年　月　日
		介護予防特定施設入居者生活介護		年　月　日	1新規　2変更　3終了	年　月　日
		介護予防福祉用具貸与		年　月　日	1新規　2変更　3終了	年　月　日
	施設	介護老人福祉施設		年　月　日	1新規　2変更　3終了	年　月　日
		介護老人保健施設		年　月　日	1新規　2変更　3終了	年　月　日
		介護療養型医療施設		年　月　日	1新規　2変更　3終了	年　月　日
		介護医療院		年　月　日	1新規　2変更　3終了	年　月　日

介護保険事業所番号	1 1
医療機関コード等	

特記事項	変更前	変更後
	（例）サービス提供体制強化加算なし、処遇改善加算Ⅱ	（例）サービス提供体制強化加算Ⅱ、処遇改善加算Ⅰ
関係書類	別添のとおり	

備考1　「実施事業」欄は、該当する欄に「○」を記入してください。
2　「異動等の区分」欄には、今回届出を行う事業所・施設について該当する数字に「○」を記入してください。
3　「特記事項」欄には、異動の状況について具体的に記載してください。

図表4－4　介護給付費算定に係る体制等状況一覧表（通所介護の場合）

（別紙１－１－２）

介護給付費算定に係る体制等状況一覧表（居宅サービス・施設サービス・居宅介護支援）

事業所番号										

提供サービス	施設等の区分	人員配置区分	その他該当する体制等		LIFEへの登録	割引
各サービス共通			地域区分	□ 1　1級地　□ 6　2級地　□ 7　3級地　□ 2　4級地 □ 3　5級地　□ 4　6級地　□ 9　7級地　□ 5　その他		
□ 15 通所介護	□ 4　通常規模型事業所 □ 6　大規模型事業所（Ⅰ） □ 7　大規模型事業所（Ⅱ）		職員の欠員による減算の状況	□ 1 なし　□ 2 看護職員　□ 3 介護職員	□ 1　なし □ 2　あり	□ 1　なし □ 2　あり
			高齢者虐待防止措置実施の有無	□ 1 減算型　□ 2 基準型		
			業務継続計画策定の有無	□ 1 減算型　□ 2 基準型		
			感染症又は災害の発生を理由とする利用者数の減少が一定以上生じている場合の対応	□ 1 なし　□ 2 あり		
			時間延長サービス体制	□ 1 対応不可　□ 2 対応可		
			共生型サービスの提供（生活介護事業所）	□ 1 なし　□ 2 あり		
			共生型サービスの提供（自立訓練事業所）	□ 1 なし　□ 2 あり		
			共生型サービスの提供（児童発達支援事業所）	□ 1 なし　□ 2 あり		
			共生型サービスの提供（放課後等デイサービス事業所）	□ 1 なし　□ 2 あり		
			生活相談員配置等加算	□ 1 なし　□ 2 あり		
			入浴介助加算	□ 1 なし　□ 2 加算Ⅰ　□ 3 加算Ⅱ		
			中重度者ケア体制加算	□ 1 なし　□ 2 あり		
			生活機能向上連携加算	□ 1 なし　□ 3 加算Ⅰ　□ 2 加算Ⅱ		
			個別機能訓練加算	□ 1 なし　□ 2 加算Ⅰイ　□ 3 加算Ⅰロ		
			ADL維持等加算〔申出〕の有無	□ 1 なし　□ 2 あり		
			認知症加算	□ 1 なし　□ 2 あり		
			若年性認知症利用者受入加算	□ 1 なし　□ 2 あり		
			栄養アセスメント・栄養改善体制	□ 1 なし　□ 2 あり		
			口腔機能向上加算	□ 1 なし　□ 2 あり		
			科学的介護推進体制加算	□ 1 なし　□ 2 あり		
			サービス提供体制強化加算	□ 1 なし　□ 6 加算Ⅰ　□ 5 加算Ⅱ　□ 7 加算Ⅲ		
			介護職員等処遇改善加算	□ 1 なし　□ 7 加算Ⅰ □ 8 加算Ⅱ　□ 9 加算Ⅲ　□ A 加算Ⅳ　□ B 加算Ⅴ(1) □ C 加算Ⅴ(2)　□ D 加算Ⅴ(3)　□ E 加算Ⅴ(4)　□ F 加算Ⅴ(5) □ G 加算Ⅴ(6)　□ H 加算Ⅴ(7)　□ J 加算Ⅴ(8)　□ K 加算Ⅴ(9) □ L 加算Ⅴ(10)　□ M 加算Ⅴ(11)　□ N 加算Ⅴ(12)　□ P 加算Ⅴ(13) □ R 加算Ⅴ(14)		

備考　1　この表は、事業所所在地以外の場所で一部事業を実施する出張所等がある場合について記載することとし、複数出張所等を有する場合は出張所ごとに提出してください。

2．提出書類の様式について

提出書類の様式は、厚生労働省の事務処理手順で定められた様式を用いて作成します。なお、新加算では令和６年６月以降に新規で区分Ⅲまたは区分Ⅳを申請する場合には、簡素化された様式での提出も認められています。

図表４－５で、必要となる処遇改善計画書・実績報告書の様式を一覧にまとめましたので、全体像を把握するためにご活用ください。

図表４－５　計画書・実績報告書の様式

該当事業所	処遇改善計画書	実績報告書
下記の事業所以外	・基本情報入力シート ・様式２－１（計画表総括表） ・様式２－２（令和６年４月・５月）※１ ・様式２－３（令和６年６月以降分） ・様式２－４（区分変更がある場合のみ）	・基本情報入力シート 様式３－１（実績報告書） 様式３－２（令和６年４月・５月）※１ 様式３－３（令和６年６月以降分）
・令和６年３月までに加算を未算定 ・令和６年６月以降、新加算ⅢまたはⅣのみを算定 ・１様式で原則１事業所（短期入所・総合事業は一括可）	様式７－１（計画書）	様式７－２（実績報告書）

※１　様式２－２、様式３－２の記載方法は、令和６年４月・５月に加算を算定していた事業者が記載するものであり、本書での詳細な説明は省略します。

※２　事業所が10以下の法人に対して認められた様式（別紙様式６）は、令和６年５月時点で旧３加算を算定していた事業所向けのもので、現在使用されていないため本書での詳細な説明は省略します。

3．処遇改善計画書の作成の具体的な手順

ここからは、具体的なケースを用いて処遇改善計画書の作成手順を説明します。

【事業所の想定ケース】

○場所：千葉県市川市
○サービス種別：通所介護　通常規模　１日６時間
○定員 25 名（利用見込み：要介護１　５名、要介護３　10 名、要介護５　５名 全員月 20 回利用）
※定員充足率　８割程度を想定
○令和６年 10 月から初めて新加算Ⅰまたは Ⅲ を算定する。

【全体スケジュール】

計画書提出から加算支払いまで

令和6年															令和7年		
8月			9月			10月			11月			12月			1月		
		31日		15日		1日			10日			5日～10日		25日			
		計画書提出		体制届提出		算定開始 サービス提供 →			10月分報酬請求			10月分総額のお知らせ		10月分加算受領			10月分反映給与支払

年度最終月のサービス提供から実績報告書まで

令和7年														
3月			4月			5月			6月			7月		
			10日	15日		1日			10日					
サービス提供 →			3月分報酬請求			3月分総額のお知らせ		3月分加算受領			3月分反映給与支払	集計・実績報告書作成 →		実績報告書提出

(1) 加算Ⅰを算定する場合

書類作成は以下の順序で進めていきます。様式は厚生労働省または指定権者である自治体のホームページからダウンロードできます。

【書類作成の順序】

実施項目	様式名	実施内容
① 基本情報の入力	基本情報入力シート	○以下を入力 ・提出先の指定権者 ・基本情報（法人名、住所、代表者、担当者、連絡先） ・加算の対象事業所に関する情報（事業所番号、指定権者、所在地、サービス種別、一月当たりの報酬単位、１単位当たりの単価）
② 加算区分・要件状況を入力	様式２－３	○以下を入力 ・算定する加算区分 ・算定対象月 ・要件の充足状況
③ 賃金改善計画の策定	事業所で独自に作成	○事務所ごとに以下の項目をまとめる ・各職員ごとの配分を決める ・賃金改善額と受給額を比較する
④ まとめ	様式２－１ （計画書＿総括表）	○以下を入力 ・賃金改善計画（加算額以上の賃金改善、改善する賃金項目および方法） ・要件の充足状況 ・要件を満たすことの確認・証明 ・提出前のチェックリスト

○厚生労働省ホームページ

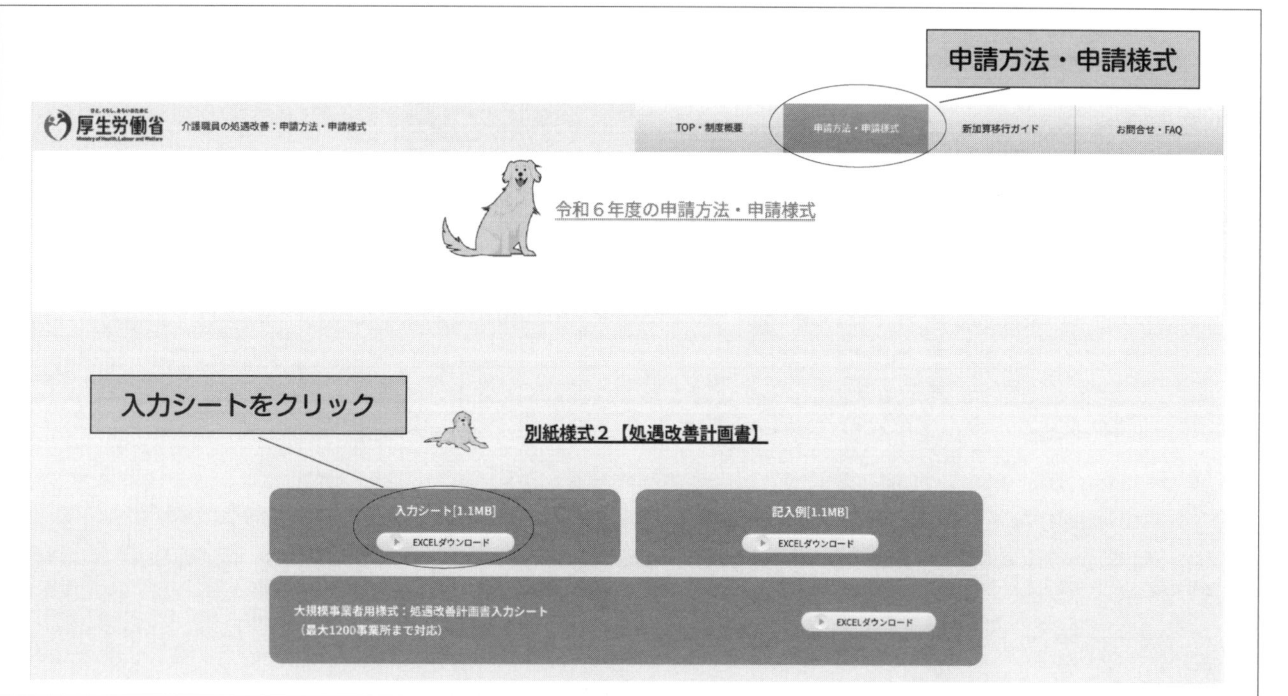

（https://www.mhlw.go.jp/shogu-kaizen/apply.html）

①　基本情報の入力

基本情報入力シートでは、以下の項目を入力します（入力が必要なセルは色付けされています）。

ⓐ　加算提出先：指定権者の情報

ⓑ　基本情報：法人名、法人住所、法人代表者、書類作成担当者、連絡先

ⓒ　加算の対象事業所に関する情報

（事業所番号、指定権者名、事業所所在地、事業所名、サービス名、１月あたりの介護報酬総単位数、一月あたり処遇改善加算、特定加算およびベースアップ等加算単位数）

なお、基本情報を入力すると、②「加算区分・要件状況の入力」で使用する様式２-３や、④まとめで使用する計画書総括表である様式２-１に必要な情報が自動で転記されます。

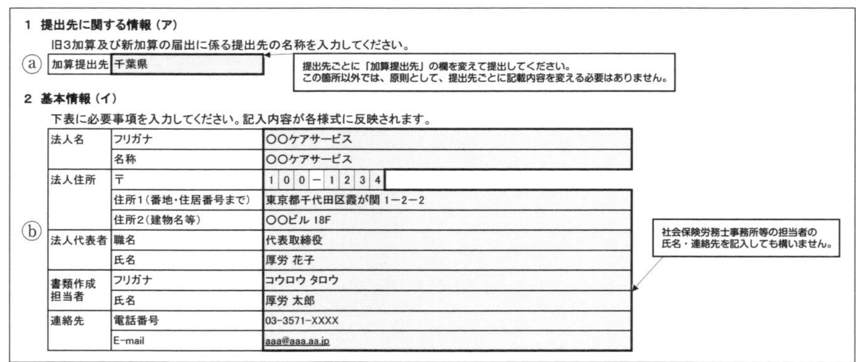

1　提出先に関する情報（ア）

旧3加算及び新加算の届出に係る提出先の名称を入力してください。

ⓐ

加算提出先	千葉県

提出先ごとに「加算提出先」の欄を変えて提出してください。
この箇所以外では、原則として、提出先ごとに記載内容を変える必要はありません。

2　基本情報（イ）

下表に必要事項を入力してください。記入内容が各様式に反映されます。

ⓑ

法人名	フリガナ	○○ケアサービス
	名称	○○ケアサービス
法人住所	〒	100－1234
	住所1（番地・住居番号まで）	東京都千代田区霞が関 1－2－2
	住所2（建物名等）	○○ビル 18F
法人代表者	職名	代表取締役
	氏名	厚労 花子
書類作成担当者	フリガナ	コウロウ タロウ
	氏名	厚労 太郎
連絡先	電話番号	03-3571-XXXX
	E-mail	aaa@aaa.aa.jp

社会保険労務士事務所等の担当者の氏名・連絡先を記入しても構いません。

算出方法は 230 ページのポイントを参照

3 加算の対象事業所に関する情報（ウ）ⓒ

下表に必要事項を入力してください。記入内容が別紙様式2-2、2-3、2-4に反映されます。

※「一月あたり介護報酬総単位数」には、一月あたり介護報酬総単位数として見込まれる単位数を、前年1月から12月までの1年間の介護報酬総単位数（各種加算減算を含む。）を12で除するなどの方法によって推計し、事業所ごとに記載してください。また、「一月あたり処遇改善加算、特定加算及びベースアップ等加算単位数」には、前年1月から12月までの1年間の処遇改善加算、特定加算及びベースアップ等加算を12で除するなどの方法によって推計し、事業所ごとに記載してください。

なお、適切な処遇改善計画を策定するため、令和6年度に事業拡大等に伴う単位数の増減が見込まれる場合には、それらの増減の見込を反映させる等の調整を行っても差し支えません。

通し番号	介護保険事業所番号	指定権者名	事業所の所在地		事業所名	サービス名	一月あたり介護報酬総単位数[単位]	一月あたり処遇改善加算、特定加算及びベースアップ等加算単位数[単位]	一月あたり介護報酬総単位数（処遇改善加算、特定加算及びベースアップ等加算を除く）[単位]	1単位あたりの単価（地域単価）[円]
			都道府県	市区町村						
1	1234567890	千葉県	千葉県	市川市	○○ケアセンター	通所介護	461,916	38,916	423,000	10.45
3										
4										
5										

地域密着型サービスや総合事業については、
指定元の市町村を全て記載してください。
その際、指定権者ごとに行を分ける必要はありません。

必ずプルダウンで選択してください。
介護予防給付のサービスは、行を分ける必要はありません。
介護給付のサービスと介護予防給付のサービスで異なる加算区分を算定する場合には、行を分けてください。
短期入所・総合事業については、行を分けてください。
また、令和6年4月と令和6年5月で算定する加算区分を変更する場合は、
この「基本情報入力シート」で同じ事業所について2行に渡り記入するようにしてください。

同一事業所で介護給付のサービスと介護予防給付のサービスを実施しており、それぞれで同じ加算区分を算定する場合は、両者を合計した単位数を記入してください。
ただし、介護給付のサービスと介護予防給付のサービスのいずれか一方を実施していない場合は、実施しているサービスのみの単位数を記入してください。
また、**新設事業所の場合は、この欄に処遇改善加算等を除く介護報酬総単位数の見込みの値を記入し、右側の処遇改善加算等の単位数の欄には0を記入してください。**

様式2－3　個票令和６年６月以降分

	介護保険事業所番号	指定権者名	事業所の所在地		事業所名	サービス名	処遇加算等除く一月あたり介護報酬総単位数[単位]（a）	1単位あたりの単価[円]（b）
			都道府県	市区町村				
1	1234567890	千葉県	千葉県	市川市	○○ケアセンター	通所介護	423,000	10.45

ポイント 「一月あたり介護報酬総単位数」の算出方法

一月あたり介護報酬総単位数は、前年１月から12月までの１年間の介護報酬総単位数を12で割ることで推計します（事業所が複数ある場合には、事業所ごとに算出します）。

また、「一月あたり処遇改善加算、特定加算及びベースアップ等加算単位数」も、前年１月から12月までの１年間の処遇改善加算、特定加算及びベースアップ等加算を12で割ることで推計します。

なお、事業規模の変更により単位数の増減が予想される場合は、その見込みを反映させても差しつかえありません。

このほか、前年実績がない場合は、例えば**図表４－６**に示したような利用見込み者数に基づき推計しても差しつかえありません。

図表４－６　１月あたり介護報酬総単位数の算出例

1利用者・1日当たりの単位数の算出 → 利用見込みに基づく単位数の算出 → 加算見込みを加える

	①基本単位	②一人1日当たり平均加算（入浴加算・個別機能加算など）	③1日当たり単位数 ①+②+③	④人数	⑤月間利用日数	⑥月総単位見込数 ③×④×⑤	処遇改善加算見込み⑦ ⑥×9.2%	合計
要介護１	584	50	634	5	20	63,400	5,833	69,233
要介護３	796	50	846	15	20	253,800	23,350	277,150
要介護５	1008	50	1,058	5	20	105,800	9,734	115,534
						423,000	38,916	**461,916**

② 加算区分・要件状況を入力（様式2－3）

様式2－3には、「算定する新加算の区分」、「算定対象月」、「各種要件の状況」を入力します（★の項目）。入力が必要なセルは色がついており、それ以外のセルの項目は①基本情報で入力した内容が転記されています。

「算定する新加算の区分」と「算定対象月」を入力すると、新加算の見込み額が自動で算出されます。この見込み額は、③の賃金改善計画を作成する際に使用します。

○算定する新加算の区分、算定対象月の入力

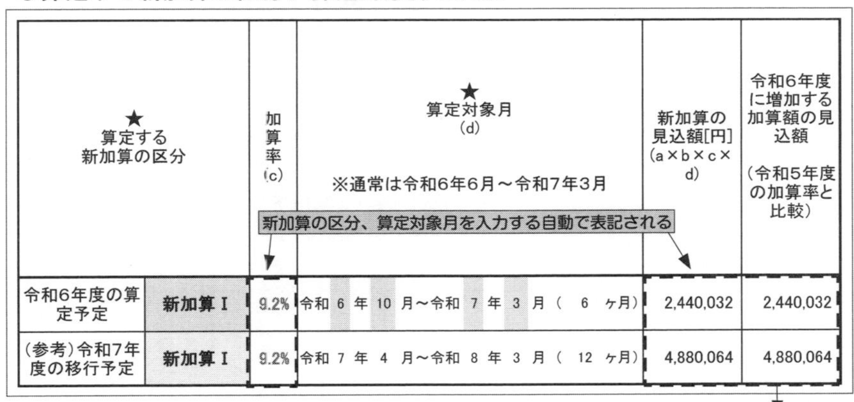

★ 算定する 新加算の区分		加算率(c)	★ 算定対象月 (d) ※通常は令和6年6月～令和7年3月	新加算の見込額[円] (a×b×c×d)	令和6年度に増加する加算額の見込額 （令和5年度の加算率と比較）
令和6年度の算定予定	新加算Ⅰ	9.2%	令和 6 年 10 月～令和 7 年 3 月（ 6 ヶ月）	2,440,032	2,440,032
（参考）令和7年度の移行予定	新加算Ⅰ	9.2%	令和 7 年 4 月～令和 8 年 3 月（ 12 ヶ月）	4,880,064	4,880,064

新加算の区分、算定対象月を入力する自動で表記される

③賃金改善計画策定に利用する

各種要件の状況を入力し要件を満たすと、その欄の上部に「○」の表示がされます。仮に「×」と表示された場合は、入力内容に不足がありますので、今一度入力内容をご確認ください。

要件を満たすと「○」になる
「×」の場合は入力内容を確認する

○各種要件の状況を入力

		○		○	○	○	○	○
（参考） ①月額賃金要件Ⅰ （令和7年度～）		②月額賃金要件Ⅱ		③・④キャリアパス要件Ⅰ・Ⅱ ★		⑤キャリアパス要件Ⅲ ★	⑥キャリアパス要件Ⅳ ★	⑦キャリアパス要件Ⅴ ★
新加算Ⅳ相当の加算額の見込額の1／2	月額賃金要件Ⅰを満たす	新たに増加する旧ベースアップ等加算相当の新加算の見込額	月額賃金要件Ⅱを満たす	賃金体系整備等及び研修の実施等	賃金体系整備等又は研修の実施等	昇給の仕組みの整備等	改善後の賃金要件（月額８万円以上又は年額440万円以上）を満たす職員数を記載	介護福祉士等の配置の状況が分かる加算の算定状況
0		0		令和6年度中に満たす		令和6年度中に満たす	1	サービス提供体制強化加算Ⅰ
0	新規に適用	0		継続で適用		継続で適用	継続で適用	継続で適用

〇入力後の様式２－３個票の全体

別紙様式2－3 個票（令和6年6月以降分）

提出先	千葉県

法人名	〇〇ケアサービス

介護職員等処遇改善加算（見込額）の合計[円]（別紙様式2-1 2(1)(a)の内数）	2,440,032	円
うち、介護職員等処遇改善加算Ⅳ相当の1／2（見込額）の合計[円]（別紙様式2-1 3(1)①の内数）	0	円
うち、新たに増加する旧ベースアップ等加算相当の見込額[円]（別紙様式2-1 3(2)①の内数）	0	円
うち、令和6年度に増加する加算額の見込額（令和6年度改定での加算率の引上げ及び新加算への移行によるもの）（別紙様式2 1 2(1)(b)の内数）	2,440,032	円
（参考）令和5年度と比較し、令和7年度に増加する加算額の見込額（令和6年度改定での加算率の引上げ及び新加算への移行によるもの）	4,880,064	円

【記入上の注意】
・月額8万円以上の改善については、旧特定加算相当による賃金改善額のみで判断すること。改善後の賃金が年額440万円以上であるは、新加算及び旧3加算全体での賃金改善額を含む金額で判断すること。

【記入上の注意】
・記入箇所は ピンク色 グレー色 のセルだけです。
・ ピンク色 のセルには、原則として全て記入してください。
・ グレー色 のセルの入力は必須ではありませんが、可能な限り入力してください。

⑥キャリアパス要件Ⅳについて（「令和6年度の算定予定」について）

賃金改善額が月額平均8万円以上又は改善後の賃金が年額440万円以上となる者の数	1
新加算Ⅰ・Ⅱ・Ⅴ(1)～(7)・(9)・(10)・(12)の算定を届け出た事業所数（短期入所・予防・総合事業での重複除く）	1

	介護保険事業所番号	指定権者名	事業所の所在地 都道府県	事業所の所在地 市区町村	事業所名	サービス名	処遇加算等除く一月あたり介護報酬総単位数[単位](a)	1単位あたりの単価[円](b)	令和6年4・5月時点の旧3加算の区分	合計の加算率	（参考）令和5年度と要件を変えずに移行した場合の新加算の区分（カッコ内は6月以降算定可能な新加算Ⅴの区分（上記と異なる場合））	加算率		算定する新加算の区分	加算率(c)	算定対象月(d) ※通常は令和6年6月～令和7年3月	新加算の見込額[円](a×b×c×d)	令和6年度に増加する加算額の見込額（令和5年度の加算率と比較）	（参考）①月額賃金要件Ⅰ（令和7年度～） 新加算Ⅳ相当の加算額の見込額の1／2	（参考）①月額賃金要件Ⅰ（令和7年度～） 月額賃金要件Ⅰを満たす	②月額賃金要件Ⅱ 新たに増加する旧ベースアップ等加算相当の新加算の見込額	②月額賃金要件Ⅱ 月額賃金要件Ⅱを満たす	③・④キャリアパス要件Ⅰ・Ⅱ 賃金体系整備等及び研修の実施等	③・④キャリアパス要件Ⅰ・Ⅱ 賃金体系整備等又は研修の実施等	⑤キャリアパス要件Ⅲ 昇給の仕組みの整備等	⑥キャリアパス要件Ⅳ 改善後の賃金要件（月額8万円以上又は年額440万円以上）を満たす職員数を記載	⑦キャリアパス要件Ⅴ 介護福祉士等の配置の状況が分かる加算の算定状況
																					0		0	0	0	0	0
1	1234567890	千葉県	千葉県	市川市	〇〇ケアセンター	通所介護	423,000	10.45					令和6年度の算定予定	新加算Ⅰ	9.2%	令和 6 年 10 月～令和 7 年 3 月（ 6 ヶ月）	2,440,032	2,440,032	0		0		令和6年度中に満たす		令和6年度中に満たす	1	サービス提供体制強化加算Ⅰ
											（　　）		（参考）令和7年度の移行予定	新加算Ⅰ	9.2%	令和 7 年 4 月～令和 8 年 3 月（ 12 ヶ月）	4,880,064	4,880,064	0	新規に適用	0		継続で適用		継続で適用	継続で適用	継続で適用

計画書作成から実績報告までの実務上のポイント

③　賃金改善計画の作成

様式２－３で算出した加算額を基に、次の手順で賃金改善の計画を立てます。

(ア)　各職員への配分を計画する（図表４－７）

各職員への配分を計画する際は、以下の手順で進めます。

１．対象職員の洗い出し

従業者の勤務体制および勤務形態一覧表を用いて対象職員を洗い出します。

２．各職員ごとの配分係数の決定

事業所の運営方針に沿って配分要素を決めます。**図表４－７**の例では、「②常勤換算数」「③職位」「④評価」を係数化し、その合計が職員の配分係数になります（⑤）。

３．一人当たりの配分額の計算と賞与・月例給への割り振り

配分係数を使い、一人当たりの配分額を算出します（⑥）。その後、賞与と月例給へ割り振ります（⑦～⑨）。

※**図表４－７**の例では、月例給と賞与に半分ずつ割り振っています。

ポイント　賃金改善加算額（原資）の設定

賃金改善に充てる金額は、様式２－３で算出した受給見込額の85％程度が推奨されます。受給額は賃金改善だけでなく、社会保険料の増額分にも充当することが可能であるためです。

(イ)　各職員ごとの支払い計画を立てる（図表４－８）

(ア)で算出した配分額を基に、職員ごとの支払い計画を作成します。この際、改善前と改善後の金額差がわかりやすいように表を整理しておくと良いでしょう。

図表4－7　加算額の配分計画例

① 処遇改善加算額	2,196,029

様式2－3算出の新加算額の85%の額

職員ごとの**配分率**を算出 → 職員ごとの**配分額**を算出 → 職員ごとの**支払い見込み額**を算出

職位	氏名	職務内容	資格	②常勤換算	③職位係数	④評価係数	⑤係数合計 ②×③×④	⑥一人当たり配分額 ①×⑤/⑤の合計	⑦賞与改善 ⑥×50%	⑧月給改善 ⑥－⑦/6月	⑨月額での賃金改善の見込み額 ⑧×6月	⑨賃金改善の見込み額 ⑦+⑨
所長	A	管理者兼生活相談員	社会福祉士・介護福祉士	1.00	2.00	1.30	2.60	541,715	271,000	46,000	276,000	547,000
主任	B	生活相談員	社会福祉士	1.00	1.50	1.20	1.80	375,033	188,000	32,000	192,000	380,000
上級	C	生活相談員兼介護	介護福祉士	1.00	1.20	1.10	1.32	275,024	138,000	23,000	138,000	276,000
上級	D	看護兼介護	看護師	1.00	1.20	1.10	1.32	275,024	138,000	23,000	138,000	276,000
中級	E	介護	なし	1.00	1.00	1.00	1.00	208,352	105,000	18,000	108,000	213,000
中級	F	看護+機能訓練	准看護師	1.00	1.00	1.00	1.00	208,352	105,000	18,000	108,000	213,000
初級	G	介護	なし	1.00	1.00	1.00	1.00	208,352	105,000	18,000	108,000	213,000
初級	H	運転手	なし	0.50	1.00	1.00	0.50	104,176	53,000	9,000	54,000	107,000
合計							10.5	2,196,029	1,103,000	187,000	1,122,000	2,225,000

図表４－８　職員ごとの支払計画例

事業所名：　〇〇ケアサービスセンター

職員名	職種	職位	資格	経験年数	常勤数	社会保険	給与項目	改善前賃金※1 月額等	月数(回数)	総額①	改善後支払い予定 1月	2月	3月	4月	5月	6月	合計②
A	管理者 兼 生活相談員	所長	社会福祉士 介護福祉士	15年	1.0	○	基本給	260,000	6	1,560,000	260,000	260,000	260,000	260,000	260,000	260,000	1,560,000
							資格手当	10,000	6	60,000	10,000	10,000	10,000	10,000	10,000	10,000	60,000
							役職手当	10,000	6	60,000	10,000	10,000	10,000	10,000	10,000	10,000	60,000
							処遇改善手当				**46,000**	46,000	46,000	46,000	46,000	46,000	276,000
							月例合計	**280,000**		**1,680,000**	**326,000**	**326,000**	**326,000**	**326,000**	**326,000**	**326,000**	**1,956,000**
							賞与(3月)	780,000	1	780,000						780,000	780,000
							処遇改善賞与									**271,000**	271,000
							一時金合計	**780,000**		**780,000**	**0**	**0**	**0**	**0**	**0**	**1,051,000**	**1,051,000**
							計			**2,460,000**	**326,000**	**326,000**	**326,000**	**326,000**	**326,000**	**1,377,000**	**3,007,000**
B	生活相談員	主任	社会福祉士	10年	1.0	○	基本給	240,000	6	1,440,000	240,000	240,000	240,000	240,000	240,000	240,000	1,440,000
							資格手当	10,000	6	60,000	10,000	10,000	10,000	10,000	10,000	10,000	60,000
							役職手当	5,000	6	30,000	5,000	5,000	5,000	5,000	5,000	5,000	30,000
							処遇改善手当				**32,000**	32,000	32,000	32,000	32,000	32,000	192,000
							月例合計	**255,000**		**1,530,000**	**287,000**	**287,000**	**287,000**	**287,000**	**287,000**	**287,000**	**1,722,000**
							賞与(2月)	480,000	1	480,000						480,000	480,000
							処遇改善賞与									**188,000**	188,000
							一時金合計	**480,000**		**480,000**	**0**	**0**	**0**	**0**	**0**	**668,000**	**668,000**
							計			**2,010,000**	**287,000**	**287,000**	**287,000**	**287,000**	**287,000**	**955,000**	**2,390,000**
C	生活相談員 兼 介護職員	一般(上級)	介護福祉士	10年	1.0	○	基本給	230,000	6	1,380,000	230,000	230,000	230,000	230,000	230,000	230,000	1,380,000
							資格手当	10,000	6	60,000	10,000	10,000	10,000	10,000	10,000	10,000	60,000
							役職手当	0	6	0	0	0	0	0	0	0	0
							処遇改善手当				**23,000**	23,000	23,000	23,000	23,000	23,000	138,000
							月例合計	**240,000**		**1,440,000**	**263,000**	**263,000**	**263,000**	**263,000**	**263,000**	**263,000**	**1,578,000**
							賞与(2月)	460,000	1	460,000						460,000	460,000
							処遇改善賞与									**138,000**	138,000
							一時金合計	**460,000**		**460,000**	**0**	**0**	**0**	**0**	**0**	**598,000**	**598,000**
							計			**1,900,000**	**263,000**	**263,000**	**263,000**	**263,000**	**263,000**	**861,000**	**2,176,000**

㈦　賃金改善額と受給額を比較（**図表４－９、４－10**）

㈠、㈡をもとに、事業所全体の年間支払計画を立て、賃金改善額を計算します（**図表４－９**）。

次に様式２－３で計算した加算受領額（**図表４－10**①）と、賃金改善予定額と賃金改善に伴う社会保険料の増額の合計額（**図表４－10**⑤）を比較し、後者が上回っているかを確認します。

図表４－９　事業所全体の支払計画（例）

前年度賃金総額	
項目	元々の賃金水準
基本給	9,540,000
資格手当	408,000
役職手当	90,000
処遇改善手当	0
月例合計	10,038,000
賞与	2,800,000
処遇改善賞与	0
賞与合計	2,800,000
計	12,838,000

支払い予定額（支給済みは黄色着色）						
1月賃金	2月賃金	3月賃金	4月賃金	5月賃金	6月賃金	合計
1,590,000	1,590,000	1,590,000	1,590,000	1,590,000	1,590,000	9,540,000
68,000	68,000	68,000	68,000	68,000	68,000	408,000
15,000	15,000	15,000	15,000	15,000	15,000	90,000
187,000	187,000	187,000	187,000	187,000	187,000	1,122,000
1,860,000	1,860,000	1,860,000	1,860,000	1,860,000	1,860,000	11,160,000
0	0	0	0	0	2,800,000	2,800,000
0	0	0	0	0	1,103,000	1,103,000
0	0	0	0	0	3,903,000	3,903,000
1,860,000	1,860,000	1,860,000	1,860,000	1,860,000	5,763,000	15,063,000

賃金支払額　月例 1,112,000 円＋賞与 1,103,000 円

図表４－10　社会保険料増額分も含めた改善額計算例

	加算受給額							改善額計算				
サービス提供月	10月	11月	12月	1月	2月	3月	①合計	②賃金改善予定額	③改善予定額（社保加入のみ）	④社会保険料増 ③改善額×15％	⑤改善総額 ②+④	加配 ⑤-①
入金月	12月	1月	2月	3月	4月	5月						
処遇改善加算	406,672	406,672	406,672	406,672	406,672	406,672	2,440,032	2,225,000	2,118,000	317,700	2,542,700	102,668

加算総額を受給月数（6月）で除した額
2,440,032円÷６＝406,672円

賃金改善予定額＋社会保険料額の増額

「①　加算受給額＜⑤改善額総額」となっていることを確認
(2,440,032 円)＜(2,542,700 円)

④ まとめ（様式2-1　計画書_総括表）

③で作成した賃金改善計画の計算結果と各種の取組みを、様式２-１の着色されたセルを入力していきます。

入力内容に問題がなければ、各項目の判定欄が「○」の標記に切り替わります。

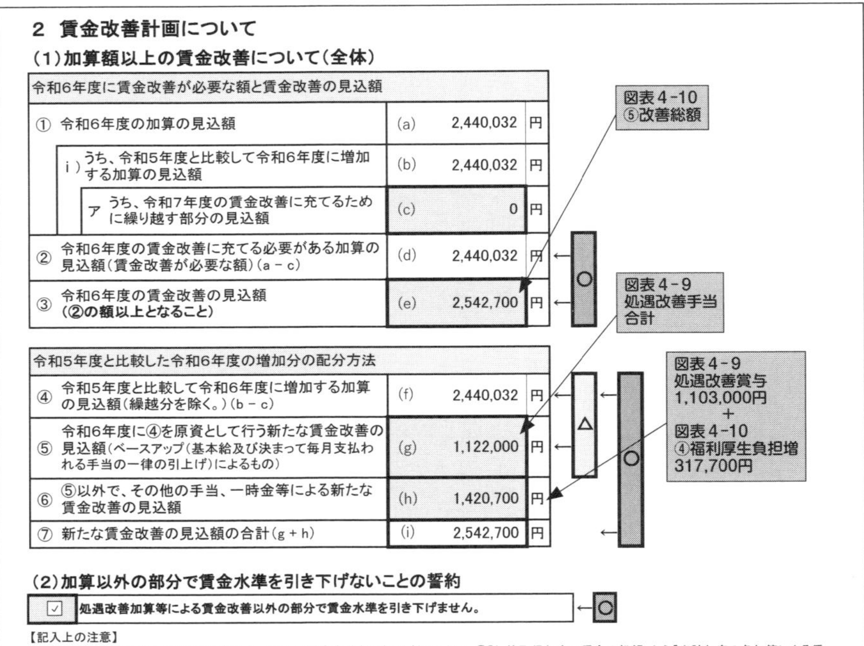

2 賃金改善計画について

(1)加算額以上の賃金改善について(全体)

令和6年度に賃金改善が必要な額と賃金改善の見込額				判定
① 令和6年度の加算の見込額	(a)	2,440,032	円	
i）うち、令和5年度と比較して令和6年度に増加する加算の見込額	(b)	2,440,032	円	
ア うち、令和7年度の賃金改善に充てるために繰り越す部分の見込額	(c)	0	円	
② 令和6年度の賃金改善に充てる必要がある加算の見込額(賃金改善が必要な額)(a－c)	(d)	2,440,032	円	○
③ 令和6年度の賃金改善の見込額 **(②の額以上となること)**	(e)	2,542,700	円	

令和5年度と比較した令和6年度の増加分の配分方法				判定	判定
④ 令和5年度と比較して令和6年度に増加する加算の見込額(繰越分を除く。)(b－c)	(f)	2,440,032	円	△	○
⑤ 令和6年度に④を原資として行う新たな賃金改善の見込額(ベースアップ(基本給及び決まって毎月支払われる手当の一律の引上げ)によるもの)	(g)	1,122,000	円		
⑥ ⑤以外で、その他の手当、一時金等による新たな賃金改善の見込額	(h)	1,420,700	円		
⑦ 新たな賃金改善の見込額の合計(g＋h)	(i)	2,542,700	円		

(2)加算以外の部分で賃金水準を引き下げないことの誓約

☑ **処遇改善加算等による賃金改善以外の部分で賃金水準を引き下げません。** ← ○

【記入上の注意】

・「処遇改善加算等による賃金改善以外の部分で賃金水準を引き下げない」とは、①「加算取得年度の賃金の総額」から「当該年度の各加算による賃金改善所要額の総額」を除いた額と、②「前年度の賃金の総額」から「前年度の各加算額及び独自の賃金改善額」を除いた額を比較し、①の額が②の額を下回らない(加算等の影響を除いた賃金額の水準を引き下げない)ことをいう。実績報告書では、これらの賃金額の具体的な記載を求めるため、詳細な考え方は、別紙様式3－1(実績報告書)2(2)を参照すること。

・ただし、サービス利用者数の大幅な減少等の影響により、結果として加算以外の部分で賃金が下がった場合には、その事情を別紙様式5「特別な事情に係る届出書」により届け出ることで算定要件を満たすこととする。

(3)賃金改善を行う賃金項目及び方法

○

①賃金改善実施期間	令和 7 年 1 月 〜 令和 7 年 6 月（ 6 か月 ）
②賃金改善を行う給与の種類	□基本給 □手当(新設) ☑手当(既存の増額) ☑賞与 □その他（ ）
③具体的な取組内容	(当該事業所における賃金改善の内容の根拠となる規則・規程) □就業規則 ☑賃金規程 □その他 （ ） (賃金改善に関する規定内容)※上記の根拠規程のうち、賃金改善に関する部分を抜き出す等すること。 ・介護職員の基本給の引上げ(引上げ幅は、年齢、資格、経験、技能、勤務成績等を考慮して各人ごとに決定) 基本給 月 給 18,000円〜46,000円の増額 賞 与 105,000円〜271,000円の増額 ・その他の職員の基本給の引上げ(引上げ幅は、年齢、資格、経験、技能、勤務成績等を考慮して各人ごとに決定) 基本給 月 給 9,000円〜18,000円の増額 賞 賞 53,000円〜105,000円の増額 ※ このほか、引上げに伴い増加する法定福利も計上している。 ※前年度に提出した計画書から変更がある場合には、変更箇所を<u>下線</u>とするなど明確にすること。 (上記取組の開始時期) 令和 7 年 1 月 （ □実施済 ☑予定 ）
④ベースアップの実施予定	☑ 実施する / 実施しない場合、やむを得ない事情：(例) ・年齢が○歳以下の若手職員についてのみ基本給の引上げを行う。 ・退職者が少なく、事業所の賃金構成の中で定期昇給の実施(基本給の引上げによる対応)による人件費の増加が大きいことから、定期昇給と一時金の増額により対応する。

図表4-8の内容

(4)キャリアパス要件Ⅰ・Ⅱ

【新加算Ⅰ〜Ⅳ・Ⅴ(1)〜(6)・Ⅴ(8)・Ⅴ(11)、旧処遇Ⅰ・Ⅱ】 ⇒ キャリアパス要件ⅠとⅡの<u>両方</u>を満たすこと。 **該当**

キャリアパス要件Ⅰ(任用要件・賃金体系の整備等)

□ 次のイからハまでのすべての基準を満たす。 ← ×

令和６年度中の整備誓約でOK

イ	介護職員の<u>任用</u>における職位、職責又は職務内容等の要件を定めている。
ロ	イに掲げる職位、職責又は職務内容等に応じた<u>賃金体系</u>を定めている。
ハ	イ、ロについて、就業規則等の明確な根拠規定を書面で整備し、全ての介護職員に周知している。

⇒上記が「×」の場合、令和6年度中の整備を誓約すること。 ☑ 令和6年度中(令和7年3月末まで)に介護職員の任用要件・賃金体系を定めます。 ○

キャリアパス要件Ⅱ(研修の実施等)

□ 次のイとロの両方の基準を満たす。 ← ×

令和６年度中の整備誓約でOK

イ	介護職員の職務内容等を踏まえ、介護職員と意見交換しながら、資質向上の目標及び①・②のうち少なくともいずれかに関する具体的な計画を策定し、研修の実施又は研修の機会を確保している。		
	イの実現のための具体的な取組内容(該当する項目にチェック(✔)した上で、具体的な内容を記載)	□ ①	資質向上のための計画に沿って、研修機会の提供又は技術指導等を実施するとともに、介護職員の能力評価を行う。 ※当該取組の内容について以下に記載すること (例) ・個別の希望に基づく研修計画を作成し、年●回以上●●研修をオンラインで受講させる。 ・月2回ランチミーティングを行い、業務の中での気づきの共有やお互いへのフィードバックを行う。
		□ ②	資格取得のための支援の実施 ※当該取組の内容について以下に記載すること (例) ・実務経験が3年以上の介護職員に対し、実務者研修の受講費用として、〇〇万円を支給 ・介護福祉士国家試験対策として、法人内で資格取得のための研修会を実施
ロ	イについて、全ての介護職員に周知している。		

⇒上記が「×」の場合、令和6年度中の実施を誓約すること。 ☑ 令和6年度中(令和7年3月末まで)に研修等に係る計画を策定し、研修の実施又は研修機会の確保を行います。 ○

(5)キャリアパス要件Ⅲ 【新加算Ⅰ～Ⅲ、Ⅴ⑴・⑶・⑻、旧処遇Ⅰ】

キャリアパス要件Ⅲ(昇給の仕組みの整備等)

□	次のイとロの両方の基準を満たす。		← ×
イ	介護職員について、経験若しくは資格等に応じて昇給する仕組み又は一定の基準に基づき定期に昇給を判定する仕組みを設けている。		
	具体的な仕組みの内容(該当するもの全てにチェック(✔)すること。)	□ ①	経験に応じて昇給する仕組み ※「勤続年数」や「経験年数」などに応じて昇給する仕組みを指す。
		□ ②	資格等に応じて昇給する仕組み ※「介護福祉士」や「実務者研修修了者」などの取得に応じて昇給する仕組みを指す。ただし、介護福祉士資格を有して就業する者についても昇給が図られる仕組みであることを要する。
		□ ③	一定の基準に基づき定期に昇給を判定する仕組み ※「実技試験」や「人事評価」などの結果に基づき昇給する仕組みを指す。ただし、客観的な評価基準や昇給条件が明文化されていることを要する。
ロ	イについて、全ての介護職員に周知している。		

令和６年度中の整備誓約でOK

⇒上記が「×」の場合、令和6年度中の整備を誓約すること。

☑	令和6年度中(令和7年3月末まで)に昇給の仕組みを整備します。	○

(6)キャリアパス要件Ⅳ 【新加算Ⅰ・Ⅱ、Ⅴ⑴～⑺・⑼・⑽・⑿、旧特定Ⅰ・Ⅱ】

キャリアパス要件Ⅳ(改善後の賃金要件)⇒以下の欄が「○」の場合、要件を満たしている。

旧特定加算Ⅰ・Ⅱの要件(4・5月)	⇒		(別紙様式2-2「⑥キャリアパス要件Ⅳ」の欄から転記)
新加算Ⅰ・Ⅱ、Ⅴ⑴～⑺・⑼・⑽・⑿の要件(6月以降)	⇒	×	(別紙様式2-3「⑥キャリアパス要件Ⅳ」の欄から転記)
新加算Ⅰ・Ⅱの要件(年度内の区分変更後)	⇒		(別紙様式2-4「⑥キャリアパス要件Ⅳ」の欄から転記)

⇒上記のいずれかまたは全てに「×」が付いた場合、この欄に記入すること ○

「月額平均8万円の処遇改善又は改善後の賃金が年額440万円以上となる者」を設定できない場合その理由

- □ 小規模事業所等で加算額全体が少額であるため。
- ☑ 職員全体の賃金水準が低く、直ちに月額平均8万円等まで賃金を引き上げることが困難であるため。
- □ 月額平均8万円等の賃金改善を行うに当たり、これまで以上に事業所内の階層や役職にある者に求められる能力や処遇を明確化することが必要であり、規程の整備や研修・実務経験の蓄積などに一定期間を要するため。
- □ その他( )

いずれか記入していれば可

(7)キャリアパス要件Ⅴ 【新加算Ⅰ、Ⅴ⑴・⑵・⑸・⑺・⑽、旧特定Ⅰ】

キャリアパス要件Ⅴ(介護福祉士等の配置要件)⇒以下の欄が「○」の場合、要件を満たしている。

旧特定加算Ⅰの要件(4・5月)	⇒		(別紙様式2-2「⑦キャリアパス要件Ⅴ」の欄から転記)
新加算Ⅰ、Ⅴ⑴・⑵・⑸・⑺・⑽の要件(6月以降)	⇒	○	(別紙様式2-3「⑦キャリアパス要件Ⅴ」の欄から転記)
新加算Ⅰの要件(年度内の区分変更後)	⇒		(別紙様式2-4「⑦キャリアパス要件Ⅴ」の欄から転記)

（8）職場環境等要件

令和６年度中は各区分ごとに１つ以上の取組みでOK

【新加算Ⅰ・Ⅱ、Ⅴ(1)～(7)・(9)・(10)・(12)又は旧特定Ⅰ・Ⅱを算定する場合】 該当

⇒ 届出に係る計画の期間中に実施する事項について、チェック(✔)すること。複数の取組を行い、「入職促進に向けた取組」、「資質の向上やキャリアアップに向けた支援」、「両立支援・多様な働き方の推進」、「腰痛を含む心身の健康管理」、「生産性向上のための業務改善の取組」、「やりがい・働きがいの醸成」の**6区分について、それぞれ1つ以上の取組を行うこと**。

区分	内容 ○
入職促進に向けた取組	☐ 法人や事業所の経営理念やケア方針・人材育成方針、その実現のための施策・仕組みなどの明確化
	☐ 事業者の共同による採用・人事ローテーション・研修のための制度構築
	☐ 他産業からの転職者、主婦層、中高年齢者等、経験者・有資格者等にこだわらない幅広い採用の仕組みの構築
	☑ 職業体験の受入れや地域行事への参加や主催等による職業魅力度向上の取組の実施
資質の向上やキャリアアップに向けた支援	☐ 働きながら介護福祉士取得を目指す者に対する実務者研修受講支援や、より専門性の高い介護技術を取得しようとする者に対する喀痰吸引、認知症ケア、サービス提供責任者研修、中堅職員に対するマネジメント研修の受講支援等
	☐ 研修の受講やキャリア段位制度と人事考課との連動
	☐ エルダー・メンター（仕事やメンタル面のサポート等をする担当者）制度等導入
	☑ 上位者・担当者等によるキャリア面談など、キャリアアップ等に関する定期的な相談の機会の確保
両立支援・多様な働き方の推進	☐ 子育てや家族等の介護等と仕事の両立を目指す者のための休業制度等の充実、事業所内託児施設の整備
	☐ 職員の事情等の状況に応じた勤務シフトや短時間正規職員制度の導入、職員の希望に即した非正規職員から正規職員への転換の制度等の整備
	☑ 有給休暇が取得しやすい環境の整備
	☑ 業務や福利厚生制度、メンタルヘルス等の職員相談窓口の設置等相談体制の充実
腰痛を含む心身の健康管理	☐ 介護職員の身体の負担軽減のための介護技術の修得支援、介護ロボットやリフト等の介護機器等導入及び研修等による腰痛対策の実施
	☐ 短時間勤務労働者等も受診可能な健康診断・ストレスチェックや、従業員のための休憩室の設置等健康管理対策の実施
	☑ 雇用管理改善のための管理者に対する研修等の実施
	☑ 事故・トラブルへの対応マニュアル等の作成等の体制の整備
生産性向上のための業務改善の取組	☐ タブレット端末やインカム等のICT活用や見守り機器等の介護ロボットやセンサー等の導入による業務量の縮減
	☑ 高齢者の活躍（居室やフロア等の掃除、食事の配膳・下膳などのほか、経理や労務、広報なども含めた介護業務以外の業務の提供）等による役割分担の明確化
	☐ 5S活動（業務管理の手法の1つ。整理・整頓・清掃・清潔・躾の頭文字をとったもの）等の実践による職場環境の整備
	☐ 業務手順書の作成や、記録・報告様式の工夫等による情報共有や作業負担の軽減
やりがい・働きがいの醸成	☐ ミーティング等による職場内コミュニケーションの円滑化による個々の介護職員の気づきを踏まえた勤務環境やケア内容の改善
	☐ 地域包括ケアの一員としてのモチベーション向上に資する、地域の児童・生徒や住民との交流の実施
	☐ 利用者本位のケア方針など介護保険や法人の理念等を定期的に学ぶ機会の提供
	☑ ケアの好事例や、利用者やその家族からの謝意等の情報を共有する機会の提供

【見える化要件】【新加算Ⅰ・Ⅱ、Ⅴ(1)～(7)・(9)・(10)・(12)、旧特定Ⅰ・Ⅱ】

・ 実施する周知方法について、チェック(✔)すること。なお、令和6年度中の見込みでも差し支えない。 ○

ホームページへの掲載	☑ 職場環境等要件の24項目のうち、実施する取組項目の「介護サービス情報公表システム」（「事業所の特色」欄）での選択
	☐ 職場環境等要件の24項目のうち、実施する取組項目の自社のホームページへの掲載

4 要件を満たすことの確認・証明

提出は不要・求められたら提出できるようにする

・ 以下の点を確認し、満たしている項目に全てチェック(✔)すること。

確認事項	証明する資料の例（指定権者からの求めに応じて提出） ○
☑ 処遇改善加算等として給付される額は、職員の賃金改善のために全額支出します。また、処遇改善加算等による賃金改善以外の部分で賃金水準を引き下げません。	就業規則、給与規程、給与明細等
☑ 令和7年度に繰り越す額（2(1)①ⅰア）がある場合は、全額、令和7年度の更なる賃金改善に充てます。期間中に事業所が休廃止した場合には、一時金等により介護職員その他の職員の賃金として配分します。	就業規則、給与規程、給与明細等
☑ キャリアパス要件Ⅰ～Ⅲのうち、満たす必要のある項目について、証明となる書面を作成し、職員に周知しました。また、計画書の提出時点で書面の準備ができていない場合は、令和6年度中（令和7年3月末まで）に書面を整備します。	就業規則、給与規程、資質向上のための計画等
☑ 労働基準法、労働災害補償保険法、最低賃金法、労働安全衛生法、雇用保険法その他の労働に関する法令に違反し、罰金以上の刑に処せられていません。	―
☑ 労働保険料の納付が適正に行われています。	労働保険関係成立届、確定保険料申告書
☑ 本計画書の内容を雇用する全ての職員に対して周知しました。	会議録、周知文書

※ 各証明資料は、指定権者からの求めがあった場合には、速やかに提出すること。

※ 本様式への虚偽記載のほか、旧3加算及び新加算の請求に関して不正があった場合並びに指定権者からの求めに応じて書類の提出を行うことができなかった場合は、介護報酬の返還や指定取消となる場合がある。

○

本処遇改善計画書の記載内容・確認事項の内容に間違いありません。
記載内容を証明する資料を適切に保管することを誓約します。

令和　6　年　8　月　31　日　**法人名**　○○ケアサービス

代表者　**職名**　代表取締役　**氏名**　厚労 花子

すべて「○」になっていることを確認する

（確認用） 提出前のチェックリスト

・ 以下の項目にオレンジ色の「×」がないか、提出前に確認すること。「×」がある場合、当該項目の記載を修正すること。

※ 空欄が表示される項目は、記入が不要であるため対応する必要はない。

2 賃金改善計画について		
（1）	令和7年度への繰越し見込額が令和6年度に増加する加算の見込額を超えない計画となっている	
	令和7年度に繰り越す額を除いた加算額以上の賃金改善を行う計画となっている	○
	令和6年度に増加する加算の見込額を超える賃金改善を行う計画となっている	○
（2）	加算以外の部分で賃金水準を引き下げないことを誓約している	○
（3）	賃金改善を行う賃金項目及び方法を記載している	○

3 介護職員等処遇改善加算等の要件について			
（1）	月額賃金改善要件Ⅱ	旧ベースアップ等加算相当の2/3以上の新規の月額賃金改善を行う計画になっていること	
（2）	月額賃金改善要件Ⅲ	令和5年度から継続して旧ベースアップ等加算を算定する事業所について、令和5年度以前からの賃金改善の取組の継続を誓約していること	
		令和6年4・5月から新規にベースアップ等加算を算定する事業所について、旧ベア加算額以上の新規の賃金改善を行う計画になっていること	
		介護職員について、賃金改善の見込額の2/3以上が、ベースアップ等に充てられる計画になっていること	
		その他の職種について、賃金改善の見込額の2/3以上が、ベースアップ等に充てられる計画になっていること	
（3）	キャリアパス要件Ⅰ・Ⅱ	キャリアパス要件Ⅰ（任用要件・賃金体系の整備等）とキャリアパス要件Ⅱ（研修の実施等）の両方を満たすこと。ただし、満たさない場合は、令和6年度中（令和7年3月末まで）に介護職員の任用要件・賃金体系を定めること及び研修等に係る計画を策定し、研修の実施又は研修機会の確保を行うことを誓約していること	○
		キャリアパス要件Ⅰ（任用要件・賃金体系の整備等）とキャリアパス要件Ⅱ（研修の実施等）のどちらかを満たすこと。ただし、満たさない場合は、令和6年度中（令和7年3月末まで）に介護職員の任用要件・賃金体系を定めること又は研修等に係る計画を策定し、研修の実施又は研修機会の確保を行うことを誓約していること	
（4）	キャリアパス要件Ⅲ	キャリアパス要件Ⅲ（昇給の仕組みの整備等）を満たすこと。ただし、満たさない場合は、令和6年度中（令和7年3月末まで）に昇給の仕組みを整備することを誓約していること	○
（5）	キャリアパス要件Ⅳ	賃金改善額が月額平均8万円以上又は改善後の賃金が年額440万円以上となる者の数が事業所あたり1以上となるような計画になっていること。ただし、満たさない場合は、小規模事業所等である等の理由を記載すること	○
（6）	キャリアパス要件Ⅴ	キャリアパス要件Ⅴ（介護福祉士の配置等要件）を満たすこと	○
（7）	職場環境等要件	新加算等の区分ごとに必要な数以上の職場環境等要件の取組を行っていること	○
		情報公表システム等での見える化要件を満たすこと	○

4 要件を満たすことの確認・証明		
・	必要な項目が全て選択されていること	○
・	誓約・記名が行われていること	○

(2) 加算Ⅲを算定する場合

以下の順序で進めていきます。様式は、厚生労働省または指定権者である自治体のホームページからダウンロードできます。

【書類作成の順序】

実施項目	実施内容
① 基本情報 (様式7－1 1)	○以下を入力 ・介護保険事業所番号 ・指定権者名 ・事業所の所在地(都道府県・市町村) ・処遇改善加算等を除く総単位数 ・サービス名 ・事業所名
② 算定対象月 (様式7－1 最下部)	様式7－1の様式の下部に算定対象月を入力
③ 賃金改善計画の策定	○事業所ごとに以下の事項をまとめる。 ・各職員ごとの配分を決める ・賃金改善額と受給額を比較する
④ 賃金改善の要件 (様式7－1 2)	○以下を入力 ・賃金改善の見込み額 ・月額での賃金改善の見込み額
⑤ キャリアパス要件確認事項 (様式7－1 3)	○以下を入力 ・任用要件の整備、賃金体系の整備 ・研修計画の策定、研修機会の確保 ・昇給の仕組みの整備 ・確認事項(労働法令以外がない、職員に周知した など)
⑥ その他 (様式7－1 参考)	○以下を入力 ・事業者・書類作成者の基本情報 ・職場環境等の改善の取組

○厚生労働省ホームページ

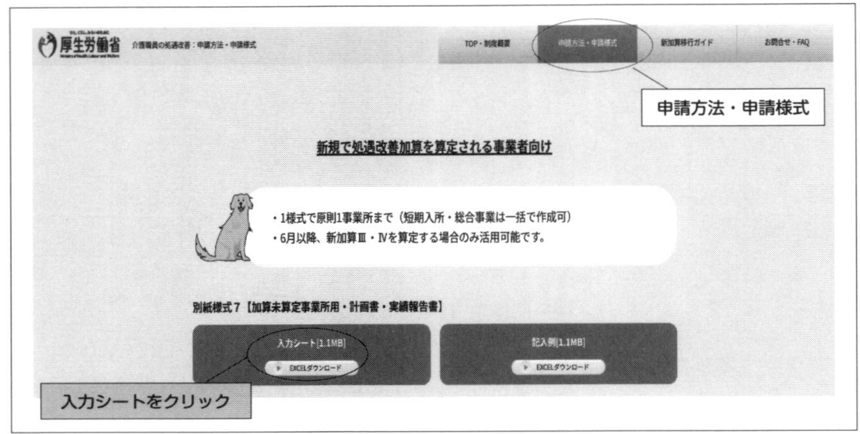

① 基本情報・新加算の区分の入力

着色されたセルを入力します。

※処遇加算等を除く総単位数の算出方法は230ページ参照）

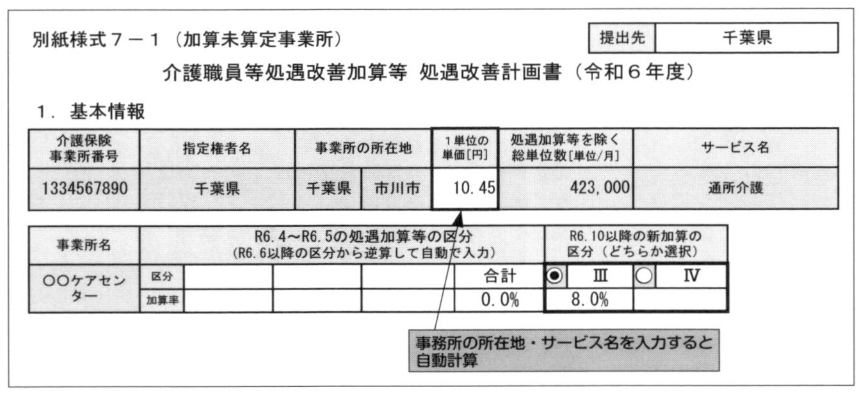

別紙様式７－１（加算未算定事業所）

提出先	千葉県

介護職員等処遇改善加算等 処遇改善計画書（令和６年度）

１．基本情報

介護保険事業所番号	指定権者名	事業所の所在地		１単位の単価[円]	処遇加算等を除く総単位数[単位/月]	サービス名
1334567890	千葉県	千葉県	市川市	10.45	423,000	通所介護

事業所名	R6.4～R6.5の処遇加算等の区分（R6.6以降の区分から逆算して自動で入力）					R6.10以降の新加算の区分（どちらか選択）			
○○ケアセンター	区分				合計	◉	Ⅲ	○	Ⅳ
	加算率				0.0%	8.0%			

② 算定対象月の入力（様式7－1最下段）

様式7－1最下段に加算の算定対象月を入力します。入力すると加算率・加算見込額が自動計算されます。

（参考）令和６年度の新加算等の算定対象月が令和６年４月～令和７年３月まで以外の場合は、以下に算定対象月を入力してください。

令和 6 年 10 月 ～令和 7 年 3 月 （ 6 ヵ月 ）

入力すると加算率・加算見込額が自動計算される

（参考）加算の見込額（内訳）

					R6. 10以降の新加算の区分
区分				合計	新加算Ⅲ
加算率				0.0%	8.0%
加算見込額	円	円	円	0 円	2,121,768 円 (353,628円/月)
				ヶ月	6 ヶ月

③ 賃金改善計画の作成

②で算出した加算額を基に、次の手順で賃金改善の計画を立てます。

㋐ 各職員への配分を計画する（図表４－11）

各職員への配分を決める際は、以下の手順で進めます。

1．対象職員の洗い出し

従業者の勤務体制および勤務形態一覧表を用いて対象職員を洗い出します。

2．各職員ごとの配分係数の決定

事業所の運営方針に沿って配分要素を決めます。**図表４－11**の例では、「②常勤換算数」「③職位」「④評価」などを係数化し、その合計が職員の配分係数になります（⑤）。

3．一人当たりの配分額の計算と賞与・月例給への割り振り

配分係数を使い、一人当たりの配分額を算出します（⑥）。その

計画書作成から実績報告までの実務上のポイント

後、賞与と月例給へ割り振ります（⑦～⑨）

※図表4-11の例では、月例給と賞与に半分ずつ割り振っています。

ポイント 賃金改善加算額（原資）の設定

賃金改善に充てる金額は②で算出した受給見込額の85％程度が推奨されます。受給額は賃金改善だけでなく、社会保険料の増額分にも充当ことが可能であるためです。

(イ) 各職員ごとの支払い計画を立てる（図表4-12）

(ア)で算出した配分額を基に、職員ごとの支払い計画を作成します。この際、改善前と改善後の金額差がわかりやすいように表を整理しておくと良いでしょう。

図表 4-11 各職員ごとの配分計画

① 処遇改善加算額	1,909,591

様式7-1で算出した新加算額の85%の額

職員ごとの**配分率**を算出 → 職員ごとの**配分額**を算出 → 職員ごとの**支払い見込み額**を算出

	職位	氏名	職務内容	資格	②常勤換算	③職位係数	④評価係数	⑤係数合計 ②×③×④	⑥一人当たり配分額 ①×⑤/⑤の合計	⑦賞与改善 ⑥×50%	⑧月給改善 ⑥－⑦/6月	⑨月額での賃金改善の見込み額 ⑧×6月	⑨賃金改善の見込み額 ⑦+⑧×6月
1	所長	A	管理者兼生活相談員	社会福祉士・介護福祉士	1.00	2.00	1.30	2.60	471,057	236,000	40,000	240,000	476,000
2	主任	B	生活相談員	社会福祉士	1.00	1.50	1.20	1.80	326,116	164,000	28,000	168,000	332,000
3	上級	C	生活相談員兼介護	介護福祉士	1.00	1.20	1.10	1.32	239,152	120,000	20,000	120,000	240,000
4	上級	D	看護兼介護	看護師	1.00	1.20	1.10	1.32	239,152	120,000	20,000	120,000	240,000
5	中級	E	介護	なし	1.00	1.00	1.00	1.00	181,176	91,000	16,000	96,000	187,000
6	中級	F	看護＋機能訓練	准看護師	1.00	1.00	1.00	1.00	181,176	91,000	16,000	96,000	187,000
7	初級	G	介護	なし	1.00	1.00	1.00	1.00	181,176	91,000	16,000	96,000	187,000
8	初級	H	運転手	なし	0.50	1.00	1.00	0.50	90,588	46,000	8,000	48,000	94,000
	合計							10.5	1,909,591	959,000	164,000	984,000	1,943,000

図表4-12　各職員ごとの支払い計画

職員名	職種	職位	資格	経験年数	常勤数	社会保険	給与項目	改善前賃金※1 月額等	改善前賃金※1 月数(回数)	改善前賃金※1 総額①	改善後支払い予定 1月	2月	3月	4月	5月	6月	合計②
A	管理者 兼 生活相談員	所長	社会福祉士 介護福祉士	15年	1.0	○	基本給	230,000	6	1,380,000	230,000	230,000	230,000	230,000	230,000	230,000	1,380,000
							資格手当	10,000	6	60,000	10,000	10,000	10,000	10,000	10,000	10,000	60,000
							役職手当	5,000	6	30,000	5,000	5,000	5,000	5,000	5,000	5,000	30,000
							処遇改善手当				40,000	40,000	40,000	40,000	40,000	40,000	240,000
							月例合計	245,000		1,470,000	285,000	285,000	285,000	285,000	285,000	285,000	1,710,000
							賞与(1月)	230,000	1	230,000						230,000	230,000
							処遇改善賞与									236,000	236,000
							一時金合計	230,000		230,000	0	0	0	0	0	466,000	466,000
							計			1,700,000	285,000	285,000	285,000	285,000	285,000	751,000	2,176,000
B	生活相談員	主任	社会福祉士	10年	1.0	○	基本給	220,000	6	1,320,000	220,000	220,000	220,000	220,000	220,000	220,000	1,320,000
							資格手当	10,000	6	60,000	10,000	10,000	10,000	10,000	10,000	10,000	60,000
							役職手当	2,000	6	12,000	2,000	2,000	2,000	2,000	2,000	2,000	12,000
							処遇改善手当				28,000	28,000	28,000	28,000	28,000	28,000	168,000
							月例合計	232,000		1,392,000	260,000	260,000	260,000	260,000	260,000	260,000	1,560,000
							賞与(1月)	220,000	1	220,000						220,000	220,000
							処遇改善賞与									164,000	164,000
							一時金合計	220,000		220,000	0	0	0	0	0	384,000	384,000
							計			1,612,000	260,000	260,000	260,000	260,000	260,000	644,000	1,944,000
C	生活相談員 兼 介護職員	一般(上級)	介護福祉士	10年	1.0	○	基本給	210,000	6	1,260,000	210,000	210,000	210,000	210,000	210,000	210,000	1,260,000
							資格手当	10,000	6	60,000	10,000	10,000	10,000	10,000	10,000	10,000	60,000
							役職手当	0	6	0	0	0	0	0	0	0	0
							処遇改善手当				20,000	20,000	20,000	20,000	20,000	20,000	120,000
							月例合計	220,000		1,320,000	240,000	240,000	240,000	240,000	240,000	240,000	1,440,000
							賞与(1月)	210,000	1	210,000						210,000	210,000
							処遇改善賞与									120,000	120,000
							一時金合計	210,000		210,000	0	0	0	0	0	330,000	330,000
							計			1,530,000	240,000	240,000	240,000	240,000	240,000	570,000	1,770,000

(ウ) 賃金改善額と受給額を比較（図表4－13、4－14）

事業所全体の年間支払い計画を立て、賃金改善額を計算します（**図表4－13**）。

次に②で計算した加算受領額（**図表4－14**①）と賃金改善予定額と賃金改善に伴う社会保険料の増加分を合計した額（**図表4－14**⑤）を比較し、後者が上回っているかを確認します。

図表4－13　事業所全体の支払計画

前年度賃金総額	
項目	元々の賃金水準
基本給	8,880,000
資格手当	408,000
役職手当	42,000
処遇改善手当	0
月例合計	9,330,000
賞与	1,175,000
処遇改善賞与	0
賞与合計	1,175,000
計	10,505,000

支給実績（支給済みは黄色着色）						
1月賃金	2月賃金	3月賃金	4月賃金	5月賃金	6月賃金	合計
1,480,000	1,480,000	1,480,000	1,480,000	1,480,000	1,480,000	8,880,000
68,000	68,000	68,000	68,000	68,000	68,000	408,000
7,000	7,000	7,000	7,000	7,000	7,000	42,000
164,000	164,000	164,000	164,000	164,000	164,000	984,000
1,719,000	1,719,000	1,719,000	1,719,000	1,719,000	1,719,000	10,314,000
0	0	0	0	0	1,175,000	1,175,000
0	0	0	0	0	959,000	959,000
0	0	0	0	0	2,134,000	2,134,000
1,719,000	1,719,000	1,719,000	1,719,000	1,719,000	3,853,000	12,448,000

賃金支払額　月例984,000円＋賞与959,000円

図表4－14　社会保険料を含んだ改善予定額

	加算受給額							改善総額実績額				
サービス提供月	10月	11月	12月	1月	2月	3月	①合計	②賃金改善予定額	③改善予定額（社保加入のみ）	④社会保険料増 ③改善額×15％	⑤改善総額 ②+④	加配 ⑤-①
入金月	12月	1月	2月	3月	4月	5月						
処遇改善加算	353,628	353,628	353,62[illegible]	353,628	353,628	353,626	2,121,768	1,943,000	1,849,000	277,350	2,220,350	98,582

加算総額を受給月数（6月）で除した額
2,121,768円÷6＝353,628円

賃金改善予定額＋社会保険料の増額

「①　加算受給額＜⑤改善額総額」となっていることを確認
（2,121,768円）＜（2,220,350円）

④　賃金改善の見込み額を入力

③で算出した賃金改善計画の数値を入力します。

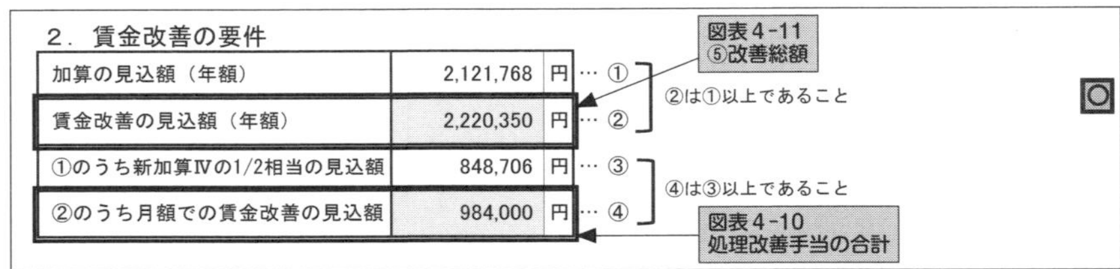

2．賃金改善の要件

加算の見込額（年額）	2,121,768	円	…①
賃金改善の見込額（年額）	2,220,350	円	…②
①のうち新加算Ⅳの1/2相当の見込額	848,706	円	…③
②のうち月額での賃金改善の見込額	984,000	円	…④

⑤　その他の要件、確認事項を入力

その他の要件、確認事項を入力し、各要件の判定欄が「○」となったことを確認します。

3．その他の要件について　　○

・以下のそれぞれの項目について、いずれかを選択してください。

⑴ 任用要件の整備（介護職員の任用における職位、職責又は職務内容等の要件）
- ○既に定めている
- ◉令和６年度中に定める予定（⇒参考２をご活用ください。）

⑵ 賃金体系の整備（⑴の職位、職責又は職務内容等に応じた賃金体系）
- ○既に定めている
- ◉令和６年度中に定める予定（⇒参考２をご活用ください。）

⑶ 研修計画の策定ならびに研修の実施または研修機会の確保（計画を策定した上で、以下のいずれかを実施）
・研修機会の提供又は技術指導等を実施するとともに、介護職員の能力評価を行う
・資格取得のための支援を実施する
- ○既に行っている
- ◉令和６年度中に行う予定（⇒参考２をご活用ください。）

⑷ 昇級の仕組みの整備（経験・資格等に応じた昇給又は定期昇給の仕組み）【新加算Ⅲのみ】
- ○既に行っている
- ◉令和６年度中に行う予定（⇒参考２をご活用ください。）

・参考１の職場環境等の改善の取組のうち、いずれか１つ以上にチェック（✓）を入れてください。

4．確認事項　以下の内容について内容を確認し、すべてにチェック（✓）を入れてください。　○

✓	処遇改善加算等として給付される額は、職員の賃金改善のために全額支出します。 また、処遇改善加算等による賃金改善以外の部分で賃金水準を引き下げません。
✓	労働基準法、労働災害補償保険法、最低賃金法、労働安全衛生法、雇用保険法その他の労働に関する法令に違反し、罰金以上の刑に処せられていません。
✓	労働保険料の納付が適正に行われています。
✓	本計画書の内容を雇用する全ての職員に対して周知しました。

上記の記載内容・確認事項の内容に間違いありません。
記載内容を証明する資料を適切に保管することを誓約します。　○

令和　6　年　8　月　31　日　　法人名　○○ケアサービス
代表者　職名　代表取締役　氏名　厚労 花子

⑥　「事業所・書類作成者の基本情報」、「職場環境等の改善の取組」を入力

事業者・書類作成者の基本情報

法人名	フリガナ	マルマルケアサービス	法人住所	〒 100 － 1234
	名称	○○ケアサービス		東京都千代田区霞が関 1－2－2　○○ビル18F

法人代表者	職名	代表取締役	書類作成者	フリガナ	コウロウ　タロウ	電話番号	03-XXXX-XXXX
	氏名	厚労 花子		氏名	厚労 太郎	E-mail	aaa@aaa.aa.jp

参考１　職場環境等の改善の取組
（以下に掲げる24の取組のうち、全体で１つ以上の取組にチェック（✓）を入れてください。）

区分	内容
入職促進に向けた取組	□ 法人や事業所の経営理念やケア方針・人材育成方針、その実現のための施策・仕組みなどの明確化
	□ 事業者の共同による採用・人事ローテーション・研修のための制度構築
	□ 他産業からの転職者、主婦層、中高年齢者等、経験者・有資格者等にこだわらない幅広い採用の仕組みの構築
	□ 職業体験の受入れや地域行事への参加や主催等による職業魅力度向上の取組の実施
資質の向上やキャリアアップに向けた支援	□ 働きながら介護福祉士取得を目指す者に対する実務者研修受講支援や、より専門性の高い介護技術を取得しようとする者に対する喀痰吸引、認知症ケア、サービス提供責任者研修、中堅職員に対するマネジメント研修の受講支援等
	□ 研修の受講やキャリア段位制度と人事考課との連動
	□ エルダー・メンター（仕事やメンタル面のサポート等をする担当者）制度等導入
	□ 上位者・担当者等によるキャリア面談など、キャリアアップ等に関する定期的な相談の機会の確保
両立支援・多様な働き方の推進	□ 子育てや家族等の介護等と仕事の両立を目指す者のための休業制度等の充実、事業所内託児施設の整備
	□ 職員の事情等の状況に応じた勤務シフトや短時間正規職員制度の導入、職員の希望に即した非正規職員から正規職員への転換の制度等の整備
	□ 有給休暇が取得しやすい環境の整備
	□ 業務や福利厚生制度、メンタルヘルス等の職員相談窓口の設置等相談体制の充実
腰痛を含む心身の健康管理	□ 介護職員の身体の負担軽減のための介護技術の修得支援、介護ロボットやリフト等の介護機器等導入及び研修等による腰痛対策の実施
	□ 短時間勤務労働者等も受診可能な健康診断・ストレスチェックや、従業員のための休憩室の設置等健康管理対策の実施
	□ 雇用管理改善のための管理者に対する研修等の実施
	□ 事故・トラブルへの対応マニュアル等の作成等の体制の整備
生産性向上のための業務改善の取組	□ タブレット端末やインカム等のICT活用や見守り機器等の介護ロボットやセンサー等の導入による業務量の縮減
	□ 高齢者の活躍（居室やフロア等の掃除、食事の配膳・下膳などのほか、経理や労務、広報なども含めた介護業務以外の業務の提供）等による役割分担の明確化
	□ 5S活動（業務管理の手法の1つ。整理・整頓・清掃・清潔・躾の頭文字をとったもの）等の実践による職場環境の整備
	□ 業務手順書の作成や、記録・報告様式の工夫等による情報共有や作業負担の軽減
やりがい・働きがいの醸成	☑ ミーティング等による職場内コミュニケーションの円滑化による個々の介護職員の気づきを踏まえた勤務環境やケア内容の改善
	□ 地域包括ケアの一員としてのモチベーション向上に資する、地域の児童・生徒や住民との交流の実施
	□ 利用者本位のケア方針など介護保険や法人の理念等を定期的に学ぶ機会の提供
	□ ケアの好事例や、利用者やその家族からの謝意等の情報を共有する機会の提供

令和６年度中はいずれか１つの取組みでOK

5．賃金改善実施期間中に行うこと

（1）サービス提供後の報酬請求の流れ

事業者は毎月のサービス提供後に、国保連に対して報酬請求を行います。

請求の流れについては、サービス提供後の翌月初旬に請求が行われ、1か月の審査を経て、2か月後の下旬に処遇改善加算を含む報酬を受領することができます（**図表4－15**）。

図表4－15　算定開始から加算受領までの流れ

令和6年								
10月			11月			12月		
1日			10日			5日～10日		25日
算定開始 サービス提供			10月分 報酬請求			10月分 総額のお知らせ		10月分 報酬受領

（2）処遇改善加算の管理

①　受給額の確認方法

毎月の受給額は、請求審査月の翌月初め（**図表4－15**の場合は12月上旬）に国保連から届く「介護職員処遇改善加算等総額のお知らせ」および「介護職員処遇改善加算等内訳のお知らせ」（以下、「お知らせ」）で金額が確認できます（**図表4－16**）。

図表4-16 介護職員処遇改善加算等総額のお知らせ（帳票イメージ）

〒123-4567

○○県○○市１丁目１番１号

□□介護事業所
○○　太郎　　　　　　　　様

介護職員処遇改善加算の支払のある事業所の住所が表示されます。表示されている住所・事業所名が間違っている場合は、国保連合会まで連絡して下さい。

介護職員処遇改善加算等総額のお知らせ

事業所番号	9970000000
加算総額	56, 740

事業所番号と介護職員処遇改善加算総額が表示されます。

令和６年７月審査分の介護職員処遇改善加算等の加算総額は、
右のとおりですので、お知らせいたします。
<お知らせの内容について>
1　このお知らせには、介護職員等処遇改善加算、
旧介護職員処遇改善加算、
旧介護職員等特定処遇改善加算及び
旧介護職員等ベースアップ等支援加算の額
（加算の単位数×単位数単価）を記載しています。
2　都道府県等へ年間の介護職員処遇改善等の実績を
報告する際に、本帳票を参考にしてください。

上記金額の内訳が表示されます。
保険請求分に係る加算額のみを記載しております。査定された単位数（給付管理票修正、再審査を含む）は考慮しておりません。
取下げ（過誤）については、加算額をマイナスで計上します。

令和６年７月31日
○○県国民健康保険団体連合会

介護職員処遇改善加算等の加算総額

指定サービス等	介護職員等処遇改善加算総額	24, 500
	旧介護職員処遇改善加算総額	15, 070
	旧介護職員等特定処遇改善加算総額	6, 930
	旧介護職員等ベースアップ等支援加算総額	2, 640
地域密着型サービス	介護職員等処遇改善加算総額	0
	旧介護職員処遇改善加算総額	0
	旧介護職員等特定処遇改善加算総額	0
	旧介護職員等ベースアップ等支援加算総額	0
介護予防・日常生活支援総合事業サービス	介護職員等処遇改善加算総額	7, 600
	旧介護職員処遇改善加算総額	0
	旧介護職員等特定処遇改善加算総額	0
	旧介護職員等ベースアップ等支援加算総額	0

図表４-17 介護職員等処遇改善加算等内訳のお知らせ　帳票イメージ

国保連合会→事業所

介護職員処遇改善加算等内訳のお知らせ

令和6年 7月審査分

令和6年 7月 31日

○○○国民健康保険団体連合会

事業所番号	9970000000
事業所名	□□介護事業所

証記載保険者番号	証記載保険者名	被保険者番号	被保険者名	サービス提供年月	サービス種類コード	サービス種類名	通常／過誤	加算区分	サービス単位数	単位数単価	加算額
900010	○○市	0000000001	ﾋﾎｹﾝｼｬ1	2024/05	11	訪問介護	通常	処遇	1, 370	10. 00	13, 700
900010	○○市	0000000001	ﾋﾎｹﾝｼｬ1	2024/05	11	訪問介護	通常	特定	630	10. 00	6, 300
900010	○○市	0000000001	ﾋﾎｹﾝｼｬ1	2024/05	11	訪問介護	通常	支援	240	10. 00	2, 400
900010	○○市	0000000001	ﾋﾎｹﾝｼｬ1	2024/06	11	訪問介護	通常	加算Ⅰ	2, 450	10. 00	24, 500
900010	○○市	0000000002	ﾋﾎｹﾝｼｬ2	2024/06	A2	訪問型独自	通常	加算Ⅴ(14)	760	10. 00	7, 600
900010	○○市	0000000003	ﾋﾎｹﾝｼｬ3	2024/05	11	訪問介護	過誤	処遇	-1, 096	10. 00	-10, 960
900010	○○市	0000000003	ﾋﾎｹﾝｼｬ3	2024/05	11	訪問介護	過誤	特定	-504	10. 00	-5, 040
900010	○○市	0000000003	ﾋﾎｹﾝｼｬ3	2024/05	11	訪問介護	過誤	支援	-192	10. 00	-1, 920
900010	○○市	0000000003	ﾋﾎｹﾝｼｬ3	2024/05	11	訪問介護	通常	処遇	1, 233	10. 00	12, 330
900010	○○市	0000000003	ﾋﾎｹﾝｼｬ3	2024/05	11	訪問介護	通常	特定	567	10. 00	5, 670
900010	○○市	0000000003	ﾋﾎｹﾝｼｬ3	2024/05	11	訪問介護	通常	支援	216	10. 00	2, 160
	小計				11	訪問介護		処遇			15, 070
					11	訪問介護		特定			6, 930
					11	訪問介護		支援			2, 640
					11	訪問介護		加算Ⅰ			24, 500
					A2	訪問型独自		加算Ⅴ(14)			7, 600
合　計											56, 740

※加算区分欄の「加算Ⅰ、加算Ⅱ、加算Ⅲ、加算Ⅳ、加算Ⅴ(1)～加算Ⅴ(14)」は、それぞれ「介護職員等処遇改善加算Ⅰ、Ⅱ、Ⅲ、Ⅳ、Ⅴ(1)～Ⅴ(14)」を示す。
※加算区分欄の「処遇」には、「介護職員処遇改善加算Ⅰ、Ⅱ、Ⅲ」が含まれる。（サービス提供年月が令和4年3月までの「介護職員処遇改善加算Ⅳ、Ⅴ」も含まれる）
※加算区分欄の「特定」には、「介護職員等特定処遇改善加算Ⅰ、Ⅱ」が含まれる。
※加算区分欄の「支援」は、「介護職員等ベースアップ等支援加算」を示す。

（出典：佐賀県国民健康保険連合会ホームページ）

② 受給額の管理方法

国保連から届いたお知らせをもとに、受給額を確認し、支払い計画書を随時更新します。

図表 4-18 受給額と支払実績の管理例

・処遇改善加算等の内訳の総額のお知らせに基づき受給額実績額を入力

	加算受給額						
サービス提供月	10月	11月	12月	1月	2月	3月	①合計
入金月	12月	1月	2月	3月	4月	5月	
処遇改善加算	353,628	353,628	353,628	353,628	353,628	353,626	2,121,768

実績を入力

	加算受給額						
サービス提供月	10月	11月	12月	1月	2月	3月	①合計
入金月	12月	1月	2月	3月	4月	5月	
処遇改善加算	380,000	353,628	353,628	353,628	353,628	353,626	2,148,140

【受給額の管理における留意点】

(ア) 区分支給限度額を超えた受給額は合算し、内訳を明らかにする

区分支給限度額とは、要介護度ごとに定められた月ごとの利用上限額のことをいいます。この額を超えたサービス利用に係る費用は介護保険の対象外となるため、利用者の10割負担となります。

例えば、**図表4-19**は、1か月にA事業所とB事業所の2か所を利用した例ですが、A事業所の利用分の一部が区分支給限度額を上回っているため10割負担となります。

この処遇改善加算（A）は保険外となるため、「お知らせ」には含まれていません。このような場合の取扱いについて、厚生労働省のQAでは、「実績報告書には保険請求分と区分支給限度額を超えたサービスにかかる加算額を合算した額を記載し、内訳が分かるようにしておくこと」されています。

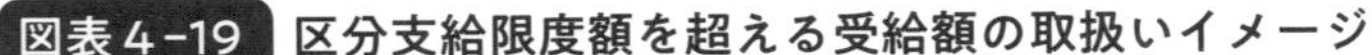

図表 4-19 区分支給限度額を超える受給額の取扱いイメージ

✓ 国保連からの加算総額には含まれていないが、賃金改善には充当し実績報告書に含める必要がある

A事業所

処遇改善加算（A）

通所介護

B事業所

訪問介護

処遇改善加算（B）

10割負担

自己負担分
（1割～3割）

保険給付

処遇改善加算（B）

区分支給限度額

✓ 区分支給限度額の計算には、処遇改善加算は含まれない

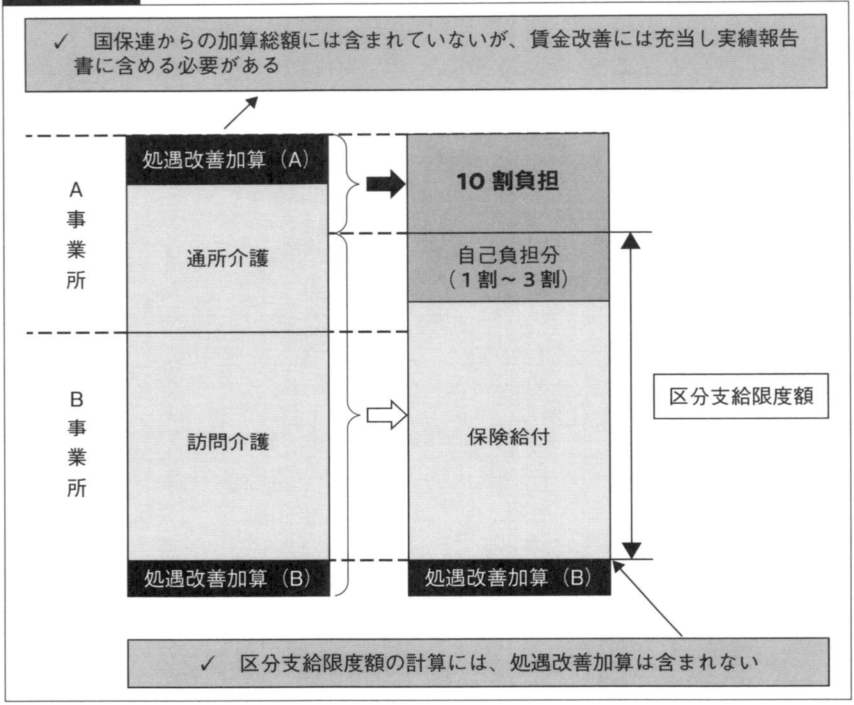

(イ) 月遅れ請求について

月遅れ請求とは、サービス提供月の翌月10日までの請求締切に間に合わなかった請求を指します。例えば、請求に不備があって返戻となり請求が遅れた場合、要介護認定の遅れ、介護度の変更や更新申請が間に合わなかった場合など、様々な理由で発生します。

処遇改善加算の実績報告では、通常、4月から翌年3月までの1年間の加算総額を集計しますが、年度末（3月分）に月後れ請求となると、その分が翌年度の加算額として扱われることとなります（**図表4-20**）。これにより、サービス提供をした年度での処遇改善に充てられるべき金額が減少するなどの影響が出る可能性があります。

可能であれば、必要な申請や書類の準備を早めに行い、月遅れを防ぐ取り組みが望ましいです。また、月遅れ請求によって加算金額が翌年度に繰り越され、月例給の原資が不足する場合には、一時金等の原資を振り替えるなどの対応を早めに行いましょう。

図表4-20 月後請求の取扱いイメージ

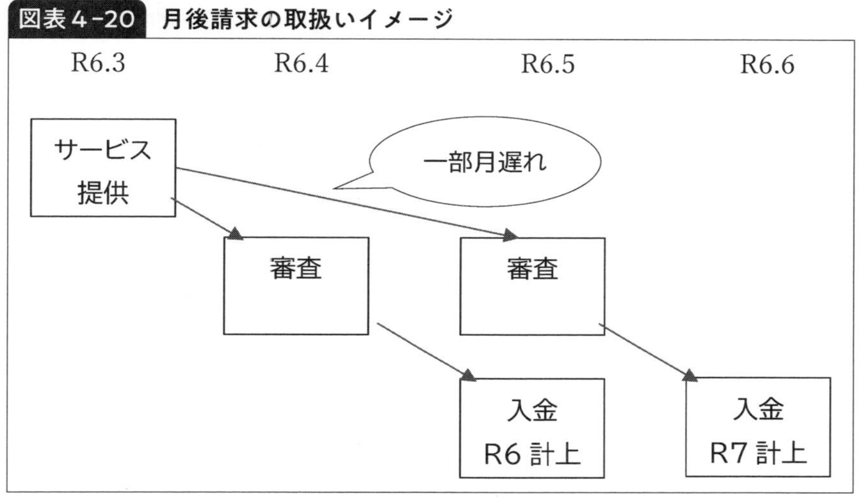

（令和２年度下関市介護保険サービス集団指導から引用加筆）

(ウ) 過誤調整について

過誤調整とは、国保連による介護給付費の支給決定に誤りがあった際に、請求内容を取り消し、正しい金額で再請求する手続きです。例えば、請求額が本来より低かったり、逆に高く請求してしまった場合などに過誤調整が必要です。また、指定権者や保険者の調査により、加算要件を満たしていない、サービス提供記録に記載がないなどの指摘がされた場合にも過誤調整が行われます。過誤調整により想定よりも受給額が減少する場合もありますので過誤調整があった場合には賃金改善額に不足が生じないか、早めに確認しましょう。

なお、過誤調整があった場合には、介護職員等処遇改善加算等内訳のお知らせ（254ページ）にマイナス表示がされます。

③　賃金支払いの管理方法

賃金支払い処理の際には、速やかに支払計画表に実績を反映させましょう。その上で改善額が受領額を上回っているかを定期的に確認します。令和７年度以降は月例給での支払い新加算Ⅳ相当額の２分の１以上となることが求められます。この点についても確認しましょう。

図表４-21　職員ごとの賃金支払い実績の管理

支払実績を上書き入力

給与項目	改善後支払い予定						
	1月賃金	2月賃金	3月賃金	4月賃金	5月賃金	6月賃金	合計②
基本給	230,000	230,000	230,000	230,000	230,000	230,000	1,380,000
資格手当	10,000	10,000	10,000	10,000	10,000	10,000	60,000
役職手当	5,000	5,000	5,000	5,000	5,000	5,000	30,000
処遇改善手当	40,000	40,000	40,000	40,000	40,000	40,000	240,000
月例合計	285,000	285,000	285,000	285,000	285,000	285,000	1,710,000

④　賃金改善額の最終調整方法（図表４-22、４-23）

賃金改善実施期間の終了月には、賃金支払実績額が加算による受給額を上回るよう、最終調整を行います。

具体的には、「月例給の支払実績合計額、処遇改善賞与、社会保険料増加額の合計」が「加算による受給額」を上回るように、処遇改善賞与額を調整することになります。

図表４-22　賃金支払実績を入力し、受給額と比較する

前年度賃金総額	
項目	元々の賃金水準
基本給	8,880,000
資格手当	408,000
役職手当	42,000
処遇改善手当	0
月例合計	**9,330,000**
賞与	1,175,000
処遇改善賞与	0
賞与合計	**1,175,000**
計	**10,505,000**

支給実績（支給済みは黄色着色）						
1月賃金	2月賃金	3月賃金	4月賃金	5月賃金	6月賃金	合計
1,480,000	1,480,000	1,480,000	1,480,000	1,480,000	1,480,000	8,880,000
68,000	68,000	68,000	68,000	68,000	68,000	408,000
7,000	7,000	7,000	7,000	7,000	7,000	42,000
164,000	164,000	164,000	164,000	164,000	164,000	984,000
1,719,000	**1,719,000**	**1,719,000**	**1,719,000**	**1,719,000**	**1,719,000**	**10,314,000**
0	0	0	0	0	1,175,000	1,175,000
[illegible]	[illegible]	[illegible]	0	0	959,000	959,000
[illegible]	[illegible]	[illegible]	**0**	**0**	**2,134,000**	**2,134,000**
1,719,000	**1,719,000**	**1,719,000**	**1,719,000**	**1,719,000**	**3,853,000**	**12,448,000**

支出と実績を上書きし入力

最終的に、賃金改善実施期間の最終月に、処遇改善賞与額で調整する
※月例給が新加算Ⅳの1/2相当となること

月例給 984,000 円＋賞与 959,000 円

図表４-23　受給額と改善額との比較

加算受給額	改善総額実績額				
①合計	②賃金改善予定額	③改善予定額（社保加入のみ）	④福利厚生負担増 ③改善額×15％	⑤改善総額 ②＋④	加配 ⑤-①
2,148,140	1,943,000	1,849,000	277,350	**2,220,350**	72,210

① 受給額＜⑤改善総額となっていることを確認

（3）その他の留意点

その他、賃金改善期間中に留意する点は、以下のとおりです。

① 改善した賃金項目は、給与明細に記載するなど、職員に明示しましょう。

図表4-24 給与明細の例

令和6年12月分　給与明細

勤怠	労働日数	出勤日数	有給休暇日数	その他休暇	欠勤日数	差し引き支給額	
	20	20				224,463	
支給	基本給	資格手当	役職手当	処遇改善手当	通勤手当	家族手当	夜間勤務手当
	230,000	5,000	10,000	40,000	5,000	2,000	0
	特殊勤務手当				欠勤控除	総支給額	課税対象額
	0					292,000	287,000
控除	健康保険	介護保険	厚生年金	雇用保険	社会保険料合計	所得税	住民税
	14,655	2,400	27,450	1,752	46,257	2,980	18,300
				生命保険料	積立金	返済	控除額合計
				0	0	0	67,537

② 職員から処遇改善加算の受給額、賃金改善の内容に関する質問を受けた場合は、しっかりと説明しましょう。必要に応じて書面にて説明することも必要です。

③ 実績報告や指定権者から提出を求められても対応できるよう、受給額と賃金改善実績等関係書類を整理しておきましょう。

④ 計画変更が必要な場合には、速やかに指定権者に変更届を提出しましょう。

※1　提出書類の様式・提出期限は、必ず指定権者に確認する。

※2　加算の区分が変更となる場合は、変更届に加えて、体制届、体制等状況一覧表の提出も必要となる。

【変更届が必要となる場合】

事　由
（1）会社法の規定による吸収合併、新設合併等による処遇改善計画書の作成単位が変更になったとき
（2）対象事業者において、当該申請に関する事業所等に増減（新規指定、廃止等の事由による）があった場合
（3）キャリアパス要件ⅠからⅢまでに関する適合状況に変更があり、区分変更が生じる場合
（4）キャリアパス要件Ⅴに関する適合状況に変更があり、区分変更が生じる場合 ○サービス提供体制強化加算、特定事業所加算、福祉専門職等配置加算 （例）運営実績が６か月に満たない場合であって届出日に属する月の前３か月で要件を満たさない場合（職員の退職など）が想定される ○生活支援継続加算、日常生活継続支援加算 「喀痰吸引を必要とする利用者の割合についての要件等を満たせないことにより、入居継続支援加算等を算定できない」場合が、常態化し、４か月以上継続した場合には、４か月目以降、新加算等の加算区分の変更が必要となる。 （例）７月まで入居継続支援加算等を算定し新加算Ⅰを算定 ８月、９月、10 月と入居継続支援加算等を算定できず、11 月も同様の状況が継続 → 11 月分の算定から、新加算Ⅰではなく、新加算Ⅱへの加算区分変更
（5）加算の区分に変更があった場合
（6）就業規則を改正（介護職員の処遇に関する内容に限る。）した場合 ※　処遇改善計画書の内容（見込額、改善を行う給与項目、実施期間等）を変更されても届出は不要だが、変更する前にすべての介護職員に周知する必要がある。

（千葉県ホームページを参考に作成）

計画書作成から実績報告までの実務上のポイント

図表4-25 介護職員等処遇改善加算　変更にかかる届書

別紙様式4

変更に係る届出書（令和　　年度）

基本情報

フリガナ			
法人名			
法人所在地	〒		
フリガナ			
書類作成担当者			
連絡先	電話番号		E-mail

処遇改善計画書の内容について、次のとおり変更するので、必要書類を添えて届け出ます。

1 変更が生じた日	令和　　年　　月　　日		
2 届出を行う理由	・①～⑥のうち、届出を行うすべての項目に〇印を記入すること。 ・①～⑤に係る変更があった場合には、「記載すべき事項」欄に定める事項を「3 変更の概要」欄に記載して届け出ること。また、本届出書と併せて、変更内容に応じた「提出すべき書類」を、変更事項を反映した上で提出すること。 ・⑥に係る変更のみである場合には、実績報告書を提出する際に、⑥に定める事項を記載した本紙を付して届け出ること。		
	変更事項	記載すべき事項	提出すべき書類
	①【法人等に関する事項】【共通】 会社法（平成17年法律第86号）の規定による吸収合併、新設合併等による、計画書の作成単位の変更	―	・別紙様式2－1
	②【対象事業所に関する事項】【共通】 複数の介護サービス事業所等について一括して申請を行う事業者における、当該申請に関係する介護サービス事業所等の増減（新規指定、廃止等の事由による。）	―	（旧処遇改善加算）別紙様式2－1の2(1)及び別紙様式2－2、（旧特定加算）別紙様式2－1の2(1)及び3(6)並びに別紙様式2－2、（旧ベースアップ等加算）別紙様式2－1の2(1)及び3(3)並びに別紙様式2－2、（新加算）別紙様式2－1の2(1)、3(2)及び3(6)、別紙様式2－3並びに別紙様式2－4
	③【キャリアパス要件ⅠからⅢまでに関する変更】【旧処遇改善加算、新加算】 キャリアパス要件ⅠからⅢまでに関する適合状況の変更（算定する旧処遇改善加算及び新加算の区分に変更が生じる場合に限る。）	キャリアパス要件ⅠからⅢまでに係る変更の内容	・別紙様式2－1の2(1)及び3(4)から(7)まで ・別紙様式2－2 ・別紙様式2－3 ・別紙様式2－4
	④【キャリアパス要件Ⅴに関する変更】【旧特定加算、新加算Ⅰ】 ・介護福祉士等の配置要件に関する適合状況の変更に伴う、該当する加算の区分の変更 ・喀痰吸引を必要とする利用者の割合についての要件等を満たせないことにより、入居継続支援加算や日常生活継続支援加算を算定できない状況が常態化し、3か月以上継続した場合	・介護福祉士等の配置要件の変更に係る部分の内容 ・入居継続支援加算や日常生活継続支援加算を算定できない状況が常態化し、3か月以上継続したことに係る内容	・別紙様式2－1の3(7) ・別紙様式2－2 ・別紙様式2－3 ・別紙様式2－4
	⑤【区分変更及び新規算定に関する事項】【共通】 ・算定する新加算等の区分の変更を行う ・新加算等を新規に算定する	―	（旧処遇改善加算、旧特定加算及び旧ベースアップ等加算）別紙様式2－1及び2－2 （新加算）別紙様式2－1、2－3及び2－4
	⑥【就業規則に関する事項】【共通】 就業規則を改訂（介護職員の処遇に関する内容に限る。）	当該改訂の概要	―
3 変更の概要			

令和　　年　　月　　日　　（法人名）
（代表者名）

6. 特別な事情に係る届出書

事業の継続を図るために、職員の賃金水準（加算による賃金改善分を除く。）を引き下げた上で賃金改善を行う場合は、以下の特別な事情に係る届出書により、次の１から４までに定める事項についての届出が必要です。

1. 加算を取得している介護サービス事業所等の法人の収支（介護事業による収支に限る。）について、サービス利用者数の大幅な減少とにより経営が悪化し、一定期間にわたって収支が赤字である、資金繰りに支障が生じる等の状況にあることを示す内容
2. 職員の賃金水準の引下げの内容
3. 当該法人の経営および職員の賃金水準の改善の見込み
4. 職員の賃金水準を引き下げることについて、適切に労使の合意を得ていること等の必要な手続きに関して、労使の合意の時期および方法等

図表4-26 特別な事情にかかる届出書

別紙様式5

特別な事情に係る届出書（令和[ ]年度）

基本情報

フリガナ			
法人名			
法人所在地	〒		
フリガナ			
書類作成担当者			
連絡先	電話番号	E-mail	

1. 事業の継続を図るために、介護職員等の賃金を引き下げる必要がある状況について

当該法人の収支（介護事業に限る。）について、サービス利用者数の大幅な減少などにより経営が悪化し、一定期間にわたり収支が赤字である、資金繰りに支障が生じるなどの状況について記載

2. 賃金水準の引き下げの内容

3. 経営及び賃金水準の改善の見込み

※経営及び賃金水準の改善に係る計画等を提出し、代替することも可。

4. 賃金水準を引き下げることについて、適切に労使の合意を得ていること等について

労使の合意の時期及び方法等について記載

令和[ ]年[ ]月[ ]日　　（法人名）

（代表者名）

【特別な事情に係る届出書提出に関する国のQA】

質　問	回　答
法人の業績不振に伴い業績連動型の賞与や手当が減額された結果、賃金改善実施期間の賃金が引き下げられた場合、特別事情届出書の提出は必要なのか。	事業の継続を図るために特別事情届出書を提出した場合を除き、賃金水準を低下させてはならないため、業績連動型の賞与や手当が減額された結果、賃金改善実施期間の賃金が引き下げられた場合、特別事情届出書の提出が必要である。 （H27.4.30 vol.471, 問59）
事業の継続が可能にもかかわらず経営の効率化を図るといった理由や、介護報酬改定の影響のみを理由として、特別事情届出書を届け出ることが可能か。	特別事情届出書による取扱いについては、事業の継続を図るために認められた例外的な取扱いであることから、事業の継続が可能にもかかわらず経営の効率化を図るといった理由で、介護職員の賃金水準を引き下げることはできない。また、特別事情届出書による取扱いの可否については、介護報酬改定のみをもって一律に判断されるものではなく、法人の経営が悪化していること等の以下の内容が適切に把握可能となっている必要がある。 ・処遇改善加算を取得している介護サービス事業所等の法人の収支（介護事業による収支に限る。）について、サービス利用者数の大幅な減少等により経営が悪化し、一定期間にわたって収支が赤字である、資金繰りに支障が生じる等の状況にあることを示す内容 ・介護職員の賃金水準の引下げの内容 ・当該法人の経営及び介護職員の賃金水準の改善の見込み ・介護職員の賃金水準を引き下げることについて、適切に労使の合意を得ていること等の必要な手続きを行った旨 （H27.4.30 vol.471, 問60）
新しい処遇改善加算を取得するに当たってあらかじめ特別事情届出書を提出し、事業の継続を図るために、介護職員の賃金水準（加算による賃金改善分を除く。）を引き下げた上で賃金改善を行う予定であっても、当該加算の取得は可能なのか。	特別事情届出書を届け出ることにより、事業の継続を図るために、介護職員の賃金水準（加算による賃金改善分を除く。）を引き下げた上で賃金改善を行うことが可能であるが、介護職員の賃金水準を引き下げた後、その要因である特別な状況が改善した場合には、可能な限り速やかに介護職員の賃金水準を引下げ前の水準に戻す必要があることから、本取扱いについては、あくまでも一時的な対応といった位置付けのものである。 したがって、新しい処遇改善加算を取得するに当たってあらかじめ特別事情届出書を提出するものではなく、特別な事情により介護職員処遇改善計画書に規定した賃金改善を実施することが困難と判明した、又はその蓋然性が高いと見込まれた時点で、当該届出書を提出すること。 （H27.4.30 vol.471, 問61）

7．実績報告

事業者は賃金改善期間の終了後に、実績報告書を作成し、指定権者に提出する必要があります。以下、令和6年10月から初めて加算Ⅲを算定した事業所が実績報告書を作成するケースを想定し作成手順を説明していきます。なお、様式については、様式7－2を利用します。

(1) 実績報告書の作成スケジュール

処遇改善加算の実績報告では、毎年4月から翌年3月までの1年間の加算総額を集計します。報告書の提出期限は、3月分のサービス提供に対する報酬を受け取る5月の翌々月、7月31日となります。以上の流れは**図表4－27**のとおりです。

図表4－27　サービス提供から実績報告提出までのスケジュール

令和7年														
3月			4月			5月			6月			7月		
			10日	15日		1日			10日					
サービス提供			3月分 報酬請求			3月分 総額のお知らせ		3月分 報酬受領			3月分反映 給与支払	集計・実績報告書作成		実績報告書 提出

最終報酬を受け取った翌々月末日

(2) 記載内容

実績報告書の様式7－2を使用し、賃金改善の実績、要件の充足状況を入力します。なお、様式7－2には計画書作成時に様式7－1に入力した内容がすでに転記されていることから、それ以外の項目について順次入力していきます。

① 受給合計額の入力（1．基本情報）

国保連から送付された「お知らせ」に基づき、受給額の合計額を入力します。なお区分支給限度額を超え10割負担となった額がある場合には加えます（区分支給限度額の取扱いについては、255ページをご覧ください）。

介護職員等処遇改善加算等 実績報告書（令和６年度）

1．基本情報

介護保険事業所番号	指定権者名	事業所の所在地		サービス名	事業所名
1334567890	千葉県	千葉県	市川市	通所介護	○○ケアセンター

	R6. 4～R6. 5				R6. 6以降
	処遇加算等の区分・加算の合計額				新加算の区分・加算の合計額
区分				合計	新加算Ⅲ
総加算額［円］	0	0	0	0	2,280,002

加算の総額は、国保連から送付された「介護職員処遇改善加算等総額のお知らせ」及び「介護職員処遇改善加算等内訳のお知らせ」に基づいて記入する。

計画書作成から実績報告までの実務上のポイント

② 賃金支払実績を入力（2．賃金改善の要件）

賃金支払実績に基づき、令和６年度における賃金改善額、賃金総額を入力します。また令和５年度の賃金総額と比較し、水準が引き下げられていないことも確認します。なお、令和６年度の賃金総額には社会保険料増加分も含めます（**図表４-29**）。

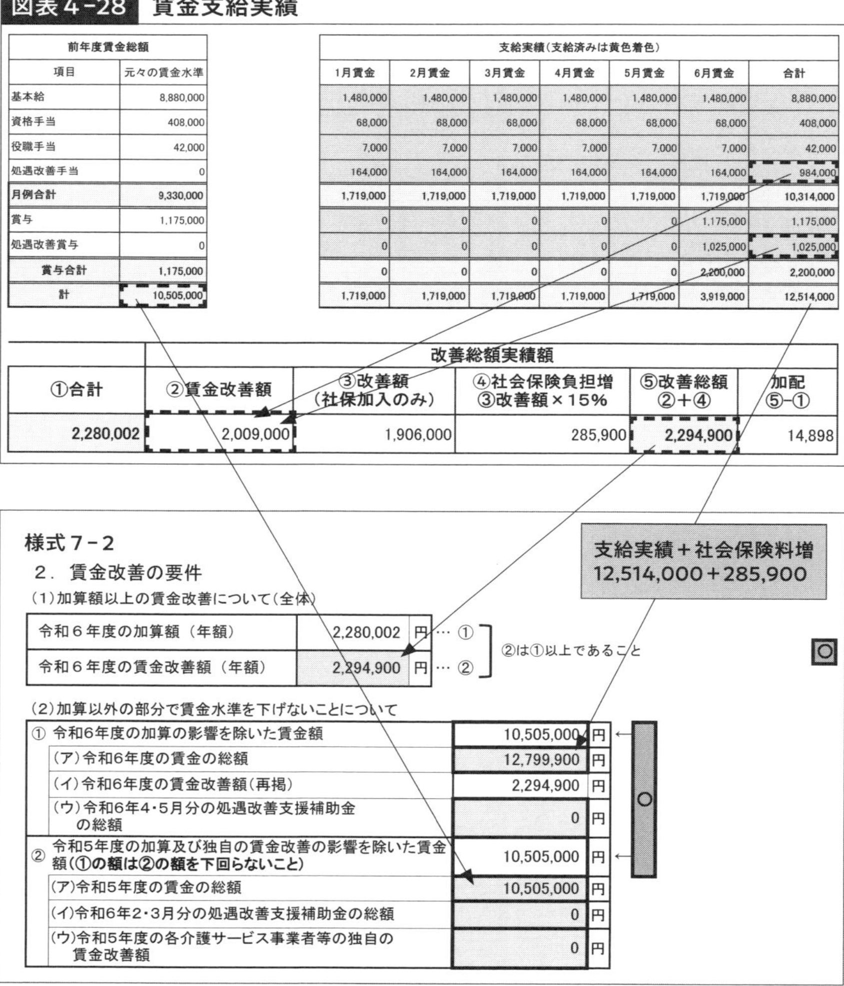

図表４-28　賃金支給実績

前年度賃金総額	
項目	元々の賃金水準
基本給	8,880,000
資格手当	408,000
役職手当	42,000
処遇改善手当	0
月例合計	9,330,000
賞与	1,175,000
処遇改善賞与	0
賞与合計	1,175,000
計	10,505,000

支給実績（支給済みは黄色着色）						
1月賃金	2月賃金	3月賃金	4月賃金	5月賃金	6月賃金	合計
1,480,000	1,480,000	1,480,000	1,480,000	1,480,000	1,480,000	8,880,000
68,000	68,000	68,000	68,000	68,000	68,000	408,000
7,000	7,000	7,000	7,000	7,000	7,000	42,000
164,000	164,000	164,000	164,000	164,000	164,000	984,000
1,719,000	1,719,000	1,719,000	1,719,000	1,719,000	1,719,000	10,314,000
0	0	0	0	0	1,175,000	1,175,000
0	0	0	0	0	1,025,000	1,025,000
0	0	0	0	0	2,200,000	2,200,000
1,719,000	1,719,000	1,719,000	1,719,000	1,719,000	3,919,000	12,514,000

	改善総額実績額				
①合計	②賃金改善額	③改善額（社保加入のみ）	④社会保険負担増 ③改善額×15％	⑤改善総額 ②＋④	加配 ⑤-①
2,280,002	2,009,000	1,906,000	285,900	2,294,900	14,898

様式７－２

２．賃金改善の要件

（1）加算額以上の賃金改善について（全体）

令和６年度の加算額（年額）	2,280,002	円	…①
令和６年度の賃金改善額（年額）	2,294,900	円	…②

②は①以上であること

（2）加算以外の部分で賃金水準を下げないことについて

① 令和6年度の加算の影響を除いた賃金額	10,505,000	円
（ア）令和6年度の賃金の総額	12,799,900	円
（イ）令和6年度の賃金改善額（再掲）	2,294,900	円
（ウ）令和6年4･5月分の処遇改善支援補助金の総額	0	円
② 令和5年度の加算及び独自の賃金改善の影響を除いた賃金額（**①の額は②の額を下回らないこと**）	10,505,000	円
（ア）令和5年度の賃金の総額	10,505,000	円
（イ）令和6年2･3月分の処遇改善支援補助金の総額	0	円
（ウ）令和5年度の各介護サービス事業者等の独自の賃金改善額	0	円

図表4-29 令和５年度から令和６年度への賃金改善の動き（イメージ）

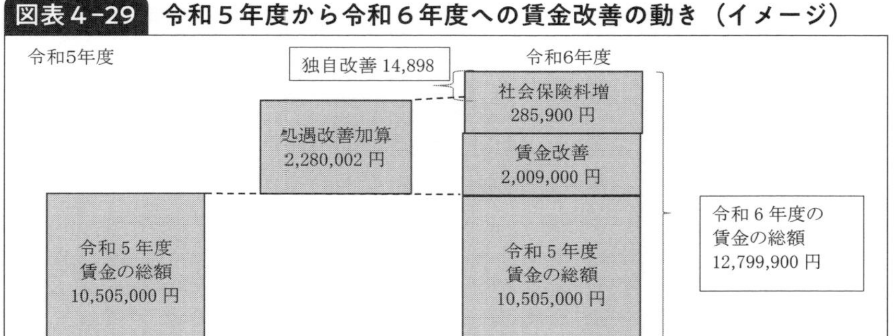

③ その他の要件（誓約事項を入力）

３．その他の要件について

- 以下のそれぞれの項目について、チェック（✓）を入れてください。
  計画書の時点で実施済みとしたものは表示されません。

⑴ 任用要件の整備（介護職員の任用における職位、職責又は職務内容等の要件）

☑令和６年度中に行った

⑵ 賃金体系の整備（⑴の職位、職責又は職務内容等に応じた賃金体系）

☑令和６年度中に行った

⑶ 研修計画の策定ならびに研修の実施または研修機会の確保（計画を策定した上で、以下のいずれかを実施）

・研修機会の提供又は技術指導等を実施するとともに、介護職員の能力評価を行う

・資格取得のための支援を実施する

☑令和６年度中に行った

⑷ 昇級の仕組みの整備（経験・資格等に応じた昇給又は定期昇給の仕組み）【新加算Ⅲのみ】

☑令和６年度中に行った

- 参考１の職場環境等の改善の取組のうち、いずれか１つ以上にチェック（✓）を入れてください。

上記の記載内容・確認事項の内容に間違いありません。
記載内容を証明する資料を適切に保管することを誓約します。

令和 7 年 7 月 1 日　法人名 〇〇ケアサービス
代表者 職名 代表取締役 氏名 厚労 花子

memo

巻末資料

【見開き左右対照版】

○介護職員等処遇改善加算等に関する基本的考え方並びに事務処理手順及び様式例の提示について（令和６年３月15日付　老発0315第２号）	○福祉・介護職員等処遇改善加算等に関する基本的考え方並びに事務処理手順及び様式例の提示について（令和６年３月26日付　障障発0326第４号、こ支障第86号）

○介護事業所賃金規程モデル

○処遇改善手当金支給規程モデル

老発０３１５第２号
令和６年３月１５日

都道府県知事
各市区町村長　殿

厚生労働省老健局長
（公印省略）

介護職員等処遇改善加算等に関する基本的考え方並びに事務処理手順及び様式例の提示について

介護職員の処遇改善については、平成 23 年度まで実施した介護職員処遇改善交付金による賃金改善の効果を継続させるため、

平成 24 年度の介護報酬改定において介護職員処遇改善加算を創設し、その後も累次の改定により加算率等の充実を図ってきたことに加え、令和元年 10 月には、介護職員等特定処遇改善加算を創設し、令和４年 10 月には介護職員等ベースアップ等支援加算を創設したところである。

さらに、令和６年度介護報酬改定においては、これらの加算を一本化し、介護職員等処遇改善加算を創設するとともに、その創設に当たって、加算率の更なる引上げ及び配分方法の工夫を行うこととした。

加算の算定については、「指定居宅サービスに要する費用の額の算定に関する基準」（平成 12 年厚生省告示第 19 号）、「指定施設サービス等に要する費用の額の算定に関する基準」（平成 12 年厚生省告示第 21 号）、「指定地域密着型サービスに要する費用の額の算定に関する基準」（平成 18 年厚生労働省告示第 126 号）、「指定介護予防サービスに要する費用の額の算定に関する基準」（平成 18 年厚生労働省告示第 127 号）、「指定地域密着型介護予防サービスに要する費用の額の算定に関する基準」（平成 18 年厚生労働省告示第 128 号）及び「厚生

障 障発 0326 第 4 号
こ 支 障 第 86 号
令 和 6 年 3 月 26 日

都道府県
各指定都市　中核市
障害福祉・児童福祉主管部（局）長 殿

厚生労働省社会・援護局
障害保健福祉部障害福祉課長
（ 公印省略 ）
こども家庭庁
支援局障害児支援課長
（ 公印省略 ）

福祉・介護職員等処遇改善加算等に関する基本的考え方並びに事務処理手順及び様式例の提示について

福祉・介護職員の処遇改善については、平成 23 年度まで実施した福祉・介護人材の処遇改善事業における助成金による賃金改善の効果を継続させるため、

平成 24 年度の障害福祉サービス等報酬改定において、福祉・介護職員処遇改善加算を創設し、その後も累次の改定により加算率等の充実を図ってきたことに加え、令和元年 10 月には、福祉・介護職員等特定処遇改善加算を創設し、令和 4 年 10 月には、福祉・介護職員等ベースアップ等支援加算を創設したところである。

さらに、令和 6 年度障害福祉サービス等報酬改定においては、これらの加算を一本化し、福祉・介護職員等処遇改善加算を創設するとともに、その創設に当たって、加算率の更なる引上げ及び配分方法の工夫を行うこととした。

加算の算定については「障害者の日常生活及び社会生活を総合的に支援するための法律に基づく指定障害福祉サービス等及び基準該当障害福祉サービスに要する費用の額の算定に関する基準」(平成 18 年厚生労働省告示第 523 号)、「こども家庭庁長官及び厚生労働大臣が定める基準並びに厚生労働大臣が定める基準」（平成 18 年厚生労働省告示第 543 号)、「児童福祉法に基づく指定通所支援及び基準該当通所支援に要する費用の額の算定に関する基準」(平成 24 年厚生労働省告示第 122 号)、「児童福祉法に基づく指定入所支援に要する費用の額の算定に

労働大臣が定める基準」（平成 27 年厚生労働省告示第 95 号）において示しているところであるが、
今般、基本的考え方並びに事務処理手順及び様式例を下記のとおりお示しするので、ご了知の上、貴管内の関係団体及び関係機関にその周知をお願いしたい。

記

1 基本的考え方

令和６年度介護報酬改定においては、①事業者の賃金改善や申請に係る事務負担を軽減する観点、②利用者にとって分かりやすい制度とし、利用者負担の理解を得やすくする観点、③事業所全体として、柔軟な事業運営を可能とする観点から、処遇改善に係る加算の一本化を行うこととした。

具体的には、介護職員処遇改善加算（以下「旧処遇改善加算」という。）、介護職員等特定処遇改善加算（以下「旧特定加算」という。）及び介護職員等ベースアップ等支援加算（以下「旧ベースアップ等加算」という。以下、旧処遇改善加算、旧特定加算、旧ベースアップ等加算を合わせて「旧３加算」という。）の各区分の要件及び加算率を組み合わせる形で、令和６年６月から「介護職員等処遇改善加算」（以下「新加算」という。）への一本化を行う。

その上で、令和６年度介護報酬改定における介護職員の処遇改善分の改定率＋0.98%を活用し、新加算の加算率の引上げを行うとともに、介護現場で働く方々にとって、令和６年度に 2.5%、令和７年度に 2.0%のベースアップへとつながるよう、配分方法の工夫を行う。

また、事業者の負担軽減及び一本化の施策効果を早期に波及させる観点から、令和６年４月及び５月の間に限り、旧３加算の要件の一部を新加算と同程度に緩和することとし、令和６年４月及び５月分の旧３加算と令和６年度の新加算の処遇改善計画書及び実績報告書をそれぞれ一体の様式として提示することとした。

併せて、新加算の施行に当たっては、賃金規程の見直し等の事業者の事務負担に配慮し、令和６年度中は経過措置期間を設けることとする。

具体的には、3⑴①に規定する月額賃金改善要件Ⅰと、3⑴⑧に規定する職場環境等要件の見直しについては、令和６年度中は適用を猶予する。

また、3⑴③から⑤までに定めるキャリアパス要件Ⅰからキャリアパス要件Ⅲまでについても、令和６年度中に賃金体系等を整備することを誓約した場合に限り、令和６年度当初から要件を満たしたこととして差し支えないこととする。

関する基準」（平成 24 年厚生労働省告示第 123 号）、「こども家庭庁長官が定める児童等」（平成 24 年厚生労働省告示第 270 号）において示しているところであるが、今般、基本的考え方並びに事務処理手順及び様式例を下記のとおりお示しするので、ご了知の上、貴管内市町村、関係団体、関係機関等にその周知徹底を図るとともに、その取扱いにあたっては遺漏なきよう期されたい。

記

1．基本的考え方

令和６年度障害福祉サービス等報酬改定においては、①事業者の賃金改善や申請に係る事務負担を軽減する観点、②利用者にとって分かりやすい制度とし、利用者負担の理解を得やすくする観点、③事業所全体として、柔軟な事業運営を可能とする観点から、処遇改善に係る加算の一本化を行うこととした。

具体的には、福祉・介護職員処遇改善加算（以下「旧処遇改善加算」という。）、福祉・介護職員等特定処遇改善加算（以下「旧特定加算」という。）及び福祉・介護職員等ベースアップ等支援加算（以下「旧ベースアップ等加算」という。以下「旧処遇改善加算」、「旧特定加算」、「旧ベースアップ等加算」を合　わせて「旧３加算」という。）の各区分の要件及び加算率を組み合わせる形で、令和６年６月から「福祉・介護職員等処遇改善加算」（以下「新加算」という。）への一本化を行う。

その上で、令和６年度障害福祉サービス等報酬改定において、介護並びの処遇改善を行うべく、新加算の加算率の引き上げを行うとともに、障害福祉の現場で働く方々にとって、令和６年度に 2.5%、令和７年度に 2.0%のベースアップへとつながるよう、配分方法の工夫を行う。

また、事業者の負担軽減及び一本化の施策効果を早期に波及させる観点から、令和６年４月及び５月の間に限り、旧３加算の要件の一部を新加算と同程度に緩和することとし、令和６年４月及び５月分の旧３加算と令和６年度の新加算の処遇改善計画書及び実績報告書をそれぞれ一体の様式として提示することとした。

併せて、新加算の施行に当たっては、賃金規程の見直し等の事業者の事務負担に考慮し、令和６年度中は経過措置期間を設けることとする。

具体的には、３（１）①に規定する月額賃金要件Ⅰと３（１）⑧に規定する職場環境等要件の見直しについては、令和６年度中は適用を猶予する。

また、 ３（１）③から⑤までに定めるキャリアパス要件Ⅰからキャリアパス要件Ⅲまでについても、令和６年度中に賃金体系等を整備することを誓約した場合に限り、令和６年度当初から要件を満たしたこととして差し支えないこととする。

さらに、一本化施行前の令和６年５月 31 日時点で旧３加算の全部又は一部を算定している場合には、旧３加算の算定状況に応じた経過措置区分として、令和６年度末までの間、それぞれ新加算Ⅴ⑴〜⒁を算定できることとする。

２ 令和６年４月以降の新加算等の仕組みと賃金改善の実施等

⑴ 新加算等の単位数

令和６年４月及び５月については、旧３加算の単位数として、サービス別の基本サービス費に各種加算減算（旧３加算を除く。）を加えた１月当たりの総単位数に、算定する加算の種類及び加算区分ごとに、別紙１表１－１に掲げるサービス類型別の加算率を乗じた単位数を算定する。

令和６年６月以降は、新加算の単位数として、サービス別の基本サービス費に各種加算減算（新加算を除く。）を加えた１月当たりの総単位数に、加算区分ごとに、別紙１表１－２に掲げるサービス類型別の加算率を乗じた単位数を算定する。

また、別紙１表１－３の通り、基準上介護職員が配置されていない、訪問看護、訪問リハビリテーション、居宅療養管理指導、福祉用具貸与、特定福祉用具販売、介護予防訪問看護、介護予防訪問リハビリテーション、介護予防居宅療養管理指導、介護予防福祉用具貸与及び特定介護予防福祉用具販売並びに居宅介護支援及び介護予防支援については、新加算及び旧３加算（以下「新加算等」という。）の算定対象外とする。なお、新加算等は、区分支給限度基準額の算定対象から除外される。

⑵ 賃金改善の実施に係る基本的な考え方

介護サービス事業者又は介護保険施設（介護予防・日常生活支援総合事業の事業者を含む。以下「介護サービス事業者等」という。）は、新加算等の算定額に相当する介護職員その他の職員の賃金（基本給、手当、賞与等（退職手当を除く。以下同じ。）を含む。）の改善（当該賃金改善に伴う法定福利費等の事業主負担の増加分を含むことができる。以下「賃金改善」という。）を実施しなければならない。

その際、賃金改善は、基本給、手当、賞与等のうち対象とする項目を特定した上で行うものとする。この場合、本通知５⑵の届出を行う場合を除き、特定した項目を含め、賃金水準（賃金の高さの水準をいう。以下同じ。）を低下させてはならない。また、安定的な処遇改善が重要であることから、基本給による賃金改善が望ましい。

また、令和６年度に、令和５年度と比較して増加した加算額（旧３加算の上位区分への移行並びに新規算定によるもの（令和６年４月及び５月分）又は令和６年度介護報酬改定における加算率の引上げ分及び新加算Ⅰ～Ⅳへの移行

さらに、一本化施行前の令和６年５月 31 日時点で旧３加算の全部又は一部を算定している場合には、旧３加算の算定状況に応じた経過措置区分として、令和６年度末までの間、それぞれ新加算Ⅴ（１）～（14）を算定できることとする。

２．令和６年４月以降の新加算等の仕組みと賃金改善の実施等

（１）新加算等の単位数

令和６年４月及び５月については、旧３加算の単位数として、サービス別の基本サービス費に各種加算減算（旧３加算を除く。）を加えた１月当たりの総単位数に、算定する加算の種類及び加算区分ごとに、別紙１表１－１に掲げるサービス別の加算率を乗じた単位数を算定する。

令和６年６月以降は、新加算の単位数として、サービス別の基本サービス費に各種加算減算（新加算を除く。）を加えた１月当たりの総単位数に、加算区分ごとに、別紙１表１－２に掲げるサービス別の加算率を乗じた単位数を算定する。

また、別紙１表１－３の通り、地域相談支援、計画相談支援、障害児相談支援については、新加算及び旧３加算（以下「新加算等」という。）の算定対象外とする。

（２）賃金改善の実施に係る基本的な考え方

障害福祉サービス事業者、障害者支援施設、障害児通所支援事業者又は障害児入所施設（以下「障害福祉サービス事業者等」という。）は、新加算等の算定額に相当する福祉・介護職員その他の職員の賃金（基本給、手当、賞与等（退職手当を除く。以下同じ。）を含む。）の改善（当該賃金改善に伴う法定福利費等の事業主負担の増加分を含むことができる。以下「賃金改善」という。）を実施しなければならない。

その際、賃金改善は、基本給、手当、賞与等のうち対象とする項目を特定した上で行うものとする。この場合、本通知５（２）の届出を行う場合を除き、特定した項目を含め、賃金水準（賃金の高さの水準をいう。以下同じ。）を低下させてはならない。また、安定的な処遇改善が重要であることから、基本給による賃金改善が望ましい。

また、令和６年度に、令和５年度と比較して増加した加算額（旧３加算の上位区分への移行並びに新規算定によるもの（令和６年４月及び５月分）又は令和６年度障害福祉サービス等報酬改定における加算率の引上げ分及び新加算

によるもの（令和６年６月以降分）。令和７年度への繰越分を除く。以下同じ。）について、介護サービス事業者等は、独自の賃金改善を含む過去の賃金改善の実績に関わらず、新たに増加した新加算等の算定額に相当する介護職員その他の職員の賃金改善を新規に実施しなければならない。

その際、新規に実施する賃金改善は、ベースアップ（賃金表の改訂により基本給又は決まって毎月支払われる手当の額を変更し、賃金水準を一律に引き上げることをいう。以下同じ。）により行うことを基本とする。ただし、ベースアップのみにより当該賃金改善を行うことができない場合（例えば、令和６年度介護報酬改定を踏まえ賃金体系等を整備途上である場合）には、必要に応じて、その他の手当、一時金等を組み合わせて実施しても差し支えない。

なお、令和６年２月からの介護職員処遇改善支援補助金を取得し、令和６年５月分以前の賃金からベースアップ又は決まって毎月支払われる手当の引上げを行っている場合には、当該賃金改善を令和６年６月以降に実施すべき新規の賃金改善の一部に含めても差し支えない。

新加算等を用いて行う賃金改善における職種間の賃金配分については、介護職員への配分を基本とし、特に経験・技能のある介護職員（介護福祉士であって、経験・技能を有する介護職員と認められる者をいう。具体的には、介護福祉士の資格を有するとともに、所属する法人等における勤続年数 10 年以上の介護職員を基本としつつ、他の法人における経験や、当該職員の業務や技能等を踏まえ、各事業者の裁量で設定することとする。以下同じ。）に重点的に配分することとするが、介護サービス事業者等の判断により、介護職員以外の職種への配分も含め、事業所内で柔軟な配分を認めることとする。

ⅠからⅣへの移行によるもの（令和６年６月以降分）。令和７年度への繰越分を除く。以下同じ。）について、障害福祉サービス事業者等は、独自の賃金改善を含む過去の賃金改善の実績に関わらず、新たに増加した新加算等の算定額に相当する福祉・介護職員その他の職員の賃金改善を新規に実施しなければならない。

その際、新規に実施する賃金改善は、ベースアップ（賃金表の改訂により基本給又は決まって毎月支払われる手当の額を変更し、賃金水準を一律に引き上げることをいう。以下同じ。）により行うことを基本とする。ただし、ベースアップのみにより当該賃金改善を行うことができない場合（例えば、令和６年度障害福祉サービス等報酬改定を踏まえ、賃金体系等を整備途上である場合）には、必要に応じて、その他の手当、一時金等を組み合わせて実施しても差し支えない。

なお、令和６年２月からの福祉・介護職員処遇改善臨時特例交付金を取得し、令和６年５月分以前の賃金からベースアップ又は決まって毎月支払われる手当の引上げを行っている場合には、当該賃金改善を令和６年６月以降に実施すべき新規の賃金改善の一部に含めても差し支えない。

新加算等を用いて行う賃金改善における職種間の賃金配分については、福祉・介護職員（※）への配分を基本とし、特に経験・技能のある障害福祉人材（介護福祉士等であって、経験・技能を有する障害福祉人材と認められる者をいう。具体的には、福祉・介護職員のうち介護福祉士、社会福祉士、精神保健福祉士又は保育士のいずれかの資格を有する者、心理指導担当職員（公認心理師を含む。）、サービス管理責任者、児童発達支援管理責任者、サービス提供責任者、その他研修等により専門的な技能を有すると認められる職員（別紙１表５の例示を参考）のいずれかに該当する者であるとともに、所属する法人等における勤続年数10年以上の職員を基本としつつ、他の法人における経験や、当該職員の業務や技能等を踏まえ、各事業者の裁量で設定することとする。以下同じ。）に重点的に配分することとするが、障害福祉サービス事業者等の判断により、福祉・介護職員以外の職種への配分も含め、事業所内で柔軟な配分を認めることとする。

（※）福祉・介護職員は、次のいずれかの職種とする。
ホームヘルパー、生活支援員、児童指導員、保育士、世話人、職業指導員、地域移行支援員、就労支援員、就労定着支援員、就労選択支援員、地域生活支援員、訪問支援員、夜間支援従事者、共生型障害福祉サービス等事業所及び特定基準該当障害福祉サービス等事業所に従事する介護職

各障害福祉サービス等の人員基準において置くべきこととされている従業

ただし、例えば、一部の職員に加算を原資とする賃金改善を集中させることや、同一法人内の一部の事業所のみに賃金改善を集中させることなど、職務の内容や勤務の実態に見合わない著しく偏った配分は行わないこと。なお、令和６年４月及び５月に旧処遇改善加算及び旧特定加算を算定する場合にも、「指定居宅サービスに要する費用の額の算定に関する基準等の一部を改正する告示」（令和６年厚生労働省告示第 86 号）第 53 条による改正後の「厚生労働大臣が定める基準」（以下「令和６年４月大臣基準告示」という。）第４号イ(1)及び第４号の２イ(1)等の規定に基づき、介護職員以外への柔軟な配分を認める。

者の職種に限らず、上記の対象職種に該当する従業者は対象となること。

上記の他、各障害福祉サービス等の人員基準において置くべきこととされていないが、福祉・介護職員と同様に、利用者への直接的な支援を行うこととされ、その配置を報酬上の加算として評価されている以下の職員については対象に含めて差し支えないこととする。

① 就労継続支援A型の「賃金向上達成指導員」(賃金向上達成指導員配置加算)

② 就労継続支援B型の「目標工賃達成指導員」(目標工賃達成指導員配置加算)

③ 児童発達支援及び放課後等デイサービスの「指導員等」(児童指導員等加配加算におけるその他の従業者)

別紙1表5 専門的な技能を有すると認められる職員例

・強度行動障害支援者養成研修修了者
・手話通訳士、手話通訳者、手話奉仕員、要約筆記者
・点字技能士、点字指導員、点字通訳者
・盲ろう者向け通訳・介助員養成研修修了者
・失語症者向け意思疎通支援者養成研修修了者
・サービス管理責任者研修修了者、児童発達支援管理責任者研修修了者など
・サービス提供責任者研修修了者
・たんの吸引等の実施のための研修修了者
・職場適応援助者(ジョブコーチ)養成研修修了者
・相談支援従事者研修修了者
・社会福祉主事
・教員免許保有

ただし、例えば、一部の職員に加算を原資とする賃金改善を集中させることや、同一法人内の一部の事業所のみに賃金改善を集中させることなど、職務の内容や勤務の実態に見合わない著しく偏った配分は行わないこと。なお、令和6年4月及び5月に旧処遇改善加算及び旧特定加算を算定する場合にも、「障害者の日常生活及び社会生活を総合的に支援するための法律に基づく指定障害福祉サービス等及び基準該当障害福祉サービスに要する費用の額の算定に関する基準等の一部を改正する告示」(令和6年こども家庭庁・厚生労働省告示第3号)第8条による改正後の「こども家庭庁長官及び厚生労働大臣が定める基準並びに厚生労働大臣が定める基準」(平成 18 年厚生労働省告示第 543 号。以下「令和6年4月大臣基準告示」という。)第2号イ(1)及び第3号イ(1) 等の規定に基づき 、福祉・介護職員以外への柔軟な配分を認める。

⑶ 令和７年度の更なるベースアップにつなげるための工夫

令和６年度介護報酬改定においては、介護職員の処遇改善分の改定率＋0.98%を活用し、新加算の加算率の引上げを行う。その際、介護現場で働く方々にとって、令和６年度に 2.5%、令和７年度に 2.0%のベースアップへとつながるよう、介護サービス事業者等の判断により、令和６年度に令和５年度と比較して増加した加算額の一部を令和７年度に繰り越した上で令和 ７年度分の賃金改善に充てることを認めることとし、令和６年度分の加算の算定額の全額を令和６年度分の賃金改善に充てることは求めない。

その際、令和７年度の賃金改善の原資として繰り越す額（以下「繰越額」という。）の上限は、令和６年度に、仮に令和５年度末（令和６年３月）時点で算定していた旧３加算を継続して算定する場合に見込まれる加算額と、令和６年度の新加算等の加算額（処遇改善計画書においては加算の見込額をいう。）を比較して増加した額とする。

繰越額については、全額を令和７年度の更なる賃金改善に充てることについて、別紙様式２－１及び別紙様式３－１において誓約した上で、令和７年度の処遇改善計画書・実績報告書において、当該繰越額を用いた賃金改善の計画・報告の提出を求めることとする。ただし、令和７年度の賃金改善実施期間の終わりまでに事業所等が休止又は廃止となった場合には、その時点で、当該繰越分の残額を、一時金等により、全額、職員に配分しなければならないこととする。

３ 新加算等の要件

⑴ 介護職員等処遇改善加算（新加算）の要件

新加算Ⅰの算定に当たっては、２に規定する賃金改善の実施に加え、以下の①から⑧までに掲げる要件を全て満たすこと。ただし、新加算Ⅱについては⑦の要件、新加算Ⅲについては⑥及び⑦の要件、新加算Ⅳについては⑤から⑦までの要件を満たさなくても算定することができる。また、いずれの加算区分においても、①の要件については、令和６年度中は適用を猶予し、②の要件は、新加算ⅠからⅣまでのいずれかの算定以前に旧ベースアップ等加算又は新加算Ⅴ⑵、⑷、⑺、⑼若しくは⒀を算定していた事業所については適用しない。⑧の要件についても、令和７年度から見直しを適用することとし、令和６年度中は旧３加算の要件の内容を継続する。

さらに、令和６年５月 31 日時点で別紙１表２－３に掲げる各加算を算定していた介護サービス事業所等については、令和６年度中に限り、それぞれ別紙１表２－２に掲げる要件を満たすことで、新加算の経過措置区分として、新加算Ⅴ⑴から⒁までのうち該当する加算区分を算定することができる。

（３）令和７年度の更なるベースアップにつなげるための工夫

障害福祉の現場で働く方々にとって、令和６年度に 2.5%、令和７年度に 2.0%のベースアップへとつながるよう、障害福祉サービス事業者等の判断により、令和６年度に令和５年度と比較して増加した加算額の一部を令和７年度に繰り越した上で令和７年度分の賃金改善に充てることを認めることとし、令和６年度分の加算の算定額の全額を令和６年度分の賃金改善に充てることは求めない。

その際、令和７年度の賃金改善の原資として繰り越す額（以下「繰越額」という。）の上限は、令和６年度に、仮に令和５年度末（令和６年３月）時点で算定していた旧３加算を継続して算定する場合に見込まれる加算額と、令和６年度の新加算等の加算額（処遇改善計画書においては加算の見込額をいう。）を比較して増加した額とする。

繰越額については、全額を令和７年度の更なる賃金改善に充てることについて、別紙様式２－１及び別紙様式３－１において誓約した上で、令和７年度の処遇改善計画書・実績報告書において、当該繰越額を用いた賃金改善の計画・報告の提出を求めることとする。ただし、令和７年度の賃金改善実施期間の終わりまでに事業所等が休止又は廃止となった場合には、その時点で、当該繰越分の残額を、一時金等により、全額、職員に配分しなければならないこととする。

３．新加算等の要件

（１）福祉・介護職員等処遇改善加算（新加算）の要件

新加算Ⅰの算定に当たっては、２に規定する賃金改善の実施に加え、以下の①から⑧までに掲げる要件を全て満たすこと。ただし、新加算Ⅱについては⑦の要件、新加算Ⅲについては⑥及び⑦の要件、新加算Ⅳについては⑤から⑦までの要件を満たさなくても算定することができる。また、いずれかの加算区分においても、①の要件については、令和６年度中は適用を猶予し、②の要件は、新加算ⅠからⅣまでのいずれかの算定以前に旧ベースアップ等加算又は新加算Ⅴ（２）、（４）、（７）、（９）若しくは（13）を算定していた事業所については適用しない。⑧の要件についても、令和７年度から見直しを適用することとし、令和６年度中は旧３加算の要件の内容を継続する。

さらに、令和６年５月 31 日時点で別紙１表２－３に掲げる各加算を算定していた障害福祉サービス事業所等については、令和６年度中に限り、それぞれ別紙１表２－２に掲げる要件を満たすことで、新加算の経過措置区分として、新加算Ⅴ（１）から（14）までのうち該当する加算区分を算定することができる。

したがって、新加算Ⅴを算定していた事業所が新加算Ⅴの別の区分への区分変更を行うことや、令和６年６月以降の新設事業所が新加算Ⅴの各区分を算定することはできない。

ただし、令和６年６月以降、サービス類型の変更等に伴い、事業所番号が変更になった場合には、職員構成等の事業所等の体制が従前から継続されている場合に限り、変更後の事業所等においても、変更前の事業所等の旧３加算の算定状況に応じて新加算Ⅴ⑴から⒁までのうち該当する区分を算定できることとする。

① 月額賃金改善要件Ⅰ（月給による賃金改善）

新加算Ⅳの加算額の２分の１以上を基本給又は決まって毎月支払われる手当（以下「基本給等」という。）の改善に充てること。

また、事業所等が新加算ⅠからⅢまでのいずれかを算定する場合にあっては、仮に新加算Ⅳを算定する場合に見込まれる加算額の２分の１以上を基本給等の改善に充てること。

なお、加算を未算定の事業所が新規に新加算ⅠからⅣまでのいずれかを算定し始める場合を除き、本要件を満たすために、賃金総額を新たに増加させる必要はない。したがって、基本給等以外の手当又は一時金により行っている賃金改善の一部を減額し、その分を基本給等に付け替えることで、本要件を満たすこととして差し支えない。また、既に本要件を満たしている事業所等においては、新規の取組を行う必要はない。ただし、この要件を満たすために、新規の基本給等の引上げを行う場合、当該基本給等の引上げはベースアップ（賃金表の改訂により基本給等の水準を一律に引き上げること）により行うことを基本とする。月額賃金改善要件Ⅰについては、令和６年度中は適用を猶予する。そのため、令和６年度の新加算の算定に当たり、本要件を満たす必要はないが、令和７年度以降の新加算の算定に向け、計画的に準備を行う観点から、令和６年度の処遇改善計画書においても任意の記載項目として月額での賃金改善額の記載を求めることとする。

② 月額賃金改善要件Ⅱ（旧ベースアップ等加算相当の賃金改善）

令和６年５月 31 日時点で現に旧処遇改善加算を算定しており、かつ、旧ベースアップ等加算を算定していない事業所が、令和８年３月 31 日までの間において、新規に新加算ⅠからⅣまでのいずれかを算定する場合には、初めて新加算ⅠからⅣまでのいずれかを算定し、旧ベースアップ等加算相当の加算額が新たに増加する事業年度において、当該事業所が仮に旧ベースアップ等加算を算定する場合に見込まれる加算額の３分の２以上の基本給等の引上げを新規に実施しなければならない。その際、当該基本給等の引上げは、

したがって、新加算Ⅴを算定していた事業所が新加算Ⅴの別の区分への区分変更を行うことや、令和６年６月以降の新設事業所が新加算Ⅴの各区分を算定することはできない。

ただし、令和６年６月以降、サービス類型の変更等に伴い、事業所番号が変更になった場合には、職員構成等の事業所等の体制が従前から継続されている場合に限り、変更後の事業所等においても、変更前の事業所等の旧３加算の算定状況に応じて新加算Ⅴ（１）から（14）までのうち該当する区分を算定できることとする。

①　月額賃金改善要件Ⅰ（月給による賃金改善）

新加算Ⅳの加算額の２分の１以上を基本給又は決まって毎月支払われる手当（以下「基本給等」という。）の改善に充てること。

また、事業所等が新加算ⅠからⅢまでのいずれかを算定する場合にあっては、仮に新加算 Ⅳを算定する場合に見込まれる加算額の２分の１以上を基本給等の改善に充てること。

なお、加算を未算定の事業所が新規に新加算ⅠからⅣまでのいずれかを算定し始める場合を除き、本要件を満たすために、賃金総額を新たに増加させる必要はない。したがって、基本給等以外の手当又は一時金により行っている賃金改善の一部を減額し、その分を基本給等に付け替えることで、本要件を満たすこととして差し支えない。

また、既に本要件を満たしている事業所等においては、新規の取組を行う必要はない。ただし、この要件を満たすために、新規の基本給等の引上げを行う場合、当該基本給等の引上げはベースアップ（賃金表の改訂により基本給等の水準を一律に引き上げること）により行うことを基本とする。月額賃金改善要件Ⅰについては、令和６年度中は適用を猶予する。そのため、令和６年度の新加算の算定に当たり、本要件を満たす必要はないが、令和７年度以降の新加算の算定に向け、計画的に準備を行う観点から、令和６年度の処遇改善計画書においても任意の記載項目として月額での賃金改善額の記載を求めることとする。

②　月額賃金改善要件Ⅱ（旧ベースアップ等加算相当の賃金改善）

令和６年５月 31 日時点で現に旧処遇改善加算を算定しており、かつ、旧ベースアップ等加算を算定していない事業所が、令和８年３月 31 日までの間において、新規に新加算ⅠからⅣまでのいずれかを算定する場合には、初めて新加算ⅠからⅣまでのいずれかを算定し、旧ベースアップ等加算相当の加算額が新たに増加する事業年度において、当該事業所が仮に旧ベースアップ等加算を算定する場合に見込まれる加算額の３分の２以上の基本給等の引上げを新規に実施しなければならない。その際、当該基本給等の引上げは、ベースアップにより行うことを基本とする。また、令和６年５月以前に旧３加算を算定していなかった事業所及び令和６年　６月以降に開設された事業所が、新加算ⅠからⅣまでのいずれかを新規に算定する場合には、月額賃金改善要件Ⅱの適用を受けない。

本要件の適用を受ける事業所は、初めて新加算ⅠからⅣまでのいずれかを算定した年度の実績報告書において、当該賃金改善の実施について報告しなければならない。したがって、例えば、令和６年５月 31 日時点で現に旧処遇改善加算を算定しており、かつ、旧ベースアップ等加算を算定していない事業所であって、令和６年６月から新加算Ⅰを算定した事業所は、令和６年６月から旧ベースアップ等加算相当の加算額の３分の２以上の基本給等の引上げを新規に実施し、令和６年度の実績報告書で報告しなければならない。

また、同様の事業所が、令和６年６月から新加算Ⅴ⑴（旧ベースアップ加算相当の加算率を含まない）を算定し、令和７年４月から新加算Ⅰを算定する場合は、令和７年４月から旧ベースアップ等加算相当の加算額の　３分の２以上の基本給等の引上げを新規に実施し、令和７年度の実績報告書で報告しなければならない。

なお、実績報告書においては、事業者等の事務負担を軽減する観点から、月額賃金改善要件Ⅱの判定に用いる旧ベースアップ等加算に相当する加算額は、新加算ⅠからⅣまでのそれぞれの加算額に、別紙１表３に掲げる新加算ⅠからⅣまでの加算率と旧ベースアップ等加算の加算率の比（小数第４位以下を切捨て）を乗じて算出した額とする。

③ キャリアパス要件Ⅰ（任用要件・賃金体系の整備等）次の一から三までを全て満たすこと。

一 介護職員の任用の際における職位、職責、職務内容等に応じた任用等の要件（介護職員の賃金に関するものを含む。）を定めていること。

二 一に掲げる職位、職責、職務内容等に応じた賃金体系（一時金等の臨時的に支払われるものを除く。）について定めていること。

三 一及び二の内容について就業規則等の明確な根拠規程を書面で整備し、全ての介護職員に周知していること。

ただし、常時雇用する者の数が 10 人未満の事業所等など、労働法規上の就業規則の作成義務がない事業所等においては、就業規則の代わりに内規等の整備・周知により上記三の要件を満たすこととしても差し支えない。また、令和６年度に限り、処遇改善計画書において令和７年３月末までに上記一及び二の定めの整備を行うことを誓約すれば、令和６年度当初

ベースアップにより行うことを基本とする。また、令和６年５月以前に旧３加算を算定していなかった事業所及び令和６年６月以降に開設された事業所が、新加算ⅠからⅣまでのいずれかを新規に算定する場合には、月額賃金改善要件Ⅱの適用を受けない。

本要件の適用を受ける事業所は、初めて新加算ⅠからⅣまでのいずれかを算定した年度の実績報告書において、当該賃金改善の実施について報告しなければならない。したがって、例えば、令和６年５月 31 日時点で現に旧処遇改善加算を算定しており、かつ、旧ベースアップ等加算を算定していない事業所であって、令和６年６月から新加算Ⅰを算定した事業所は、令和６年６月から旧ベースアップ等加算相当の加算額の３分の２以上の基本給等の引上げを新規に実施し、令和６年度の実績報告書で報告しなければならない。

また、同様の事業所が、令和６年６月から新加算Ⅴ（１）（旧ベースアップ等加算相当の加算率を含まない）を算定し、令和７年４月から新加算 Ⅰを算定する場合は、令和７年４月から旧ベースアップ等加算相当の加算額の３分の２以上の基本給等の引上げを新規に実施し、令和７年度の実績報告書で報告しなければならない。

なお、実績報告書においては、事業者等の事務負担を軽減する観点から、月額賃金改善要件Ⅱの判定に用いる旧ベースアップ等加算に相当する加算額は、新加算ⅠからⅣまでのそれぞれの加算額に、別紙１表３に掲げる新加算ⅠからⅣまでの加算率と旧ベースアップ等加算の加算率の比（小数第 ４位以下を切捨て）を乗じて算出した額とする。

③ キャリアパス要件Ⅰ（任用要件・賃金体系の整備等）次の一から三までを全て満たすこと。

一　福祉・介護職員の任用の際における職位、職責、職務内容等に応じた任用等の要件（福祉・介護職員の賃金に関するものを含む。）を定めていること。

二　一に掲げる職位、職責、職務内容等に応じた賃金体系（一時金等の臨時的に支払われるものを除く。）について定めていること。

三 一及び二の内容について就業規則等の明確な根拠規程を書面で整備し、全ての福祉・介護職員に周知していること。

ただし、常時雇用する者の数が 10 人未満の事業所等など、労働法規上の就業規則の作成義務がない事業所等においては、就業規則の代わりに内規等の整備・周知により上記三の要件を満たすこととしても差し支えない。また、令和６年度に限り、処遇改善計画書において令和７年３月末までに上記一及び二の定めの整備を行うことを誓約すれば、令和６年度当初からキャリアパス要件Ⅰを満たすものとして取り扱っても差し支えない。

ただし、必ず令和７年３月末までに当該定めの整備を行い、実績報告書においてその旨を報告すること。

④ キャリアパス要件Ⅱ（研修の実施等）次の一及び二を満たすこと。

一 介護職員の職務内容等を踏まえ、介護職員と意見を交換しながら、資質向上の目標及びａ又はｂに掲げる事項に関する具体的な計画を策定し、当該計画に係る研修の実施又は研修の機会を確保していること。

ａ　資質向上のための計画に沿って、研修機会の提供又は技術指導等（OJT、OFF-JT 等）を実施するとともに、介護職員の能力評価を行うこと。

ｂ　資格取得のための支援（研修受講のための勤務シフトの調整、休暇の付与、費用（交通費、受講料等）の援助等）を実施すること。

二　一について、全ての介護職員に周知していること。

また、令和６年度に限り、処遇改善計画書において令和７年３月末までに上記一の計画を策定し、研修の実施又は研修機会の確保を行うことを誓約すれば、令和６年度当初からキャリアパス要件Ⅱを満たすものとして取り扱っても差し支えない。ただし、必ず令和７年３月末までに当該計画の策定等を行い、実績報告書においてその旨を報告すること。

⑤ キャリアパス要件Ⅲ（昇給の仕組みの整備等）次の一及び二を満たすこと。

一 介護職員について、経験若しくは資格等に応じて昇給する仕組み又は一定の基準に基づき定期に昇給を判定する仕組みを設けていること。具体的には、次のａからｃまでのいずれかに該当する仕組みであること。

ａ 経験に応じて昇給する仕組み

「勤続年数」や「経験年数」などに応じて昇給する仕組みであること。

ｂ資格等に応じて昇給する仕組み

介護福祉士等の資格の取得や実務者研修等の修了状況に応じて昇給する仕組みであること。ただし、別法人等で介護福祉士資格を取得した上で当該事業者や法人で就業する者についても昇給が図られる仕組みであることを要する。

ｃ 一定の基準に基づき定期に昇給を判定する仕組み

「実技試験」や「人事評価」などの結果に基づき昇給する仕組みであること。ただし、客観的な評価基準や昇給条件が明文化されていることを要する。

二 一の内容について、就業規則等の明確な根拠規程を書面で整備し、全ての介護職員に周知していること。ただし、常時雇用する者の数が 10 人未

からキャリアパス要件Ⅰを満たすものとして取り扱っても差し支えない。

ただし、必ず令和7年3月末までに当該定めの整備を行い、実績報告書においてその旨を報告すること。

④ キャリアパス要件Ⅱ（研修の実施等）次の一及び二を満たすこと。

一　福祉・介護職員の職務内容等を踏まえ、福祉・介護職員と意見を交換しながら、資質向上の目標及びa又はbに掲げる事項に関する具体的な計画を策定し、当該計画に係る研修の実施又は研修の機会を確保していること。

a　資質向上のための計画に沿って、研修機会の提供又は技術指導等を実施（OJT、OFF-JT等）するとともに、福祉・介護職員の能力評価を行うこと。

b　資格取得のための支援（研修受講のための勤務シフトの調整、休暇の付与、費用（交通費、受講料等）の援助等）を実施すること。

二　一について、全ての福祉・介護職員に周知していること。

また、令和6年度に限り、処遇改善計画書において令和7年3月末までに上記一の計画を策定し、研修の実施又は研修機会の確保を行うことを誓約すれば、令和6年度当初からキャリアパス要件Ⅱを満たすものとして取り扱っても差し支えない。ただし、必ず令和7年3月末までに当該計画の策定等を行い、実績報告書においてその旨を報告すること。

⑤ キャリアパス要件Ⅲ（昇給の仕組みの整備等）次の一及び二を満たすこと。

一　福祉・介護職員について、経験若しくは資格等に応じて昇給する仕組み又は一定の基準に基づき定期に昇給を判定する仕組みを設けていること。具体的には、次のaからcまでのいずれかに該当する仕組みであること。

a　経験に応じて昇給する仕組み

「勤続年数」や「経験年数」などに応じて昇給する仕組みであること。

b　資格等に応じて昇給する仕組み

介護福祉士等の資格の取得や実務者研修等の修了状況に応じて昇給する仕組みであること。ただし、別法人等で介護福祉士資格を取得した上で当該事業者や法人で就業する者についても昇給が図られる仕組みであることを要する。

c　一定の基準に基づき定期に昇給を判定する仕組み

「実技試験」や「人事評価」などの結果に基づき昇給する仕組みであること。ただし、客観的な評価基準や昇給条件が明文化されていることを要する。

二　一の内容について、就業規則等の明確な根拠規程を書面で整備し、全ての福祉・介護職員に周知していること。ただし、常時雇用する者の数が10

満の事業所等など、労働法規上の就業規則の作成義務がない事業所等においては、就業規則の代わりに内規等の整備・周知により上記二の要件を満たすこととしても差し支えない。また、令和６年度に限り、処遇改善計画書において令和７年３月末までに上記一の仕組みの整備を行うことを誓約すれば、令和６年度当初からキャリアパス要件Ⅲを満たすものとして取り扱っても差し支えない。ただし、必ず令和７年３月末までに当該仕組みの整備を行い、実績報告書においてその旨を報告すること。

⑥ キャリアパス要件Ⅳ（改善後の年額賃金要件）

経験・技能のある介護職員のうち１人以上は、賃金改善後の賃金の見込額（新加算等を算定し実施される賃金改善の見込額を含む。）が年額 440 万円以上であること（新加算等による賃金改善以前の賃金が年額 440 万円以上である者を除く。）。ただし、以下の場合など、例外的に当該賃金改善が困難な場合であって、合理的な説明がある場合はこの限りではない。

- 小規模事業所等で加算額全体が少額である場合
- 職員全体の賃金水準が低い事業所などで、直ちに一人の賃金を引き上げることが困難な場合

さらに、令和６年度中は、賃金改善後の賃金の見込額が年額 440 万円以上の職員の代わりに、新加算の加算額のうち旧特定加算に相当する部分による賃金改善額が月額平均８万円（賃金改善実施期間における平均とする。）以上の職員を置くことにより、上記の要件を満たすこととしても差し支えない。

⑦ キャリアパス要件Ⅴ（介護福祉士等の配置要件）

サービス類型ごとに一定以上の介護福祉士等を配置していること。具体的には、新加算等を算定する事業所又は併設する本体事業所においてサービス類型ごとに別紙１表４に掲げるサービス提供体制強化加算、特定事業所加算、入居継続支援加算又は日常生活継続支援加算の各区分の届出を行っていること。

⑧ 職場環境等要件

（令和７年度以降の要件）

令和７年度以降に新加算ⅠからⅣまでのいずれかを算定する場合は、別紙１表５－１に掲げる処遇改善の取組を実施すること。

その際、新加算Ⅰ又はⅡを算定する場合は、別紙１表５－１の「入職促進に向けた取組」、「資質の向上やキャリアアップに向けた支援」、「両立支援・多様な働き方の推進」、「腰痛を含む心身の健康管理」、及び「やりがい・働きがいの醸成」の区分ごとに２以上の取組を実施し、新加算Ⅲ又はⅣを算定する場合は、上記の区分ごとに１以上を実施すること。

人未満の事業所等など、労働法規上の就業規則の作成義務がない事業所等においては、就業規則の代わりに内規等の整備・周知により上記二の要件を満たすこととしても差し支えない。また、令和６年度に限り、処遇改善計画書において令和７年３月末までに上記一の仕組みの整備を行うことを誓約すれば、令和６年度当初からキャリアパス要件Ⅲを満たすものとして取り扱っても差し支えない。ただし、必ず令和７年３月末までに当該仕組みの整備を行い、実績報告書においてその旨を報告すること。

⑥　キャリアパス要件Ⅳ（改善後の年額賃金要件）

経験・技能のある障害福祉人材のうち１人以上は、賃金改善後の賃金の見込額（新加算等を算定し実施される賃金改善の見込額を含む。）が年額 440 万円以上であること（新加算等による賃金改善以前の賃金が年額 440 万円以上である者を除く。）。ただし、以下の場合など、例外的に当該賃金改善が困難な場合であって、合理的な説明がある場合はこの限りではない。

・小規模事業所等で加算額全体が少額である場合

・職員全体の賃金水準が低い事業所などで、直ちに一人の賃金を引き上げることが困難な場合

さらに、令和６年度中は、賃金改善後の賃金の見込額が年額 440 万円以上の職員の代わりに、新加算の加算額のうち旧特定加算に相当する部分による賃金改善額が月額平均８万円（賃金改善実施期間における平均とする。）以上の職員を置くことにより、上記の要件を満たすこととしても差し支えない。

⑦　キャリアパス要件Ⅴ（配置等要件）

福祉専門職員配置等加算（居宅介護、重度訪問介護、同行援護、行動援護にあたっては特定事業所加算）の届出を行っていること。

※　重度障害者等包括支援、施設入所支援、短期入所、就労定着支援、居宅訪問型児童発達支援、保育所等訪問支援にあっては配置等要件に関する加算が無いため、配置等要件は不要とする。

⑧　職場環境等要件

（令和７年度以降の要件）

令和７年度以降に新加算ⅠからⅣまでのいずれかを算定する場合は、別紙１表４－１に掲げる処遇改善の取組を実施すること。

その際、新加算Ⅰ又はⅡを算定する場合は、別紙１表４－１の「入職促進に向けた取組」、「資質の向上やキャリアアップに向けた支援」、「両立支援・多様な働き方の推進」、「腰痛を含む心身の健康管理」、及び「やりがい・働きがいの醸成」の区分ごとに２以上の取組を実施し、新加算Ⅲ又はⅣを算定する場合は、上記の区分ごとに１以上を実施すること。

また、新加算Ⅰ又はⅡを算定する場合は、同表中「生産性向上（業務改善及び働く環境改善）のための取組」のうち３以上の取組（うち⑰又は⑱は必須）を実施し、新加算Ⅲ又はⅣを算定する場合は「生産性向上（業務改善及び働く環境改善）のための取組」のうち２つ以上の取組を実施すること。

ただし、生産性向上推進体制加算を算定している場合には、「生産性向上（業務改善及び働く環境改善）のための取組」の要件を満たすものとし、１法人あたり１の施設又は事業所のみを運営するような法人等の小規模事業者は、㉔の取組を実施していれば、「生産性向上（業務改善及び働く環境改善）のための取組」の要件を満たすものとする。

また、新加算Ⅰ又はⅡを算定する場合は、職場環境等の改善に係る取組について、ホームページへの掲載等により公表すること。具体的には、介護サービスの情報公表制度を活用し、新加算の算定状況を報告するとともに、職場環境等要件を満たすために実施した取組項目及びその具体的な取組内容を「事業所の特色」欄に記載すること。当該制度における報告の対象となっていない場合等には、各事業者のホームページを活用する等、外部から見える形で公表すること。

（令和６年度の経過措置）

上記の職場環境等要件の見直しについては、令和６年度中は適用を猶予する。したがって、令和６年度中の職場環境等要件としては、別紙１表 ５－２に掲げる職場環境等の改善に係る取組を実施し、その内容（別紙１表５－２参照）を全ての介護職員に周知すること。

その際、新加算Ⅰ又はⅡを算定する場合は、別紙１表５－２の「入職促進に向けた取組」、「資質の向上やキャリアアップに向けた支援」、「両立支援・多様な働き方の推進」、「腰痛を含む心身の健康管理」、「生産性の向上のための業務改善の取組」及び「やりがい・働きがいの醸成」の区分ごとに１以上の取組を実施し、新加算Ⅲ又はⅣを算定する場合は、別紙１表５－２の取組のうち１以上を実施すること。

また、新加算Ⅰ又はⅡを算定する場合は、職場環境等の改善に係る取組について、ホームページへの掲載等により公表すること。具体的には、介護サービスの情報公表制度を活用し、職場環境等要件を満たすために実施した取組項目を「事業所の特色」欄で選択すること。当該制度における報告の対象となっていない場合等には、各事業者のホームページを活用する等、外部から見える形で公表すること。

⑵ 介護職員処遇改善加算（旧処遇改善加算）の要件

令和６年４月及び５月に旧処遇改善加算ⅠからⅢまでのいずれかを算定する場合の要件は、上記⑴に掲げる新加算の要件中、旧処遇改善加算の区分ごと

また、新加算Ⅰ又はⅡを算定する場合は、同表中「生産性向上（業務改善及び働く環境改善）のための取組」のうち３以上の取組（うち⑱は必須）を実施し、新加算Ⅲ又はⅣを算定する場合は「生産性向上（業務改善及び働く環境改善）のための取組」のうち２つ以上の取組を実施すること。

ただし、１法人あたり１の施設又は事業所のみを運営するような法人等の小規模事業者は、㉔の取組を実施していれば、「生産性向上（業務改善及び働く環境改善）のための取組」の要件を満たすものとする。

また、新加算Ⅰ又はⅡを算定する場合は、職場環境等の改善に係る取組について、ホームページへの掲載等により公表すること。具体的には、原則、障害福祉サービス等情報公表制度を活用し、新加算の算定状況を報告するとともに、職場環境等要件を満たすために実施した取組項目及びその具体的な取組内容を記載すること。

（令和６年度の経過措置）

上記の職場環境等要件の見直しについては、令和６年度中は適用を猶予する。したがって、令和６年度中の職場環境等要件としては、別紙１表４－２に掲げる職場環境等の改善に係る取組を実施し、その内容（別紙１表　４－２参照）を全ての福祉・介護職員に周知すること。

その際、新加算Ⅰ又はⅡを算定する場合は、別紙１表４－２の「入職促進に向けた取組」、「資質の向上やキャリアアップに向けた支援」、「両立支援・多様な働き方の推進」、「腰痛を含む心身の健康管理」、「生産性の向上のための業務改善の取組」及び「やりがい・働きがいの醸成」の　６つの区分から３つの区分を選択し、それぞれで１以上の取組を実施し、新加算Ⅲ又はⅣを算定する場合は、別紙１表４－２の取組のうち１以上を実施すること。

また、新加算Ⅰ又はⅡを算定する場合は、職場環境等の改善に係る取組について、ホームページへの掲載等により公表すること。具体的には、原則、障害福祉サービス等情報公表制度を活用し、職場環境等要件を満たすために実施した取組項目を選択すること。

（２）福祉・介護職員処遇改善加算（旧処遇改善加算）の要件

令和６年４月及び５月に旧処遇改善加算ⅠからⅢまでのいずれかを算定する場合の要件は、上記（１）に掲げる新加算の要件中、旧処遇改善加算の区分

巻末資料

に、それぞれ別紙１表２－１に掲げる要件とする。

⑶ 介護職員等特定処遇改善加算（旧特定加算）の要件

令和６年４月及び５月に旧特定加算Ⅰ又はⅡを算定する場合の要件は、旧処遇改善加算ⅠからⅢまでのいずれかを算定していることに加えて、上記⑴に掲げる新加算の要件中、旧特定加算の区分ごとに、それぞれ別紙１表　２－１に掲げる要件とする。

⑷ 介護職員等ベースアップ等支援加算（旧ベースアップ等加算）の要件　令和６年４月及び５月に旧ベースアップ等加算を算定する場合の要件は、旧処遇改善加算ⅠからⅢまでのいずれかを算定していることに加えて、別紙１表２－１に掲げる要件とする。具体的には、月額賃金改善要件Ⅲとして、次の要件を適用するものとする。

•月額賃金改善要件Ⅲ

令和６年４月及び５月に旧ベースアップ等加算を算定する事業所は、当該事業所のサービス類型ごとに別紙１表１－１に掲げる旧ベースアップ等加算の加算率を乗じて算出した額の３分の２以上の基本給等の引上げを実施しなければならない。

ただし、令和６年３月 31 日時点で旧ベースアップ等加算を算定している場合は、令和６年４月及び５月も同様の賃金改善を継続することを誓約することで、本要件に係る具体的な賃金改善額等の記載は不要とする。

４　新加算等の算定に係る事務処理手順

令和６年度に新加算等を算定しようとする介護サービス事業者等は、それぞれの期日までに以下の届出を行うこと。

⑴ 体制等状況一覧表等の届出（体制届出）

新加算等の算定に当たっては、介護サービス事業所・施設等ごとに、介護給付費算定に係る体制等状況一覧表又は介護予防・日常生活支援総合事業費算定に係る体制等状況一覧表等の必要書類一式の提出（以下「体制届出」という。）を行うこと。

その際、居宅系サービスの場合は算定を開始する月の前月 15 日、施設系サービス（短期入所生活介護、短期入所療養介護、（地域密着型）特定施設入居者生活介護、認知症対応型共同生活介護、地域密着型介護老人福祉施設を含む。以下同じ。）の場合は当月１日までに、当該介護サービス事業所等の所在する都道府県知事等（当該介護サービス事業所等の指定等権者が都道府県知事である場合は都道府県知事とし、当該介護サービス事業所等の指定等権者が市町村

ごとに、それぞれ別紙1表2－1に掲げる要件とする。
（3）福祉・介護職員等特定処遇改善加算（旧特定加算）の要件
令和6年4月及び5月に旧特定加算Ⅰ又はⅡを算定する場合の要件は、旧処遇改善加算ⅠからⅢまでのいずれかを算定していることに加えて、上記（1）に掲げる新加算の要件中、旧特定加算の区分ごとに、それぞれ別紙1表2－1に掲げる要件とする。
（4）福祉・介護職員等ベースアップ等支援加算（旧ベースアップ等加算）の要件
令和6年4月及び5月に旧ベースアップ等加算を算定する場合の要件は、旧処遇改善加算ⅠからⅢまでのいずれかを算定していることに加えて、別紙 1表2－1に掲げる要件とする。具体的には、月額賃金改善要件Ⅲとして、次の要件を適用するものとする。

・月額賃金改善要件Ⅲ
令和6年4月及び5月に旧ベースアップ等加算を算定する事業所は、当該事業所のサービス別に別紙1表1－1に掲げる旧ベースアップ等加算の加算率を乗じて算出した額の3分の2以上の基本給等の引上げを実施しなければならない。
ただし、令和6年3月 31 日時点で旧ベースアップ等加算を算定している場合は、令和6年4月及び5月も同様の賃金改善を継続することを誓約することで、本要件に係る具体的な賃金改善額等の記載は不要とする。

4．新加算等の算定に係る事務処理手順
令和6年度に新加算等を算定しようとする障害福祉サービス事業者等は、それぞれの期日までに以下の届出を行うこと。
（1）体制等状況一覧表等の届出（体制届出）
新加算等の算定に当たっては、障害福祉サービス事業所・施設等ごとに、介護給付費等の算定に係る体制等状況一覧表等の必要書類一式の提出（以下「体制届出」という。）を行うこと。

その際、算定を開始する月の前月 15 日までに、当該障害福祉サービス事業所等の所在する都道府県知事等（当該障害福祉サービス事業所等の指定等権者が都道府県知事である場合は都道府県知事とし、当該障害福祉サービス事業所等の指定等権者が市町村長（特別区長を含む。以下同じ。）である場合は市町村長とする。以下同じ。）に提出するものとする。

長（特別区長を含む。以下同じ。）である場合は市町村長とする。また、地域密着型サービス及び介護予防・日常生活支援総合事業において当該介護サービス事業所等の指定を行う市町村長を含む。以下同じ。）に提出するものとする。

なお、令和６年４月又は５月から新規に旧３加算を算定し始める場合又は旧３加算の区分を変更する場合の体制届出の期日は、他の加算と同様に、令和６年４月１日とする。

ただし、下記⑵のとおり、処遇改善計画書の届出期日が令和６年４月 15 日であることを踏まえ、都道府県知事等は、旧３加算に係る体制届出の期日を令和６年４月 15 日としても差し支えない。

また、体制届出の期日を令和６年４月１日とする場合であっても、都道府県知事等は、令和６年４月 15 日までの間に介護サービス事業者等が届け出た旧３加算の算定区分の変更等を受け付ける等、柔軟な取扱いとすること。

併せて、令和６年６月以降の新加算の算定に係る体制届出については、他の加算と同様に、居宅系サービスの場合は令和６年５月 15 日、施設系サービスの場合は令和６年６月１日を届出期日とするが、各介護サービス事業者等が旧３加算に係る届出と同時に新加算の届出も行うことができるよう、都道府県知事等は、必要な対応を行うこと。ただし、下記⑵のとおり、新加算の算定に係る処遇改善計画書の変更が令和６年６月 15 日まで受け付けられることを踏まえ、令和６年６月 15 日までの間は、新加算に係る体制届出の変更を受け付ける等、柔軟な取扱いとすること。

⑵ 処遇改善計画書等の作成・提出

新加算等の算定に当たっては、「指定居宅サービスに要する費用の額の算定に関する基準等の一部を改正する告示」第 54 条による改正後の「厚生労働大臣が定める基準」（以下「大臣基準告示」という。）第４号イ⑵並びに令和６年４月大臣基準告示第４号イ⑵、第４号の２イ⑵及び第４号の３ロ等に規定する介護職員等処遇改善計画書、介護職員処遇改善計画書、介護職員等特定処遇改善計画書及び介護職員等ベースアップ等支援計画書を、別紙様式２－１、別紙様式２－２、別紙様式２－３及び別紙様式２－４に定める様式により作成し、当該事業年度において初めて新加算等を算定する月 の前々月の末日までに、新加算等を算定する介護サービス事業所等の所在する都道府県知事等に対して提出し、根拠資料と併せて２年間保存することとする。

ただし、確認の事務に要する時間が十分確保できる場合等において、都道府県知事等は処遇改善計画書の提出期日を延長しても差し支えない。

ただし、下記（2）のとおり、処遇改善計画書の届出期日が令和6年4月 15日であることを踏まえ、都道府県知事等は旧3加算に係る体制届出の期日を令和6年4月 15 日としても差し支えない。

併せて、令和6年6月以降の新加算の算定に係る体制届出については、他の加算と同様に、令和6年5月 15 日を届出期日とするが、各障害福祉サービス事業者等が旧3加算に係る届出と同時に新加算の届出も行うことができるよう、都道府県知事等は、必要な対応を行うこと。ただし、下記（2）のとおり、新加算の算定に係る処遇改善計画書の変更が令和6年6月 15 日まで受け付けられることを踏まえ、令和6年6月 15 日までの間は、新加算に係る体制届出の変更を受け付ける等、柔軟な取扱いとすること。

（2）処遇改善計画書等の作成・提出

新加算等の算定に当たっては、「障害者の日常生活及び社会生活を総合的に支援するための法律に基づく指定障害福祉サービス等及び基準該当障害福祉サービスに要する費用の額の算定に関する基準等の一部を改正する告示」第9条による改正後の「こども家庭庁長官及び厚生労働大臣が定める基準並びに厚生労働大臣が定める基準」（以下「大臣基準告示」という。）第4号イ（2）並びに令和6年4月大臣基準告示第2号イ（2）、第3号イ（2）及び第3号の2ロ等に規定する福祉・介護職員等処遇改善計画書、福祉・介護職員処遇改善計画書、福祉・介護職員等特定処遇改善加算計画書及び福祉・介護職員等ベースアップ等支援計画書を 、別紙様式2－1、別紙様式2－ 2、別紙様式2－3及び別紙様式2－4に定める様式により作成し、当該事業年度において初めて新加算等を算定する月の前々月の末日までに、新加算等を算定する障害福祉サービス事業所等の所在する都道府県知事等に対して提出し、根拠資料と併せて2年間保存することとする。

ただし、確認の事務に要する時間が十分確保できる場合等において、都道府県知事等は処遇改善計画書の提出期限を延長しても差し支えない。

ただし、令和6年4月及び5月の旧3加算の算定並びに令和6年6月以降の新加算の算定に係る処遇改善計画書の提出期日は、令和6年4月 15 日とする。なお、令和6年6月に算定する新加算に係る処遇改善計画書について、都道府県知事等は、令和6年6月 15 日まで、介護サービス事業者等が行った変更を受け付けること。令和6年7月分以降の変更については、5⑴に規定する取扱いとすること。

⑶ 実績報告書等の作成・提出

新加算等を算定した介護サービス事業者等は、大臣基準告示第4号イ⑷並びに令和6年4月大臣基準告示第4号イ⑷、第4号の2イ⑷及び第4号の3ニ等に規定する実績の報告を、別紙様式3－1及び3－2に定める様式により作成の上、各事業年度における最終の加算の支払があった月の 翌々月の末日までに、都道府県知事等に対して提出し、根拠資料と併せて2年間保存することとする。このため、令和6年度の実績報告書の提出期日は、令和7年3月分の加算の支払が令和7年5月であることから、通常の場合、令和7年7月 31 日となる。

⑷ 複数の介護サービス事業所等を有する介護サービス事業者等の特例

複数の介護サービス事業所等を有する介護サービス事業者等については、別紙様式2及び3の処遇改善計画書等について、事業者（法人）単位で一括して作成して差し支えない。その際、処遇改善計画書等は、各介護サービス事業所等の指定権者である都道府県知事等に対して、それぞれ上記⑴から⑶までに記載の期日までに、届出を行うこと。なお、各介護サービス事業所等の指定権者に提出する処遇改善計画書等の記載事項は、「提出先」の項目以外は同一の内容で差し支えない。

⑸ 処遇改善計画書・実績報告書等の様式の特例

介護サービス事業者等の事務負担に配慮し、同一法人内の事業所数が 10 以下の介護サービス事業者等については、別紙様式6により、大臣基準告示第4号イ⑵並びに令和6年4月大臣基準告示第4号イ⑵、第4号の2イ⑵及び第4号の3ロ等に規定する処遇改善計画書の作成及び提出を行うことができることとする。また、事務負担への配慮が特に必要な、令和6年3月時点で加算を未算定の事業所が、令和6年6月以降、新規に新加算Ⅲ又はⅣを算定する場合には、新加算Ⅲ又はⅣに対応する令和6年4月及び5月の旧3加算の区分の算定と併せて、別紙様式7－1により処遇改善計画書の作成及び提出を行うことができることとし、別紙様式7－2により、大臣基準告示第4号イ⑷並びに令和6年4月大臣基準告示第4号イ⑷、第4号の 2イ⑷及び第4号の3ニに規定する実績の報告を行うことができることとする。

ただし、令和６年４月及び５月の旧３加算の算定並びに令和６年６月以降の新加算の算定に係る処遇改善計画書の提出期日は、令和６年４月 15 日とする。なお、令和６年６月に算定する新加算に係る処遇改善計画書について、都道府県知事等は、令和６年６月 15 日まで、障害福祉サービス事業者等が行った変更を受け付けること。令和６年７月分以降の変更については、５（１）に規定する取扱いとすること。

（３）実績報告書等の作成・提出

新加算等を算定した障害福祉サービス事業者等は、大臣基準告示第２号イ（４）並びに令和６年４月大臣基準告示第２号イ（４）、第３号イ（４）及び第３号の２ニ等に規定する実績の報告を、別紙様式３－１、３－２及び３－３に定める様式により作成の上、各事業年度における最終の加算の支払があった月の翌々月の末日までに、都道府県知事等に対して提出し、根拠資料と併せて２年間保存することとする。

このため、令和６年度の実績報告書の提出期日は、令和７年３月分の加算の支払が令和７年５月であることから、通常の場合、令和７年７月 31 日となる。

（４）複数の障害福祉サービス事業所等を有する障害福祉サービス事業者等の特例

複数の障害福祉サービス事業所等を有する障害福祉サービス事業者等については、別紙様式２及び３の処遇改善計画書等について、事業者（法人）単位で一括して作成して差し支えない。その際、処遇改善計画書等は、各障害福祉サービス事業所等の指定権者である都道府県知事等に対して、それぞれ上記（１）から（３）までに記載の期日までに、届出を行うこと。なお、各障害福祉サービス事業所等の指定権者に提出する処遇改善計画書等の記載事項は、「提出先」の項目以外は同一の内容で差し支えない。

（５）処遇改善計画書・実績報告書等の様式の特例

障害福祉サービス事業者等の事務負担に配慮し、同一法人内の事業所数が 10 以下の障害福祉サービス事業者等については、別紙様式６により、大臣基準告示第２号イ（４）並びに令和６年４月大臣基準告示第２号イ（２）、第 ３号イ（４）及び第３号の２ニ等に規定する処遇改善計画書の作成及び提出を行うことができることとする。また、事務負担への配慮が特に必要な、令和６年３月時点で加算を未算定の事業所が、令和６年６月以降、新規に新加算Ⅲ又はⅣを算定する場合には、新加算Ⅲ又はⅣに対応する令和６年４月及び５月の旧３加算の区分の算定と併せて、別紙様式７－１により処遇改善計画書の作成及び提出を行うことができることとし、別紙様式７－２により、大臣基準告示第２号イ（４）並びに令和６年４月大臣基準告示第２号イ（４）、第３号イ（４）及び第３号の２ニ等に規定する実績の報告を行うことができることとする。

なお、処遇改善計画書を別紙様式6により作成した場合にあっては、実績報告書については、通常の場合と同様に、別紙様式3により作成及び提出を行うこと。

5 都道府県知事等への変更等の届出

(1) 変更の届出

介護サービス事業者等は、新加算等を算定する際に提出した処遇改善計画書の内容に変更（次の①から⑤までのいずれかに該当する場合に限る。）があった場合には、次の①から⑤までに定める事項を記載した別紙様式4の変更に係る届出書（以下「変更届出書」という。）を届け出ること。

また、⑥に係る変更のみである場合には、実績報告書を提出する際に、⑥に定める事項を記載した変更届出書をあわせて届け出ること。

なお、届出の期日については、居宅系サービスの場合は算定を開始する月の前月 15 日、施設系サービスの場合は当月1日までに、当該介護サービス事業所等の所在する都道府県知事等に提出するものとする。

① 会社法（平成 17 年法律第 86 号）の規定による吸収合併、新設合併等により、計画書の作成単位が変更となる場合は、変更届出書及び別紙様式2－1を提出すること。

② 複数の介護サービス事業所等について一括して申請を行う事業者において、当該申請に関係する介護サービス事業所等に増減（新規指定、廃止等の事由による。）があった場合は、変更届出書及び以下に定める書類を提出すること。

•旧処遇改善加算については、別紙様式2－1の2(1)及び別紙様式2－ 2

•旧特定加算については、別紙様式2－1の2(1)及び3(6)並びに別紙様式2－2

•旧ベースアップ等加算については、別紙様式2－1の2(1)及び3(3)並びに別紙様式2－2

•新加算については、別紙様式2－1の2(1)、3(2)及び3(6)並びに別紙様式2－3及び2－4

③ キャリアパス要件ⅠからⅢまでに関する適合状況に変更（算定する旧処遇改善加算及び新加算の区分に変更が生じる場合に限る。）があった場合は、キャリアパス要件の変更に係る部分の内容を変更届出書に記載し、別紙様式2－1の2(1)及び3(4)から(7)まで並びに別紙様式2－2、2－ 3及び2－4を提出すること。

④ キャリアパス要件Ⅴ（介護福祉士等の配置要件）に関する適合状況に変更があり、算定する加算の区分に変更が生じる場合は、介護福祉士等の配置要

なお、処遇改善計画書を別紙様式6により作成した場合にあっては、実績報告書については、通常の場合と同様に、別紙様式3により作成及び提出を行うこと。

5．都道府県知事等への変更等の届出

（1）変更の届出

障害福祉サービス事業者等は、新加算を算定する際に提出した処遇改善計画書の内容に変更（次の①から⑤までのいずれかに該当する場合に限る。）があった場合には、次の①から⑤までに定める事項を記載した別紙様式4の変更に係る届出書（以下「変更届出書」という。）を届け出ること。

また、⑥に係る変更のみである場合には、実績報告書を提出する際に、⑥に定める事項を記載した変更届出書をあわせて届け出ること。

なお、届出の期日については、算定を開始する月の前月 15 日までに、当該障害福祉サービス事業所等の所在する都道府県知事等に提出するものとする。

① 会社法（平成 17 年法律第 86 号）の規定による吸収合併、新設合併等により、計画書の作成単位が変更となる場合は、変更届出書及び別紙様式2－ 1を提出すること。

② 複数の障害福祉サービス事業所等について一括して申請を行う事業者において、当該申請に関係する障害福祉サービス事業所等に増減（新規指定、廃止等の事由による。）があった場合は、変更届出書及び以下に定める書類を提出すること。

・旧処遇改善加算については、別紙様式2－1の2（1）及び別紙様式 2－2

・ 旧特定加算については、別紙様式2－1の2（1）及び3（6）並びに別紙様式2－2

・ 旧ベースアップ等加算については、別紙様式2－1の2（1）及び3（3）並びに別紙様式2－2

・ 新加算については、別紙様式2－1の2（1）、3（2）及び3（6）並びに別紙様式2－3及び2－4

③ キャリアパス要件ⅠからⅢまでに関する適合状況に変更（算定する旧処遇改善加算及び新加算の区分に変更が生じる場合に限る。）があった場合は、キャリアパス要件の変更に係る部分の内容を変更届出書に記載し、別紙様式2－1の2（1）及び3（4）から（7）まで並びに別紙様式2－ 2、2－3及び2－4を提出すること。

④ キャリアパス要件Ⅴ（配置等要件）に関する適合状況に変更があり、算定する加算の区分に変更が生じる場合は、配置等要件の変更の内容を変更届出

件の変更の内容を変更届出書に記載し、別紙様式２－１の３(7)並びに別紙様式２－２、２－３及び２－４を提出すること。また、喀痰吸引を必要とする利用者の割合についての要件等を満たせないことにより、入居継続支援加算や日常生活継続支援加算を算定できない状況が常態化し、３か月以上継続した場合も、同様に変更の届出を行うこと。

⑤ また、算定する新加算等の区分の変更を行う場合及び新加算等を新規に算定する場合には、変更届出書及び以下の様式を記載すること。

•旧処遇改善加算、旧特定加算及び旧ベースアップ等加算については、別紙様式２－１及び２－２

•新加算については、別紙様式２－１、２－３及び２－４

⑥ 就業規則を改訂（介護職員の処遇に関する内容に限る。）した場合は、当該改訂の概要を変更届出書に記載すること。

⑵ 特別事情届出書

事業の継続を図るために、職員の賃金水準（加算による賃金改善分を除く。以下この５において同じ。）を引き下げた上で賃金改善を行う場合には、以下の①から④までの事項を記載した別紙様式５の特別な事情に係る届出書（以下「特別事情届出書」という。）を届け出ること。なお、年度を超えて介護職員の賃金を引き下げることとなった場合は、次年度の新加算を算定するために必要な届出を行う際に、特別事情届出書を再度提出する必要がある。

① 新加算等を算定している介護サービス事業所等の法人の収支（介護事業による収支に限る。）について、サービス利用者数の大幅な減少等により経営が悪化し、一定期間にわたって収支が赤字である、資金繰りに支障が生じる等の状況にあることを示す内容

② 介護職員（その他の職種を賃金改善の対象としている介護サービス事業所等については、その他の職種の職員を含む。以下この５において同じ。）の賃金水準の引き下げの内容

③ 当該法人の経営及び介護職員の賃金水準の改善の見込み

④ 介護職員の賃金水準を引き下げることについて適切に労使の合意を得ていること等の必要な手続きに関して、労使の合意の時期及び方法 等

６ 届出内容を証明する資料の保管及び提示

新加算等を算定しようとする介護サービス事業者等は、処遇改善計画書の提出に当たり、処遇改善計画書のチェックリストを確認するとともに、記載内容の根拠となる資料及び以下の書類を適切に保管し、都道府県知事等から求めがあった場合には速やかに提示しなければならない。

書に記載し、別紙様式2－1の3（7）並びに別紙様式2－2、2－3及び2－4を提出すること。

また、喀痰吸引を必要とする利用者の割合についての要件等を満たせないことにより、特定事業所加算を算定できない状況が常態化し、3か月以上継続した場合も、同様に変更の届出を行うこと。

⑤　また、算定する新加算等の区分の変更を行う場合及び新加算等を新規に算定する場合には、変更届出書及び以下の様式を記載すること。

・　旧処遇改善加算、旧特定加算及び旧ベースアップ等加算については、別紙様式2－1及び2－2

・　新加算については、別紙様式2－1、2－3及び2－4

⑥　就業規則を改訂（福祉・介護職員の処遇に関する内容に限る。）した場合は、当該改訂の概要を変更届出書に記載すること。

（2）特別事情届出書

事業の継続を図るために、職員の賃金水準（加算による賃金改善分を除く。以下この5において同じ。）を引き下げた上で賃金改善を行う場合には、以下の①から④までの事項を記載した別紙様式5の特別な事情に係る届出書（以下「特別事情届出書」という。）を届け出ること。なお、年度を超えて福祉・介護職員の賃金を引き下げることとなった場合は、次年度の新加算を算定するために必要な届出を行う際に、特別事情届出書を再度提出する必要がある。

①　新加算等を算定している障害福祉サービス事業所等の法人の収支（障害福祉サービス事業による収支に限る。）について、サービス利用者数の大幅な減少等により経営が悪化し、一定期間にわたって収支が赤字である、資金繰りに支障が生じる等の状況にあることを示す内容

②　福祉・介護職員（その他の職種を賃金改善の対象としている障害福祉サービス事業所等については、その他の職種の職員を含む。以下この5に　おいて同じ。）の賃金水準の引き下げの内容

③　当該法人の経営及び福祉・介護職員の賃金水準の改善の見込み

④　福祉・介護職員の賃金水準を引き下げることについて適切に労使の合意を得ていること等の必要な手続きに関して、労使の合意の時期及び方法　等

6．届出内容を証明する資料の保管及び提示

新加算等を算定しようとする障害福祉サービス事業者等は、処遇改善計画書の提出に当たり、処遇改善計画書のチェックリストを確認するとともに、記載内容の根拠となる資料及び以下の書類を適切に保管し、都道府県知事等から求めがあった場合には速やかに提示しなければならない。

イ 労働基準法（昭和 22 年法律第 49 号）第 89 条に規定する就業規則等（賃金・退職手当・臨時の賃金等に関する規程、別紙様式２－１の３(4)のうちキャリアパス要件Ⅰに係る任用要件及び賃金体系に関する規程、別紙様式２－１の３(5)のうちキャリアパス要件Ⅲに係る昇給の仕組みに関する規程を就業規則と別に作成している場合には、それらの規程を含む。以下同じ。）

ロ 労働保険に加入していることが確認できる書類（労働保険関係成立届、労働保険概算・確定保険料申告書等）

７ 新加算等の停止

都道府県知事等は、新加算等を取得する介護サービス事業者等が(1)又は(2)に該当する場合は、既に支給された新加算等の一部若しくは全部を不正受給として返還させること又は新加算等を取り消すことができる。なお、複数の介護サービス事業所等を有する介護サービス事業者等（法人である場合に限る。）であって一括して処遇改善計画書を作成している場合、当該介護サービス事業所等の指定権者間において協議し、必要に応じて監査等を連携して実施すること。指定権者間の協議に当たっては、都道府県が調整をすることが望ましい。

(1) 新加算等の算定額に相当する賃金改善が行われていない、賃金水準の引下げを行いながら５(2)の特別事情届出書の届出が行われていない等、大臣基準告示及び本通知に記載の算定要件を満たさない場合
(2) 虚偽又は不正の手段により加算を受けた場合

８ 新加算等の算定要件の周知・確認等について

都道府県等は、新加算等を算定している介護サービス事業所等が新加算等の算定要件を満たすことについて確認するとともに、適切な運用に努められたい。また、新加算等を算定する介護サービス事業者等は、以下の点に努められたい。

(1) 賃金改善方法の周知について

新加算等を算定する介護サービス事業者等は、当該事業所における賃金改善を行う方法等について処遇改善計画書を用いて職員に周知するとともに、就業規則等の内容についても介護職員等に周知すること。

介護職員等から新加算等に係る賃金改善に関する照会があった場合は、当該職員についての賃金改善の内容について、書面を用いるなど分かりやすく回答すること。

イ　労働基準法（昭和22年法律第49号）第89条に規定する就業規則等（賃金・退職手当・臨時の賃金等に関する規程、別紙様式２－１の３（４）のうちキャリアパス要件Ⅰに係る任用要件及び賃金体系に関する規程、別紙様式２－ １の３（５）のうちキャリアパス要件Ⅲに係る昇給の仕組みに関する規程を就業規則と別に作成している場合には、それらの規程を含む。以下同じ。）

ロ　労働保険に加入していることが確認できる書類（労働保険関係成立届、労働保険概算・確定保険料申告書等）

７．新加算等の停止

都道府県知事等は、新加算等を取得する障害福祉サービス事業者等が（１）又は（２）に該当する場合は、既に支給された新加算等の一部若しくは全部を不正受給として返還させること又は新加算等を取り消すことができる。なお、複数の障害福祉サービス事業所等を有する障害福祉サービス事業者等（法人である場合に限る。）であって一括して処遇改善計画書を作成している場合、当該障害福祉サービス事業所等の指定権者間において協議し、必要に応じて監査等を連携して実施すること。指定権者間の協議に当たっては、都道府県が調整をすることが望ましい。

（１）　新加算等の算定額に相当する賃金改善が行われていない、賃金水準の引下げを行いながら５（２）の特別事情届出書の届出が行われていない等、大臣基準告示等及び本通知に記載の算定要件を満たさない場合

（２）　虚偽又は不正の手段により加算を受けた場合

８．新加算等の算定要件の周知・確認等について

都道府県等は、新加算等を算定している障害福祉サービス事業所等が新加算等の算定要件を満たすことについて確認するとともに、適切な運用に努められたい。また、新加算等を算定する障害福祉サービス事業者等は、以下の点に努められたい。

（１）　賃金改善方法の周知について

新加算等を算定する障害福祉サービス事業者等は、当該事業所における賃金改善を行う方法等について処遇改善計画書を用いて職員に周知するとともに、就業規則等の内容についても福祉・介護職員等に周知すること。

福祉・介護職員等から新加算等に係る賃金改善に関する照会があった場合は、当該職員についての賃金改善の内容について、書面を用いるなど分かりやすく回答すること。

⑵ 労働法規の遵守について

新加算等の目的や、令和６年４月大臣基準告示第４号イ⑸及び大臣基準告示第４号イ⑸を踏まえ、労働基準法等を遵守すること。

９ その他

⑴ 介護分野の文書に係る負担軽減に関する取組について令和元年度の「介護分野の文書に係る負担軽減に関する専門委員会」（以下「専門委員会」という。）における議論や中間取りまとめの趣旨を踏まえ、新加算等の様式の取扱いについては以下の通りとすること。

① 別紙様式は、原則として、都道府県等において変更を加えないこと。

② 処遇改善計画書及び実績報告書の内容を証明する資料は、介護サービス事業者等が適切に保管していることを確認し、都道府県等からの求めがあった場合には速やかに提出することを要件として、届出時に全ての介護サービス事業者等から一律に添付を求めてはならないこと。

③ 別紙様式について押印は要しないこと。

なお、更なる負担軽減を図る観点から、「介護職員の働く環境改善に向けた政策パッケージ」（令和４年 12 月）も踏まえ、令和５年度分からは、これまで以上の様式の簡素化を行っている。

⑵ 新加算等の取得促進について

介護サービス事業者等における新加算等の新規算定や、より上位の区分の算定に向けた支援を行う「取得促進支援事業」を適宜活用されたい。また、国が当該事業を行うに当たっては、ご協力をお願いしたい。

⑶ 介護事業所に対する雇用管理の改善に係る相談・援助支援について

介護労働者が職場に定着し、安心して働き続けるようにするためには、雇用管理の改善等は重要であることから、（公財）介護労働安定センターでは事業主に対する雇用管理の改善等に関する相談・援助を実施している。新加算取得につながる就業規則や賃金規程の作成等の相談・援助も行っていることから適宜案内されたい。

なお、介護サービス事業者等に対する集団指導の場において、（公財）介護労働安定センターから雇用管理改善に向けた支援策の説明等を行うことも可能であることを申し添える。

⑷ 令和５年度の旧３加算に係る届出について

本通知は令和６年度の旧３加算及び新加算に係る届出に適用することとし、令和５年度の旧３加算の届出は、「介護職員処遇改善加算、介護職員等特定処遇改善加算及び介護職員等ベースアップ等支援加算に関する基本的考え方並びに事務処理手順及び様式例の提示について（令和５年度分）」（令和５年３月

（２）　労働法規の順守について

新加算等の目的や、令和６年４月大臣基準告示第２号イ（５）及び大臣基準告示第２号イ（５）等を踏まえ、労働基準法等を遵守すること。

９．その他

（１）　障害福祉分野の文書に係る負担軽減に関する取組について新加算等の様式の取扱いについては以下の通りとすること。

①　別紙様式は、原則として、都道府県等において変更を加えないこと。

②　処遇改善計画書及び実績報告書の内容を証明する資料は、障害福祉サービス事業者等が適切に保管していることを確認し、都道府県等からの求めがあった場合には速やかに提出することを要件として、届出時に全ての障害福祉サービス事業者等から一律に添付を求めてはならないこと。

③　別紙様式について押印は要しないこと。

なお、更なる負担軽減を図る観点から、令和５年度分からは、これまで以上の様式の簡素化を行っている。

（２）新加算等の取得促進について

障害福祉サービス事業者等における新加算等の新規取得や、より上位の区分の取得に向けた支援を行う「処遇改善加算等取得促進事業」を適宜活用されたい。また、国が当該事業を行うに当たっては、ご協力をお願いしたい。

（３）令和５年度の旧３加算に係る届出について

本通知は令和６年度の旧３加算及び新加算に係る届出に適用することとし、令和５年度の旧３加算の届出は、「福祉・介護職員処遇改善加算等に関する基本的考え方並びに事務処理手順及び様式例の提示について」（令和５年３月10日障障発0310第２号厚生労働省社会・援護局障害保健福祉部障害福祉課長

1日老発 0301 第2号厚生労働省老健局長通知）に基づき行うものとする。

以上

通知）に基づき行うものとする。
以上

別紙１

表１　加算算定対象サービス

サービス区分	介護職員処遇改善加算 キャリアパス要件等の適合状況に応じた加算率 介護職員処遇改善加算（Ⅰ）に該当（ア）	介護職員処遇改善加算（Ⅱ）に該当（イ）	介護職員処遇改善加算（Ⅲ）に該当（ウ）	介護職員等特定処遇改善加算 サービス提供体制強化加算等の算定状況に応じた加算率 介護職員等特定処遇改善加算（Ⅰ）に該当	介護職員等特定処遇改善加算（Ⅱ）に該当	介護職員等ベースアップ等支援加算
訪問介護	13.7%	10.0%	5.5%	6.3%	4.2%	2.4%
夜間対応型訪問介護	13.7%	10.0%	5.5%	6.3%	4.2%	2.4%
定期巡回・随時対応型訪問介護看護	13.7%	10.0%	5.5%	6.3%	4.2%	2.4%
（介護予防）訪問入浴介護	5.8%	4.2%	2.3%	2.1%	1.5%	1.1%
通所介護	5.9%	4.3%	2.3%	1.2%	1.0%	1.1%
地域密着型通所介護	5.9%	4.3%	2.3%	1.2%	1.0%	1.1%
（介護予防）通所リハビリテーション	4.7%	3.4%	1.9%	2.0%	1.7%	1.0%
（介護予防）特定施設入居者生活介護	8.2%	6.0%	3.3%	1.8%	1.2%	1.5%
地域密着型特定施設入居者生活介護	8.2%	6.0%	3.3%	1.8%	1.2%	1.5%
（介護予防）認知症対応型通所介護	10.4%	7.6%	4.2%	3.1%	2.4%	2.3%
（介護予防）小規模多機能型居宅介護	10.2%	7.4%	4.1%	1.5%	1.2%	1.7%
看護小規模多機能型居宅介護	10.2%	7.4%	4.1%	1.5%	1.2%	1.7%
（介護予防）認知症対応型共同生活介護	11.1%	8.1%	4.5%	3.1%	2.3%	2.3%
介護福祉施設サービス	8.3%	6.0%	3.3%	2.7%	2.3%	1.6%
地域密着型介護老人福祉施設	8.3%	6.0%	3.3%	2.7%	2.3%	1.6%
（介護予防）短期入所生活介護	8.3%	6.0%	3.3%	2.7%	2.3%	1.6%
介護保健施設サービス	3.9%	2.9%	1.6%	2.1%	1.7%	0.8%
（介護予防）短期入所療養介護　（老健）	3.9%	2.9%	1.6%	2.1%	1.7%	0.8%
介護療養施設サービス	2.6%	1.9%	1.0%	1.5%	1.1%	0.5%
（介護予防）　短期入所療養介護 （病院等（老健以外））	2.6%	1.9%	1.0%	1.5%	1.1%	0.5%
介護医療院サービス	2.6%	1.9%	1.0%	1.5%	1.1%	0.5%
（介護予防）短期入所療養介護（医療院）	2.6%	1.9%	1.0%	1.5%	1.1%	0.5%

表２　加算算定非対象サービス

サービス区分	加算率
（介護予防）訪問看護、（介護予防）訪問リハビリテーション、（介護予防）福祉用具貸与、特定（介護予防）福祉用具販売、（介護予防）居宅療養管理指導、居宅介護支援、介護予防支援	0%

表３－１　キャリアパス要件等の適合状況に応じた区分＜処遇改善加算＞

介護職員処遇改善加算（Ⅰ）	３－（１）－②のキャリアパス要件Ⅰ、キャリアパス要件Ⅱ、キャリアパス要件Ⅲ、職場環境等要件の全てを満たす対象事業者
介護職員処遇改善加算（Ⅱ）	３－（１）－②のキャリアパス要件Ⅰ、キャリアパス要件Ⅱ及び職場環境等要件の全てを満たす対象事業者
介護職員処遇改善加算（Ⅲ）	３－（１）－②のキャリアパス要件Ⅰ又はキャリアパス要件Ⅱのどちらかを満たすことに加え、職場環境等要件を満たす対象事業者

表３－２　サービス提供体制強化加算等の算定状況に応じた加算率＜特定加算＞

介護職員等特定処遇改善加算（Ⅰ）	３－（２）－③の介護福祉士の配置等要件、処遇改善加算要件、職場環境等要件及び見える化要件の全てを満たす対象事業者
介護職員等特定処遇改善加算（Ⅱ）	３－（２）－③の処遇改善加算要件、職場環境等要件及び見える化要件の全てを満たす対象事業者

表４　職場環境等要件

区分	内容
入職促進に向けた取組	法人や事業所の経営理念やケア方針・人材育成方針、その実現のための施策・仕組みなどの明確化
	事業者の共同による採用・人事ローテーション・研修のための制度構築
	他産業からの転職者、主婦層、中高年齢者等、経験者・有資格者等にこだわらない幅広い採用の仕組みの構築
	職業体験の受入れや地域行事への参加や主催等による職業魅力度向上の取組の実施
資質の向上やキャリアアップに向けた支援	働きながら介護福祉士取得を目指す者に対する実務者研修受講支援や、より専門性の高い介護技術を取得しようとする者に対する喀痰吸引、認知症ケア、サービス提供責任者研修、中堅職員に対するマネジメント研修の受講支援等
	研修の受講やキャリア段位制度と人事考課との連動
	エルダー・メンター（仕事やメンタル面のサポート等をする担当者）制度等導入
	上位者・担当者等によるキャリア面談など、キャリアアップ等に関する定期的な相談の機会の確保
両立支援・多様な働き方の推進	子育てや家族等の介護等と仕事の両立を目指す者のための休業制度等の充実、事業所内託児施設の整備
	職員の事情等の状況に応じた勤務シフトや短時間正規職員制度の導入、職員の希望に即した非正規職員から正規職員への転換の制度等の整備
	有給休暇が取得しやすい環境の整備
	業務や福利厚生制度、メンタルヘルス等の職員相談窓口の設置等相談体制の充実
腰痛を含む心身の健康管理	介護職員の身体の負担軽減のための介護技術の修得支援、介護ロボットやリフト等の介護機器等導入及び研修等による腰痛対策の実施
	短時間勤務労働者等も受診可能な健康診断・ストレスチェックや、従業員のための休憩室の設置等健康管理対策の実施
	雇用管理改善のための管理者に対する研修等の実施
	事故・トラブルへの対応マニュアル等の作成等の体制の整備
生産性向上のための業務改善の取組	タブレット端末やインカム等のICT活用や見守り機器等の介護ロボットやセンサー等の導入による業務量の縮減
	高齢者の活躍（居室やフロア等の掃除、食事の配膳・下膳などのほか、経理や労務、広報なども含めた介護業務以外の業務の提供）等による役割分担の明確化
	5S活動（業務管理の手法の1つ。整理・整頓・清掃・清潔・躾の頭文字をとったもの）等の実践による職場環境の整備
	業務手順書の作成や、記録・報告様式の工夫等による情報共有や作業負担の軽減
やりがい・働きがいの醸成	ミーティング等による職場内コミュニケーションの円滑化による個々の介護職員の気づきを踏まえた勤務環境やケア内容の改善
	地域包括ケアの一員としてのモチベーション向上に資する、地域の児童・生徒や住民との交流の実施
	利用者本位のケア方針など介護保険や法人の理念等を定期的に学ぶ機会の提供
	ケアの好事例や、利用者やその家族からの謝意等の情報を共有する機会の提供

別紙様式2－1

提出先	

介護職員処遇改善加算・介護職員等特定処遇改善加算・介護職員等ベースアップ等支援加算
処遇改善計画書（令和　　年度）

1　基本情報＜共通＞

フリガナ			
法人名			
法人所在地	〒		
フリガナ			
書類作成担当者			
連絡先	電話番号	E-mail	

【本計画書で提出する加算】 ※取得予定の加算について「○」、取得しない加算について「×」を選択すること。

□	介護職員処遇改善加算（処遇改善加算）	□	介護職員等特定処遇改善加算（特定加算）	□	介護職員等ベースアップ等支援加算（ベースアップ等加算）

2　賃金改善計画について＜共通＞

・ 本計画に記載された金額は見込額であり、提出後の運営状況(利用者数等)、人員配置状況(職員数等)その他の事由により変動があり得る。
・ 本計画書2(2)、2(3)では以下の要件を確認しており、オレンジセルが「○」でない場合、加算取得の要件を満たしていない。
Ⅰ【処遇改善加算】介護職員の賃金について、処遇改善加算による賃金改善の見込額が、同加算の算定見込額を上回ること
Ⅱ【特定加算】介護職員及びその他の職員の賃金について、特定加算による賃金改善の見込額が、同加算の算定見込額を上回ること
Ⅲ【ベースアップ等加算】介護職員及びその他の職員の賃金について、ベースアップ等加算による賃金改善の見込額が、同加算の算定見込額を上回

Ⅳ【全加算】処遇改善加算等による賃金改善以外の部分で賃金水準を引き下げないことを誓約すること

(1)加算額を上回る賃金改善について（全体）

取得予定の加算の合計		
①　令和　　　年度の加算の見込額		円
②　賃金改善の見込額 (①の加算の見込額を上回ること)		円

(2)加算額を上回る賃金改善について（内訳）

	処遇改善加算	要件Ⅰ	特定加算	要件Ⅱ	ベースアップ等加算	要件Ⅲ
①　令和　　　年度の加算の見込額		円		円		円
②　賃金改善の見込額 (①の各加算の見込額を上回ること)	(a)	円	(b)	円	(c)	円

【記入上の注意】
・ (a)には、処遇改善加算の算定により実施される介護職員の賃金改善の見込額を法人で計算し、直接記入すること。
・ (b)には、特定加算の算定により実施される介護職員及びその他の職員の賃金改善の見込額を法人で計算し、直接記入すること。
・ (c)には、本計画書5(1)に記入した介護職員及びその他の職員の賃金改善の見込額の合計が自動的に転記される。
・ (a)～(c)には、それぞれの加算による賃金改善を行った場合の法定福利費等の事業主負担の増加分を含めることができる。

(3)加算以外の部分で賃金水準を引き下げないことについて

・ 上記に加えて、処遇改善加算等による賃金改善以外の部分で賃金水準を引き下げないことを下欄へのチェック(✔)により誓約すること。

□	処遇改善加算等による賃金改善以外の部分で賃金水準を引き下げません。	←	要件Ⅳ

※「処遇改善加算等による賃金改善以外の部分で賃金水準を引き下げない」とは、①「加算取得年度の賃金の総額」から「当該年度の各加算による賃金改善所要額の総額」を除いた額と、②「前年度の賃金の総額」から「前年度の各加算額及び独自の賃金改善額」を除いた額を比較し、①の額が②の額を下回らない（加算等の影響を除いた賃金額の水準を引き下げない）ことをいう。実績報告書では、これらの賃金額の具体的な記載を求めるため、詳細な考え方は、別紙様式3－1（実績報告書）2(3)を参照すること。
ただし、サービス利用者数の大幅な減少等の影響により、結果として加算以外の部分で賃金が下がった場合には、その事情を別紙様式5「特別な事情に係る届出書」により届け出ることで算定要件を満たすこととする。

3　介護職員処遇改善加算の要件について

(1)賃金改善を行う賃金項目及び方法

①処遇改善加算による賃金改善の見込額(再掲)	円
②賃金改善実施期間	令和　年　月 ～ 令和　年　月(　か月)

賃金改善を行う給与の種類	□ 基本給　□ 手当(新設)　□ 手当(既存の増額)　□ 賞与　□ その他(　)
具体的な取組内容	(当該事業所における賃金改善の内容の根拠となる規則・規程) □ 就業規則の見直し　□ 賃金規程の見直し　□ その他　(　) (賃金改善に関する規定内容)※上記の根拠規程のうち、賃金改善に関する部分を抜き出すこと。 ※前年度に提出した計画書から変更がある場合には、変更箇所を<u>下線</u>とするなど明確にすること。 (上記取組の開始時期)　平成　年　月(□ 実施済　□ 予定　)

(2)キャリアパス要件

・ 次の要件について該当する場合チェック(✔)し、必要事項を具体的に記載すること。<u>加算Ⅲの事業所のみの場合もキャリアパス要件Ⅰ又はⅡのいずれかを満たすこと。</u>

キャリアパス要件Ⅰ　次のイからハまでのすべての基準を満たす。	加算Ⅰ・Ⅱの場合は必ず「該当」、加算Ⅲの場合もいずれか「該当」　□ 該当
イ	介護職員の任用における職位、職責又は職務内容等の要件を定めている。
ロ	イに掲げる職位、職責又は職務内容等に応じた賃金体系を定めている。
ハ	イ、ロについて、就業規則等の明確な根拠規定を書面で整備し、全ての介護職員に周知している。

キャリアパス要件Ⅱ　次のイとロ両方の基準を満たす。			加算Ⅰ・Ⅱの場合は必ず「該当」、加算Ⅲの場合もいずれか「該当」　□ 該当
イ	介護職員の職務内容等を踏まえ、介護職員と意見交換しながら、資質向上の目標及び①、②に関する具体的な計画を策定し、研修の実施又は研修の機会を確保している。		
	イの実現のための具体的な取組内容 (該当する項目にチェック(✔)した上で、具体的な内容を記載)	□ ①	資質向上のための計画に沿って、研修機会の提供又は技術指導等を実施するとともに、介護職員の能力評価を行う。　※当該取組の内容について以下に記載すること
		□ ②	資格取得のための支援の実施　※当該取組の内容について以下に記載すること
ロ	イについて、全ての介護職員に周知している。		

キャリアパス要件Ⅲ　次のイとロ両方の基準を満たす。			加算Ⅰの場合は必ず「該当」　□ 該当
イ	介護職員について、経験若しくは資格等に応じて昇給する仕組み又は一定の基準に基づき定期に昇給を判定する仕組みを設けている。		
	具体的な仕組みの内容(該当するもの全てにチェック(✔)すること。)	□ ①	経験に応じて昇給する仕組み ※「勤続年数」や「経験年数」などに応じて昇給する仕組みを指す。
		□ ②	資格等に応じて昇給する仕組み ※「介護福祉士」や「実務者研修修了者」などの取得に応じて昇給する仕組みを指す。ただし、介護福祉士資格を有して就業する者についても昇給が図られる仕組みであることを要する。
		□ ③	一定の基準に基づき定期に昇給を判定する仕組み ※「実技試験」や「人事評価」などの結果に基づき昇給する仕組みを指す。ただし、客観的な評価基準や昇給条件が明文化されていることを要する。
ロ	イについて、全ての介護職員に周知している。		

※キャリアパス要件Ⅲを満たす(加算Ⅰを算定する)場合、昇給する仕組みを具体的に記載している就業規則等について、指定権者からの求めがあった場合には速やかに提出できるよう、適切に保管すること。

4 介護職員等特定処遇改善加算の要件について

(1)特定加算のグループごとの配分要件

・ 4(1)では以下の要件を確認しており、オレンジセルが「×」となる場合、加算取得の要件を満たしていない。
Ⅴ 経験・技能のある介護職員(A)の特定加算による平均賃金改善額が、他の介護職員(B)の平均賃金改善額より高いこと(A>B)
(ただし、介護職員間で経験・技能に明らかな差がない場合など、(A)を設定できない場合は、この限りではない。⇒4(2)に記入)
Ⅵ 他の介護職員(B)の特定加算による平均賃金改善額が、その他の職種(C)の平均賃金改善額の2倍以上であること(B≧2C)
(ただし、(C)の平均賃金が(B)の平均賃金を上回らない場合は、この限りではない。⇒4(1)②(カ)に記入)
Ⅶ 特定加算による賃金改善の対象とする(C)の職員の改善後の賃金が、年額440万円を上回らないこと
Ⅷ (A)の職員のうち、特定加算を申請する事業所数につき1人以上は、賃金改善額が月額平均8万円以上又は改善後の賃金が年額440万円以上であること

項目	経験・技能のある介護職員(A)	他の介護職員(B)	その他の職種(C)	
①特定加算による賃金改善の見込額(再掲)	円			
②特定加算による平均賃金改善額	経験・技能のある介護職員(A)	他の介護職員(B)	その他の職種(C)	
(ア)特定加算による賃金改善を実施する範囲 ※加算の配分対象とするグループに必ずチェック(✔)すること	□	□	□	要件Ⅴ 要件Ⅵ
(イ)一月当たりの常勤換算職員数(見込数)	人	人	人	
(ウ)特定加算による賃金改善額のグループごとの配分比率 ※法人で設定する、特定加算による平均賃金改善額の比率	:	:		
(エ)要件を満たす特定加算による平均賃金改善額(月額)	円	円	円	
(オ)配分比率の要件を満たす賃金改善額の総額(年額)	(円)	(円)	(円)	
(カ)BとCの平均賃金の見込額(月額) **※B≧2Cを満たさない場合のみ記入**		円	円	
(キ)特定加算による賃金改善の対象とするその他の職種(C)のうち、改善後の賃金が最も高額となる者の賃金の見込額(年額)		円	←	要件Ⅶ
(ク)経験・技能のある介護職員(A)のうち賃金改善額が月額平均8万円以上又は改善後の賃金が年額440万円以上となる者の数		人	←	要件Ⅷ
(ケ)本計画書(別紙様式2-3)で特定加算の取得を届け出た事業所数(短期入所・予防・総合事業での重複除く)		か所	←	

(コ)「月額平均8万円の処遇改善又は改善後の賃金が年額440万円以上となる者」を設定できない場合その理由

- ☑ 小規模事業所等で加算額全体が少額であるため。
- □ 職員全体の賃金水準が低く、直ちに月額平均8万円等まで賃金を引き上げることが困難であるため。
- □ 月額平均8万円等の賃金改善を行うに当たり、これまで以上に事業所内の階層や役職にある者に求められる能力や処遇を明確化することが必要であり、規程の整備や研修・実務経験の蓄積などに一定期間を要するため。
- □ その他( )

※(カ)及び(キ)には、処遇改善加算、特定加算、ベースアップ等加算による賃金改善額を含む金額を記入し、(ク)の後半部分(改善後の賃金が440万円以上)も同様の方法でカウントすること。ただし、(ク)の前半部分(月額8万円以上の改善)については、特定加算による賃金改善額のみで判断すること。

(2)賃金改善を行う賃金項目及び方法

賃金改善実施期間	令和 年 月～ 令和 年 月(か月)
経験・技能のある介護職員(A)の考え方	 (4(1)②で(A)にチェック(✔)がない場合その理由)
賃金改善を行う給与の種類	□ 基本給 □ 手当(新設) □ 手当(既存の増額) □ 賞与 □ その他 ( )
具体的な取組内容	(当該事業所において賃金改善内容の根拠となる規則・規程) □ 就業規則の見直し □ 賃金規程の見直し □ その他 ( ) (賃金改善に関する規定内容)※上記の根拠規程のうち、賃金改善に関する部分を抜き出すこと。資格・手当等に含めて賃金改善を行う場合、その旨を記載。 ※前年度に提出した計画書から変更がある場合には、変更箇所を下線とするなど明確にすること。 (上記取組の開始時期) 令和 年 月 (□ 実施済 □ 予定)

(3)見える化要件について

・実施する周知方法について、チェック(✔)すること。

ホームページへの掲載	□「介護サービス情報公表システム」への掲載
	□ 自社のホームページに掲載
その他の方法による掲示等	□ 事業所・施設の建物で、外部から見える場所への掲示
	□ その他（　　）

5　介護職員等ベースアップ等支援加算の要件について

(1)ベースアップ等加算の配分要件

・　5(1)では以下の要件を確認しており、オレンジセルが「〇」でない場合、加算取得の要件を満たしていない。

Ⅸ　介護職員とその他の職種のそれぞれについて、賃金改善の見込額の3分の2以上が、ベースアップ等（基本給又は決まって毎月支払われる手当の引上げ）に充てられる計画になっていること

①ベースアップ等加算による賃金改善の見込額（② i・ii の合計）		円		
②ベースアップ等加算による賃金改善の見込額（内訳）				
介護職員	i)ベースアップ等加算による賃金改善の見込額	円		要件Ⅸ
	うち、ベースアップ等（基本給又は毎月決まって支払われる手当の引上げ）による賃金改善の見込額（年額）（括弧内は月額）	円 （　　円）	（　　）% ←	
その他の職種	ii)ベースアップ等加算による賃金改善の見込額	円		
	うち、ベースアップ等（基本給又は毎月決まって支払われる手当の引上げ）による賃金改善の見込額（年額）（括弧内は月額）	円 （　　円）	（　　）% ←	

(2)賃金改善を行う賃金項目及び方法

賃金改善実施期間	令和　年　月～　令和　年　月（　か月）	
賃金改善を行う給与の種類	ベースアップ等（必ず選択）	□ 基本給　□ 決まって毎月支払われる手当（新設）　□ 決まって毎月支払われる手当（既存の増額）
	上記以外（必ず選択）	□ 手当（新設）　□ 手当（既存の増額）　□ 賞与　□ その他（　　）
具体的な取組内容	（当該事業所における賃金改善の内容の根拠となる規則・規程） □ 就業規則の見直し　□ 賃金規程の見直し　□ その他（　　） （賃金改善に関する規定内容）※上記の根拠規程のうち、賃金改善に関する部分を抜き出すこと。	
	※前年度に提出した計画書から変更がある場合には、変更箇所を下線とするなど明確にすること。	
	（上記取組の開始時期）	令和　年　月（□ 実施済　□ 予定）

巻末資料

6 職場環境等要件について<処遇改善加算・特定加算>

【処遇改善加算】

・ 届出に係る計画の期間中に実施する事項について、チェック(✔)すること。全体で必ず1つ以上の取組を行うこと。(ただし、取組を選択するに当たっては、本計画書3(2)「キャリアパス要件」で選択した事項と重複する事項を選択しないこと。)

【特定加算】

・ 届出に係る計画の期間中に実施する事項について、チェック(✔)すること。複数の取組を行い、「入職促進に向けた取組」、「資質の向上やキャリアアップに向けた支援」、「両立支援・多様な働き方の推進」、「腰痛を含む心身の健康管理」、「生産性向上のための業務改善の取組」、「やりがい・働きがいの醸成」の6区分について、それぞれ1つ以上の取組を行うこと。※処遇改善加算と特定加算とで、別の取組を行うことは要しない。

区分	内容
入職促進に向けた取組	□ 法人や事業所の経営理念やケア方針・人材育成方針、その実現のための施策・仕組みなどの明確化
	□ 事業者の共同による採用・人事ローテーション・研修のための制度構築
	□ 他産業からの転職者、主婦層、中高年齢者等、経験者・有資格者等にこだわらない幅広い採用の仕組みの構築
	□ 職業体験の受入れや地域行事への参加や主催等による職業魅力度向上の取組の実施
資質の向上やキャリアアップに向けた支援	□ 働きながら介護福祉士取得を目指す者に対する実務者研修受講支援や、より専門性の高い介護技術を取得しようとする者に対する喀痰吸引、認知症ケア、サービス提供責任者研修、中堅職員に対するマネジメント研修の受講支援等
	□ 研修の受講やキャリア段位制度と人事考課との連動
	□ エルダー・メンター(仕事やメンタル面のサポート等をする担当者)制度等導入
	□ 上位者・担当者等によるキャリア面談など、キャリアアップ等に関する定期的な相談の機会の確保
両立支援・多様な働き方の推進	□ 子育てや家族等の介護等と仕事の両立を目指す者のための休業制度等の充実、事業所内託児施設の整備
	□ 職員の事情等の状況に応じた勤務シフトや短時間正規職員制度の導入、職員の希望に即した非正規職員から正規職員への転換の制度等の整備
	□ 有給休暇が取得しやすい環境の整備
	□ 業務や福利厚生制度、メンタルヘルス等の職員相談窓口の設置等相談体制の充実
腰痛を含む心身の健康管理	□ 介護職員の身体の負担軽減のための介護技術の修得支援、介護ロボットやリフト等の介護機器等導入及び研修等による腰痛対策の実施
	□ 短時間勤務労働者等も受診可能な健康診断・ストレスチェックや、従業員のための休憩室の設置等健康管理対策の実施
	□ 雇用管理改善のための管理者に対する研修等の実施
	□ 事故・トラブルへの対応マニュアル等の作成等の体制の整備
生産性向上のための業務改善の取組	□ タブレット端末やインカム等のICT活用や見守り機器等の介護ロボットやセンサー等の導入による業務量の縮減
	□ 高齢者の活躍(居室やフロア等の掃除、食事の配膳・下膳などのほか、経理や労務、広報なども含めた介護業務以外の業務の提供)等による役割分担の明確化
	□ 5S活動(業務管理の手法の1つ。整理・整頓・清掃・清潔・躾の頭文字をとったもの)等の実践による職場環境の整備
	□ 業務手順書の作成や、記録・報告様式の工夫等による情報共有や作業負担の軽減
やりがい・働きがいの醸成	□ ミーティング等による職場内コミュニケーションの円滑化による個々の介護職員の気づきを踏まえた勤務環境やケア内容の改善
	□ 地域包括ケアの一員としてのモチベーション向上に資する、地域の児童・生徒や住民との交流の実施
	□ 利用者本位のケア方針など介護保険や法人の理念等を定期的に学ぶ機会の提供
	□ ケアの好事例や、利用者やその家族からの謝意等の情報を共有する機会の提供

7 要件を満たすことの確認・証明<共通>

・ 以下の点を確認し、満たしている項目に全てチェック(✔)すること。

確認項目	証明する資料の例
□ 加算相当額を適切に配分するための賃金改善ルールを定めました。	就業規則、給与規程
□ 処遇改善加算等として給付される額は、職員の賃金改善のために全額支出します。	給与明細
□ 加算対象となる職員の勤務体制及び資格要件を確認しました。	勤務体制表、介護福祉士登録証
□ キャリアパス要件Ⅱの資質向上の目標及び具体的な計画を定めました。 **(※処遇改善加算Ⅰ又はⅡを取得する事業所がある場合のみ)**	資質向上のための計画
□ 労働基準法、労働災害補償保険法、最低賃金法、労働安全衛生法、雇用保険法その他の労働に関する法令に違反し、罰金以上の刑に処せられていません。	—
□ 労働保険料の納付が適正に行われています。	労働保険関係成立届、確定保険料申告書
□ 本計画書の内容を雇用する全ての職員に対して周知しました。	会議録、周知文書

※各証明資料は、指定権者からの求めがあった場合には、速やかに提出すること。

※本表への虚偽記載の他、処遇改善加算、特定加算及びベースアップ等加算の請求に関して不正があった場合は、介護報酬の返還や指定取消となる場合がある。

計画書の記載内容に虚偽がないことを証明するとともに、記載内容を証明する資料を適切に保管していることを誓約します。

令和　　年　　月　　日　　法人名

代表者　職名　　　　氏名

（確認用）　提出前のチェックリスト

・ 以下の項目に「×」がないか、提出前に確認すること。「×」がある場合、当該項目の記載を修正すること。
※空欄が表示される項目は、記入が不要であるため対応する必要はない。

	2　賃金改善計画について＜共通＞	
(2)	処遇改善加算による賃金改善の見込額が加算の見込額を上回ること	
	特定加算による賃金改善の見込額が加算の見込額を上回ること	
	ベースアップ等加算による賃金改善の見込額が加算の見込額を上回ること	
(3)	処遇改善加算等による賃金改善以外の部分で賃金水準を引き下げないことを誓約すること	

	3　処遇改善加算の要件について	
(1)	賃金改善を行う賃金項目及び方法が記入・選択されていること	
(2)	処遇改善加算Ⅰ・Ⅱを取得する事業所がある場合に、キャリアパス要件Ⅰを満たしていること	
	処遇改善加算Ⅰ・Ⅱを取得する事業所がある場合に、キャリアパス要件Ⅱを満たしていること 具体的な取組内容が記入・選択されていること	
	処遇改善加算Ⅰを取得する事業所がある場合に、キャリアパス要件Ⅲを満たしていること 具体的な仕組みの内容が選択されていること	

	4　特定加算の要件について	
(1)	法人で設定したA:Bの配分比率が要件（A＞B）を満たしていること	
	法人で設定したB:Cの配分比率が要件（B≧2C）を満たしていること	
	「賃金改善を実施するグループ」の選択方法が適切であること	
	特定加算による賃金改善の対象とするCの職員の改善後の賃金が年額440万円を上回らないこと	
	Aの職員のうち、特定加算を申請する事業所数につき1人以上は、賃金改善所要額が月額平均8万円以上又は改善後の賃金が年額440万円以上であること（短期入所・予防・総合事業での重複を除く）	
(2)	賃金改善を行う賃金項目及び方法が記入・選択されていること	
	「賃金改善を実施するグループ」でAを選択していない場合に、その理由を記載していること	
(3)	見える化要件について、実施する周知方法が選択されていること	

	5　ベースアップ等加算の要件について	
(1)	介護職員について、賃金改善の見込額の3分の2以上が、ベースアップ等（基本給又は決まって毎月支払われる手当の引上げ）に充てられる計画になっていること	
	その他の職種について、賃金改善の見込額の3分の2以上が、ベースアップ等（基本給又は決まって毎月支払われる手当の引上げ）に充てられる計画になっていること	
(2)	賃金改善を行う賃金項目及び方法が記入・選択されていること	

	6　職場環境等要件について＜処遇改善加算・特定加算＞	
	処遇改善加算のみ取得する場合に、全体で1つ以上の取組が選択されていること 特定加算も取得する場合に、6区分ごとにそれぞれ1つ以上の取組が選択されていること	

	7　要件を満たすことの確認・証明＜共通＞	
	必要な項目が全て選択されていること	

別紙様式2－2 介護職員処遇改善加算（施設・事業所別個表）

法人名	

処遇改善加算額（見込額）の合計［円］（別紙様式2-1 2(2)②に転記）	

	介護保険事業所番号	指定権者名	都道府県	市区町村	事業所名	サービス名	一月あたり介護報酬総単位数［単位］(a)	1単位あたりの単価［円］(b)	処遇改善加算 新規・継続の別	処遇改善加算 算定する処遇改善加算の区分	処遇改善加算 加算率(c)	処遇改善加算 算定対象月(d)	処遇改善加算 処遇改善加算の見込額［円］(a×b×c×d)
1												令和　年　月～令和　年　月（　ヶ月）	
2												令和　年　月～令和　年　月（　ヶ月）	
3												令和　年　月～令和　年　月（　ヶ月）	
4												令和　年　月～令和　年　月（　ヶ月）	
5												令和　年　月～令和　年　月（　ヶ月）	
6												令和　年　月～令和　年　月（　ヶ月）	
7												令和　年　月～令和　年　月（　ヶ月）	
8												令和　年　月～令和　年　月（　ヶ月）	
9												令和　年　月～令和　年　月（　ヶ月）	
10												令和　年　月～令和　年　月（　ヶ月）	
11												令和　年　月～令和　年　月（　ヶ月）	
12												令和　年　月～令和　年　月（　ヶ月）	
13												令和　年　月～令和　年　月（　ヶ月）	
14												令和　年　月～令和　年　月（　ヶ月）	
15												令和　年　月～令和　年　月（　ヶ月）	
16												令和　年　月～令和　年　月（　ヶ月）	
17												令和　年　月～令和　年　月（　ヶ月）	
18												令和　年　月～令和　年　月（　ヶ月）	
19												令和　年　月～令和　年　月（　ヶ月）	
20												令和　年　月～令和　年　月（　ヶ月）	

別紙様式2－3　介護職員等特定処遇改善加算（施設・事業所別個表）

法人名	

特定加算（見込額）の合計[円]（別紙様式2-1 2(2)②に転記）	

	介護保険事業所番号	指定権者名	事業所の所在地		事業所名	サービス名	一月あたり介護報酬総単位数[単位] (a)	1単位あたりの単価[円] (b)	特定加算					
			都道府県	市区町村					新規・継続の別	算定する特定加算の区分	加算率 (e)	介護福祉士配置等要件	算定対象月 (f)	特定加算の見込額[円] (a×b×e×f)
1													令和　年　月～令和　年　月（　ヶ月）	
2													令和　年　月～令和　年　月（　ヶ月）	
3													令和　年　月～令和　年　月（　ヶ月）	
4													令和　年　月～令和　年　月（　ヶ月）	
5													令和　年　月～令和　年　月（　ヶ月）	
6													令和　年　月～令和　年　月（　ヶ月）	
7													令和　年　月～令和　年　月（　ヶ月）	
8													令和　年　月～令和　年　月（　ヶ月）	
9													令和　年　月～令和　年　月（　ヶ月）	
10													令和　年　月～令和　年　月（　ヶ月）	
11													令和　年　月～令和　年　月（　ヶ月）	
12													令和　年　月～令和　年　月（　ヶ月）	
13													令和　年　月～令和　年　月（　ヶ月）	
14													令和　年　月～令和　年　月（　ヶ月）	
15													令和　年　月～令和　年　月（　ヶ月）	
16													令和　年　月～令和　年　月（　ヶ月）	
17													令和　年　月～令和　年　月（　ヶ月）	
18													令和　年　月～令和　年　月（　ヶ月）	
19													令和　年　月～令和　年　月（　ヶ月）	
20													令和　年　月～令和　年　月（　ヶ月）	

別紙様式2－4　介護職員等ベースアップ等支援加算（施設・事業所別個表）

法人名	

ベースアップ等加算（見込額）の合計[円]（別紙様式2-1 2(2)②に転記）	

	介護保険事業所番号	指定権者名	事業所の所在地		事業所名	サービス名	一月あたり介護報酬総単位数[単位] (a)	1単位あたりの単価[円] (b)	ベースアップ等加算			
			都道府県	市区町村					新規・継続の別	加算率 (l)	算定対象月 (m)	介護職員等ベースアップ等支援加算の見込額 (a×b×l×m) [円]
1											令和　年　月～令和　年　月（　ヶ月）	
2											令和　年　月～令和　年　月（　ヶ月）	
3											令和　年　月～令和　年　月（　ヶ月）	
4											令和　年　月～令和　年　月（　ヶ月）	
5											令和　年　月～令和　年　月（　ヶ月）	
6											令和　年　月～令和　年　月（　ヶ月）	
7											令和　年　月～令和　年　月（　ヶ月）	
8											令和　年　月～令和　年　月（　ヶ月）	
9											令和　年　月～令和　年　月（　ヶ月）	
10											令和　年　月～令和　年　月（　ヶ月）	
11											令和　年　月～令和　年　月（　ヶ月）	
12											令和　年　月～令和　年　月（　ヶ月）	
13											令和　年　月～令和　年　月（　ヶ月）	
14											令和　年　月～令和　年　月（　ヶ月）	
15											令和　年　月～令和　年　月（　ヶ月）	
16											令和　年　月～令和　年　月（　ヶ月）	
17											令和　年　月～令和　年　月（　ヶ月）	
18											令和　年　月～令和　年　月（　ヶ月）	
19											令和　年　月～令和　年　月（　ヶ月）	
20											令和　年　月～令和　年　月（　ヶ月）	

別紙様式3－1

提出先	

介護職員処遇改善加算・介護職員等特定処遇改善加算・介護職員等ベースアップ等支援加算 実績報告書（令和　　年度）

1　基本情報＜共通＞

フリガナ			
法人名			
法人所在地	〒		
フリガナ			
書類作成担当者			
連絡先	電話番号	E-mail	

【本実績報告書で報告する加算】 ※取得した加算について「○」、取得しない加算について「×」を選択すること。

	介護職員処遇改善加算（処遇改善加算）		介護職員等特定処遇改善加算（特定加算）		介護職員等ベースアップ等支援加算（ベースアップ等加算）

2　実績報告について＜共通＞

・ 2(2)(3)では以下の要件を確認しており、オレンジセルが「○」でない場合、加算取得の要件を満たしていない。
Ⅰ【処遇改善加算】介護職員の賃金について、処遇改善加算による賃金改善所要額が、同加算の算定額以上であること
Ⅱ【特定加算】介護職員及びその他の職員の賃金について、特定加算による賃金改善所要額が、同加算の算定額以上であること
Ⅲ【ベースアップ等加算】介護職員及びその他の職員の賃金について、ベースアップ等加算による賃金改善所要額が、同加算の算定額以上であること
Ⅳ【全加算】処遇改善加算等による賃金改善以外の部分で賃金水準を引き下げないこと。

(1) 加算額以上の賃金改善について（全体）

取得した加算の合計		
①　令和　　　年度の加算の総額		円
②　加算による賃金改善所要額の総額（①の加算の総額以上であること）		円

(2) 加算額以上の賃金改善について（各加算の内訳）

	処遇改善加算（要件Ⅰ）			特定加算（要件Ⅱ）			ベースアップ等加算（要件Ⅲ）		
①　令和　　　年度の加算の額		円			円			円	
②　各加算による賃金改善所要額（①の各加算の額以上であること）	(a)	円		(b)	円		(c)	円	

(3) 加算以外の部分で賃金水準を下げないことについて

①　令和　　　年度の加算の影響を除いた賃金額	(d)－(e)	円	← 要件Ⅳ
(ア)本年度の賃金の総額	(d)	円	
(イ)本年度の加算による賃金改善所要額の総額（再掲）	(e)	円	
②　前年度の加算及び独自の賃金改善の影響を除いた賃金額（①の額は②の額を下回らないこと）	(f)－(g)－(h)－(i)－(j)	円	← 要件Ⅳ
(ア)前年度の賃金の総額	(f)	円	
(イ)前年度の処遇改善加算の総額	(g)	円	
(ウ)前年度の特定加算の総額	(h)	円	
(エ)前年度のベースアップ等加算の総額（介護職員処遇改善支援補助金の総額を含む）	(i)	円	
(オ)前年度の各介護サービス事業者等の独自の賃金改善額	(j)	円	

【記入上の注意】
・ (a)～(c)には、処遇改善加算等による賃金改善に伴う法定福利費等の事業主負担の増加分を含めることができる。
・ (d)には、加算の配分対象とした全ての職員（介護職員及びその他の職種）の賃金の総額を記載すること。（処遇改善加算、特定加算、ベースアップ等加算の加算額を上回るために実施した賃金改善の所要額を<u>含む</u>額を記載すること。）
・ (f)には、加算を取得する前年度（4月～3月）の実績値について、加算等の配分対象としたすべての職員（介護職員及びその他の職種）の賃金の総額を記載すること。（処遇改善加算、特定加算、ベースアップ等加算及び処遇改善支援補助金の加算等の金額を上回るために実施した賃金改善の所要額を含む額を記載すること。）ただし、職員構成が変わった等の事由により、例えば、本年度に入職（退職）した職員と同等の賃金水準の職員が前年度から在籍していた（いなかった）ものと仮定して計算するなどの方法により、今年度との比較に適した値に修正することが可能である。
・ (g)～(i)には、加算を取得する前年度（4月～3月）の実績値について、都道府県国民健康保険団体連合会から通知される「介護職員処遇改善加算等総額のお知らせ」「介護職員処遇改善支援補助金　支払額通知書」に基づき記載すること。ただし、(i)について、令和4年4月サービス提供分の介護職員処遇改善支援補助金の額は、令和4年5月審査分（2～4月サービス提供分）の額を3等分して推計すること。
・ (j)の独自の賃金改善額とは、本実績報告書の提出年度における独自の賃金改善分（初めて処遇改善加算を取得した年度以降に新たに行ったものに限る。処遇改善加算、特定加算及びベースアップ等加算そのものの配分を除く。）をいうものであり、<u>処遇改善加算等の加算額を超えて賃金改善を行った場合にはその金額も含む</u>。(j)に計上する金額がある場合には、必ず「2(4)　各介護サービス事業者等による処遇改善加算、特定加算及びベースアップ等加算の配分を除く賃金改善」欄に支給額、方法等の具体的な賃金改善の内容を記載すること。

巻末資料

(4)前年度の独自の賃金改善(処遇改善加算等の配分以外の独自の賃金額)

- 2(3)②(オ)の「前年度の各介護サービス事業者等の独自の賃金改善額」に計上する場合は記載すること。

独自の賃金改善の具体的な取組内容	
独自の賃金改善額の算定根拠	

※初めて処遇改善加算を取得した年度以降に新たに行ったものに限る。処遇改善加算、特定加算及びベースアップ等加算そのものの配分を除いた額を記載すること。

3 各加算の要件について

- 3(1)(2)では以下の要件を確認しており、オレンジセルが「×」となる場合、加算取得の要件を満たしていない。

【特定加算】

Ⅴ 経験・技能のある介護職員(A)の特定加算による平均賃金改善額が他の介護職員(B)の平均賃金改善額より高いこと(A>B)
(ただし、介護職員間で経験・技能に明らかな差がない場合など、(A)を設定できない場合は、この限りではない。)

Ⅵ 他の介護職員(B)の特定加算による平均賃金改善額がその他の職種(C)の平均賃金改善額の2倍以上であること(B≧2C)
(ただし、(C)の平均賃金が(B)の平均賃金を上回らない場合はこの限りではない)

Ⅶ 特定加算による賃金改善の対象としたその他の職種(C)の改善後の賃金が年額440万円を上回らないこと

Ⅷ 経験・技能のある介護職員(A)のうち、特定加算を申請する事業所数につき1人以上は、賃金改善所要額が月額平均8万円以上又は改善後の賃金が年額440万円以上であること

【ベースアップ等加算】

Ⅸ 介護職員とその他の職種のそれぞれについて、賃金改善の見込額の3分の2以上が、ベースアップ等(基本給又は決まって毎月支払われる手当の引上げ)に充てられる計画になっていること

(1)介護職員等特定処遇改善加算の要件について

	経験・技能のある介護職員(A)	他の介護職員(B)	その他の職種(C)	
①特定加算による賃金改善を実施したグループ ※加算の配分対象としたグループに必ずチェック(✔)すること	□	□	□	
②一月当たりの常勤換算職員数	人	人	人	
③特定加算による賃金改善所要額(年額)	円	円	円	
④特定加算による平均賃金改善所要額(月額)	円	円	円	要件Ⅴ
⑤特定加算による平均賃金改善所要額の比率 (グループごとの配分比率)	( )	( )	( )	要件Ⅵ
⑥他の介護職員(B)とその他の職種(C)の平均賃金額(月額) **※B≧2Cを満たさない場合のみ記入**		円	円	

(参考)特定加算による本年度の賃金改善所要額(総額・年額)	円	
⑦特定加算による賃金改善の対象としたその他の職種(C)のうち、改善後の賃金が最も高額となる者の賃金額(年額)	円	← 要件Ⅶ
⑧経験・技能のある介護職員(A)のうち賃金改善額が月額平均8万円以上又は改善後の賃金が年額440万円以上となった者の数	人	← 要件Ⅷ
⑨本計画書に記載した特定加算の取得を届け出た事業所数(短期入所系・総合事業の重複除く)	か所	←

⑩「月額平均8万円の処遇改善又は改善後の賃金が年額440万円以上となる者」を設定できない場合その理由

□小規模事業所等で加算額全体が少額であるため。

□職員全体の賃金水準が低く、直ちに月額平均8万円等まで賃金を引き上げることが困難であるため。

□月額平均8万円等の賃金改善を行うに当たり、これまで以上に事業所内の階層や役職にある者に求められる能力や処遇を明確化することが必要であり、規程の整備や研修・実務経験の蓄積などに一定期間を要するため。

□その他 ( )

⑪(①で(A)にチェック(✔)がない場合その理由)

※②には、グループごとの一月当たりの常勤換算職員数を直接記入すること。
※⑥及び⑦には、処遇改善加算、特定加算、ベースアップ等加算による賃金改善額を含む金額を記入し、⑧の後半部分(改善後の賃金が440万円以上)も同様の方法で人数を数えること。ただし、⑧の前半部分(月額8万円以上の改善)については、特定加算による賃金改善額のみで判断すること。

(2)介護職員等ベースアップ等支援加算の要件について

介護職員	ⅰ)ベースアップ等加算による賃金改善所要額	円		
	うち、ベースアップ等(基本給又は毎月決まって支払われる手当の引上げ)による賃金改善所要額(年額)	円	( ) %	← 要件Ⅸ
その他の職種	ⅱ)ベースアップ等加算による賃金改善所要額	円		
	うち、ベースアップ等(基本給又は毎月決まって支払われる手当の引上げ)による賃金改善所要額(年額)	円	( ) %	← 要件Ⅸ
(参考)ベースアップ等加算による賃金改善所要額(総額・年額)		0 円		

(3)職場環境等要件に基づいて実施した取組について<処遇改善加算・特定加算>

【処遇改善加算】

・ 届出に係る計画の期間中に実施する事項について、チェック(✔)すること。全体で必ず1つ以上の取組を行うこと。

【特定加算】

・ 届出に係る計画の期間中に実施する事項について、必ず全てにチェック(✔)すること。複数の取組を行い、「入職促進に向けた取組」、「資質の向上やキャリアアップに向けた支援」、「両立支援・多様な働き方の推進」、「腰痛を含む心身の健康管理」、「生産性向上のための業務改善の取組」、「やりがい・働きがいの醸成」の6区分について、それぞれ1つ以上の取組を行うこと。※処遇改善加算と特定加算とで、別の取組を行うことは要しない。

区分	内容
入職促進に向けた取組	□ 法人や事業所の経営理念やケア方針・人材育成方針、その実現のための施策・仕組みなどの明確化
	□ 事業者の共同による採用・人事ローテーション・研修のための制度構築
	□ 他産業からの転職者、主婦層、中高年齢者等、経験者・有資格者等にこだわらない幅広い採用の仕組みの構築
	□ 職業体験の受入れや地域行事への参加や主催等による職業魅力度向上の取組の実施
資質の向上やキャリアアップに向けた支援	□ 働きながら介護福祉士取得を目指す者に対する実務者研修受講支援や、より専門性の高い介護技術を取得しようとする者に対する喀痰吸引、認知症ケア、サービス提供責任者研修、中堅職員に対するマネジメント研修の受講支援等
	□ 研修の受講やキャリア段位制度と人事考課との連動
	□ エルダー・メンター(仕事やメンタル面のサポート等をする担当者)制度等導入
	□ 上位者・担当者等によるキャリア面談など、キャリアアップ等に関する定期的な相談の機会の確保
両立支援・多様な働き方の推進	□ 子育てや家族等の介護等と仕事の両立を目指す者のための休業制度等の充実、事業所内託児施設の整備
	□ 職員の事情等の状況に応じた勤務シフトや短時間正規職員制度の導入、職員の希望に即した非正規職員から正規職員への転換の制度等の整備
	□ 有給休暇が取得しやすい環境の整備
	□ 業務や福利厚生制度、メンタルヘルス等の職員相談窓口の設置等相談体制の充実
腰痛を含む心身の健康管理	□ 介護職員の身体の負担軽減のための介護技術の修得支援、介護ロボットやリフト等の介護機器等導入及び研修等による腰痛対策の実施
	□ 短時間勤務労働者等も受診可能な健康診断・ストレスチェックや、従業員のための休憩室の設置等健康管理対策の実施
	□ 雇用管理改善のための管理者に対する研修等の実施
	□ 事故・トラブルへの対応マニュアル等の作成等の体制の整備
生産性向上のための業務改善の取組	□ タブレット端末やインカム等のICT活用や見守り機器等の介護ロボットやセンサー等の導入による業務量の縮減
	□ 高齢者の活躍(居室やフロア等の掃除、食事の配膳・下膳などのほか、経理や労務、広報なども含めた介護業務以外の業務の提供)等による役割分担の明確化
	□ 5S活動(業務管理の手法の1つ。整理・整頓・清掃・清潔・躾の頭文字をとったもの)等の実践による職場環境の整備
	□ 業務手順書の作成や、記録・報告様式の工夫等による情報共有や作業負担の軽減
やりがい・働きがいの醸成	□ ミーティング等による職場内コミュニケーションの円滑化による個々の介護職員の気づきを踏まえた勤務環境やケア内容の改善
	□ 地域包括ケアの一員としてのモチベーション向上に資する、地域の児童・生徒や住民との交流の実施
	□ 利用者本位のケア方針など介護保険や法人の理念等を定期的に学ぶ機会の提供
	□ ケアの好事例や、利用者やその家族からの謝意等の情報を共有する機会の提供

(4)その他(やむを得ず配分比率を満たすことができなくなった場合等については、以下の欄に記載すること。)

※ 給与明細や勤務記録等、実績報告の根拠となる資料は、指定権者からの求めがあった場合に速やかに提出できるよう、適切に保管しておくこと。

※ 処遇改善加算・特定加算・ベースアップ等加算に関して、虚偽や不正があった場合には、支払われた介護給付費の返還や介護事業者の指定取消となる場合があるので留意すること。

実績報告書の記載内容に虚偽がないことを証明するとともに、記載内容を証明する資料を適切に保管していることを誓約します。

令和　　年　　月　　日　　法人名

代表者　職名　　　　氏名

巻末資料

（確認用）　提出前のチェックリスト

・以下の項目に「×」がないか、提出前に確認すること。「×」がある場合、当該項目の記載を修正すること。

※空欄が表示される項目は、記入が不要であるため対応する必要はない。

2　実績報告について＜共通＞		
(2)	処遇改善加算による賃金改善の所要額が加算額以上であること	
	特定加算による賃金改善の所要額が加算額以上であること	
	ベースアップ等加算による賃金改善の所要額が加算額以上であること	
(3)	処遇改善加算等による賃金改善以外の部分で賃金水準を引き下げないこと	

3　各加算の要件について		
(1)	法人で設定したA:Bの配分比率が要件（A＞B）を満たしていること	
	法人で設定したB:Cの配分比率が要件（B≧2C）を満たしていること	
	「賃金改善を実施するグループ」の選択方法が適切であること	
	特定加算による賃金改善の対象とするCの職員の改善後の賃金が年額440万円を上回らないこと	
	Aの職員のうち、特定加算を申請する事業所数につき1人以上は、賃金改善所要額が月額平均8万円以上又は改善後の賃金が年額440万円以上であること（短期入所・総合事業での重複を除く）	
	「賃金改善を実施するグループ」でAを選択していない場合に、その理由を記載していること	
(2)	介護職員について、賃金改善の見込額の3分の2以上が、ベースアップ等（基本給又は決まって毎月支払われる手当の引上げ）に充てられる計画になっていること	
	その他の職種について、賃金改善の見込額の3分の2以上が、ベースアップ等（基本給又は決まって毎月支払われる手当の引上げ）に充てられる計画になっていること	
(3)	処遇改善加算のみ取得する場合に、全体で1つ以上の取組が選択されていること 特定加算も取得する場合に、6区分ごとにそれぞれ1つ以上の取組が選択されていること	

別紙様式3－2 介護職員処遇改善実績報告書・介護職員等特定処遇改善実績報告書・介護職員等ベースアップ等支援加算実績報告書（施設・事業所別個表）

法人名

	本年度の加算の総額[円]
処遇改善加算	
特定加算	
ベースアップ等加算	

【記入上の注意】
・本表に記載する事業所は、計画書の「別紙様式2－2」、「2－3」及び「2－4」に記載した事業所と一致しなければならない。事業所の数が多く、1枚に記載しきれない場合は、適宜、行を追加すること。

	介護保険事業所番号	指定権者	事業所の所在地		事業所名	サービス名	処遇改善加算		特定加算			ベースアップ等加算
			都道府県	市区町村			算定する加算区分	本年度の加算の総額[円]	算定する加算区分	本年度の加算の総額[円]	経験・技能のある介護職員のうち月平均8万円以上又は年額440万円以上[人]	本年度のベースアップ等加算の総額[円]
1												
2												
3												
4												
5												
6												
7												
8												
9												
10												
11												
12												
13												
14												
15												
16												
17												
18												
19												
20												

別紙様式4

変更に係る届出書（令和　　年度）

基本情報

フリガナ 法人名			
法人所在地	〒		
フリガナ 書類作成担当者			
連絡先	電話番号	E-mail	

介護職員処遇改善加算・介護職員等特定処遇改善加算・介護職員等ベースアップ等支援加算に係る処遇改善計画書の内容について、次のとおり変更するので、必要書類を添えて届け出ます。

1 届出を行う加算	□介護職員処遇改善加算　□介護職員等特定処遇改善加算　□介護職員等ベースアップ等支援加算
2 変更が生じた日	令和　年　月　日
3 届出を行う理由	・①～⑥のうち、届出を行うすべての項目に〇印を記入すること。 ・①～⑥に係る変更があった場合には、「記載すべき事項」欄に定める事項を「4 変更の概要」欄に記載して届け出ること。また、本届出書と併せて、変更内容に応じた「提出すべき書類」を、変更事項を反映したうえで提出すること。 ・⑤・⑥に係る変更のみである場合には、実績報告書を提出する際に、⑤・⑥に定める事項を記載した本紙を付して届け出ること。

		変更事項	記載すべき事項	提出すべき書類
	①	【法人等に関する事項】【共通】 会社法（平成17年法律第86号）の規定による吸収合併、新設合併等による、計画書の作成単位の変更	—	別紙様式2－1
	②	【対象事業所に関する事項】【共通】 複数の介護サービス事業所等について一括して申請を行う事業者における、当該申請に関係する介護サービス事業所等の増減（新規指定、廃止等の事由による。）	—	（処遇改善加算）別紙様式2－1の2(2)及び別紙様式2－2 （特定加算）別紙様式2－1の2(2)及び4(1)並びに別紙様式2－3 （ベースアップ等加算）別紙様式2－1の2(2)及び5(1)並びに別紙様式2－4
	③	【キャリアパス要件に関する変更】【処遇改善加算】 キャリアパス要件に関する適合状況の変更（該当する処遇改善加算の区分に変更が生じる場合に限る。）	キャリアパス要件の変更に係る部分の内容	・別紙様式2－1の2(2)及び3 ・別紙様式2－2
	④	【介護福祉士等配置要件に関する変更】【特定加算】 ・介護福祉士の配置等要件に関する適合状況の変更に伴う、該当する加算の区分の変更 ・喀痰吸引を必要とする利用者の割合についての要件等を満たせないことにより、入居継続支援加算や日常生活継続支援加算を算定できない状況が常態化し、3か月以上継続した場合	・介護福祉士の配置等要件の変更に係る部分の内容 ・入居継続支援加算や日常生活継続支援加算を算定できない状況が常態化し、3か月以上継続したことに係る内容	・別紙様式2－1の2(2)及び4(1) ・別紙様式2－3
	⑤	【就業規則に関する事項】【共通】 就業規則を改正（介護職員の処遇に関する内容に限る。）	当該改正の概要	—
	⑥	【キャリアパス要件等に関する変更】【処遇改善加算】 キャリアパス要件等に関する適合状況の変更（該当する処遇改善加算の区分に変更が生じない場合に限る。具体的には、処遇改善加算（Ⅲ）を算定している場合におけるキャリアパス要件Ⅰ、キャリアパス要件Ⅱ及び職場環境等要件の要件間の変更が生じる場合に限る。）	キャリアパス要件等の変更に係る部分の内容	—

4 変更の概要	

令和　年　月　日　　（法人名）

（代表者名）

別紙様式5

特別な事情に係る届出書（令和　　　年度）

基本情報

フリガナ 法人名			
法人所在地	〒		
フリガナ 書類作成担当者			
連絡先	電話番号		E-mail

1. 事業の継続を図るために、介護職員等の賃金を引き下げる必要がある状況について

当該法人の収支（介護事業に限る。）について、サービス利用者数の大幅な減少などにより経営が悪化し、一定期間にわたり収支が赤字である、資金繰りに支障が生じるなどの状況について記載

2. 賃金水準の引き下げの内容

3. 経営及び賃金水準の改善の見込み

※ 経営及び賃金水準の改善に係る計画等を提出し、代替することも可。

4. 賃金水準を引き下げることについて、適切に労使の合意を得ていること等について

労使の合意の時期及び方法等について記載

令和　　年　　月　　日　　　　（法人名）

（代表者名）

別紙1

表1－1　サービス類型別加算率（令和6年4月及び5月）

サービス区分	介護職員処遇改善加算			介護職員等特定処遇改善加算		介護職員等ベースアップ等支援加算
	Ⅰ	Ⅱ	Ⅲ	Ⅰ	Ⅱ	
訪問介護	13.7%	10.0%	5.5%	6.3%	4.2%	2.4%
夜間対応型訪問介護	13.7%	10.0%	5.5%	6.3%	4.2%	2.4%
定期巡回・随時対応型訪問介護看護	13.7%	10.0%	5.5%	6.3%	4.2%	2.4%
（介護予防）訪問入浴介護	5.8%	4.2%	2.3%	2.1%	1.5%	1.1%
通所介護	5.9%	4.3%	2.3%	1.2%	1.0%	1.1%
地域密着型通所介護	5.9%	4.3%	2.3%	1.2%	1.0%	1.1%
（介護予防）通所リハビリテーション	4.7%	3.4%	1.9%	2.0%	1.7%	1.0%
（介護予防）特定施設入居者生活介護	8.2%	6.0%	3.3%	1.8%	1.2%	1.5%
地域密着型特定施設入居者生活介護	8.2%	6.0%	3.3%	1.8%	1.2%	1.5%
（介護予防）認知症対応型通所介護	10.4%	7.6%	4.2%	3.1%	2.4%	2.3%
（介護予防）小規模多機能型居宅介護	10.2%	7.4%	4.1%	1.5%	1.2%	1.7%
看護小規模多機能型居宅介護	10.2%	7.4%	4.1%	1.5%	1.2%	1.7%
（介護予防）認知症対応型共同生活介護	11.1%	8.1%	4.5%	3.1%	2.3%	2.3%
介護老人福祉施設	8.3%	6.0%	3.3%	2.7%	2.3%	1.6%
地域密着型介護老人福祉施設	8.3%	6.0%	3.3%	2.7%	2.3%	1.6%
（介護予防）短期入所生活介護	8.3%	6.0%	3.3%	2.7%	2.3%	1.6%
介護老人保健施設	3.9%	2.9%	1.6%	2.1%	1.7%	0.8%
（介護予防）短期入所療養介護　（老健）	3.9%	2.9%	1.6%	2.1%	1.7%	0.8%
（介護予防）　短期入所療養介護 （病院等（老健以外））	2.6%	1.9%	1.0%	1.5%	1.1%	0.5%
介護医療院	2.6%	1.9%	1.0%	1.5%	1.1%	0.5%
（介護予防）短期入所療養介護（医療院）	2.6%	1.9%	1.0%	1.5%	1.1%	0.5%

注　介護予防・日常生活支援総合事業によるサービスを行う事業所は、訪問型は訪問介護と、通所型は通所介護と同じとする。

表1－2　サービス類型別加算率（令和6年6月以降）

サービス区分	介護職員等処遇改善加算																	
	Ⅰ	Ⅱ	Ⅲ	Ⅳ	Ⅴ（1）	Ⅴ（2）	Ⅴ（3）	Ⅴ（4）	Ⅴ（5）	Ⅴ（6）	Ⅴ（7）	Ⅴ（8）	Ⅴ（9）	Ⅴ（10）	Ⅴ（11）	Ⅴ（12）	Ⅴ（13）	Ⅴ（14）
訪問介護	24.5%	22.4%	18.2%	14.5%	22.1%	20.8%	20.0%	18.7%	18.4%	16.3%	16.3%	15.8%	14.2%	13.9%	12.1%	11.8%	10.0%	7.6%
夜間対応型訪問介護	24.5%	22.4%	18.2%	14.5%	22.1%	20.8%	20.0%	18.7%	18.4%	16.3%	16.3%	15.8%	14.2%	13.9%	12.1%	11.8%	10.0%	7.6%
定期巡回・随時対応型訪問介護看護	24.5%	22.4%	18.2%	14.5%	22.1%	20.8%	20.0%	18.7%	18.4%	16.3%	16.3%	15.8%	14.2%	13.9%	12.1%	11.8%	10.0%	7.6%
（介護予防）訪問入浴介護	10.0%	9.4%	7.9%	6.3%	8.9%	8.4%	8.3%	7.8%	7.3%	6.7%	6.5%	6.8%	5.9%	5.4%	5.2%	4.8%	4.4%	3.3%
通所介護	9.2%	9.0%	8.0%	6.4%	8.1%	7.6%	7.9%	7.4%	6.5%	6.3%	5.6%	6.9%	5.4%	4.5%	5.3%	4.3%	4.4%	3.3%
地域密着型通所介護	9.2%	9.0%	8.0%	6.4%	8.1%	7.6%	7.9%	7.4%	6.5%	6.3%	5.6%	6.9%	5.4%	4.5%	5.3%	4.3%	4.4%	3.3%
（介護予防）通所リハビリテーション	8.6%	8.3%	6.6%	5.3%	7.6%	7.3%	7.3%	7.0%	6.3%	6.0%	5.8%	5.6%	5.5%	4.8%	4.3%	4.5%	3.8%	2.8%
（介護予防）特定施設入居者生活介護	12.8%	12.2%	11.0%	8.8%	11.3%	10.6%	10.7%	10.0%	9.1%	8.5%	7.9%	9.5%	7.3%	6.4%	7.3%	5.8%	6.1%	4.6%
地域密着型特定施設入居者生活介護	12.8%	12.2%	11.0%	8.8%	11.3%	10.6%	10.7%	10.0%	9.1%	8.5%	7.9%	9.5%	7.3%	6.4%	7.3%	5.8%	6.1%	4.6%
（介護予防）認知症対応型通所介護	18.1%	17.4%	15.0%	12.2%	15.8%	15.3%	15.1%	14.6%	13.0%	12.3%	11.9%	12.7%	11.2%	9.6%	9.9%	8.9%	8.8%	6.5%
（介護予防）小規模多機能型居宅介護	14.9%	14.6%	13.4%	10.6%	13.2%	12.1%	12.9%	11.8%	10.4%	10.1%	8.8%	11.7%	8.5%	7.1%	8.9%	6.8%	7.3%	5.6%
看護小規模多機能型居宅介護	14.9%	14.6%	13.4%	10.6%	13.2%	12.1%	12.9%	11.8%	10.4%	10.1%	8.8%	11.7%	8.5%	7.1%	8.9%	6.8%	7.3%	5.6%
（介護予防）認知症対応型共同生活介護	18.6%	17.8%	15.5%	12.5%	16.3%	15.6%	15.5%	14.8%	13.3%	12.5%	12.0%	13.2%	11.2%	9.7%	10.2%	8.9%	8.9%	6.6%
介護老人福祉施設	14.0%	13.6%	11.3%	9.0%	12.4%	11.7%	12.0%	11.3%	10.1%	9.7%	9.0%	9.7%	8.6%	7.4%	7.4%	7.0%	6.3%	4.7%
地域密着型介護老人福祉施設	14.0%	13.6%	11.3%	9.0%	12.4%	11.7%	12.0%	11.3%	10.1%	9.7%	9.0%	9.7%	8.6%	7.4%	7.4%	7.0%	6.3%	4.7%
（介護予防）短期入所生活介護	14.0%	13.6%	11.3%	9.0%	12.4%	11.7%	12.0%	11.3%	10.1%	9.7%	9.0%	9.7%	8.6%	7.4%	7.4%	7.0%	6.3%	4.7%
介護老人保健施設	7.5%	7.1%	5.4%	4.4%	6.7%	6.5%	6.3%	6.1%	5.7%	5.3%	5.2%	4.6%	4.8%	4.4%	3.6%	4.0%	3.1%	2.3%
（介護予防）短期入所療養介護　（老健）	7.5%	7.1%	5.4%	4.4%	6.7%	6.5%	6.3%	6.1%	5.7%	5.3%	5.2%	4.6%	4.8%	4.4%	3.6%	4.0%	3.1%	2.3%
（介護予防）　短期入所療養介護 （病院等（老健以外））	5.1%	4.7%	3.6%	2.9%	4.6%	4.4%	4.2%	4.0%	3.9%	3.5%	3.5%	3.1%	3.1%	3.0%	2.4%	2.6%	2.0%	1.5%
介護医療院	5.1%	4.7%	3.6%	2.9%	4.6%	4.4%	4.2%	4.0%	3.9%	3.5%	3.5%	3.1%	3.1%	3.0%	2.4%	2.6%	2.0%	1.5%
（介護予防）短期入所療養介護（医療院）	5.1%	4.7%	3.6%	2.9%	4.6%	4.4%	4.2%	4.0%	3.9%	3.5%	3.5%	3.1%	3.1%	3.0%	2.4%	2.6%	2.0%	1.5%

注　介護予防・日常生活支援総合事業によるサービスを行う事業所は、訪問型は訪問介護と、通所型は通所介護と同じとする。

表1－3　加算算定非対象サービス

サービス区分	加算率
（介護予防）訪問看護、（介護予防）訪問リハビリテーション、（介護予防）福祉用具貸与、特定（介護予防）福祉用具販売、（介護予防）居宅療養管理指導、居宅介護支援、介護予防支援	0%

表２－１　令和６年４月及び５月の旧３加算の要件

	①月額賃金改善要件Ⅰ	②月額賃金改善要件Ⅲ	③キャリアパス要件Ⅰ	④キャリアパス要件Ⅱ	⑤キャリアパス要件Ⅲ	⑥キャリアパス要件Ⅳ	⑦キャリアパス要件Ⅴ	⑧職場環境等要件			介護職員処遇改善加算Ⅰ～Ⅲのいずれかの算定
	新加算Ⅳの1/2以上の月額賃金改善	旧ベア加算額の2/3以上の新規の月額賃金改善	任用要件・賃金体系の整備等	研修の実施等	昇給の仕組みの整備等	改善後の賃金要件（８万円又は440万円一人以上）	介護福祉士等の配置要件	職場環境全体で１	職場環境区分ごと１	HP掲載等を通じた見える化	
介護職員処遇改善加算Ⅰ	―	―	○	○	○	―	―	○	―	―	―
介護職員処遇改善加算Ⅱ	―	―	○	○	―	―	―	○	―	―	―
介護職員処遇改善加算Ⅲ	―	―	どちらか１つを実施		―	―	―	○	―	―	―
介護職員等特定処遇改善加算Ⅰ	―	―	―	―	―	○	○	―	○	○	○
介護職員等特定処遇改善加算Ⅱ	―	―	―	―	―	○	―	―	○	○	○
介護職員等ベースアップ等支援加算	―	○	―	―	―	―	―	―	―	―	○

表２－２　令和６年度中の新加算Ⅰ～Ⅳ及び新加算Ⅴ（経過措置区分）の算定要件（賃金改善以外の要件）

	①月額賃金改善要件Ⅰ	②月額賃金改善要件Ⅱ	③キャリアパス要件Ⅰ	④キャリアパス要件Ⅱ	⑤キャリアパス要件Ⅲ	⑥キャリアパス要件Ⅳ	⑦キャリアパス要件Ⅴ	⑧職場環境等要件			表２－３に掲げる旧３加算の算定状況
	新加算Ⅳの1/2以上の月額賃金改善	旧ベア加算相当の2/3以上の新規の月額賃金改善	任用要件・賃金体系の整備等	研修の実施等	昇給の仕組みの整備等	改善後の賃金要件（８万円又は440万円一人以上）	介護福祉士等の配置要件	職場環境全体で１	職場環境区分ごと１	HP掲載等を通じた見える化	
介護職員等処遇改善加算Ⅰ	―	（○）	○	○	○	○	○	―	○	○	―
介護職員等処遇改善加算Ⅱ	―	（○）	○	○	○	○	―	―	○	○	―
介護職員等処遇改善加算Ⅲ	―	（○）	○	○	○	―	―	○	―	―	―
介護職員等処遇改善加算Ⅳ	―	（○）	○	○	―	―	―	○	―	―	―
介護職員等処遇改善加算Ⅴ（１）	―	―	○	○	○	○	○	―	○	○	○
介護職員等処遇改善加算Ⅴ（２）	―	―	○	○	―	○	○	―	○	○	○
介護職員等処遇改善加算Ⅴ（３）	―	―	○	○	○	○	―	―	○	○	○
介護職員等処遇改善加算Ⅴ（４）	―	―	○	○	―	○	―	―	○	○	○
介護職員等処遇改善加算Ⅴ（５）	―	―	○	○	―	○	○	―	○	○	○
介護職員等処遇改善加算Ⅴ（６）	―	―	○	○	―	○	―	―	○	○	○
介護職員等処遇改善加算Ⅴ（７）	―	―	どちらか１つを実施		―	○	○	―	○	○	○
介護職員等処遇改善加算Ⅴ（８）	―	―	○	○	○	―	―	○	―	―	○
介護職員等処遇改善加算Ⅴ（９）	―	―	どちらか１つを実施		―	○	―	―	○	○	○
介護職員等処遇改善加算Ⅴ（10）	―	―	どちらか１つを実施		―	○	○	―	○	○	○
介護職員等処遇改善加算Ⅴ（11）	―	―	○	○	―	―	―	○	―	―	○
介護職員等処遇改善加算Ⅴ（12）	―	―	どちらか１つを実施		―	○	―	―	○	○	○
介護職員等処遇改善加算Ⅴ（13）	―	―	どちらか１つを実施		―	―	―	○	―	―	○
介護職員等処遇改善加算Ⅴ（14）	―	―	どちらか１つを実施		―	―	―	○	―	―	○

注　（○）は新加算Ⅰ～Ⅳの算定前に旧ベースアップ等加算並びに新加算Ⅴ⑵,⑷,⑺,⑼及び⒀を未算定だった場合に満たす必要がある要件

表２－３　新加算Ⅴ（経過措置区分）の算定要件（旧３加算の算定状況）

	介護職員処遇改善加算Ⅰ	介護職員処遇改善加算Ⅱ	介護職員処遇改善加算Ⅲ	介護職員等特定処遇改善加算Ⅰ	介護職員等特定処遇改善加算Ⅱ	介護職員等ベースアップ等支援加算
介護職員等処遇改善加算Ⅴ（１）	○	―	―	○	―	―
介護職員等処遇改善加算Ⅴ（２）	―	○	―	○	―	○
介護職員等処遇改善加算Ⅴ（３）	○	―	―	―	○	―
介護職員等処遇改善加算Ⅴ（４）	―	○	―	―	○	○
介護職員等処遇改善加算Ⅴ（５）	―	○	―	○	―	―
介護職員等処遇改善加算Ⅴ（６）	―	○	―	―	○	―
介護職員等処遇改善加算Ⅴ（７）	―	―	○	○	―	○
介護職員等処遇改善加算Ⅴ（８）	○	―	―	―	―	―
介護職員等処遇改善加算Ⅴ（９）	―	―	○	―	○	○
介護職員等処遇改善加算Ⅴ（10）	―	―	○	○	―	―
介護職員等処遇改善加算Ⅴ（11）	―	○	―	―	―	―
介護職員等処遇改善加算Ⅴ（12）	―	―	○	―	○	―
介護職員等処遇改善加算Ⅴ（13）	―	―	○	―	―	○
介護職員等処遇改善加算Ⅴ（14）	―	―	○	―	―	―

表２－４（参考）　令和７年度以降の新加算Ⅰ～Ⅳの算定要件（賃金改善以外の要件）

	①月額賃金改善要件Ⅰ	②月額賃金改善要件Ⅱ	③キャリアパス要件Ⅰ	④キャリアパス要件Ⅱ	⑤キャリアパス要件Ⅲ	⑥キャリアパス要件Ⅳ	⑦キャリアパス要件Ⅴ	⑧職場環境等要件		
	新加算Ⅳの1/2以上の月額賃金改善	旧ベア加算相当の2/3以上の新規の月額賃金改善	任用要件・賃金体系の整備等	研修の実施等	昇給の仕組みの整備等	改善後の賃金要件（440万円一人以上）	介護福祉士等の配置要件	区分ごとに１以上の取組（生産性向上は２以上）	区分ごとに２以上の取組（生産性向上は３以上）	HP掲載等を通じた見える化（取組内容内容の具体的記載）
介護職員等処遇改善加算Ⅰ	○	（○）	○	○	○	○	○	―	○	○
介護職員等処遇改善加算Ⅱ	○	（○）	○	○	○	○	―	―	○	○
介護職員等処遇改善加算Ⅲ	○	（○）	○	○	○	―	―	○	―	―
介護職員等処遇改善加算Ⅳ	○	（○）	○	○	―	―	―	○	―	―

注　（○）は新加算Ⅰ～Ⅳの算定前に新加算Ⅴ⑵,⑷,⑺,⑼及び⒀を未算定だった場合に満たす必要がある要件

巻末資料

表３　新加算Ⅰ～Ⅳと旧ベースアップ等加算の比率（月額賃金改善要件Ⅱ）

サービス区分	介護職員等ベースアップ等支援加算の加算率との比			
	介護職員等処遇改善加算Ⅰ	介護職員等処遇改善加算Ⅱ	介護職員等処遇改善加算Ⅲ	介護職員等処遇改善加算Ⅳ
訪問介護	9.7%	10.7%	13.1%	16.5%
夜間対応型訪問介護	9.7%	10.7%	13.1%	16.5%
定期巡回・随時対応型訪問介護看護	9.7%	10.7%	13.1%	16.5%
（介護予防）訪問入浴介護	11.0%	11.7%	13.9%	17.4%
通所介護	11.9%	12.2%	13.7%	17.1%
地域密着型通所介護	11.9%	12.2%	13.7%	17.1%
（介護予防）通所リハビリテーション	11.6%	12.0%	15.1%	18.8%
（介護予防）特定施設入居者生活介護	11.7%	12.2%	13.6%	17.0%
地域密着型特定施設入居者生活介護	11.7%	12.2%	13.6%	17.0%
（介護予防）認知症対応型通所介護	12.7%	13.2%	15.3%	18.8%
（介護予防）小規模多機能型居宅介護	11.4%	11.6%	12.6%	16.0%
看護小規模多機能型居宅介護	11.4%	11.6%	12.6%	16.0%
（介護予防）認知症対応型共同生活介護	12.3%	12.9%	14.8%	18.4%
介護老人福祉施設	11.4%	11.7%	14.1%	17.7%
地域密着型介護老人福祉施設	11.4%	11.7%	14.1%	17.7%
（介護予防）短期入所生活介護	11.4%	11.7%	14.1%	17.7%
介護老人保健施設	10.6%	11.2%	14.8%	18.1%
（介護予防）短期入所療養介護　（老健）	10.6%	11.2%	14.8%	18.1%
（介護予防）　短期入所療養介護（病院等（老健以外））	9.8%	10.6%	13.8%	17.2%
介護医療院	9.8%	10.6%	13.8%	17.2%
（介護予防）短期入所療養介護（医療院）	9.8%	10.6%	13.8%	17.2%

注　介護予防・日常生活支援総合事業によるサービスを行う事業所は、訪問型は訪問介護と、通所型は通所介護と同じとする。

表４　キャリアパス要件Ⅴ（介護福祉士等の配置要件）を担保するものとして算定が必要な加算の種類及び加算区分

サービス区分	加算区分		
訪問介護	特定事業所加算Ⅰ	特定事業所加算Ⅱ	－
夜間対応型訪問介護	サービス提供体制強化加算Ⅰ	サービス提供体制強化加算Ⅱ	－
定期巡回・随時対応型訪問介護看護	サービス提供体制強化加算Ⅰ	サービス提供体制強化加算Ⅱ	－
（介護予防）訪問入浴介護	サービス提供体制強化加算Ⅰ	サービス提供体制強化加算Ⅱ	－
通所介護	サービス提供体制強化加算Ⅰ	サービス提供体制強化加算Ⅱ	－
地域密着型通所介護	サービス提供体制強化加算Ⅰ	サービス提供体制強化加算Ⅱ	サービス提供体制強化加算Ⅲイ又はロ
（介護予防）通所リハビリテーション	サービス提供体制強化加算Ⅰ	サービス提供体制強化加算Ⅱ	－
（介護予防）特定施設入居者生活介護	サービス提供体制強化加算Ⅰ	サービス提供体制強化加算Ⅱ	入居継続支援加算Ⅰ又はⅡ
地域密着型特定施設入居者生活介護	サービス提供体制強化加算Ⅰ	サービス提供体制強化加算Ⅱ	入居継続支援加算Ⅰ又はⅡ
（介護予防）認知症対応型通所介護	サービス提供体制強化加算Ⅰ	サービス提供体制強化加算Ⅱ	－
（介護予防）小規模多機能型居宅介護	サービス提供体制強化加算Ⅰ	サービス提供体制強化加算Ⅱ	－
看護小規模多機能型居宅介護	サービス提供体制強化加算Ⅰ	サービス提供体制強化加算Ⅱ	－
（介護予防）認知症対応型共同生活介護	サービス提供体制強化加算Ⅰ	サービス提供体制強化加算Ⅱ	－
介護老人福祉施設	サービス提供体制強化加算Ⅰ	サービス提供体制強化加算Ⅱ	日常生活継続支援加算Ⅰ又はⅡ
地域密着型介護老人福祉施設	サービス提供体制強化加算Ⅰ	サービス提供体制強化加算Ⅱ	日常生活継続支援加算Ⅰ又はⅡ
（介護予防）短期入所生活介護	サービス提供体制強化加算Ⅰ	サービス提供体制強化加算Ⅱ	併設本体施設において旧特定加算Ⅰ又は新加算Ⅰの届出あり
介護老人保健施設	サービス提供体制強化加算Ⅰ	サービス提供体制強化加算Ⅱ	－
（介護予防）短期入所療養介護　（老健）	サービス提供体制強化加算Ⅰ	サービス提供体制強化加算Ⅱ	併設本体施設において旧特定加算Ⅰ又は新加算Ⅰの届出あり
（介護予防）　短期入所療養介護（病院等（老健以外））	サービス提供体制強化加算Ⅰ	サービス提供体制強化加算Ⅱ	併設本体施設において旧特定加算Ⅰ又は新加算Ⅰの届出あり
介護医療院	サービス提供体制強化加算Ⅰ	サービス提供体制強化加算Ⅱ	－
（介護予防）短期入所療養介護（医療院）	サービス提供体制強化加算Ⅰ	サービス提供体制強化加算Ⅱ	併設本体施設において旧特定加算Ⅰ又は新加算Ⅰの届出あり
訪問型サービス（総合事業）	併設本体事業所において旧特定加算Ⅰ又は新加算Ⅰの届出あり	特定事業所加算Ⅰ又はⅡに準じる市町村独自の加算	－
通所型サービス（総合事業）	サービス提供体制強化加算Ⅰ	サービス提供体制強化加算Ⅱ	サービス提供体制強化加算Ⅰ又はⅡに準じる市町村独自の加算

注１　地域密着型通所介護のサービス提供体制強化加算Ⅲイ又はロは療養通所介護費を算定する場合のみ
注２　訪問型サービス（総合事業）は、対象事業所に併設する指定訪問介護事業所において特定事業所加算Ⅰ若しくはⅡを算定していること又は対象事業所において特定事業所加算Ⅰ若しくはⅡに準じる市町村独自の加算を算定していることを要件とする。

表５－１　職場環境等要件（令和７年度以降）

区分	内容
入職促進に向けた取組	①法人や事業所の経営理念やケア方針・人材育成方針、その実現のための施策・仕組みなどの明確化
	②事業者の共同による採用・人事ローテーション・研修のための制度構築
	③他産業からの転職者、主婦層、中高年齢者等、経験者・有資格者等にこだわらない幅広い採用の仕組みの構築（採用の実績でも可）
	④職業体験の受入れや地域行事への参加や主催等による職業魅力度向上の取組の実施
資質の向上やキャリアアップに向けた支援	⑤働きながら介護福祉士取得を目指す者に対する実務者研修受講支援や、より専門性の高い介護技術を取得しようとする者に対するユニットリーダー研修、ファーストステップ研修、喀痰吸引、認知症ケア、サービス提供責任者研修、中堅職員に対するマネジメント研修の受講支援等
	⑥研修の受講やキャリア段位制度と人事考課との連動
	⑦エルダー・メンター（仕事やメンタル面のサポート等をする担当者）制度等導入
	⑧上位者・担当者等によるキャリア面談など、キャリアアップ・働き方等に関する定期的な相談の機会の確保
両立支援・多様な働き方の推進	⑨子育てや家族等の介護等と仕事の両立を目指す者のための休業制度等の充実、事業所内託児施設の整備
	⑩職員の事情等の状況に応じた勤務シフトや短時間正規職員制度の導入、職員の希望に即した非正規職員から正規職員への転換の制度等の整備
	⑪有給休暇を取得しやすい雰囲気・意識作りのため、具体的な取得目標（例えば、１週間以上の休暇を年に●回取得、付与日数のうち●％以上を取得）を定めた上で、取得状況を定期的に確認し、身近な上司等からの積極的な声かけを行っている
	⑫有給休暇の取得促進のため、情報共有や複数担当制等により、業務の属人化の解消、業務配分の偏りの解消を行っている
腰痛を含む心身の健康管理	⑬業務や福利厚生制度、メンタルヘルス等の職員相談窓口の設置等相談体制の充実
	⑭短時間勤務労働者等も受診可能な健康診断・ストレスチェックや、従業員のための休憩室の設置等健康管理対策の実施
	⑮介護職員の身体の負担軽減のための介護技術の修得支援、職員に対する腰痛対策の研修、管理者に対する雇用管理改善の研修等の実施
	⑯事故・トラブルへの対応マニュアル等の作成等の体制の整備
生産性向上（業務改善及び働く環境改善）のための取組	⑰厚生労働省が示している「生産性向上ガイドライン」に基づき、業務改善活動の体制構築（委員会やプロジェクトチームの立ち上げ、外部の研修会の活用等）を行っている
	⑱現場の課題の見える化（課題の抽出、課題の構造化、業務時間調査の実施等）を実施している
	⑲５S活動（業務管理の手法の１つ。整理・整頓・清掃・清潔・躾の頭文字をとったもの）等の実践による職場環境の整備を行っている
	⑳業務手順書の作成や、記録・報告様式の工夫等による情報共有や作業負担の軽減を行っている
	㉑介護ソフト（記録、情報共有、請求業務転記が不要なもの。）、情報端末（タブレット端末、スマートフォン端末等）の導入
	㉒介護ロボット（見守り支援、移乗支援、移動支援、排泄支援、入浴支援、介護業務支援等）又はインカム等の職員間の連絡調整の迅速化に資するICT機器（ビジネスチャットツール含む）の導入
	㉓業務内容の明確化と役割分担を行い、介護職員がケアに集中できる環境を整備。特に、間接業務（食事等の準備や片付け、清掃、ベッドメイク、ゴミ捨て等）がある場合は、いわゆる介護助手等の活用や外注等で担うなど、役割の見直しやシフトの組み換え等を行う。
	㉔各種委員会の共同設置、各種指針・計画の共同策定、物品の共同購入等の事務処理部門の集約、共同で行うICTインフラの整備、人事管理システムや福利厚生システム等の共通化等、協働化を通じた職場環境の改善に向けた取組の実施
やりがい・働きがいの醸成	㉕ミーティング等による職場内コミュニケーションの円滑化による個々の介護職員の気づきを踏まえた勤務環境やケア内容の改善
	㉖地域包括ケアの一員としてのモチベーション向上に資する、地域の児童・生徒や住民との交流の実施
	㉗利用者本位のケア方針など介護保険や法人の理念等を定期的に学ぶ機会の提供
	㉘ケアの好事例や、利用者やその家族からの謝意等の情報を共有する機会の提供

表５－２　職場環境等要件（令和６年度中）

区分	内容
入職促進に向けた取組	法人や事業所の経営理念やケア方針・人材育成方針、その実現のための施策・仕組みなどの明確化
	事業者の共同による採用・人事ローテーション・研修のための制度構築
	他産業からの転職者、主婦層、中高年齢者等、経験者・有資格者等にこだわらない幅広い採用の仕組みの構築
	職業体験の受入れや地域行事への参加や主催等による職業魅力度向上の取組の実施
資質の向上やキャリアアップに向けた支援	働きながら介護福祉士取得を目指す者に対する実務者研修受講支援や、より専門性の高い介護技術を取得しようとする者に対する喀痰吸引、認知症ケア、サービス提供責任者研修、中堅職員に対するマネジメント研修の受講支援等
	研修の受講やキャリア段位制度と人事考課との連動
	エルダー・メンター（仕事やメンタル面のサポート等をする担当者）制度等導入
	上位者・担当者等によるキャリア面談など、キャリアアップ等に関する定期的な相談の機会の確保
両立支援・多様な働き方の推進	子育てや家族等の介護等と仕事の両立を目指す者のための休業制度等の充実、事業所内託児施設の整備
	職員の事情等の状況に応じた勤務シフトや短時間正規職員制度の導入、職員の希望に即した非正規職員から正規職員への転換の制度等の整備
	有給休暇が取得しやすい環境の整備
	業務や福利厚生制度、メンタルヘルス等の職員相談窓口の設置等相談体制の充実
腰痛を含む心身の健康管理	介護職員の身体の負担軽減のための介護技術の修得支援、介護ロボットやリフト等の介護機器等導入及び研修等による腰痛対策の実施
	短時間勤務労働者等も受診可能な健康診断・ストレスチェックや、従業員のための休憩室の設置等健康管理対策の実施
	雇用管理改善のための管理者に対する研修等の実施
	事故・トラブルへの対応マニュアル等の作成等の体制の整備
生産性向上のための業務改善の取組	タブレット端末やインカム等のＩＣＴ活用や見守り機器等の介護ロボットやセンサー等の導入による業務量の縮減
	高齢者の活躍（居室やフロア等の掃除、食事の配膳・下膳などのほか、経理や労務、広報なども含めた介護業務以外の業務の提供）等による役割分担の明確化
	５S活動（業務管理の手法の１つ。整理・整頓・清掃・清潔・躾の頭文字をとったもの）等の実践による職場環境の整備
	業務手順書の作成や、記録・報告様式の工夫等による情報共有や作業負担の軽減
やりがい・働きがいの醸成	ミーティング等による職場内コミュニケーションの円滑化による個々の介護職員の気づきを踏まえた勤務環境やケア内容の改善
	地域包括ケアの一員としてのモチベーション向上に資する、地域の児童・生徒や住民との交流の実施
	利用者本位のケア方針など介護保険や法人の理念等を定期的に学ぶ機会の提供
	ケアの好事例や、利用者やその家族からの謝意等の情報を共有する機会の提供

別紙１

表１－１　サービス別加算率（令和６年４月及び５月）

サービス区分	福祉・介護職員処遇改善加算			福祉・介護職員等特定処遇改善加算		福祉・介護職員等ベースアップ等支援加算
	Ⅰ	Ⅱ	Ⅲ	Ⅰ	Ⅱ	
居宅介護	27.4%	20.0%	11.1%	7.0%	5.5%	4.5%
重度訪問介護	20.0%	14.6%	8.1%	7.0%	5.5%	4.5%
同行援護	27.4%	20.0%	11.1%	7.0%	5.5%	4.5%
行動援護	23.9%	17.5%	9.7%	7.0%	5.5%	4.5%
重度障害者等包括支援	8.9%	6.5%	3.6%	6.1%		4.5%
生活介護	4.4%	3.2%	1.8%	1.4%	1.3%	1.1%
施設入所支援	8.6%	6.3%	3.5%	2.1%		2.8%
短期入所	8.6%	6.3%	3.5%	2.1%		2.8%
療養介護	6.4%	4.7%	2.6%	2.1%	1.9%	2.8%
自立訓練（機能訓練）	6.7%	4.9%	2.7%	4.0%	3.6%	1.8%
自立訓練（生活訓練）	6.7%	4.9%	2.7%	4.0%	3.6%	1.8%
就労選択支援	6.4%	4.7%	2.6%	1.7%	1.5%	1.3%
就労移行支援	6.4%	4.7%	2.6%	1.7%	1.5%	1.3%
就労継続支援Ａ型	5.7%	4.1%	2.3%	1.7%	1.5%	1.3%
就労継続支援Ｂ型	5.4%	4.0%	2.2%	1.7%	1.5%	1.3%
就労定着支援	6.4%	4.7%	2.6%	1.7%		1.3%
自立生活援助	6.4%	4.7%	2.6%	1.7%	1.5%	1.3%
共同生活援助（介護サービス包括型）	8.6%	6.3%	3.5%	1.9%	1.6%	2.6%
共同生活援助（日中サービス支援型）	8.6%	6.3%	3.5%	1.9%	1.6%	2.6%
共同生活援助（外部サービス利用型）	15.0%	11.0%	6.1%	1.9%	1.6%	2.6%
児童発達支援	8.1%	5.9%	3.3%	1.3%	1.0%	2.0%
医療型児童発達支援（※）	12.6%	9.2%	5.1%	1.3%	1.0%	2.0%
放課後等デイサービス	8.4%	6.1%	3.4%	1.3%	1.0%	2.0%
居宅訪問型児童発達支援	8.1%	5.9%	3.3%	1.1%		2.0%
保育所等訪問支援	8.1%	5.9%	3.3%	1.1%		2.0%
福祉型障害児入所施設	9.9%	7.2%	4.0%	4.3%	3.9%	3.8%
医療型障害児入所施設	7.9%	5.8%	3.2%	4.3%	3.9%	3.8%
障害者支援施設が行う生活介護	6.1%	4.4%	2.5%	1.7%		1.1%
障害者支援施設が行う自立訓練（機能訓練）	6.8%	5.0%	2.8%	2.6%		1.8%
障害者支援施設が行う自立訓練（生活訓練）	6.8%	5.0%	2.8%	2.6%		1.8%
障害者支援施設が行う就労移行支援	6.7%	4.9%	2.7%	1.8%		1.3%
障害者支援施設が行う就労継続支援Ａ型	6.5%	4.7%	2.6%	1.8%		1.3%
障害者支援施設が行う就労継続支援Ｂ型	6.4%	4.7%	2.6%	1.8%		1.3%

※　旧指定医療型児童発達支援事業所又は旧指定発達支援医療機関において、肢体不自由児又は重症心身障害児に対し行う指定児童発達支援をいう。

表１－２　サービス別加算率

サービス区分
居宅介護
重度訪問介護
同行援護
行動援護
重度障害者等包括支援
生活介護
施設入所支援
短期入所
療養介護
自立訓練（機能訓練）
自立訓練（生活訓練）
就労選択支援
就労移行支援
就労継続支援Ａ型
就労継続支援Ｂ型
就労定着支援
自立生活援助
共同生活援助（介護サービス包括型）
共同生活援助（日中サービス支援型）
共同生活援助（外部サービス利用型）
児童発達支援
医療型児童発達支援（※）
放課後等デイサービス
居宅訪問型児童発達支援
保育所等訪問支援
福祉型障害児入所施設
医療型障害児入所施設
障害者支援施設が行う生活介護
障害者支援施設が行う自立訓練（機能
障害者支援施設が行う自立訓練（生活
障害者支援施設が行う就労移行支援
障害者支援施設が行う就労継続支援Ａ
障害者支援施設が行う就労継続支援Ｂ

※　旧指定医療型児童発達支援事業

表１－３　加算算定非対象サー

サービ
計画相談支援、障害児相談支援、地域

和６年６月以降）

福祉・介護職員等処遇改善																	
Ⅰ	Ⅱ	Ⅲ	Ⅳ	Ⅴ(1)	Ⅴ(2)	Ⅴ(3)	Ⅴ(4)	Ⅴ(5)	Ⅴ(6)	Ⅴ(7)	Ⅴ(8)	Ⅴ(9)	Ⅴ(10)	Ⅴ(11)	Ⅴ(12)	Ⅴ(13)	Ⅴ(14)
41.7%	40.2%	34.7%	27.3%	37.2%	34.3%	35.7%	32.8%	29.8%	28.3%	25.4%	30.2%	23.9%	20.9%	22.8%	19.4%	18.4%	13.9%
34.3%	32.8%	27.3%	21.9%	29.8%	28.9%	28.3%	27.4%	24.4%	22.9%	22.4%	22.8%	20.9%	17.9%	17.4%	16.4%	15.4%	10.9%
41.7%	40.2%	34.7%	27.3%	37.2%	34.3%	35.7%	32.8%	29.8%	28.3%	25.4%	30.2%	23.9%	20.9%	22.8%	19.4%	18.4%	13.9%
38.2%	36.7%	31.2%	24.8%	33.7%	31.8%	32.2%	30.3%	27.3%	25.8%	24.0%	26.7%	22.5%	19.5%	20.3%	18.0%	17.0%	12.5%
22.3%		16.2%	13.8%	17.8%	19.9%			15.4%		17.0%	11.7%		12.5%	9.3%		10.9%	6.4%
8.1%	8.0%	6.7%	5.5%	7.0%	6.9%	6.9%	6.8%	5.8%	5.7%	5.5%	5.6%	5.4%	4.4%	4.4%	4.3%	4.1%	3.0%
15.9%		13.8%	11.5%	13.1%	13.6%			10.8%		10.8%	11.0%		8.0%	8.7%		8.7%	5.9%
15.9%		13.8%	11.5%	13.1%	13.6%			10.8%		10.8%	11.0%		8.0%	8.7%		8.7%	5.9%
13.7%	13.5%	11.6%	9.9%	10.9%	12.0%	10.7%	11.8%	9.2%	9.0%	9.9%	8.8%	9.7%	7.1%	7.1%	6.9%	7.8%	5.0%
13.8%	13.4%	9.8%	8.0%	12.0%	12.0%	11.6%	11.6%	10.2%	9.8%	9.8%	8.0%	9.4%	8.0%	6.2%	7.6%	5.8%	4.0%
3.8%	13.4%	9.8%	8.0%	12.0%	12.0%	11.6%	11.6%	10.2%	9.8%	9.8%	8.0%	9.4%	8.0%	6.2%	7.6%	5.8%	4.0%
0.3%	10.1%	8.6%	6.9%														
0.3%	10.1%	8.6%	6.9%	9.0%	8.6%	8.8%	8.4%	7.3%	7.1%	6.5%	7.3%	6.3%	5.2%	5.6%	5.0%	4.8%	3.5%
9.6%	9.4%	7.9%	6.3%	8.3%	8.0%	8.1%	7.8%	6.7%	6.5%	6.2%	6.6%	6.0%	4.9%	5.0%	4.7%	4.5%	3.2%
9.3%	9.1%	7.6%	6.2%	8.0%	7.9%	7.8%	7.7%	6.6%	6.4%	6.1%	6.3%	5.9%	4.8%	4.9%	4.6%	4.4%	3.1%
0.3%		8.6%	6.9%	9.0%	8.6%			7.3%		6.5%	7.3%		5.2%	5.6%		4.8%	3.5%
0.3%	10.1%	8.6%	6.9%	9.0%	8.6%	8.8%	8.4%	7.3%	7.1%	6.5%	7.3%	6.3%	5.2%	5.6%	5.0%	4.8%	3.5%
4.7%	14.4%	12.8%	10.5%	12.1%	12.4%	11.8%	12.1%	9.8%	9.5%	9.6%	10.2%	9.3%	7.0%	7.9%	6.7%	7.7%	5.1%
4.7%	14.4%	12.8%	10.5%	12.1%	12.4%	11.8%	12.1%	9.8%	9.5%	9.6%	10.2%	9.3%	7.0%	7.9%	6.7%	7.7%	5.1%
1.1%	20.8%	19.2%	15.2%	18.5%	17.1%	18.2%	16.8%	14.5%	14.2%	12.2%	16.6%	11.9%	9.6%	12.6%	9.3%	10.3%	7.7%
3.1%	12.8%	11.8%	9.6%	11.1%	10.9%	10.8%	10.6%	8.9%	8.6%	8.3%	9.8%	8.0%	6.3%	7.6%	6.0%	7.0%	5.0%
7.6%	17.3%	16.3%	12.9%	15.6%	14.2%	15.3%	13.9%	12.2%	11.9%	10.1%	14.3%	9.8%	8.1%	10.9%	7.8%	8.8%	6.8%
3.4%	13.1%	12.1%	9.8%	11.4%	11.1%	11.1%	10.8%	9.1%	8.8%	8.4%	10.1%	8.1%	6.4%	7.8%	6.1%	7.1%	5.1%
2.9%		11.8%	9.6%	10.9%	10.7%			8.7%		8.1%	9.8%		6.1%	7.6%		7.0%	5.0%
2.9%		11.8%	9.6%	10.9%	10.7%			8.7%		8.1%	9.8%		6.1%	7.6%		7.0%	5.0%
1.1%	20.7%	16.8%	14.1%	17.3%	18.4%	16.9%	18.0%	14.6%	14.2%	15.2%	13.0%	14.8%	11.4%	10.3%	11.0%	10.9%	7.1%
9.1%	18.7%	14.8%	12.7%	15.3%	17.0%	14.9%	16.6%	13.2%	12.8%	14.4%	11.0%	14.0%	10.6%	8.9%	10.2%	10.1%	6.3%
0.1%		8.4%	6.7%	9.0%	8.4%			7.3%		6.5%	7.3%		5.4%	5.6%		4.8%	3.7%
2.5%		9.9%	8.1%	10.7%	10.7%			8.9%		8.5%	8.1%		6.7%	6.3%		5.9%	4.1%
2.5%		9.9%	8.1%	10.7%	10.7%			8.9%		8.5%	8.1%		6.7%	6.3%		5.9%	4.1%
0.7%		8.9%	7.1%	9.4%	8.9%			7.6%		6.7%	7.6%		5.4%	5.8%		4.9%	3.6%
0.5%		8.7%	6.9%	9.2%	8.7%			7.4%		6.6%	7.4%		5.3%	5.6%		4.8%	3.5%
0.4%		8.6%	6.9%	9.1%	8.7%			7.4%		6.6%	7.3%		5.3%	5.6%		4.8%	3.5%

定発達支援医療機関において、肢体不自由児又は重症心身障害児に対し行う指定児童発達支援をいう。

	加算率
（移行）、地域相談支援（定着）	0%

巻末資料

表２－１　令和６年４月及び５月の旧３加算の要件

	①月額賃金改善要件Ｉ	②月額賃金改善要件Ⅲ	③キャリアパス要件Ｉ	④キャリアパス要件Ⅱ	⑤キャリアパス要件Ⅲ	⑥キャリアパス要件Ⅳ	⑦キャリアパス要件Ｖ	⑧職場環境等要件			福祉・介護職員処遇改善加算Ｉ～Ⅲのいずれかの算定
	新加算Ⅳの1/2以上の月額賃金改善	旧ベア加算額の2/3以上の新規の月額賃金改善	任用要件・賃金体系の整備等	研修の実施等	昇給の仕組みの整備等	改善後の賃金要件（８万円又は440万円一人以上）	配置等要件	職場環境全体で１	職場環境３つの区分を選択し、それぞれ１	HP掲載等を通じた見える化	
福祉・介護職員処遇改善加算Ｉ	－	－	○	○	○	－	－	○	－	－	－
福祉・介護職員処遇改善加算Ⅱ	－	－	○	○	－	－	－	○	－	－	－
福祉・介護職員処遇改善加算Ⅲ	－	－	どちらか１つを実施		－	－	－	○	－	－	－
福祉・介護職員等特定処遇改善加算Ｉ	－	－	－	－	－	○	○	－	○	○	○
福祉・介護職員等特定処遇改善加算Ⅱ	－	－	－	－	－	○	－	－	○	○	○
福祉・介護職員等ベースアップ等支援加算	－	○	－	－	－	－	－	－	－	－	○

表２－２　令和６年度中の新加算Ｉ～Ⅳ及び新加算Ｖ（経過措置区分）の算定要件（賃金改善以外の要件）

	①月額賃金改善要件Ｉ	②月額賃金改善要件Ⅱ	③キャリアパス要件Ｉ	④キャリアパス要件Ⅱ	⑤キャリアパス要件Ⅲ	⑥キャリアパス要件Ⅳ	⑦キャリアパス要件Ｖ	⑧職場環境等要件			表２－３に掲げる旧３加算の算定状況
	新加算Ⅳの1/2以上の月額賃金改善	旧ベア加算相当の2/3以上の新規の月額賃金改善	任用要件・賃金体系の整備等	研修の実施等	昇給の仕組みの整備等	改善後の賃金要件（８万円又は440万円一人以上）	配置等要件	職場環境全体で１	職場環境３つの区分を選択し、それぞれ１	HP掲載等を通じた見える化	
福祉・介護職員等処遇改善加算Ｉ	－	（○）	○	○	○	○	○	－	○	○	－
福祉・介護職員等処遇改善加算Ⅱ	－	（○）	○	○	○	○	－	－	○	○	－
福祉・介護職員等処遇改善加算Ⅲ	－	（○）	○	○	○	－	－	○	－	－	－
福祉・介護職員等処遇改善加算Ⅳ	－	（○）	○	○	－	－	－	○	－	－	－
福祉・介護職員等処遇改善加算Ｖ（１）	－	－	○	○	○	○	○	－	○	○	○
福祉・介護職員等処遇改善加算Ｖ（２）	－	－	○	○	－	○	○	－	○	○	○
福祉・介護職員等処遇改善加算Ｖ（３）	－	－	○	○	○	○	－	－	○	○	○
福祉・介護職員等処遇改善加算Ｖ（４）	－	－	○	○	－	○	－	－	○	○	○
福祉・介護職員等処遇改善加算Ｖ（５）	－	－	○	○	－	○	○	－	○	○	○
福祉・介護職員等処遇改善加算Ｖ（６）	－	－	○	○	－	○	－	－	○	○	○
福祉・介護職員等処遇改善加算Ｖ（７）	－	－	どちらか１つを実施		－	○	○	－	○	○	○
福祉・介護職員等処遇改善加算Ｖ（８）	－	－	○	○	○	－	－	○	－	－	○
福祉・介護職員等処遇改善加算Ｖ（９）	－	－	どちらか１つを実施		－	○	－	－	○	○	○
福祉・介護職員等処遇改善加算Ｖ（10）	－	－	どちらか１つを実施		－	○	○	－	○	○	○
福祉・介護職員等処遇改善加算Ｖ（11）	－	－	○	○	－	－	－	○	－	－	○
福祉・介護職員等処遇改善加算Ｖ（12）	－	－	どちらか１つを実施		－	○	－	－	○	○	○
福祉・介護職員等処遇改善加算Ｖ（13）	－	－	どちらか１つを実施		－	－	－	○	－	－	○
福祉・介護職員等処遇改善加算Ｖ（14）	－	－	どちらか１つを実施		－	－	－	○	－	－	○

注　（○）は新加算Ｉ～Ⅳの算定前に旧ベースアップ等加算並びに新加算Ｖ⑵,⑷,⑺,⑼及び⒀を未算定だった場合に満たす必要がある要件

表２－３　新加算Ｖ（経過措置区分）の算定要件（旧３加算の算定状況）

	福祉・介護職員処遇改善加算Ｉ	福祉・介護職員処遇改善加算Ⅱ	福祉・介護職員処遇改善加算Ⅲ	福祉・介護職員等特定処遇改善加算Ｉ	福祉・介護職員等特定処遇改善加算Ⅱ	福祉・介護職員等ベースアップ等支援加算
福祉・介護職員等処遇改善加算Ｖ（１）	○	－	－	○	－	－
福祉・介護職員等処遇改善加算Ｖ（２）	－	○	－	○	－	○
福祉・介護職員等処遇改善加算Ｖ（３）	○	－	－	－	○	－
福祉・介護職員等処遇改善加算Ｖ（４）	－	○	－	－	○	○
福祉・介護職員等処遇改善加算Ｖ（５）	－	○	－	○	－	－
福祉・介護職員等処遇改善加算Ｖ（６）	－	○	－	－	○	－
福祉・介護職員等処遇改善加算Ｖ（７）	－	－	○	○	－	○
福祉・介護職員等処遇改善加算Ｖ（８）	○	－	－	－	－	－
福祉・介護職員等処遇改善加算Ｖ（９）	－	－	○	－	○	○
福祉・介護職員等処遇改善加算Ｖ（10）	－	－	○	○	－	－
福祉・介護職員等処遇改善加算Ｖ（11）	－	○	－	－	－	－
福祉・介護職員等処遇改善加算Ｖ（12）	－	－	○	－	○	－
福祉・介護職員等処遇改善加算Ｖ（13）	－	－	○	－	－	○
福祉・介護職員等処遇改善加算Ｖ（14）	－	－	○	－	－	－

表２－４（参考）　令和７年度以降の新加算Ｉ～Ⅳの算定要件（賃金改善以外の要件）

	①月額賃金改善要件Ｉ	②月額賃金改善要件Ⅱ	③キャリアパス要件Ｉ	④キャリアパス要件Ⅱ	⑤キャリアパス要件Ⅲ	⑥キャリアパス要件Ⅳ	⑦キャリアパス要件Ｖ	⑧職場環境等要件		
	新加算Ⅳの1/2以上の月額賃金改善	旧ベア加算相当の2/3以上の新規の月額賃金改善	任用要件・賃金体系の整備等	研修の実施等	昇給の仕組みの整備等	改善後の賃金要件（440万円一人以上）	配置等要件	区分ごとに１以上の取組（生産性向上は２以上）	区分ごとに２以上の取組（生産性向上は３以上）	HP掲載等を通じた見える化（取組内容内容の具体的記載）
福祉・介護職員等処遇改善加算Ｉ	○	（○）	○	○	○	○	○	－	○	○
福祉・介護職員等処遇改善加算Ⅱ	○	（○）	○	○	○	○	－	－	○	○
福祉・介護職員等処遇改善加算Ⅲ	○	（○）	○	○	○	－	－	○	－	－
福祉・介護職員等処遇改善加算Ⅳ	○	（○）	○	○	－	－	－	○	－	－

注　（○）は新加算Ｉ～Ⅳの算定前に新加算Ｖ⑵,⑷,⑺,⑼及び⒀を未算定だった場合に満たす必要がある要件

表３　新加算Ⅰ～Ⅳと旧ベースアップ等加算の比率（月額賃金改善要件Ⅱ）

サービス区分	福祉・介護職員等ベースアップ等支援加算の加算率との比			
	福祉・介護職員等処遇改善加算Ⅰ	福祉・介護職員等処遇改善加算Ⅱ	福祉・介護職員等処遇改善加算Ⅲ	福祉・介護職員等処遇改善加算Ⅳ
居宅介護	10.7%	11.1%	12.9%	16.4%
重度訪問介護	13.1%	13.7%	16.4%	20.5%
同行援護	10.7%	11.1%	12.9%	16.4%
行動援護	11.7%	12.2%	14.4%	18.1%
重度障害者等包括支援	20.1%		27.7%	32.6%
生活介護	13.5%	13.7%	16.4%	20.0%
施設入所支援	17.6%		20.2%	24.3%
短期入所	17.6%		20.2%	24.3%
療養介護	20.4%	20.7%	24.1%	28.2%
自立訓練（機能訓練）	13.0%	13.4%	18.3%	22.5%
自立訓練（生活訓練）	13.0%	13.4%	18.3%	22.5%
就労選択支援	12.6%	12.8%	15.1%	18.8%
就労移行支援	12.6%	12.8%	15.1%	18.8%
就労継続支援Ａ型	13.5%	13.8%	16.4%	20.6%
就労継続支援Ｂ型	13.9%	14.2%	17.1%	20.9%
就労定着支援	12.6%		15.1%	18.8%
自立生活援助	12.6%	12.8%	15.1%	18.8%
共同生活援助（介護サービス包括型 ）	17.6%	18.0%	20.3%	24.7%
共同生活援助（日中サービス支援型）	17.6%	18.0%	20.3%	24.7%
共同生活援助（外部サービス利用型）	12.3%	12.5%	13.5%	17.1%
児童発達支援	15.2%	15.6%	16.9%	20.8%
医療型児童発達支援（※）	11.3%	11.5%	12.2%	15.5%
放課後等デイサービス	14.9%	15.2%	16.5%	20.4%
居宅訪問型児童発達支援	15.5%		16.9%	20.8%
保育所等訪問支援	15.5%		16.9%	20.8%
福祉型障害児入所施設	18.0%	18.3%	22.6%	26.9%
医療型障害児入所施設	19.8%	20.3%	25.6%	29.9%
障害者支援施設が行う生活介護	10.8%		13.0%	16.4%
障害者支援施設が行う自立訓練（機能訓練）	14.4%		18.1%	22.2%
障害者支援施設が行う自立訓練（生活訓練）	14.4%		18.1%	22.2%
障害者支援施設が行う就労移行支援	12.1%		14.6%	18.3%
障害者支援施設が行う就労継続支援Ａ型	12.3%		14.9%	18.8%
障害者支援施設が行う就労継続支援Ｂ型	12.5%		15.1%	18.8%

※　旧指定医療型児童発達支援事業所又は旧指定発達支援医療機関において、肢体不自由児又は重症心身障害児に対し行う指定児童発達支援をいう。

表４－１　職場環境等要件（令和７年度以降）

入職促進に向けた取組	① 法人や事業所の経営理念や支援方針・人材育成方針、その実現のための施策・仕組みなどの明確化
	② 事業者の共同による採用・人事ローテーション・研修のための制度構築
	③ 他産業からの転職者、主婦層、中高年齢者等、経験者・有資格者にこだわらない幅広い採用の仕組みの構築（採用の実績でも可）
	④ 職業体験の受入れや地域行事への参加や主催等による職業魅力向上の取組の実施
資質の向上やキャリアアップに向けた支援	⑤ 働きながら国家資格等の取得を目指す者に対する研修受講支援や、より専門性の高い支援技術を取得しようとする者に対する各国家資格の生涯研修制度、サービス管理責任者研修、喀痰吸引研修、強度行動障害支援者養成研修等の業務関連専門技術研修の受講支援等
	⑥ 研修の受講やキャリア段位制度等と人事考課との連動によるキャリアサポート制度等の導入
	⑦ エルダー・メンター（仕事やメンタル面のサポート等をする担当者）制度等導入
	⑧ 上位者・担当者等によるキャリア面談など、キャリアアップ・働き方等に関する定期的な相談の機会の確保
両立支援・多様な働き方の推進	⑨ 子育てや家族等の介護等と仕事の両立を目指すための休業制度等の充実、事業所内託児施設の整備
	⑩ 職員の事情等の状況に応じた勤務シフトや短時間正規職員制度の導入、職員の希望に即した非正規職員から正規職員への転換の制度等の整備
	⑪ 有給休暇を取得しやすい雰囲気・意識作りのため、具体的な取得目標（例えば、１週間以上の休暇を年に●回取得、付与日数のうち●％以上を取得）を定めた上で、取得状況を定期的に確認し、身近な上司等からの積極的な声かけ等に取り組んでいる
	⑫ 有給休暇の取得促進のため、情報共有や複数担当制等により、業務の属人化の解消、業務配分の偏りの解消に取り組んでいる
	⑬ 障害を有する者でも働きやすい職場環境の構築や勤務シフトの配慮
腰痛を含む心身の健康管理	⑭ 業務や福利厚生制度、メンタルヘルス等の職員相談窓口の設置等相談体制の充実
	⑮ 短時間勤務労働者等も受診可能な健康診断・ストレスチェックや、従業者のための休憩室の設置等健康管理対策の実施
	⑯ 福祉・介護職員の身体の負担軽減のための介護技術の修得支援やリフト等の活用、職員に対する腰痛対策の研修、管理者に対する雇用管理改善の研修等の実施
	⑰ 事故・トラブルへの対応マニュアル等の作成等の体制の整備
生産性向上（業務改善及び働く環境改善）のための業務改善の取組	⑱ 現場の課題の見える化（課題の抽出、課題の構造化、業務時間調査の実施等）を実施している
	⑲ ５Ｓ活動（業務管理の手法の１つ。整理・整頓・清掃・清潔・躾の頭文字をとったもの）等の実践による職場環境の整備を行っている
	⑳ 業務手順書の作成や、記録・報告様式の工夫等による情報共有や作業負担の軽減を行っている
	㉑ 業務支援ソフト（記録、情報共有、請求業務転記が不要なもの。）、情報端末（タブレット端末、スマートフォン端末等）の導入
	㉒ 介護ロボット（見守り支援、移乗支援、移動支援、排泄支援、入浴支援、介護業務支援等）又はインカム等の職員間の連絡調整の迅速化に資するＩＣＴ機器（ビジネスチャットツール含む）の導入
	㉓ 業務内容の明確化と役割分担を行い、福祉・介護職員が支援に集中できる環境を整備。特に、間接業務（食事等の準備や片付け、清掃、ベッドメイク、ゴミ捨て等）がある場合は、いわゆる介護助手等の活用や外注等で担うなど、役割の見直しやシフトの組み換え等を行う
	㉔ 各種委員会の共同設置、各種指針・計画の共同策定、物品の共同購入等の事務処理部門の集約、共同で行うＩＣＴインフラの整備、人事管理システムや福利厚生システム等の共通化等、協働化を通じた職場環境の改善に向けた取組の実施
やりがい・働きがいの構成	㉕ ミーティング等による職場内コミュニケーションの円滑化による個々の福祉・介護職員の気づきを踏まえた勤務環境や支援内容の改善
	㉖ 地域社会への参加・包容（インクルージョン）の推進のため、モチベーション向上に資する、地域の児童・生徒や住民との交流の実施
	㉗ 利用者本位の支援方針など障害福祉や法人の理念等を定期的に学ぶ機会の提供
	㉘ 支援の好事例や、利用者やその家族からの謝意等の情報を共有する機会の提供

表４－２　職場環境等要件（令和６年度中）

入職促進に向けた取組	・法人や事業所の経営理念や支援方針・人材育成方針、その実現のための施策・仕組みなどの明確化
	・事業者の共同による採用・人事ローテーション・研修のための制度構築
	・他産業からの転職者、主婦層、中高年齢者等、経験者・有資格者にこだわらない幅広い採用の仕組みの構築
	・職業体験の受入れや地域行事への参加や主催等による職業魅力向上の取組の実施
資質の向上やキャリアアップに向けた支援	・働きながら介護福祉士等の取得を目指す者に対する実務者研修受講支援や、より専門性の高い支援技術を取得しようとする者に対する喀痰吸引研修、強度行動障害支援者養成研修、サービス提供責任者研修、中堅職員に対するマネジメント研修の受講支援等
	・研修の受講やキャリア段位制度と人事考課との連動
	・エルダー・メンター（仕事やメンタル面のサポート等をする担当者）制度等の導入
	・上位者・担当者等によるキャリア面談など、キャリアアップ等に関する定期的な相談の機会の確保
両立支援・多様な働き方の推進	・子育てや家族等の介護等と仕事の両立を目指すための休業制度等の充実、事業所内託児施設の整備
	・職員の事情等の状況に応じた勤務シフトや短時間正規職員制度の導入、職員の希望に即した非正規職員から正規職員への転換の制度等の整備
	・有給休暇が取得しやすい環境の整備
	・業務や福利厚生制度、メンタルヘルス等の職員相談窓口の設置等相談体制の充実
	・障害を有する者でも働きやすい職場環境の構築や勤務シフトの配慮
腰痛を含む心身の健康管理	・福祉・介護職員の身体の負担軽減のための介護技術の修得支援、介護ロボットやリフト等の介護機器等の導入及び研修等による腰痛対策の実施
	・短時間勤務労働者等も受診可能な健康診断・ストレスチェックや、従業者のための休憩室の設置等健康管理対策の実施
	・雇用管理改善のための管理者に対する研修等の実施
	・事故・トラブルへの対応マニュアル等の作成等の体制の整備
生産性向上のための業務改善の取組	・タブレット端末やインカム等のＩＣＴ活用や見守り機器等の介護ロボットやセンサー等の導入による業務量の縮減
	・高齢者の活躍（居室やフロア等の掃除、食事の配膳、下膳などのほか、経理や労務、広報なども含めた介護業務以外の業務の提供）等による役割分担の明確化
	・５Ｓ活動（業務管理の手法の１つ。整理・整頓・清掃・清潔・躾の頭文字をとったもの）等の実践による職場環境の整備
	・業務手順書の作成や、記録・報告様式の工夫等による情報共有や作業負担の軽減
やりがい・働きがいの構成	・ミーティング等による職場内コミュニケーションの円滑化による個々の福祉・介護職員の気づきを踏まえた勤務環境や支援内容の改善
	・地域包括ケアの一員としてのモチベーション向上に資する、地域の児童・生徒や住民との交流の実施
	・利用者本位の支援方針など障害福祉や法人の理念等を定期的に学ぶ機会の提供
	・支援の好事例や、利用者やその家族からの謝意等の情報を共有する機会の提供

表５　専門的な技能を有すると認められる職員例

研修等で専門的な技能を身につけた勤続10年以上の職員（例）	強度行動障害支援者養成研修修了者
	手話通訳士、手話通訳者、手話奉仕員、要約筆記者
	点字技能士、点字指導員、点字通訳者
	盲ろう者向け通訳・介助員養成研修修了者
	失語症者向け意思疎通支援者養成研修修了者
	サービス管理責任者研修修了者
	児童発達支援管理責任者研修修了者
	サービス提供責任者研修修了者
	たんの吸引等の実施のための研修修了者
	職場適応援助者（ジョブコーチ）養成研修修了者
	相談支援従事者研修修了者
	社会福祉主事
	教員免許保有者
	など

介護事業所賃金規程モデル

○○○○法人○○○会給与規程（参考例）

（目　　的）

第１条　この規定は、就業規則第○条の規定に基づき、職員の給与に関する必要な事項を定めることを目的とする。

２　準職員の給与は、別に定めるところによる。

（給与の構成）

第２条　給与の構成は、基準内給与及び基準外給与とし、次のとおり定める。

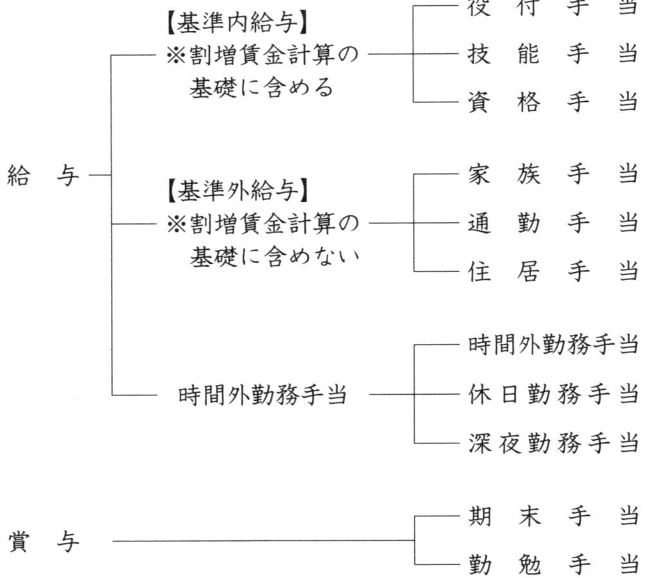

（基　本　給）

第３条　基本給は、本人の職務内容、職務遂行能力等の職務に関する要素等を評価して各人別に決定する。

（役付手当）

第4条　役付手当は、以下の職位にある者に対し支給する。

施設長　　月額　＿＿＿＿円
事務長　　月額　＿＿＿＿円
部長　　　月額　＿＿＿＿円
課長　　　月額　＿＿＿＿円
係長　　　月額　＿＿＿＿円

2　昇格によるときは、発令日の属する給与月から支給する。この場合、当該給与月においてそれまで属していた役付手当は支給しない。

（技能手当）

第5条　技能手当は、次の資格を持ち、その職務に就く者に対し支給する。

安全・衛生管理者（安全衛生推進者を含む。）　月額　＿＿＿＿円
食品衛生責任者　月額　＿＿＿＿円

（資格手当）

第6条　資格手当は、次の資格を持ち、その職務に就く者に対し支給する。

社会福祉士　　　月額　＿＿＿＿円
介護福祉士　　　月額　＿＿＿＿円
介護支援専門員　月額　＿＿＿＿円
理学療法士　　　月額　＿＿＿＿円
作業療法士　　　月額　＿＿＿＿円
栄養士　　　　　月額　＿＿＿＿円
調理師　　　　　月額　＿＿＿＿円

（家族手当）

第7条　家族手当は、次の家族を扶養している職員に対し支給する。

①　配偶者　　月額　＿＿＿＿円
②　18歳未満の子
　　1人につき　月額　＿＿＿＿円
③　65歳以上の父母
　　1人につき　月額　＿＿＿＿円

（通勤手当）

第8条　通勤手当は、月額＿＿＿＿円までの範囲内において、通勤に要する実費に相当する額を支給する。

（住 居 手 当）

第９条　住宅手当は、次に掲げる職員に対して支給する。
（1）　自ら居住するために住居（貸間を含む）を借り受け、月額12,000円を超える家賃を支払っている者
（2）　自らが所有者である住居に居住している職員で世帯主である者

２　住居手当の月額は、別表◯の住居手当支給基準表に定める額とする。

（宿日直手当）

第10条　職員が、正規の勤務時間外又は休日もしくは休暇日に宿直又は日直を命ぜられたときは、その勤務１回につき◯円（◯時間未満の場合は◯円）を支給する。但し、この場合において第11条から第13条までの規定は適用しない。

（休日勤務手当）

第11条　休日において勤務することを命ぜられた職員には、勤務した全時間に対して、勤務１時間につき第13条に規定する勤務１時間当たりの給与額の100分の135（その勤務時間が午後10時から翌日の午前５時までの間である場合は、100分の160）に相当する金額を休日勤務手当として支給する。

（夜間勤務手当）

第12条　正規の勤務時間として午後10時から翌日の午前５時までの時間帯を含めて勤務する職員には、その間に勤務した全時間に対して、勤務時間１時間につき第13条の勤務１時間当たりの給与額の100分の25に相当する金額を（夜間勤務手当として支給する、又は下回らない額として、別表◯による夜間勤務手当を支給する）。

（勤務１時間当たりの給与額の算出）

第13条　勤務時間１時間当たりの給与額は、基本給、役付手当、技能手当及び資格手当の月額の合計額に12を乗じ、その額を年間の所定労働日数に１日の所定勤務時間を乗じて得た額で除した額とする。

（時間外勤務手当）

第14条　時間外労働に対する勤務手当は、次の時間外勤務手当率に基づき、次項の計算方法により支給する。

（1）　1か月の時間外労働の時間数に応じた時間外勤務手当率は、次のとおりとする。この場合の1か月は毎月＿＿日を起算日とする。

① 時間外労働45時間以下……25%

② 時間外労働45時間超〜60時間以下……35%

③ 時間外労働60時間超……50%

④ ③の時間外労働のうち代替休暇を取得した時間……35%

（残り15%の時間外勤務手当は代替休暇に充当する。）

（2）　1年間の時間外労働の時間数が360時間を超えた部分については、40%とする。この場合の1年は毎年＿＿月＿＿日を起算日とする。

（3）　時間外労働に対する時間外勤務手当の計算において、上記(1)及び(2)のいずれにも該当する時間外労働の時間数については、いずれか高い率で計算することとする。

2　時間外勤務手当は、次の算式により計算して支給する。

① 時間外労働の勤務手当

（時間外労働が1か月45時間以下の部分）

$$\frac{\text{基本給＋役付手当＋技能手当＋資格手当}}{\text{1か月の平均所定労働時間数}} \times 1.25 \times \text{時間外労働の時間数}$$

（時間外労働が1か月45時間超〜60時間以下の部分）

$$\frac{\text{基本給＋役付手当＋技能手当＋資格手当}}{\text{1か月の平均所定労働時間数}} \times 1.35 \times \text{時間外労働の時間数}$$

② 休日労働の勤務手当（法定休日に労働させた場合）

$$\frac{\text{基本給＋役付手当＋技能手当＋資格手当}}{\text{1か月の平均所定労働時間数}} \times 1.35 \times \text{休日労働の時間数}$$

③ 深夜労働の勤務手当

（午後10時から午前5時までの間に労働させた場合）

$$\frac{\text{基本給＋役付手当＋技能手当＋資格手当}}{\text{1か月の平均所定労働時間数}} \times 0.25 \times \text{深夜労働の時間数}$$

（休暇等の給与）

第15条　年次有給休暇の期間は、所定労働時間労働したときに支払われる通常の給与を支払う。

2　産前産後の休業期間、育児時間、生理休暇、母性健康管理のための休暇、育児・介護休業法に基づく育児休業期間、介護休業期間及び子の看護休暇期間、裁判員等のための休暇の期間は、無給 ／ 通常の給与を支払うこととする。

3　第○条に定める休職期間中は、原則として給与を支給しない（＿＿か月までは＿＿割を支給する）。

（臨時休業の賃金）

第16条　法人側の都合により、所定労働日に職員を休業させた場合は、休業１日につき労基法第○条に規定する平均賃金の６割を支給する。ただし、１日のうちの一部を休業させた場合にあっては、その日の賃金については労基法第26条に定めるところにより、平均賃金の６割に相当する賃金を保障する。

（欠勤等の扱い）

第17条　欠勤、遅刻、早退及び私用外出については、基本給から当該日数又は時間分の賃金を控除する。

2　前項の場合、控除すべき賃金の１時間あたりの金額の計算は以下のとおりとする。

（1）　月給の場合
基本給÷１か月平均所定労働時間数
（１か月平均所定労働時間数は第36条第３項の算式により計算する。）

（2）　日給の場合
基本給÷１日の所定労働時間数

（給与の計算期間及び支払日）

第18条　給与は、毎月＿＿日に締め切って計算し、翌月＿＿日に支払う。ただし、支払日が休日に当たる場合は、その前日に繰り上げて支払う。

2　前項の計算期間の中途で採用された職員又は退職した職員については、月額の賃金は当該計算期間の所定労働日数を基準に日割計算して支払う。

（給与の支払と控除）

第19条　給与は、職員に対し、通貨で直接その全額を支払う。

2　前項について、職員が同意した場合は、職員本人の指定する金融機関の預貯金口座又は証券総合口座へ振込により給与を支払う。

3　次に掲げるものは、給与から控除する。

①　源泉所得税

②　住民税

③　健康保険、厚生年金保険及び雇用保険の保険料の被保険者負担分

④　職員代表との書面による協定により賃金から控除する。（例えば：社宅入居料、財形貯蓄の積立金及び組合費）

（給与の非常時払い）

第20条　給与又はその収入によって生計を維持する者が、次のいずれかの場合に該当し、そのために職員から請求があったときは、給与支払日前であっても、既往の労働に対する給与を支払う。

①　やむを得ない事由によって１週間以上帰郷する場合

②　結婚又は死亡の場合

③　出産、疾病又は災害の場合

（給料表及び職務の等級）

第21条　職員に適用する給料表は、別表１の定めるところによる。

2　職員の職務は、その複雑、困難及び責任の度に基づき、これを６等級に分類し、別表２の級別標準職務表に定めるところによる。

（初　任　給）

第22条　新たに採用された職員（以下「新規採用者」という。）の初任給は、別表３の初任給格付基準表に定めるところによる。

2　新規採用者が経験年数を有するときは、前項で定められた号級に次条第２項で得られた数を加えた号級とする。

3　施設長を新たに採用した場合の初任給は、前各号の規定にかかわらず、他の職員との均衡等を十分考慮して理事会において決定する。

（前歴換算・初任給の調整）

第23条　学歴免許の資格を取得した時以後の職員の職歴については、別表４の経験年数換算表に定めるところにより換算するものとする。

2　前項により得られた経験年数の月数を18月（５年までの経験年数については15月）で除した数の年数は初任給において調整するものとする。この場合１年未満の端数があるときは、昇給時期に応じて昇給させるものとする。

（昇　　　給）

第24条　昇給は、勤務成績その他が良好な職員について、毎年＿＿月＿＿日をもって行うものとする。ただし、法人の業績の著しい低下その他やむを得ない事由がある場合は、行わないことがある。

2　顕著な業績が認められた職員については、前項の規定にかかわらず昇給を行うことがある。

3　昇給額は、職員の勤務成績等を考慮して各人ごとに決定する。

（昇　　　格）

第25条　職員の昇格は、別表５の昇格基準表により現に格付けされている級の１級上位の級に昇格させることができる。

2　職員を昇格させた場合の号級は、次の各号に定める区分に応じた号級とする。

（1）　昇格した日の前日に受けていた給料月額が、昇格した職務の級の最低の号級に達しない額の号級であるときは、昇格した職務の級の最低の号級

（2）　昇格した日の前日に受けていた給料月額が、昇格した職務の級に同じ額の号級があるときは、その額の号級

（3）　昇格した日の前日に受けていた給料月額が、昇格した職務の級に同じ額の号級がないときは、直近上位の額の号級

（期 末 手 当）

第26条　期末手当は、６月１日及び12月１日（以下これらの日を「基準日」という。）に在職する職員に対して、それぞれ６月及び12月の○日に支給する。ただし、法人の業績の著しい低下、その他やむを得ない事由により、支給時期を延期し、又は支給しないことがある

2　基準日以前の１月以内に退職し又は死亡した職員についても同様とする。

3　期末手当の額は、それぞれの基準日現在において職員が受けるべき基本給、家族手当及び○○手当の合計額に、基準日以前における在職期間に応じて定めた支給割合を乗じて得た額とする。

4　休職、欠勤、私傷病に係る特別休暇、育児休業中の期間（基準日以前６月以内に勤務した期間等がある職員を除く。）及び介護休業の期間は、前項の規定による在職期間としないものとする。

（勤勉手当）

第27条　勤勉手当は、６月１日及び12月１日（以下これらの日を「基準日」という。）に在職する職員に対して、基準日前６月以内の期間における当該職員の勤務成績に応じて、それぞれ６月及び12月の○日に支給する。ただし、法人の業績の著しい低下、その他止むを得ない事由により、支給時期を延期し、又は支給しないことがある。

2　前条第２項から第４項までの規定は、勤勉手当の支給にも準用する。

3　育児・介護のために部分休業の承認を受けて、１日の勤務時間の一部について勤務しなかった日が90日を超える者については、その期間を在職期間から除算する。

（その他）

第28条　この規程に定めることのほか、職員の給与に関し必要な事項は、理事長が別に定める。

（附則）

第１条　この規程は、令和○年○月○日から施行する。

別表１

給　料　表（参考例）

号俸	1　等　級	2　等級	3　等　級	4　等　級	5　等　級	6　等　級
	介　護　職	リーダー・副主任 相当職	主任・係長 相当職	課長 相当職	部長 相当職	副・施設長 相当職
	昇　給　幅	昇　給　幅	昇　給　幅	昇　給　幅	昇　給　幅	昇　給　幅
	1,100	1,700	2,300	2,700	3,000	3,300
1	142,700	187,200	229,600	260,000	293,100	344,400
2	143,800	188,900	231,900	262,700	296,100	347,700
3	144,900	190,600	234,200	265,400	299,100	351,000
4	146,000	192,300	236,500	268,100	302,100	354,300
5	147,100	194,000	238,800	270,800	305,100	357,600
6	148,200	195,700	241,100	273,500	308,100	360,900
7	149,300	197,400	243,400	276,200	311,100	364,200
8	150,400	199,100	245,700	278,900	314,100	367,500
9	151,500	200,800	248,000	281,600	317,100	370,800
10	152,600	202,500	250,300	284,300	320,100	374,100
11	153,700	204,200	252,600	287,000	323,100	377,400
12	154,800	205,900	254,900	289,700	326,100	380,700
13	155,900	207,600	257,200	292,400	329,100	384,000
14	157,000	209,300	259,500	295,100	332,100	387,300
15	158,100	211,000	261,800	297,800	335,100	390,600
16	159,200	212,700	264,100	300,500	338,100	393,900
17	160,300	214,400	266,400	303,200	341,100	397,200
18	161,400	216,100	268,700	305,900	344,100	400,500
19	162,500	217,800	271,000	308,600	347,100	403,800
20	163,600	219,500	273,300	311,300	350,100	407,100
21	164,700	221,200	275,600	314,000	353,100	410,400
22	165,800	222,900	277,900	316,700	356,100	413,700
23	166,900	224,600	280,200	319,400	359,100	417,000
24	168,000	226,300	282,500	322,100	362,100	420,300
25	169,100	228,000	284,800	324,800	365,100	423,600
26	170,200	229,700	287,100	327,500	368,100	426,900
27	171,300	231,400	289,400	330,200	371,100	430,200
28	172,400	233,100	291,700	332,900	374,100	433,500
29	173,500	234,800	294,000	335,600	377,100	436,800
30	174,600	236,500	296,300	338,300	380,100	440,100
31	175,700	238,200	298,600	341,000	383,100	443,400
32	176,800	239,900	300,900	343,700	386,100	446,700
33	177,900	241,600	303,200	346,400	389,100	450,000
34	179,000	243,300	305,500	349,100	392,100	453,300
35	180,100	245,000	307,800	351,800	395,100	456,600
36	181,200	246,700	310,100	354,500	398,100	459,900
37	182,300	248,400	312,400	357,200	401,100	463,200
38	183,400	250,100	314,700	359,900	404,100	466,500
39	184,500	251,800	317,000	362,600	407,100	469,800
40	185,600	253,500	319,300	365,300	410,100	473,100

41	186,700	255,200	321,600	368,000	413,100	476,400
42	187,800	256,900	323,900	370,700	416,100	479,700
43	188,900	258,600	326,200	373,400	419,100	483,000
44	190,000	260,300	328,500	376,100	422,100	486,300
45	191,100	262,000	330,800	378,800	425,100	489,600
46	192,200	263,700	333,100	381,500	428,100	492,900
47	193,300	265,400	335,400	384,200	431,100	496,200
48	194,400	267,100	337,700	386,900	434,100	499,500
49	195,500	268,800	340,000	389,600	437,100	502,800
50	196,600	270,500	342,300	392,300	440,100	506,100

別表２

級別標準職務表（参考例）

等　級	職　務　の　内　容
６　等　級	１．施設長の職務 ２．事務長の職務
５　等　級	１．部長の職務 ２．職務の内容及び責任の程度が前号と同等と認められる課長の職務
４　等　級	１．課長の職務 ２．職務の内容及び責任の程度が前号と同等と認められる各主任・係長の職務
３　等　級	１．各主任・係長の職務 ２．職務の内容及び責任の程度が前号と同等と認められる職務
２　等　級	１．各副主任の職務 ２．高度な知識又は経験を必要とする業務を行う 事務職員、生活相談員、介護支援専門員、看護職員（看護師・准看護士）、機能訓練指導員（理学療法士・作業療法士）、介護職員（介護福祉士・介護員）、管理栄養士・栄養士、調理職員（調理師・調理員）、介助員及び業務員の各職務
１　等　級	事務職員、生活相談員、介護支援専門員、看護職員（看護師・准看護士）機能訓練指導員（理学療法士・作業療法士）、介護職員（介護福祉士・介護員）、管理栄養士・栄養士、調理職員（調理師・調理員）、介助員及び業務員の各職務

別表3

初任給格付基準表（参考例）

職　　種	学　歴	初任給基準	摘　　要
事　務　職　員	大　学　卒	1級○号級	
	短　大　卒	1級○号級	
	高　校　卒	1級○号級	
生活相談員 介護支援専門員	大　学　卒	1級○号級	
	短　大　卒	1級○号級	
	高　校　卒	1級○号級	
介　護　職　員	大　学　卒	1級○号級	
	短　大　卒	1級○号級	
	高　校　卒	1級○号級	
看護職員 機能訓練指導員	大　学　卒	1級○号級	
	短　大　卒	1級○号級	
	高　校　卒	1級○号級	
管 理 栄 養 士	大　学　卒	1級○号級	
	短　大　卒	1級○号級	
	高　校　卒	1級○号級	
栄　　養　　士	大　学　卒	1級○号級	
	短　大　卒	1級○号級	
	高　校　卒	1級○号級	
調理職員 業務員	大　学　卒	1級○号級	
	短　大　卒	1級○号級	
	高　校　卒	1級○号級	

別表４

経験年数換算表（参考例）

経歴区分	職務との関係	換算率	備　　考
介護保険法に基づく施設職員としての在職期間	直接役立つもの	１０割以下	
	その他のもの	８割以下	
企業、団体等の職員としての在職期間	類似の職務	８割以下	
	その他のもの	６割以下	
その他の期間	教育・医療等の職務で直接役立つもの	８割以下	他と均衡を著しく失する場合は１０割以下
	特殊技能等の職務で役立つもの	６割以下	同上８割以下
	その他のもの	３割以下	

別表５

昇格基準表（参考例）

現　在　級	昇　格　級	（昇格級の）職務の名称	基　　準
５　等　級（部　長）	６　等　級（施設長）	施設長、副施設長、事務長	１．部長として在職○年以上 ２．現在の給料月額が５等級○号以上
４　等　級（課　長）	５　等　級（部　長）	部長相当職	１．課長として在職○年以上 ２．現在の給料月額が４等級○号以上
３　等　級（主任・係長）	４　等　級（課　長）	課長相当職	１．主任・係長として在職○年以上 ２．現在の給料月額が３等級○号以上
２　等　級（副主任）	３　等　級（主任・係長）	各主任・係長相当職	１．副主任として在職○年以上 ２．現在の給料月額が２等級○号以上
１　等　級	２　等　級（副主任）	副主任	１．１等級在職○年以上 ２．現在の給料月額が１等級○号以上

処遇改善手当金支給規程モデル

社会福祉法人　○○会
処遇改善手当等支給規程

目次

（総　　則）

第１条　本規程は、「介護職員等処遇改善加算」（以下「処遇改善加算」という）における要件等について、定めるものである。

（対象事業所）

第２条　本規程の対象事業所は、次のとおりとする。

一　特別養護老人ホーム○○

二　デイサービスセンター○○

（賃金改善を行う項目名）

第３条　処遇改善加算により支給される手当の名称は「処遇改善手当」とする。

（賃金改善の方法）

第４条　処遇改善加算による賃金改善方法については、次のとおりとする。

一　月給職員

賃金改善実施期間内の各月の初日（基準日）に在籍した職員に対して、「社会福祉法人○○ 給与規程第○○条」の定める支給日（各月 25 日）に処遇改善手当として支給する。

二　時給職員

賃金改善実施期間内の各月の初日（基準日）に在籍した職員に対して、「○○法人○○ 準職員就業規則・給与規程第○○条」の定める支給日（各月 10 日）に処遇改善手当として支給する。

（賃金改善期間）

第５条　処遇改善加算の賃金改善期間は、当該年度における７月から６月までの 12 か月間とする。

（支給回数等）

第６条　処遇改善加算の支給回数等については、年 12 回（７月～６月）とする。ただし、賃金改善期間における最終支給月（６月）に月額調整（賃金改善額が加算入金額を上回るよう調整することをいう。）を実施し、月給者の賃金改善月額を増減し調整する。

（賃金改善対象者）

第７条　処遇改善加算の配分に係る賃金改善対象者は、賃金改善期間の各月の末日に勤務している次の職員とする。

１　介護職員

本規程に定める対象事業所内で介護職員として雇用されている者

2　経験・技能のある介護職員
当法人における勤続年数が10年以上もしくは、他法人や医療機関等での経験を　通算した年数が10年以上（通算した場合、当法人での在籍が1年以上）の介護福祉士
3　経験・技能のある管理監督介護職員
当法人における勤続年数が10年以上もしくは、他法人や医療機関等での経験を通算した年数が10年以上（通算した場合、当法人での在籍が1年以上）の介護福祉士のうち、管理監督的な業務を行っている者
4　その他の職種
本規程に定める対象事業所内で雇用されている者であって、本条第1項から第3項に該当しない職員

（賃金改善額）

第8条　処遇改善加算の配分に係る賃金改善額は、次のとおりとする。
1　介護職員
　一　常勤職員　　月額　40,000円
　二　非常勤職員　月額　8,000円から30,000円
2　経験・技能のある介護職員
月額　60,000円
3　経験・技能のある管理監督介護職員
月額　80,000円
4　その他の職種
　一　常勤職員　　月額　20,000円から40,000円
　二　非常勤職員　月額　8,000円から16,000円
5　第1項又は第2項の職員については、次の各号の職務に就任した場合又は資格を登録　した場合には、就任又は登録した月から、第1項又は第2項に定める賃金改善額に、各号に定める額を付加する。
　一　グループリーダー又は衛生管理者
　　月額　3,000円
　二　介護福祉士・社会福祉士・精神保健福祉士
　　月額　3,000円
6　賃金改善額については、各年度のサービス提供実績に応じて、賃金改善期間ごとに変更（増額もしくは減額）する場合がある。
7　法定福利費事業主負担増額分は、対象期間における賃金改善額の総額に、理事長が別に定める当該年度における社会保険料相当率とする。

（勤続年数の通算）

第９条　各人材もしくは職種ごとに定義された勤続年数に通算することのできる他法人や医療機関等での業務の範囲は、次のとおりとする。ただし、次に定める業務以外で、介護業務の技能・経験を会得するために特に有効であると認められる経験については、理事会の承認をもって、勤続年数に通算することができる。

1　児童福祉法関係の施設または事業所において、次の業務に従事していた期間

　一　保育士
　一　介助員
　三　児童指導員

2　障害者総合支援法関係の施設または事業所において、次の業務に従事していた期間

　一　保育士
　二　介護職員
　三　介助員
　四　生活支援員
　五　指導員
　六　精神障害者社会復帰指導員
　七　世話人
　八　訪問介護員

3　老人福祉法・介護保険法関係の施設または事業所において、次の業務に従事していた期間

　一　介護職員
　二　介助員
　三　訪問介護員

4　病院または診療所において、次の業務に従事していた期間

　一　介護職員
　二　看護補助者

（勤続年数の適用開始月）

第10条　各人材もしくは職種ごとに定義された勤続年数の適用開始月については、当該勤続年数の到達した月（本規程では、到達月の前月の末日とする）の直近の４月からとする。

（勤続年数の端数処理）

第11条　月途中の採用等により１か月に満たない月が発生した場合は、その月の翌月から通算する。

（欠勤等による控除額）

第12条　欠勤等による控除額については、次の計算式によって算定した金額を支給する。

一　月給職員

$$賃金改善額 \times \frac{当該月の勤務時間}{当該月の所定労働時間} = 支給額$$

（小数点以下四捨五入）

二　時給職員

$$賃金改善額 \times \frac{当該月の勤務時間}{当該月の所定労働時間} = 支給額$$

（小数点以下四捨五入）

附則

（実 施 期 日）

この規程は、令和元年 10 月１日から施行する。

（改 訂 期 日）

・令和２年４月１日　一部改正
・令和４年 10 月１日　一部改正
・令和５年４月１日　一部改正
・令和６年６月１日　一部改正

鳥羽 稔（とば　みのる）

千葉県出身、1976 年生まれ。市川市職員

早稲田大学法学部卒業後、2001 年に国土交通省関東地方整備局に入省。
指定確認検査機関の指定監督、用地買収、人事労務など多様な業務に従事。
2011 年、市川市に経験者採用で入庁し、介護老人保健施設の運営を担当。
2016 年に人事課に異動し、評価・服務、定年引上げ、ハラスメント防止対策などの制度改正に取り組み管理職を務める。
2022 年 4 月から障害福祉部門に異動。障害福祉サービス受給者証発行、国保連審査、予算、手当、補助金制度などの統括を行う。

社会保険労務士、国家資格キャリアコンサルタントの資格、全国の自治体職員とのネットワークを有し、自治体職員や社労士向けの講演や執筆を行っている。

著書に『介護施設運営・管理ハンドブック』（日本法令、2016)、『介護職員処遇改善加算超実践マニュアル』（日本法令、2017)、『労働法制の適用範囲がよくわかる自治体の人事労務管理』（第一法規、2020)、『自治体の人事担当になったら読む本』（学陽書房、2022）がある。

[改訂版]
介護職員等処遇改善加算
超実践マニュアル

平成 29 年 6 月 1 日　初版発行
令和 7 年 1 月 20 日　改訂初版

検印省略

〒 101-0032
東京都千代田区岩本町 1 丁目 2 番 19 号
https://www.horei.co.jp/

著　者　鳥　羽　稔
発行者　青　木　鉱　太
編集者　岩　倉　春　光
印刷所　倉　敷　印　刷
製本所　国　宝　社

（営　業）　TEL　03-6858-6967　　Eメール　syuppan@horei.co.jp
（通　販）　TEL　03-6858-6966　　Eメール　book.order@horei.co.jp
（編　集）　FAX　03-6858-6957　　Eメール　tankoubon@horei.co.jp

（オンラインショップ）　https://www.horei.co.jp/iec/
（お 詫 び と 訂 正）　https://www.horei.co.jp/book/owabi.shtml
（書 籍 の 追 加 情 報）　https://www.horei.co.jp/book/osirasebook.shtml

※万一、本書の内容に誤記等が判明した場合には、上記「お詫びと訂正」に最新情報を掲載しております。ホームページに掲載されていない内容につきましては、FAX または E メールで編集までお問合せください。

・乱丁、落丁本は直接弊社出版部へお送りくださればお取替えいたします。
・JCOPY〈出版者著作権管理機構　委託出版物〉
本書の無断複製は著作権法上での例外を除き禁じられています。複製される場合は、そのつど事前に、出版者著作権管理機構（電話 03-5244-5088、FAX 03-5244-5089、e-mail: info@jcopy.or.jp）の許諾を得てください。また、本書を代行業者等の第三者に依頼してスキャンやデジタル化することは、たとえ個人や家庭内での利用であっても一切認められておりません。

© M. Toba 2025. Printed in JAPAN
ISBN 978-4-539-73078-2